高等院校立体化创新经管教材系列

中级财务会计

杨淑媛　刘静雅　许路遥　主　编
陈玉莹　李士娜　吕洪铎　关博文　副主编

清华大学出版社
北京

内 容 简 介

本书以最新颁布的《企业会计准则》和最新的法律、法规和规章为依据，以企业财务报表构成的要素为主线，重点介绍财务会计的基本理论和方法。第一章为总论，主要介绍财务会计的基本概念和基本理论；第二章至第十一章主要介绍六大会计要素，即资产、负债、所有者权益、收入、费用和利润的确认和计量的基本理论及会计核算；第十二章主要介绍财务报告的内容及其编制方法。

本书吸收了传统会计教材的精华和特色，且侧重融入最新经济事件与案例，体现了会计知识和科技发展的动态成果，教材内容呈现不只是文字和图片，还有声音、视频、动画各种融合形式服务于教学内容。本书在编写过程中坚持注重基础教学和实际运用相结合的原则。力求内容由浅入深、结构合理清晰、语言通俗易懂，并把多年的教学和实践经验也融入教材之中。

本书可以作为高等院校会计学、财务管理、审计学、金融学和工商管理等专业的科目用书，也可以作为企业会计人员、财务管理人员及经营管理人员的培训和自学教材。

本书封面贴有清华大学出版社防伪标签，无标签者不得销售。
版权所有，侵权必究。举报：010-62782989，beiqinquan@tup.tsinghua.edu.cn。

图书在版编目(CIP)数据

中级财务会计 / 杨淑媛，刘静雅，许路遥主编.
北京：清华大学出版社，2024.8. -- (高等院校立体化创新经管教材系列). -- ISBN 978-7-302-66594-6

Ⅰ. F234.4

中国国家版本馆 CIP 数据核字第 2024EH8661 号

责任编辑：陈冬梅
封面设计：刘孝琼
责任校对：么丽娟
责任印制：刘海龙

出版发行：清华大学出版社
网　　址：https://www.tup.com.cn, https://www.wqxuetang.com
地　　址：北京清华大学学研大厦 A 座
邮　　编：100084
社 总 机：010-83470000
邮　　购：010-62786544
投稿与读者服务：010-62776969，c-service@tup.tsinghua.edu.cn
质量反馈：010-62772015，zhiliang@tup.tsinghua.edu.cn
课件下载：https://www.tup.com.cn, 010-62791865

印 装 者：三河市龙大印装有限公司
经　　销：全国新华书店
开　　本：185mm×260mm　　印　张：23　　字　数：560 千字
版　　次：2024 年 8 月第 1 版　　印　次：2024 年 8 月第 1 次印刷
定　　价：68.00 元

产品编号：095709-01

前　言

为了贯彻落实《教育部关于深化本科教育教学改革　全面提高人才培养质量的意见》(教高〔2019〕6号)文件精神，适应新时代应用型人才教育改革发展的要求，《中级财务会计》教材编写团队在吸收了近年来优秀会计专业教材理论精髓的基础上，潜心研究，编写了本书。

本书从应用技能型会计人才培养的角度，紧随立德树人的国家教育理念，深入浅出地讲解了中级财务会计的基本理论和实务应用。同时为了适应线上、线下相结合的教学改革的需要，本书每章还配有重点知识的微课讲解，以便更好地配合教材的使用和满足学生自主学习的需求。本书在编写设计上体现了以下特点。

(1) 紧跟准则，与时俱进。本书根据最新准则和解释的内容变化，对书中的有关收入、金融资产、财务报表格式、财务报表项目的填列方法和会计科目的变化进行了详细介绍，并融入了电子发票及数电发票等内容。

(2) 强化基础，重视应用。本书不仅强调对会计专业基础知识的掌握和基本技能的训练，更重视相关会计实践知识的传授和能力的培养。本书借鉴了企业会计实务中的新知识和新方法，使会计理论和会计实践有机结合，有助于提高学生分析问题和解决问题的能力，培养"应用技能型"的高质量会计人才。同时，每章都精选了课后自测题，便于学生自学与巩固所学知识；对一些较复杂的账务处理利用业务流程图的方式展现；在每章开篇利用思维导图形式，归纳了本章所学习的内容及应掌握的程度，达到一图解千结之功效，给学生直观感受，便于其理解、记忆和掌握。

(3) 思政教学，德育培养。本书根据每一章理论讲授内容增加了思政与德育模块。其主要以近年来经济领域中出现的新事件为例，以"诚实守信、廉洁自律、客观公正、坚持准则"的会计职业道德教育为基础，融入思政与德育的要素，教导学生树立正确的社会主义人生观、价值观和世界观。

(4) 信息技术，多元融入。学生通过扫描二维码可以直接观看有声、有图、有动画的微课视频，本书还配有教学课件、自测题及参考答案和需要理解的相关财务知识拓展阅读。这一方式拓宽了学生的学习渠道，提高了学生的学习热情，使教材内容更加简明。

全书由杨淑媛、刘静雅、许路遥主编，杨淑媛教授负责全书写作大纲的拟定、全书定稿前的总纂及教材编写组织与审核工作。具体分工如下：第十一章、第十二章由刘静雅执笔；第二章、第四章由许路遥执笔；第一章、第六章由陈玉莹执笔；第五章、第十章由李士娜执笔；第七章、第八章由吕洪铎执笔；第三章、第九章由关博文执笔。

本书在编写过程中参考了很多优秀文献和著作，并得到了业界学者及相关学校的指导与帮助，同时也得到了清华大学出版社尹飒爽编辑的大力支持，在此一并表示衷心的感谢。

本书在编写过程中，力求精准和完善，但由于编者水平有限，难免存在疏漏之处，恳请读者和专家批评指正。

编　者

目　　录

第一章　总论 ... 1
　第一节　财务会计概述 ... 1
　　一、会计发展的主要阶段 ... 1
　　二、财务会计的概念及其特征 ... 2
　　三、财务会计的目标 ... 3
　第二节　会计要素 ... 4
　　一、反映企业财务状况的会计要素 ... 4
　　二、反映企业经营成果的会计要素 ... 9
　第三节　会计基本假设与会计基础 ... 13
　　一、会计基本假设 ... 13
　　二、会计基础 ... 15
　第四节　会计信息质量要求与会计计量属性 ... 16
　　一、会计信息质量要求 ... 16
　　二、会计计量属性 ... 20
　　【思政与德育】 ... 21

第二章　货币资金 ... 22
　第一节　库存现金 ... 22
　　一、库存现金的管理 ... 23
　　二、库存现金的核算 ... 24
　　三、库存现金的清查 ... 27
　第二节　银行存款 ... 28
　　一、银行存款管理 ... 28
　　二、银行结算方式 ... 30
　　三、银行存款的核算 ... 36
　第三节　其他货币资金 ... 39
　　一、其他货币资金的内容 ... 39
　　二、其他货币资金的核算 ... 39
　　【思政与德育】 ... 42

第三章　应收款项 ... 44
　第一节　应收票据 ... 44
　　一、应收票据概述 ... 44
　　二、应收票据的核算 ... 46
　第二节　应收账款 ... 50
　　一、应收账款的确认与计价 ... 50
　　二、应收账款的核算 ... 51
　第三节　预付账款及其他应收款 ... 53
　　一、预付账款 ... 53
　　二、其他应收款 ... 54
　第四节　应收款项减值 ... 55
　　一、应收款项减值损失的确认 ... 55
　　二、应收款项减值损失的核算 ... 55
　　【思政与德育】 ... 60

第四章　存货 ... 61
　第一节　存货概述 ... 61
　　一、存货的含义及特征 ... 61
　　二、存货的确认条件 ... 62
　　三、存货的分类 ... 62
　第二节　存货的初始计量与发出计价 ... 65
　　一、存货的初始计量 ... 65
　　二、存货发出的计价方法 ... 67
　第三节　存货业务的日常核算 ... 70
　　一、原材料 ... 70
　　二、周转材料 ... 82
　　三、委托加工物资 ... 87
　　四、库存商品 ... 89
　第四节　存货清查与期末计价 ... 91
　　一、存货清查 ... 91
　　二、存货的期末计价 ... 94
　　【思政与德育】 ... 99

第五章　金融资产 ... 101
　第一节　金融资产概述 ... 102
　　一、金融资产的含义 ... 102
　　二、金融资产的分类 ... 102
　第二节　以摊余成本计量的金融资产 ... 104
　　一、以摊余成本计量的金融资产概述 ... 104

二、以摊余成本计量的金融资产的初始计量 104
三、以摊余成本计量的金融资产的后续计量 107
四、以摊余成本计量的金融资产的减值与处置 111

第三节 以公允价值计量且其变动计入其他综合收益的金融资产 114
一、以公允价值计量且其变动计入其他综合收益的金融资产概述 114
二、以公允价值计量且其变动计入其他综合收益的金融资产的初始计量 114
三、以公允价值计量且其变动计入其他综合收益的金融资产的后续计量 117
四、以公允价值计量且其变动计入其他综合收益的金融资产的减值与处置 119

第四节 以公允价值计量且其变动计入当期损益的金融资产 122
一、以公允价值计量且其变动计入当期损益的金融资产概述 122
二、以公允价值计量且其变动计入当期损益的金融资产的初始计量 123
三、以公允价值计量且其变动计入当期损益的金融资产的后续计量 125
四、以公允价值计量且其变动计入当期损益的金融资产的处置 126
五、金融资产账务处理总结 128

第五节 金融资产的重分类 129
一、金融资产重分类概述 129
二、金融资产重分类的会计处理 129

【思政与德育】 135

第六章 长期股权投资 137

第一节 长期股权投资概述 137
一、长期股权投资的含义 137
二、长期股权投资的内容 138
三、长期股权投资的核算方法 139

第二节 长期股权投资的初始计量 140
一、长期股权投资的初始计量原则 140
二、企业合并方式取得的长期股权投资 141
三、非企业合并方式取得的长期股权投资 146

第三节 长期股权投资的后续计量 148
一、长期股权投资核算的成本法 148
二、长期股权投资核算的权益法 150
三、长期股权投资的减值 157

第四节 长期股权投资核算方法的转换与处置 157
一、长期股权投资核算方法的转换 157
二、长期股权投资的处置 163

【思政与德育】 164

第七章 固定资产 166

第一节 固定资产概述 166
一、固定资产的特征及确认条件 167
二、固定资产的分类 168
三、固定资产的计价 169

第二节 固定资产的取得 171
一、购入的固定资产 171
二、自行建造的固定资产 176
三、投资者投入的固定资产 179
四、接受捐赠的固定资产 179
五、存在弃置费用的固定资产 179

第三节 固定资产折旧 180
一、固定资产折旧的性质 180
二、影响固定资产折旧的基本因素 181
三、固定资产计提折旧的范围 181
四、固定资产折旧的计算方法 182
五、固定资产折旧的会计处理 185

第四节 固定资产后续支出 187

一、资本化的后续支出 187
　　二、费用化的后续支出 189
第五节　固定资产的处置及期末计价 190
　　一、固定资产的出售、转让、报废
　　　　和毁损的会计处理 190
　　二、固定资产的清查 192
　　三、固定资产的期末计价 194
【思政与德育】 195

第八章　无形资产 197
第一节　无形资产概述 197
　　一、无形资产的含义及特征 197
　　二、无形资产的确认条件 198
　　三、无形资产的内容与分类 199
第二节　无形资产的初始计量 201
　　一、外购的无形资产 201
　　二、自行研究开发的无形资产 203
　　三、投资者投入的无形资产 208
　　四、土地使用权的处理 208
第三节　无形资产的后续计量 209
　　一、无形资产使用寿命的确定 209
　　二、使用寿命有限的无形资产的
　　　　摊销 210
　　三、使用寿命不确定的无形资产的
　　　　会计处理 211
　　四、无形资产的减值 211
第四节　无形资产的处置 213
　　一、无形资产的出售 213
　　二、无形资产的出租 213
　　三、无形资产的报废 214
【思政与德育】 215

第九章　负债 216
第一节　负债概述 216
　　一、负债的含义及特征 216
　　二、负债的分类 217
第二节　流动负债 218
　　一、短期借款 218
　　二、应付及预收款项 219

　　三、应付职工薪酬 224
　　四、应交税费 231
　　五、其他流动负债 247
第三节　非流动负债 250
　　一、长期借款 250
　　二、应付债券 252
【思政与德育】 255

第十章　所有者权益 257
第一节　所有者权益概述 257
　　一、所有者权益的性质 257
　　二、所有者权益的构成 258
第二节　实收资本和其他权益工具 259
　　一、实收资本概述 259
　　二、实收资本形成的核算 260
　　三、实收资本(股本)增减变动的
　　　　核算 262
　　四、其他权益工具的核算 266
第三节　资本公积与其他综合收益 270
　　一、资本公积的核算 270
　　二、其他综合收益的核算 273
第四节　留存收益 276
　　一、留存收益的构成 276
　　二、留存收益的核算 277
【思政与德育】 281

第十一章　收入、费用和利润 282
第一节　收入 282
　　一、收入概述 282
　　二、收入的确认与计量 283
　　三、账户设置 285
　　四、在某一时点完成的商品销售
　　　　收入的账务处理 287
　　五、可变对价的账务处理 291
　　六、在某一时段内完成的商品销售
　　　　收入的账务处理 294
　　七、关于特定交易的账务处理 297
第二节　费用 302
　　一、费用概述 302

二、期间费用 305
　　三、所得税费用 308
第三节　利润 311
　　一、利润的定义及种类 311
　　二、营业外收入与营业外支出的账务
　　　　处理 312
　　三、利润的结转与分配 314
　【思政与德育】 319

第十二章　财务报告 320
　第一节　财务报告概述 320
　　一、财务报告的概念及组成 320
　　二、财务报告的作用 321
　　三、财务报表的分类 322
　　四、财务报表列报的要求 322
　第二节　资产负债表 324
　　一、资产负债表概述 324
　　二、资产负债表的编制方法 324
　　三、资产负债表的编制实例 331
　第三节　利润表 333
　　一、利润表概述 333
　　二、利润表的编制方法 334
　　三、利润表的编制实例 339
　第四节　现金流量表 340
　　一、现金流量表概述 340
　　二、现金流量表的编制方法 345
　第五节　所有者权益变动表 351
　　一、所有者权益变动表概述 351
　　二、所有者权益变动表的编制
　　　　方法 353
　第六节　财务报表附注 354
　　一、财务报表附注概述 354
　　二、财务报表附注披露的内容 355
　【思政与德育】 356

参考文献 357

第一章 总 论

【学习目标】

1. 了解会计发展的主要阶段。
2. 熟悉和理解财务会计的概念及其特征、财务会计目标、会计信息质量要求和会计计量属性。
3. 掌握会计六要素及其分类、会计等式与会计报表之间的关系、会计基本假设和会计计量基础。

【知识框架图】

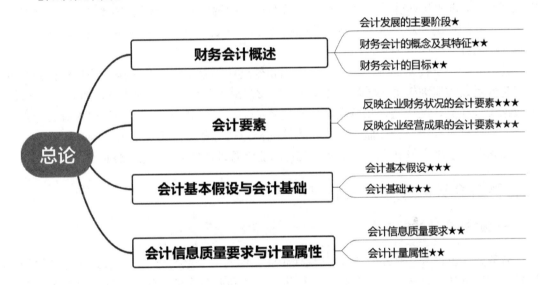

第一节 财务会计概述

一、会计发展的主要阶段

会计是由于人类管理生产的客观需要产生的，并随着社会生产、科学技术的进步而不断发展，特别是随着社会经济的市场化、信息化及科学技术的飞速发展而不断完善。通过不同时期的会计工具可以了解到会计的变迁。从远古时代的"结绳记事"和"刻契记事"，到14世纪的复式簿记，再到利用算盘、计算器、计算机和会计软件以及近几年财务共享、财务机器人的应用，会计经历了翻天覆地的变化。会计已从最初的"生产职能的附属部分"，发展到现在具有较完整的知识体系，并成为现代企业管理的重要组成部分。会计发展的历史证明，人们的经济生活离不开会计，经济越发展，会计越重要。

从会计的发展来看，很多学者认为会计分为古代会计、近代会计和现代会计三个阶段。

古代会计是从奴隶社会的繁盛时期到15世纪末，单式簿记产生并得到了发展。从严格的意义上来讲，在奴隶社会的繁盛时期，主要是采用了计量和记录的方法，从而导致了原始计量、记录行为向单式簿记体系的演变过程。

近代会计的开端以1494年11月10日意大利著名数学家、会计学家卢卡·帕乔利(Luca Pacioli)在威尼斯出版《算术、几何、比及比例概要》为标志。在随后漫长的历史时期内，人们在古代单式簿记的基础上，创建了复式簿记，并在世界各国得到了迅速普及、发展和完善。该著作的出版和会计职业的出现被视为近代会计的两个里程碑。

现代会计是20世纪50年代以后，随着以美国为代表的世界经济的迅速发展，会计的方法、技术、内容和形式都有了突飞猛进的发展，发展的两个重要标志：一是会计核算手段发生了质的飞跃，即现代电子技术与会计的融合带来了"会计电算化"；二是伴随生产和管理科学的发展，会计理论两大分支——财务会计和管理会计的形成。

会计产生和发展的历史表明：会计是生产活动发展到一定阶段的产物，并随着生产的发展而发展。正如马克思所说，"过程越是按照社会的规模进行，越是失去纯粹个人的性质，作为对过程的控制和观念总结的簿记就越是必要"。因此，簿记对资本主义生产，比对手工业和农民的分散生产更为必要，对公有制生产，比对资本主义生产更为必要。

随着社会科学技术的进步，会计的内涵和外延在不断地丰富和扩展，并且对社会经济发展起着巨大的促进作用。同时，会计的飞速发展离不开信息技术的支持，随着人工智能、大数据、云计算、区块链、物联网等信息技术的不断发展和成熟，这些新技术对会计工作模式、会计核算程序、会计监督方式、审计抽样方法等都会产生深远的影响。因此，会计核算理念和方法将会得到更好的发展，会计的监督管理职能将进一步加强。

二、财务会计的概念及其特征

(一)财务会计的概念

财务会计也称为"对外会计"，是现代企业会计的一个重要分支，它以通用会计原则为指导，通过确认、计量、记录和报告等程序，反映和监督企业的经济活动。财务会计的目的是为会计信息使用者提供企业的财务状况、经营成果和现金流量等对外报告的会计信息。

财务会计主要向外部信息使用者(如投资者、债权人及其他信息使用者)提供企业的财务状况、经营成果和现金流量等对决策有用的会计信息，其主要目的是发挥会计信息的社会职能。为了确保所提供的会计信息的真实性、相关性和可比性，同时也为了帮助企业外部信息使用者利用财务会计信息进行科学的经济决策，要求财务会计必须按照会计准则的规定，运用一定的会计方法对发生的经济事项进行加工、处理，最终向会计信息使用者提供财务报告。

现代企业会计的另一个分支是管理会计。管理会计是通过对财务会计资料和其他相关资料进行归集、整理、计算和分析，对企业的资金、成本、利润进行预测、决策、规划、控制、考核，为企业内部经营管理者优化资源配置、提高企业经济效益提供可靠数字资料的信息系统。管理会计与财务会计不同，它主要侧重于向企业各阶层管理者提供内部经营管理和经营决策的会计信息，其主要目的是协助实现组织目标，因此也称其为"对内会计"。管理会计的核算和分析方法不受会计准则的制约，它是对财务会计信息的深加工和再利用。

因此，管理会计本身就是企业经济管理的重要组成部分。

(二)财务会计的特征

如上所述，财务会计和管理会计是现代会计的两大分支，二者相互配合，共同为企业的经营管理服务。与管理会计相比，财务会计具有以下特征。

1. 主要服务于外部信息使用者

财务会计的服务对象除了企业内部管理层之外，还主要以财务报告的形式为企业外部有关各方提供会计信息。

2. 提供过去或现在的会计信息

从财务会计提供会计信息的时态来看，它反映和监督企业已经发生或完成的经济事项，供利益相关者使用，并且作出正确的决策。

3. 以企业会计原则为指导，运用规范和统一的会计处理程序和方法

会计原则是指会计人员进行会计工作时应该遵循的企业会计准则、会计规章和办法等规范性文件。对过去已发生的经济事项，主要以货币进行计量，按照规范的会计工作流程(确认、计量、记录和报告)和一套比较科学完整的方法体系(如填制审核凭证—登记账簿—编制财务报告)反映企业的财务状况、经营成果和现金流量等会计信息。

财务会计与管理会计的区别，如表1-1所示。

表1-1 财务会计与管理会计的区别

区别内容	财务会计	管理会计
服务对象	外部信息使用者	内部信息使用者
信息时态	过去或现在	预测将来
约束性	严格依据会计准则 具有强制性	依据成本效益原则 具有灵活性
核算程序与方法	(1)按照规定的会计处理程序和方法体系。 (2)定期按照一定格式提供企业过去已发生的会计信息。	(1)根据管理者决策需求进行反映。 (2)非定期且无固定格式，预测企业未来会计信息。

三、财务会计的目标

现代企业的规模日趋扩大，企业组织形式呈现多样化。现代公司，特别是股份制企业，经营权与所有权分离较为常见。在两权分离的情况下，公司股东有权了解公司的财务状况、经营成果和现金流量等，公司管理层也有义务向股东报告其履行受托责任的情况。目前学术界对财务会计的目标有两大观点，即受托责任观和决策有用观。

1. 受托责任观

受托责任观认为，财务会计的目标是以有效的方式反映资源受托者的受托责任及其履

行情况。所提供的会计信息不应受资源所有者及经营者的影响,只受法定的或公认的会计规范约束。因此,其观点强调会计信息的可靠性。其主要考核公司管理层作为受托者向委托者报告其财产是否进行妥善、安全保管和有效使用,是否使其资产保值增值,以帮助所有者确认或解除受托责任。

2. 决策有用观

决策有用观认为,财务会计的目标是向会计信息使用者提供有助于其作出正确决策的信息。制定与施行法定的或公认的会计规范是为了约束会计行为,使所提供的会计信息能够满足会计信息使用者的决策需要。因此,其观点强调会计信息的相关性。会计信息使用者根据企业所提供的财务会计报告,对企业的偿债能力、盈利能力、营运能力与发展能力等方面进行科学、合理的分析与评价,并作出科学的判断与决策。

财务会计目标的受托责任观与决策有用观之间存在着密切的关系,具有统一性。受托责任观是决策有用观的基础,而决策有用观是受托责任观的发展。明确受托责任的目的仍在于决策。

第二节　会　计　要　素

会计要素是对会计对象的基本分类,是会计对象的具体化,是组成企业财务会计报表的基本单位。我国《企业会计准则》将企业会计要素按其性质分为资产、负债、所有者权益、收入、费用和利润六个部分。其中,前三项会计要素是构成资产负债表的基本要件,又称为静态会计要素,反映企业在某一特定日期的财务状况;后三项会计要素是构成利润表的基本要件,又称为动态会计要素,反映企业在某一时期的经营成果。

总论-会计要素(资产).mp4

一、反映企业财务状况的会计要素

(一)资产

1. 资产的定义

资产是指企业因过去的交易或事项形成的、由企业拥有或者控制的、预期会给企业带来经济利益的资源。

企业从事生产经营活动必须具备一定的物质资源,例如,现金、银行存款等货币资金;厂房、场地、机器设备等固定资产;原材料、库存商品等存货;不具有实物形态但有助于企业生产经营活动的专利权、商标权、专有技术等无形资产;由于企业往来形成的应收及预付款项等债权和对其他企业的投资;等等。企业在生产经营过程中,通过对这些有形和无形资源的运用,会产生经济利益,即产生增值。根据资产的定义,资产具有以下几个方面的特征:

(1) 资产是由过去的交易或事项所形成的。企业的资产必须是过去通过交易活动所取得的,是现实的资产;否则,不能确认为企业的资产。过去的交易或事项包括购买、生产、建造行为或者其他交易或事项。

例如，正在谈判中准备增加的物资，因其实际交易活动尚未开始，不属于企业的资产；再如，企业计划采购的固定资产、已填制材料请购单要求采购的原材料，均不属于企业的资产；企业签订在1个月后购买产品的合同，在签订合同时该产品不能确认为企业的资产。

(2) 资产必须为企业所拥有或控制。拥有是指企业拥有资产的所有权，对该项资产拥有使用、收益和处分的权利。通过支配资产，可以从资产中获取经济利益。控制是指有些资产从法律形式上看不为企业所拥有，但从经济实质上看能够被企业控制，企业可以通过对其运用来获得经济利益，从会计的角度看，也应该将其作为企业的资产。

例如，以融资租赁方式租入的固定资产，虽然企业不拥有其所有权，但其租赁期较长，接近于该资产的使用寿命，租赁期满后承租企业有购买的优先权，在租赁期内承租企业有权支配该项资产并从中受益，实质上企业已经控制了该项资产，并给承租企业带来了经济利益。因此，在会计上，以融资租赁方式租入的固定资产，作为承租企业的资产来核算。可以这样说，对于不能为企业拥有或控制的，不能给企业带来未来经济利益的，就不属于企业的资产。

(3) 资产预期会给企业带来经济利益。企业通过对资产的有效运用，可以拥有直接或者间接导致现金和现金等价物流入企业的潜力。预期不能给企业带来经济利益的，不能作为企业的资产。

例如，企业用货币资金购入的商品存货通过销售收回的货币资金，或者通过商品交换获得的资金、此时的货币资金、商品存货均属于企业的资产；如果企业购入的商品发生积压变质，不能再销售或经过处置也不能给企业带来经济利益，就不能作为企业的资产。

2. 资产的确认条件

将一项资源确认为资产，首先应当符合资产的定义。除此之外，还需要同时满足以下两个条件。

(1) 与该资源有关的经济利益很可能流入企业。这里的"很可能"表示经济利益流入的可能性超过50%。从资产的定义来看，能否给企业带来经济利益是资产的一个本质特征。如果一次资源不能给企业带来经济利益，或者带来经济利益的可能性具有较大的不确定性，那么就不能确认为资产。例如，A企业将产品赊销给B企业，如果A企业在销售时判断将来收回款项的可能性很小(或者说具有较大的不确定性)，那么在销售时就不能确认为收入，也不能作为应收款项入账，只能记入发出商品的增加和库存商品的减少。

(2) 该资源的成本或者价值能够可靠计量。可计量性是所有会计要素确认的重要前提，资产的确认同样需要符合这一要求。只有当有关资源的成本或者价值能可靠计量时，资产才能予以确认。

企业取得的很多资产一般都要按发生时的实际成本计价。例如，企业购买或者自行生产的存货，企业购置的厂房或者机器设备等。对于这些资产，只要实际发生的购买成本或者生产成本能够可靠地计量，就应视为符合资产的可计量性确认条件。在某些情况下，企业取得的资产可能没有发生实际成本或者发生的实际成本很小。

3. 资产的分类

(1) 资产按其流动性可分为流动资产和非流动资产。

流动资产是指可以在1年或超过1年的一个营业周期内变现或耗用的资产,包括库存现金、银行存款、交易性金融资产、应收票据、应收账款、预付账款、应收利息、应收股利、其他应收款项、存货等;非流动资产是指在流动资产以外的资产,如长期股权投资、固定资产、无形资产等。

(2) 资产按其为企业带来的经济利益是否固定或可确定,分为货币性资产和非货币性资产。

货币性资产,是指企业持有的现金及将以固定或可确定金额的货币收取的资产,包括库存现金、银行存款、应收账款和应收票据等。

非货币性资产,是指货币性资产以外的其他资产,如存货、固定资产、在建工程、无形资产、投资性房地产、长期股权投资等。

(二)负债

1. 负债的定义

负债是指企业过去的交易或事项形成的、预期会导致经济利益流出企业的现时义务。现时义务是指企业在现行条件下已经承担的义务。未来发生的交易或者事项形成的义务,不属于现时义务,不应当确认为负债。企业的负债具有以下特征。

(1) 负债是由过去的交易或事项形成的。作为企业的负债,必须是由企业过去在与外界进行经济交往中所形成的经济责任,是现时已经存在的义务。例如,由于赊购商品形成的应付账款、应付票据;从银行取得贷款产生的短期借款、长期借款;等等。负债只与已经发生的交易或事项相关,而与尚未发生的交易或事项无关。例如,企业不可能根据准备借款的计划确定企业的负债,也不能在赊购活动尚未进行时就确定应付款项。

【例1-1】 A企业向B银行借款1 000万元,期限为1年,企业同时还与银行达成协议,如果企业能按期归还借款,下一年度,企业可以再借入1 500万元。就这两笔款项来说,已经借入的1 000万元属于过去的交易或者事项,形成企业的负债,作为短期借款处理。另外的1 500万元借款意向,就不属于过去的交易或者事项,故没有形成企业的负债。

(2) 负债的清偿预期会导致经济利益流出企业。企业负债清偿的方法很多,可以用企业的资产如货币资金、实物资产或无形资产等清偿,也可以采用提供劳务的方式清偿,这些都会引起企业的资产减少。企业也可以将负债转为所有者权益,如目前我国债务重组中实行的债权转为股权。

(3) 负债是企业承担的现时义务。因为过去的交易或事项一般是以合同、协议或有关的法律、法规作为约束条件,一旦负债交易或事项发生,企业就不得不承担由此带来的经济责任。

义务分为现时义务和潜在义务,现时义务又可以分为法定义务和推定义务。例如,企业购买固定资产货款未付,形成了应付账款;企业已开出6个月到期的商业承兑汇票购买原材料,形成了应付票据;企业按税法规定应当交纳的税款等均属于企业应承担的法定义务,需要依法予以偿还。推定义务是指根据企业多年的习惯做法、公开的承诺或者公开宣布的政策而导致企业将承担的责任。如预计的售后三包费用(包修、包退和包换),尽管其金额、具体债权人和支付日不能确定,但这些负债一定会在已知的时间内发生,金额大小也

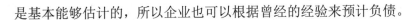

是基本能够估计的,所以企业也可以根据曾经的经验来预计负债。

2. 负债的确认条件

将一项现时义务确认为负债,首先应当符合负债的定义,除此之外,还需要同时满足以下两个条件。

(1) 与该义务有关的经济利益很可能流出企业。根据负债的定义,预期会导致经济利益流出企业是负债的一个本质特征。例如,企业偿还债务就可能使企业的资产减少或者举借新债偿还旧债。另外,鉴于履行义务所需流出的经济利益带有不确定性,尤其是与推定义务相关的经济利益通常需要依赖大量的估计,因此,负债的确认应当与经济利益流出的不确定性程度的判断结合起来。如果根据编制财务报表时所取得的证据判断,与现时义务有关的经济利益很可能流出企业,那么就应当将其作为负债予以确认。

(2) 未来流出的经济利益的金额能够可靠地计量。负债的确认也需要符合可计量性的要求,即对于未来流出的经济利益的金额应当能够可靠地计量。对于与法定义务有关的经济利益流出金额,通常可以根据合同或者法律规定的金额予以确定。考虑到经济利益的流出一般发生在未来期间,有时未来期间的时间还很长,在这种情况下,通常需要较大限度地估计相关金额。为此,企业应当根据履行相关义务所需支出的最佳估计数进行估计,并综合考虑有关货币时间价值、风险等因素的影响。

3. 负债的分类

(1) 负债按其流动性分为流动负债和非流动负债。

流动负债是指在 1 年内或者一个营业周期内需要偿还的债务,包括短期借款、应付票据、应付账款、预收账款、应付职工薪酬、应付股利、应交税金、其他暂收应付款项和 1 年内到期的长期债务等。

非流动负债是指偿还期在 1 年以上或者超过 1 年的一个营业周期的负债,包括长期借款、应付债券、长期应付款等。

(2) 负债按其偿还的方式分为货币性负债和非货币性负债。

货币性负债是指未来需用货币资金偿还的债务,如应付账款、应付票据、应付职工薪酬、应付股利、应交税金、短期借款、长期借款等。

非货币性负债是指将来需用提供劳务或商品的方式偿还的债务,如预收账款等。

(三)所有者权益

1. 所有者权益的定义

所有者权益是指企业资产扣除负债后由所有者享有的剩余权益。公司的所有者权益又称为股东权益。

对于任何企业来说,其资产的来源涉及两个方面:一个是债权人权益,另一个是所有者权益。所有者权益具有以下特征。

(1) 所有者权益是一种剩余权益,从数量上说是企业全部资产减去全部负债后的余额。

(2) 所有者权益所代表的资产可供企业长期使用,除非发生减资、清算,企业不需要偿还所有者权益。

(3) 所有者权益所代表的资产是企业偿还债务的物质保证，所有者按照其占有所有者权益的比重参与企业的利润分配。

2. 所有者权益的确认条件

所有者权益体现的是所有者在企业中的剩余权益。因此，所有者权益的确认主要依赖于其他会计要素，尤其是资产和负债的确认。所有者权益金额的确定也主要取决于资产和负债的计量。例如，企业接受投资者投入的资产，在该资产符合企业资产确认条件时，也要符合所有者权益的确认条件。

3. 所有者权益的构成

所有者权益包括所有者投入的资本、直接计入所有者权益的利得和损失、留存收益等。通常由实收资本(或股本)、资本公积、其他权益工具、其他综合收益、盈余公积和未分配利润构成。

所有者投入的资本，是指所有者投入企业的资本部分，它既包括构成企业注册资本或股本部分的金额，也包括投入资本超过注册资本或股本部分的金额，即形成企业的实收资本和资本公积——资本溢价或者股本溢价。

直接计入所有者权益的利得和损失，是指不应计入当期损益、会导致所有者权益发生增减变动的、与所有者投入资本或者向所有者分配利润无关的利得或者损失。其中，利得是指由企业非日常活动所形成的、会导致所有者权益增加的、与所有者投入资本无关的经济利益的流入。损失是指由企业非日常活动所发生的、会导致所有者权益减少的、与向所有者分配利润无关的经济利益的流出。直接计入所有者权益的利得和损失主要包括以公允价值计量且其变动计入其他综合收益的金融资产的公允价值变动额。

留存收益包括盈余公积和未分配利润，来源于企业的经营积累。它是企业历年生产经营活动中取得的净利润中的留存额。国家为了约束企业过量分配，要求企业留存一定的积累，以利于企业持续经营，改善职工生活和福利，以及维护债权人利益。

实收资本是指所有者投入企业的资本，主要包括构成企业注册资本或者股本部分的金额。
资本公积是指归所有者共有的、非利润形成的资本，主要包括资本溢价(股本溢价)和其他资本公积。

其他权益工具主要是指企业发行的除普通股以外的归类为权益工具的各种金融工具，如优先股和永续债券。优先股是指依照公司法，在一般规定的普通种类股份之外，另行规定的其他种类股份，其股份持有人优先于普通股股东分配公司利润和剩余财产，但参与公司决策管理等权利受到限制。永续债券，也称为无期债券，它并不规定到期期限，持有人也不能要求清偿本金，但可以按期取得利息。永续债券一般仅限于政府债券，而且是在不得已的情况下才采用的。

其他综合收益是指企业根据会计准则规定未在当期损益中确认的各项利得和损失。如资产负债表日，其他权益工具投资应当以公允价值计量，且公允价值变动计入其他综合收益(其他债权投资公允价值变动形成的利得或损失)。

盈余公积是指企业从税后利润提取的已指定用途的留存收益，分为法定盈余公积与任意盈余公积。

未分配利润是指企业未作出分配的税后利润，在以后年度可继续进行分配。

对于所有者权益的分类，会计上应严格区分，以明确产权关系。实收资本(或股本)、资本公积(资本溢价或股本溢价)是所有者投入的资本；而其他资本公积、其他综合收益、盈余公积、未分配利润是企业在生产经营过程中形成的。

以上三个会计要素反映了企业的财务状况，资产是企业拥有或控制的经济资源，负债和所有者权益分别是债权人和所有者对企业资产的要求权。因此，它们之间的数量关系为

$$资产=负债+所有者权益 \tag{1-1}$$

这一等式称为会计恒等式，是会计等式中最重要的，也是编制资产负债表的依据。会计恒等式反映了在任何时点上，企业所拥有的全部资产都要与对这些资产的要求权相对应，即所有资产等于它的来源，是债权人的要求权与所有者的要求权之和。该会计恒等式反映了会计要素静态上的对应关系，能且仅能做如下变形

$$资产-负债=所有者权益 \tag{1-2}$$

从变形后的等式可以更好地理解所有者权益的定义，它是对剩余资产的要求权。债权人的要求权优先于所有者，因此，式(1-1)不可以再做其他变形处理。

二、反映企业经营成果的会计要素

(一)收入

1. 收入的定义

收入是指企业在日常活动中所形成的、会导致所有者权益增加的、与所有者投入资本无关的经济利益的总流入。按照这一定义，收入具有以下特征。

(1) 收入是企业在日常生产经营活动中形成的，而不是从偶发的交易或事项中产生的。日常活动是指企业为完成经营目标所从事的经常性活动及与之相关的活动。

例如，工业企业制造并销售产品、商业企业销售商品、咨询公司提供咨询服务均属于企业的日常活动。明确界定日常活动是为了将收入与利得相区分，因为企业非日常活动所形成的经济利益的流入不能确认为收入，而应当计入利得。如企业收到来自政府、其他企业或者个人的捐赠收入。

(2) 收入会导致经济利益的流入，该流入不包括所有者投入的资本。收入会导致经济利益流入企业，表现为资产的增加或者负债的减少。

例如，企业销售商品，必须要收到现金或者有权利收到现金或现金等价物，只有这样，才表明该交易符合收入的定义。但是，企业经济利益的流入有时是由所有者投入资本的增加导致的，所有者投入资本的增加不应当确认为收入，应将其直接确认为所有者权益。因此，与收入相关的经济利益的流入应当排除所有者投入的资本。企业借债而增加的现金流入也不能作为收入处理，形成的是一项负债。

(3) 收入会导致企业所有者权益的增加。与收入相关的经济利益的流入最终会导致所有者权益的增加，不会导致所有者权益增加的经济利益的流入不符合收入的定义，不应确认为收入。

【例1-2】B公司接受王某的捐赠款项100万元，该项捐款会使公司资产增加。B公司认为捐款不会导致所有者权益的增加，会使公司营业外收入增加。其公司对于捐赠款项

所导致的经济利益的增加,不应将其确认为会计要素中的收入,而应当确认为一项利得(非日常活动所形成的)。

2. 收入的确认条件

收入的确认除了应当符合定义外,还应当满足严格的确认条件。企业应当在履行了合同中的履约义务,即在客户取得相关商品或服务控制权时确认收入。取得相关商品控制权,是指能够主导该商品的使用并从中获得几乎全部的经济利益。

3. 收入的分类

(1) 按照企业所从事的日常活动的性质,收入可以分为销售收入、劳务收入和让渡资产使用权收入。销售收入通过销售商品、产品获得;劳务收入通过提供服务获得;让渡资产使用权收入通过提供贷款、对外投资或对外出租活动获得。

(2) 按照日常活动在企业中所处的地位,收入可以分为主营业务收入和其他业务收入。划分主营业务收入和其他业务收入,主要是遵循重要性要求,在充分提供信息的同时,减少核算成本和核算工作量。

狭义收入,即营业收入。它包括主营业务收入、其他业务收入等。广义的收入既包括企业从日常经营活动中所获得的收入,也包括从偶发的其他活动(非日常活动)中所形成的收入,包括营业收入、投资收益和营业外收入等。

(二)费用

1. 费用的定义

费用是指企业在日常活动中发生的、会导致所有者权益减少的、与向所有者分配利润无关的经济利益的总流出。根据费用的定义,费用具有以下特征。

(1) 费用是企业在销售商品、提供劳务等日常经营活动中发生的经济利益的流出,不包括偶发交易或事项所引起的经济利益的流出。

界定日常经营活动中所发生的费用,其目的是将其与损失相区分。如广告费、业务招待费、折旧费、营业成本等都是日常活动所产生的费用;税收罚款及处置报废固定资产、无形资产的净损失等是非日常活动所产生的损失。

(2) 费用会导致经济利益的流出,该流出不包括向所有者分配的利润。费用应当会导致经济利益的流出,从而导致企业资产的减少或负债的增加,或两者兼而有之,如耗用材料、应付未付的工资等。鉴于企业向所有者分配利润也会导致经济利益的流出,且该经济利益的流出属于所有者权益的抵减项目,因而不应当确认为费用。

(3) 费用将引起企业所有者权益的减少。与费用相关的经济利益的流出最终应当会导致所有者权益的减少,不会导致所有者权益减少的经济利益的流出不符合费用的定义,不应确认为费用。

【例1-3】 A企业用银行存款100万元购买了一台机器设备,该购买行为虽然使企业的经济利益(银行存款)流出100万元,但是它使企业的另一项资产(固定资产)有所增加,也就是说,该交易行为并没有导致企业的所有者权益减少,只是一项资产的减少导致另一项资产的增加,这种情况下,企业就不应当将该经济利益的流出确认为费用。

【例1-4】 B企业用银行存款偿还了一笔长期借款200万元,该偿付行为尽管导致了经济利益流出企业200万元,但是该流出并没有导致企业所有者权益减少,而是使企业的负债减少了200万元。因此,不应当将该项经济利益的流出确认为费用。

2. 费用的确认条件

费用的确认除了应当符合定义外,还应当满足严格的确认条件,即费用的确认至少应当符合以下条件。

一是与费用相关的经济利益很可能流出企业。

二是经济利益流出企业的结果会导致资产减少或者负债增加。

三是经济利益的流出额能够可靠地计量。

3. 费用的分类

费用与收入相对应,一定期间的费用与收入应当相互配比。费用可按以下两个方面进行分类。

(1) 按照日常活动在企业中所处的地位,费用可以分为主营业务费用和其他业务费用。主营业务费用是为取得主营业务收入而发生的费用,其他业务费用是为取得其他业务收入而发生的费用。按照重要性原则的要求,对主营业务费用应分项进行会计核算,并了解其构成;对其他业务费用则合并进行会计核算。

(2) 按照费用与收入的关系,费用可以分为营业成本和期间费用。

营业成本是指按照因果关系配比确定的已销售商品和提供劳务的成本,与其所获得的收入相对应。营业成本分为主营业务成本和其他业务成本。

期间费用是按照时间关系配比确定的费用。期间费用与生产产品无直接关系,不能予以对象化,应由其所发生的会计期间所获得的收入负担。期间费用包括管理费用、销售费用和财务费用。管理费用是指企业行政管理部门为组织和管理生产经营活动而发生的各种费用;销售费用是指企业为销售商品和提供劳务而发生的除营业成本以外的各项费用;财务费用是指企业为筹集生产经营资金而发生的费用。

上述所定义的费用是狭义的费用,仅指与商品或劳务的提供相联系的耗费。广义的费用概念还包括营业外支出。

(三)利润

1. 利润的定义

利润是指企业在一定会计期间的经营成果。利润包括收入减去费用后的净额、直接计入当期利润的利得和损失。其中,直接计入当期利润的利得和损失,是指应当计入当期损益、会导致所有者权益发生增减变动的、与所有者投入资本或者向所有者分配利润无关的利得或者损失。

利润一般表述为企业获得的收入(广义)减去为之所发生的费用(广义)后的余额。利润反映企业经营业绩情况,是评价企业管理层业绩的一项重要指标,也是投资者、债权人等作出投资决策、信贷决策等的重要参考指标。企业应当严格区分收入和利得、费用和损失,以更加全面地反映企业的经营业绩。

2. 利润的确认条件

根据利润的定义,利润反映的是收入减去费用、利得减去损失后的净额,因此,利润的确认主要依赖于收入和费用及利得和损失的确认,其金额的确定主要取决于收入、费用、利得、损失金额的计量。

3. 利润的构成

在会计实务中,因考核指标体系的不同需要,利润有三种不同层次的表述,它们分别是营业利润、利润总额和净利润。

(1) 营业利润是指企业在销售商品、提供劳务等日常经营活动中所取得的利润。

$$营业利润=营业收入-营业成本-税金及附加-销售费用-管理费用-研发费用-财务费用+其他收益+投资收益+公允价值变动收益+资产处置收益-资产减值损失-信用减值损失 \qquad (1-3)$$

其中,营业收入是指企业经营业务所确定的收入总额,包括主营业务收入和其他业务收入;营业成本是指企业经营业务所发生的实际成本总额,包括主营业务成本和其他业务成本;税金及附加是指企业经营业务应负担的消费税、城市维护建设税、资源税、土地增值税、教育费附加、房产税、车船税、城镇土地使用税、印花税等相关税费;研发费用是指企业进行研究与开发过程中发生的费用化支出,以及计入管理费用的自行研发无形资产的摊销;其他收益是指计入其他收益的政府补助及其他与日常活动相关且计入其他收益的项目;投资收益(或损失)是指企业以各种方式对外投资所取得的收益(或发生的损失);资产处置收益,如对固定资产、在建工程及无形资产处置而产生的处置利得或损失;公允价值变动收益(损失)是指企业交易性金融资产等公允价值变动形成的应计入当期损益的利得(或损失);信用减值损失是指企业计提各项资产准备所形成的损失。

(2) 利润总额,又称税前利润,是指企业全部经营活动中所取得的、未扣除所得税前的利润。

$$利润总额=营业利润+营业外收入-营业外支出 \qquad (1-4)$$

营业外收入是指企业发生的与其日常生产经营活动无直接关系的各种利得,主要包括与企业日常活动无关的政府补助、盘盈利得、捐赠利得、罚款利得、确实无法支付而按规定程序经批准后转作营业外收入的应付款项等。

营业外支出是指企业发生的与其日常生产经营活动无直接关系的各种损失,主要包括公益性捐赠支出、盘亏损失、罚款支出、非常损失、非流动资产毁损报废损失等。

(3) 净利润是指利润总额减去所得税费用后的金额。

$$净利润=利润总额-所得税费用 \qquad (1-5)$$

收入、费用、利润三个要素也组成了一组对应关系,即

$$利润=收入-费用 \qquad (1-6)$$

式(1-6)揭示了企业在一定会计期间内利润的形成情况,利润等于一定期间内的收入和为取得这些收入而花费的所有代价之差,是编制利润表的基础和依据。该等式是会计要素动态上的对应关系。如果考虑收入、费用和利润这三个会计要素,则会计恒等式就会演变为

$$资产=负债+所有者权益+(收入-费用) \qquad (1-7)$$

我们将这一等式称为扩展的会计等式。

第一章 总论

第三节 会计基本假设与会计基础

一、会计基本假设

总论-会计
基本假设.mp4

会计基本假设(或称会计核算的基本前提)是企业会计确认、计量和报告的前提,是对会计核算所处的时间和空间环境作出的合理设定。会计是一个信息系统,其运行需要有一定的经济环境,这个环境存在一些尚未明确、尚未证实的因素。因此,要建立会计理论的基本框架,必须对这些不确定因素作出某些假定。会计基本假设为会计核算对象的确定、会计政策的选择会计人员对会计事项的判断和数据的加工过程提供了基本依据。会计基本假设是会计工作的重要前提,也是会计基本理论的重要组成部分。会计基本假设包括会计主体假设、持续经营假设、会计分期假设和货币计量假设。

(一)会计主体假设

《企业会计准则——基本准则》第五条指出:"企业应当对其本身发生的交易或者事项进行会计确认、计量和报告。"这是对会计主体假设的规定。

会计主体(或称会计实体或会计个体)是会计工作为其服务的特定单位或组织。

会计主体的作用在于界定不同会计主体进行会计工作的空间范围。它不仅要求会计确认、计量和报告应当区分自身的经济活动与其他单位的经济活动,而且必须区分企业的经济活动与投资者的经济活动。会计首先要明确其反映的对象是谁的经济活动,只有反映特定对象的经济活动才能予以确认,才能保证会计核算工作的正常开展,从而实现本单位的会计目标。

在会计主体前提下,会计核算应当以企业发生的各项交易或事项为对象,记录和反映企业本身的各项生产经营活动。会计主体假设为会计人员在日常的会计核算中对各项交易或事项作出正确判断、对会计处理方法和会计处理程序进行选择提供了依据。

需要指出的是,会计主体与法律主体并不是同一个概念。一般来说,法律主体必然是会计主体,但会计主体并不都是法律主体。也就是说,会计主体可以是独立法人,也可以是非法人(如个体工商户);可以是一个企业(这时的会计主体等于法律主体),也可以是企业内部的某一单位或企业中的一个特定的部分,如企业的分公司、企业设立的事业部(这时的会计主体小于法律主体),还可以是由几个企业组成的企业集团(这时的会计主体大于法律主体)。

【例1-5】甲企业拥有A和B两个分公司,A和B两个分公司不具有法人资格,但是它们定期向甲企业报告本公司的财务状况、经营成果和现金流量,最后由甲企业进行整理、汇总作为会计主体向有关部门报告财务报表。因此,A和B两个分公司和甲企业都是会计主体,但只有甲企业才是法律主体。

【例1-6】乙母公司拥有五家子公司。母公司和子公司均属于不同的法律主体,但母公司拥有控制权。为了全面反映母公司和子公司的经营情况,应由母公司和子公司组成企业集团，整体反映企业集团的财务状况、经营成果和现金流量。这时，企业集团作为一个会计主体，编制合并财务报表。因此，乙母公司和五个子公司既是法律主体，也是会计主体。

(二)持续经营假设

《企业会计准则——基本准则》第六条指出："企业会计确认、计量和报告应当以持续经营为前提。"这是对持续经营假设的规定。

持续经营是指会计主体的生产经营活动将无限期地延续下去，在可以预见的未来不会因破产、清算或解散等而不复存在。持续经营假设明确了会计工作的时间范围。只有假定作为会计主体的企业是持续、正常经营的，会计原则、会计程序及方法才有可能建立，也才能使企业在信息的收集和处理上所采用的会计方法保持稳定，会计核算才能正常进行。在市场经济条件下，企业破产清算的风险始终存在，一旦企业发生破产清算，所有以持续经营为前提的会计程序与方法就不再适用，而应当采用破产清算的会计程序和方法。如果仍然以持续经营假设进行会计确认、计量和报告，所反映的会计信息就是不真实的、不准确的，会误导会计信息使用者的经济决策。

【例1-7】某企业购入一台机器设备，预计使用寿命为15年，预计企业在将来会持续经营下去，该固定资产会在持续生产经营期间发挥作用，为企业生产出合格的产品，直到该机器设备使用寿命结束。为此，固定资产就应当根据购买时的实际成本(即历史成本)入账，在使用寿命期间，按照一定的折旧方法对历史成本进行摊销，将分摊金额(计提累计折旧)计入所生产的相关产品成本中。

(三)会计分期假设

《企业会计准则——基本准则》第七条指出："企业应当划分会计期间，分期结算账目和编制财务会计报告。会计期间分为年度和中期。中期是指短于一个完整的会计年度的报告期间。"这是对会计分期假设的规定。

会计分期是指在企业持续不断的经营过程中，人为地划分成一个个间距相等、首尾相接的会计期间，以确定每一个会计期间的收入、费用和盈亏，确定该会计期间期初、期末的资产、负债和所有者权益的数量，并据以结算账目和编制财务报告。从理论上来说，在企业持续经营的情况下，要反映企业的财务状况和经营成果只有等到企业所有的生产经营活动结束后，才能通过收入和费用的归集与比较进行准确的计算，但是到那时再提供会计信息就已经失去了应有的作用。因此，必须人为地将这个企业持续不断的经营过程划分为较短的会计期间，向财务报告的信息使用者提供有关企业财务状况、经营成果和现金流量等会计信息。会计分期是对会计工作时间范围的具体划分。

在会计分期假设的前提下，会计期间通常是一年，称为会计年度。会计年度的起止时间，各个国家的划分方式不尽相同。有的国家采用公历年度，有的国家则另设起止时间，如美国的会计年度为每年的7月1日至次年的6月30日。在我国，以公历年度作为企业的会计年度，即从公历1月1日起至12月31日止。会计年度确定后，一般按日历确定会计半年度、季度和月度，这是会计中期。

有了会计分期假设，才产生了本期与非本期的区别，才产生了收付实现制和权责发生制，产生了收入与费用配比等要求及应收、应付等会计处理。只有正确划分会计期间，才能准确地提供财务状况和经营成果的资料，才能进行会计信息的对比。

(四)货币计量假设

《企业会计准则——基本准则》第八条指出："企业会计应当以货币计量。"这是对货币计量假设的规定。

货币计量是指会计主体在进行会计确认、计量和报告时以货币计量，反映会计主体的财务状况、经营成果和现金流量。

对于企业经济活动的计量，存在着多种计量单位，如实物、数量、货币、重量、长度、体积等。我们常把货币以外的计量单位称为非货币计量单位，它们属于辅助性质的。由于各种经济活动的非货币计量单位具有不同的性质，在量上无法比较，为了连续、系统、全面、综合地反映企业的经济活动，会计核算客观上需要一种统一的计量单位作为计量尺度。在商品经济条件下，货币是一般等价物，是衡量商品价值的共同尺度。因此，会计核算自然就选择货币作为计量单位，以货币形式来反映和核算企业经营活动的全过程。

企业会计核算采用货币作为经济活动的主要计量单位，如果企业的经济业务是多种货币计量并存的情况，就需要确定一种货币作为记账本位币。记账本位币以外的货币则称为外币。我国有关会计法规规定，企业会计核算以人民币为记账本位币。业务收支以外币为主的企业，也可以选定某种外币作为记账本位币，但编制的会计报表应当折算为人民币反映；境外企业向国内有关部门编制会计报表也应折算为人民币反映。

在市场经济条件下，货币的内在价值也在发生变动，币值很不稳定，因此，在确定货币计量假设时，必须同时确立币值稳定假设，假设币值是稳定的，不会有大的波动，即使有所变动，也应不足以影响会计计量和会计信息的正确性。在恶性通货膨胀环境下，货币价值的波动会给会计计量带来很大的困难，按常规方法编制的会计报表会严重失实，引起报表使用者的误解，在这种情况下，就需要采用物价变动会计准则处理有关的经济活动。

货币计量也有一定的局限性。以货币计量为假设，一般可以全面反映企业的各项生产经营活动和有关交易或事项。但是，统一采用货币计量也有缺陷，例如，某些影响企业财务状况和经营成果的因素，如企业经营战略、研发能力、市场竞争力等，往往难以用货币来计量，而这些信息对于使用者决策也很重要。为此，企业可以在财务报告中补充披露有关非财务信息来弥补上述缺陷。

综上所述，会计假设虽然是人为确定的，但完全是出于客观需要，有充分的客观必然性，否则，会计核算工作就无法进行。这四项假设缺一不可，具有相互依存、相互补充的关系。会计主体确立了会计核算的空间范围；持续经营确立了会计核算的时间范围；会计分期是在会计主体和持续经营假设的基础上对实际会计工作在时间上作更具体的划分；而货币计量则是进行会计核算的必要手段。因此，这四项会计假设共同为会计核算工作的开展奠定了基础。

二、会计基础

1. 权责发生制

《企业会计准则——基本准则》第九条指出："企业应当以权责发生制为基础进行会计

确认、计量和报告。"这是对会计基础的规定。权责发生制基础要求凡是当期已经实现的收入和已经发生或应当负担的费用，无论款项是否收付，都应当作为当期的收入和费用，计入利润表；凡是不属于当期的收入和费用，即使款项已在当期收付，也不应当作为当期的收入和费用(即以本期是否有收款的权利或付款的义务为标准来确认本期的收入和费用)。

在会计实务中，企业交易或者事项的发生时间与相关货币收支时间有时并不完全一致。例如，预收销货款、预付购货款等情况，虽然款项已收到或已支付，但实际的经济业务在本期并未实现，为了更加真实、公允地反映特定会计期间的财务状况和经营成果，就不能将预收或预付的款项作为本期的收入或费用来处理。

2. 收付实现制

收付实现制是以实际收到或支付的款项作为确认收入和费用的依据(即以款项是否实际收到或付出为标准来确定本期收入和费用)。

目前，我国的行政单位预算会计采用收付实现制，实行"双功能、双基础、双报告"的核算形式。"双功能"，指政府会计应当实现预算会计和财务会计双重功能。预算会计通过预算收入、预算支出与预算结余三个要素，对政府会计主体预算执行过程中发生的全部预算收入和全部预算支出进行会计核算，主要反映和监督预算收支执行情况；财务会计通过资产、负债、净资产、收入和费用五个要素，对政府会计主体发生的各项经济业务或者事项进行会计核算，主要反映和监督政府会计主体的财务状况、运行情况等。"双基础"，指预算会计实行收付实现制，财务会计实行权责发生制。"双报告"，指政府会计主体应当编制决算报告和财务报告。政府决算报告的编制主要以收付实现制为基础，以预算会计核算生成的数据为准；政府财务报告的编制主要以权责发生制为基础，以财务会计核算生成的数据为准。

需要说明的是，"双功能、双基础、双报告"的核算模式下，政府预算会计和财务会计是"适度分离并相互衔接"的关系。在"双功能、双基础、双报告"的核算模式下，政府单位应当对预算会计和财务会计进行平行记账。平行记账的基本规则是：单位对于纳入部门预算管理的现金收支业务，在采用财务会计核算的同时应当进行预算会计核算；对于其他业务，仅需进行财务会计核算。

第四节　会计信息质量要求与会计计量属性

一、会计信息质量要求

会计是指会计主体通过财务会计报告向信息使用者反映经营者受托责任的履行情况，并提供对决策有用的会计信息。为达到这个目的，所提供的会计信息必须满足一定的质量要求，这些要求也被称为会计信息质量标准。我国颁布的《企业会计准则——基本准则》规定，会计信息质量要求包括八项，主要为可靠性、相关性、可理解性、可比性、实质重于形式、重要性、谨慎性和及时性。这些信息质量标准要求会计人员在日常处理会计业务时，必须遵循以向信息使用者提供真实、准确和公允的会计信息。

(一)可靠性

可靠性，也称客观性或真实性，要求企业必须以实际发生的交易或事项为依据进行确认、计量和报告，如实反映符合确认和计量要求的各项会计要素及其他相关信息，确保会计信息的真实性和可靠性、内容的完整性。

可靠性是对会计核算工作的基本要求。会计作为一个信息系统，其提供的信息是国家宏观经济管理部门、企业内部经营管理者及相关各方进行决策的依据。如果会计数据不能真实客观地反映企业经济活动的实际情况，就失去了存在的意义，并可能导致信息使用者的决策失误。因此，可靠性要求会计确认必须以实际活动和能证明经济业务发生的合法凭证为依据，如实反映企业的财务状况、经营成果和现金流量。

> 【例1-8】 某新办商业企业上半年的销售额比较理想，已达到130万元，但在之后的几个月内，由于市场竞争激烈和管理出现问题，销售能力下降，到12月中旬，总销售额仍不理想，没有达到预期目标。企业的管理者为了粉饰自己的工作业绩，增大企业的销售额度，就与其他单位协商，将合同规定的下一年度的销售额提前作为本期销售收入实现处理。企业的这种做法就不是以其实际发生的交易事项为依据，而是虚构本期的交易事项，违背了会计信息质量的可靠性要求，也违反了《会计法》。

(二)相关性

相关性，又称有用性，要求企业提供的会计信息应当与投资者等财务报告使用者的经济决策需要相关，并有助于投资者、债权人等财务报告使用者对企业过去、现在或者未来的情况进行评价或者预测。

会计信息的价值在于其与决策的相关性，有助于决策的制定。不同的信息使用者对会计信息的需求侧重点不同：投资者需要了解企业的获利能力和财务状况，以作出增加、保持或减少投资的决策；债权人要了解债务人的偿债能力，以作出继续或收回贷款的决策；企业管理层需要掌握企业预算和计划的执行情况，以控制企业的经营活动；国家宏观经济管理部门需要汇总各方面的信息，以制定宏观经济政策。相关性要求会计在收集、加工和提供会计信息时，应该充分考虑各信息使用者的决策需求，提供与其经营决策相关的信息，满足其共性需求。相关性是以可靠性为前提，要求在确保信息真实性的基础上，尽可能提高相关性，以满足会计信息使用者的决策需要。

(三)可理解性

可理解性要求企业提供的会计信息应当清晰明了，便于投资者等信息使用者理解和使用。

可理解性实际上是当今会计面临的重大问题之一，如何将专业的会计信息提供给社会大众和非财会人员，使之对其决策有用，会计信息的可理解性就显得尤为重要。因此，在财务报告中不仅包括表内信息，还包括大量的文字说明。

企业提供会计信息的目的在于使用，让信息使用者了解会计信息的内容及实质内涵，这就要求其所提供的会计信息必须清晰明了、易于理解。具体来说，会计记录应当准确、清晰；填制会计凭证、登记会计账簿必须做到依据合法、账户对应关系清楚、文字摘要完整；在编制会计报表时，项目勾稽关系清楚、项目完整、数字准确，并采用通俗易懂的语言。对某些复杂或难以理解的会计信息,应在企业财务报告中予以披露,使信息使用者能充分、自如地利用和分析企业的会计信息,从而作出正确的经济决策。随着我国社会经济的不断发展,会计信息使用者的范围日益扩大,这就在客观上对会计信息的明晰性(即可理解性)提出了更高的要求。

(四)可比性

可比性要求企业提供的会计信息应当相互可比。这里的可比包括以下两层含义。

1. 同一企业不同时期纵向可比

同一企业不同时期发生的相同或者相似的交易或者事项,应当采用一致的会计政策,不得随意变更。确需变更的,应当在财务报表附注中加以说明。

企业日常所发生的经济业务是复杂、多样的,对于某些会计事项的处理也有多种可供选择的政策,例如,固定资产计提累计折旧的方法(可以采用年限平均法、工作量法、双倍余额递减法、年数总和法),存货发出的方法(可以选择先进先出法、加权平均法、个别计价法等来确定发出存货的实际成本),产品成本计算方法(可以选用品种法、分批法和分步法确定产品实际成本),等等。在选择政策和方法时,企业应当根据自己的具体情况,选择恰当的适合本企业情况的会计政策,并在各个会计期间保持一致。

会计信息使用者要了解企业的经营情况和发展趋势,主要采用对连续几个会计期间的财务报告进行比较分析的方法。人为变更会计政策会影响各期会计报告信息的可比性,因为选用不同的会计方法和政策会产生不同的结果。这一规定也可以防止会计主体通过人为变更会计政策来粉饰会计报表,损害会计信息使用者的利益。

在会计核算工作中,要求同一企业不同时期发生的相同或者相似的交易或事项,应当采用一致的会计政策,不得随意变更。这并不意味着所选择的会计政策不能作任何变更。在符合一定条件的情况下,如法律或会计准则等行政法规、规章要求企业变更会计政策,或这种变更能够提供有关企业财务状况、经营成果和现金流量等更可靠、更相关的会计信息时,企业可以变更会计政策。不过,应将变更内容、变更理由、变更对企业财务状况和经营成果的累计影响数据,在财务会计报表附注中加以说明。

2. 不同企业相同会计期间横向可比

不同企业发生的相同或者相似的交易或事项,应当采用规定的会计政策,确保会计信息口径一致、相互可比。

可比性要求企业的会计核算应当按照国家统一的会计准则的规定进行,使所有企业的会计核算都建立在相互可比的基础上。只要是相同或相似的交易或事项,就应当采用规定的会计政策。这确保不同企业、不同地区所发生的相同或相似的经济业务在会计政策选择上口径一致,所提供的不同企业的财务状况、经营成果和现金流量等会计信息是相互可比的,便于投资者和其他信息使用者使用、分析会计信息,并作出正确决策。

(五)实质重于形式

实质重于形式,是要求企业应当按照交易或事项的经济实质进行会计确认、计量和报告，不能仅以交易或者事项的法律形式作为依据。

在实际工作中，交易或事项的法律形式并不总能完全真实地反映其实质内容。因此，会计信息要想真实反映其拟反映的交易或事项，就必须根据交易或事项的经济实质，而不能仅仅根据它们的法律形式进行核算和反映。

例如，用融资租赁方式租入固定资产，在租赁期满前，从法律形式上看，承租企业未拥有租赁资产的所有权；但从经济实质上看，与该资产相关的收益和风险已经转移给承租人，因为租赁期较长，接近租赁资产的使用寿命，租赁期满后承租人有优先购买该资产的权利，在租赁期内，承租人有权使用该项资产，获得资产收益，并承担资产使用中所发生的费用，计提折旧。遵循实质重于形式要求，承租人应该将用融资租赁方式租入的固定资产视为其自有的固定资产进行会计核算。遵守该要求体现了对经济实质的尊重，能够保证企业所提供的会计信息与客观经济事实相符。

实质重于形式原则清楚地说明了经济实质重于法律形式。大多数情况下，经济业务的法律形式反映了经济实质。但有些情况下，经济实质与法律形式不同，我们应该以经济实质为标准进行会计核算，如合并报表、售后回购、售后回租等。

(六)重要性

重要性要求企业提供的会计信息应当反映与企业财务状况、经营成果和现金流量有关的所有重要交易或者事项。

重要性要求每家企业应确定自己的重要事项。对于那些对企业经济活动或会计信息使用者相对重要的会计事项，应单独核算、分项反映，力求准确，并在财务报表中做重点提示；而对于那些次要的会计事项，在不影响会计信息真实性和相关性的条件下，可适当简化会计核算或合并反映，以便集中精力抓好关键事项。

会计核算将全面性和重要性相结合，才能使会计在全面的基础上保证重点。如果会计信息不分主次，反而会妨碍信息使用者的使用，甚至影响决策。对不重要的经济业务简化核算或合并反映，可以节省人力、物力和财力。

重要性的应用需要依赖职业判断，企业应当根据其所处环境和实际情况，从项目的质和量两方面来判断其重要性。从性质方面来说，如果某个会计事项的发生可能对决策产生重大影响，则该事项属于重要事项；从金额大小方面来说，如果某个会计事项的发生达到一定数量金额或比例，可能对决策产生重大影响，则该事项属于重要事项。

(七)谨慎性

谨慎性，又称稳健性，是指企业对交易或者事项进行会计确认、计量和报告时，应当保持应有的谨慎，不应高估资产或者收益，也不应低估负债或者费用。

谨慎性贯穿于会计核算的全过程，包括确认、计量、报告等方面。在会计核算工作中坚持谨慎性原则要求企业在面临不确定因素时作出职业判断，应当保持必要的谨慎，充分估计到各种风险和损失。例如，要求企业定期或者至少于每年年度终了时，对可能发生的各项资产损失计提资产减值准备，以及对固定资产采用加速折旧等方法都是谨慎性原则的体现。同时谨慎性原则体现的是对历史成本的修正。

但是，谨慎性的应用并不允许企业设置秘密准备。如果企业故意低估资产或者收益，或者故意高估负债或者费用,将不符合会计信息的可靠性和相关性要求,损害会计信息质量,扭曲企业实际的财务状况和经营成果,误导使用者的决策,这是会计准则所不允许的。如果企业计提秘密准备金,应作为重大会计差错处理,并必须按照重大会计差错进行更正。

(八)及时性

及时性是指企业对于已经发生的交易或者事项,应当及时进行会计确认、计量和报告,不得提前或者延后。

会计信息的提供具有较强的时效性,其使用价值会随着时间的推移而逐渐下降,甚至失去利用价值,误导信息使用者作出不正确的经营决策。在会计确认、计量和报告过程中,应自始至终贯彻及时性原则,一是要求及时收集各种会计信息,即在经济交易或事项发生或完成后,及时收集整理各种原始凭证;二是要求及时处理和传递会计信息,即按照会计准则的规定,及时对所发生的经济业务进行确认、计量和报告,并按照国家规定的有关时限,将会计报告及时传递给会计信息使用者,使其及时利用会计信息进行决策。这样,才能使会计信息在失去决策作用之前就被决策者所掌握和使用,充分发挥会计信息的时间价值。

二、会计计量属性

会计计量是为了将符合确认条件的会计要素登记入账,并在财务报表中确定其金额的过程。企业应当按照规定的会计计量属性进行计量,以确定相关金额。会计计量属性反映的是会计要素金额的确定基础,主要包括历史成本、重置成本、可变现净值、现值和公允价值等。

总论-会计量性.mp4

(一)历史成本

历史成本,又称为实际成本。在历史成本计量下,资产按照购置时支付的现金或者现金等价物的金额,或者按照购置资产时所付出的等价的公允价值计量;负债按照其因承担现时义务而实际收到的款项或者资产的金额,或者承担现时义务的合同金额,或者按照日常活动中为偿还负债预期需要支付的现金或者现金等价物的金额计量。在会计计量属性中,企业日常核算,一般应当采用的计量属性是历史成本。历史成本是基本的、首要的计量属性。

(二)重置成本

在重置成本计量下,资产按照现在购买相同或者相似资产所需支付的现金或者现金等价物的金额计量;负债按照现在偿付该项债务所需支付的现金或者现金等价物的金额计量。重置成本主要用于资产盘盈。

(三)可变现净值

在可变现净值计量下,资产按照其正常对外销售所能收到现金或者现金等价物的金额,扣减该资产至完工时估计将要发生的成本、估计的销售费用及相关税金后的金额计量。例如,在存货期末计价时采用成本与可变现净值孰低法。

(四)现值

现值是指对未来现金流量以恰当的折现率进行折现后的价值,是考虑货币时间价值等因素的一种计量属性。在现值计量下,资产按照预计从其持续使用和最终处置中所产生的未来净现金流入量的折现金额计量;负债按照预计期限内需要偿还的未来净现金流出量的折现金额计量。资产减值时用现值作为减值判断的标准。此外,在分期购买且时间较长(通常在3年以上)时也会用到现值。

现值计量属性的运用有两种情况。第一,合同现金流量的现值,如债权投资按实际利率法摊销利息调整的金额,则意味着该投资是按照合同现金流量的现值计量的;再如应付债券按实际利率法摊销利息调整金额,则意味着期末应付债券是按照合同现金流量的现值计量的。第二,预计未来现金流量现值,如在对固定资产或无形资产进行减值测试时,可收回金额的确定,所计算的现值是一种预计未来现金流量的现值而不是合同现金流量的现值。合同现金流量的现值比较可靠,而预计未来现金流量的现值带有较大的主观性。

(五)公允价值

在公允价值计量下,资产和负债按照在公平交易中,熟悉情况的交易双方自愿进行资产交换或者债务清偿的金额计量。公允价值属于一个相对的概念,我们这里说的"公允价值"是指在资产负债表日资产或负债当前的价值。例如,交易性金融资产、投资性房地产使用的就是公允价值计量。

【思政与德育】

朱镕基总理"不做假账"的深意

2001年4月16日,时任国务院总理的朱镕基在视察上海国家会计学院时,为该校题写校训"不做假账"。同年10月29日,朱镕基视察北京国家会计学院时题词"诚信为本,操守为重,遵循准则,不做假账"。如今,"不做假账"已成为财会人员从业的基本准则。

然而,现在经济生活中的一个突出问题,就是不少会计师事务所和会计人员造假账,出具虚假财务报告。许多贪污受贿、偷税漏税、挪用公款等经济违法犯罪活动,以及大量腐败现象,几乎都与财会人员做假账分不开,这已经成为严重危害市场经济秩序的一颗"毒瘤"。

做假账确实为某些人、某些小团体或某些地方带来了好处,然而,它带来的损害却是灾难性的。近年来一些公司为了获取上市资格,大做假账;上市之后,继续公布虚假财务状况,极大损害了利益相关者的利益。

(资料来源:《南方都市报》(改编))

思政感悟(扫码获得)　　　　　　　自测题及参考答案(扫码获得)

第二章 货币资金

【学习目标】

1. 熟悉库存现金和银行存款的使用与日常管理。
2. 掌握库存现金及银行存款清查的会计处理。
3. 掌握其他货币资金的会计处理。

【知识框架图】

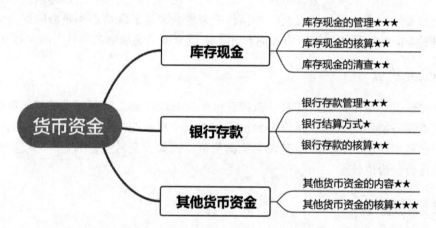

货币资金是指在企业生产经营过程中以货币形态存在的资产。它是企业资产中流动性较强的资产,企业要进行生产经营活动必须拥有一定数量的货币资金作为支付工具和偿债手段。因此,在企业的各项经济活动中,货币资金起着非常重要的作用。加强对货币资金的管理和控制,是企业内部控制的重要内容。货币资金从本质上讲属于金融资产的范畴,由于其具有较强的通用性和普遍的可接受性,故本章单独加以阐述。货币资金根据存放地点及其用途不同,可以分为库存现金、银行存款和其他货币资金。

第一节 库存现金

现金是通用的交换媒介,也是流动性最强的一种货币性资产。现金转化为企业其他形式的资产,一般是没有任何难度的。现金的概念有广义和狭义之分。广义的现金,根据我国会计惯例,不仅包括库存现金,还包括企业存放在银行及其他金融机构的存款,以及因结算方式、存放地点和用途不同而产生的其他符合现金定义的票据等。狭义的现金是指企业以硬币、纸币等形式存放在企业出纳员处的用于日常零星开支的现钞,即库存现金。本章所指的现金定义是指狭义的现金,即库存现金,包括人民币现金和外币现金。

第二章 货币资金

一、库存现金的管理

现金的特性决定了现金是一项特殊资产,因此对现金的管理与其他资产相比就显得更为重要。企业应当严格遵守国家有关现金的管理制度,正确进行现金收支的核算,监督现金使用的合法性与合理性。

(一)库存现金的使用范围

我国政府颁布的《现金管理暂行条例》对现金的使用范围有明确的规定。企业在发生下列经济业务时可以使用现金支付。

(1) 职工工资、津贴。
(2) 个人劳务报酬。
(3) 根据国家规定颁发给个人的科学技术、文化艺术、体育等各种奖金。
(4) 各种劳保、福利费用及国家规定的对个人的其他支出。
(5) 向个人收购农副产品和其他物资的价款。
(6) 出差人员必须随身携带的差旅费。
(7) 结算起点(1 000 元人民币)以下的零星支出。
(8) 中国人民银行确定需要支付现金的其他支出。

按照财政部关于《内部会计控制规范——货币资金(试行)》的规定,企业必须根据《现金管理暂行条例》的规定,结合本单位的实际情况,确定本单位现金的使用范围,不属于现金开支范围的业务应当通过银行办理转账结算。

(二)库存现金限额

企业的库存现金由银行根据企业的实际需要情况核定一个最高的限额,这个最高限额一般能满足企业 3~5 天的日常零星开支所需。边远地区和交通不便地区的企业库存现金可多于 5 天,但最多不能超过 15 天的日常零星开支所需。企业每日的现金结存数不得超过核定的限额,超过的部分应当及时送存银行。零星开支以外的支出(如支付工资、出差备用金)必须开具现金支票从开户银行提取。企业如需要增加或减少库存限额的,应当向开户银行提出申请,由开户银行核定。

(三)现金坐支

企业从现金收入中直接用于现金支出,称为"坐支"。企业坐支现金,不利于银行对企业的结算业务进行监督,因此不得坐支现金。由于特殊情况需要坐支现金时,应事先报经开户银行审查批准,由其核定坐支的范围和限额,企业应定期地向开户银行报告坐支的情况和金额。为了加强银行对企业现金的监督,企业向银行送存现金时,应在送款单上注明款项的来源;支取现金时,应在现金支票上注明款项的用途,经本单位财会部门负责人签字或盖章,由开户银行审核后予以支付。违反现金管理规定的款项,银行有权拒绝收付。

(四)库存现金的内部控制

库存现金的内部控制的主要目的是保证现金的安全和完整,防止舞弊行为的发生。现金的流动性决定了内部控制的必要性。除建立个人的道德与法制观念之外,企业还必须根据本部门或本系统内部控制制度的基本要求,对现金收入、保管、支付等全过程实施有效的管理和控制。强调其内部控制的措施与手段,建立健全现金的内部控制制度,只有这样才能防止现金的丢失、被盗以及违法乱纪行为的发生,以保持现金流动的合理性和安全性,提高现金的使用效果与获利能力。现金的内部控制包括以下几个方面的内容。

(1) 实行职能分开原则。要求库存现金实物的管理与账务的记录应分开进行,不能由一个人兼任。企业库存现金收支与保管应由出纳人员负责。管理现金的出纳人员不得兼管收入、费用、债权、债务等账簿的记录工作以及会计稽核和会计档案保管工作;填写银行结算凭证的有关印鉴,不能集中由出纳人员保管,应实行印鉴分管制度。这样做的目的是便于分清责任,形成一种互相牵制的控制机制,防止挪用现金及隐瞒流入的现金。

(2) 现金收付的交易必须要有合法的原始凭证。企业收到现金时,要有现金收入的原始凭证,以保证现金收入的来源合法;企业支付现金时,要按规定的授权程序进行。除小额零星支出须用库存现金外,其他应尽可能少用现钞,使用支票付款,同时要有确凿的原始凭证,以保证支付的有效性。出纳人员根据收款凭据和付款凭据办理现金收付,收付后在凭据上加盖"现金收讫"与"现金付讫"印章。

(3) 建立收据和发票的领用制度。领用的收据和发票必须登记数量和起讫编号,由领用人员签字,收回收据和发票存根,应由保管人员办理签收手续。对空白收据和发票应定期检查,以防止短缺。

(4) 加强监督与检查。对企业的库存现金,除了要求出纳人员应做到日清月结之外,企业的审计部门及会计部门的领导对现金的管理工作要进行经常性与突击性的监督与检查,包括现金收入与支出的所有记录。对发现的现金溢余与短缺,必须认真及时地查明原因,并按规定进行处理。

(5) 企业的出纳人员应定期进行轮换,不得一人长期从事出纳工作。一个人长期从事一项工作会形成惰性,不利于提高工作效率,同时可能会隐藏工作中的一些问题和不足。出纳工作每日都与资金打交道,时间长了,容易产生麻痹和侥幸心理,增加犯罪的机会。通过人员的及时轮换,不仅可以避免上述情况的出现,而且对工作人员本身也是一种保护,因此及时进行人员的轮换是非常必要的。

二、库存现金的核算

(一)账户设置

库存现金的总账核算是通过设置"库存现金"账户进行的。该账户属于资产类账户,反映库存现金的收入、支出和结存情况。借方登记库存现金的收入额,贷方登记库存现金的支出额,期末借方余额表示库存现金的结余额。库存现金总账可直接根据收付款凭证(记账凭证)逐笔登记,也可定期或于月份终时,根据汇总收付款凭证或账户汇总表登记。

库存现金的序时核算是通过设置库存现金日记账进行的。持有外币现金的企业,应分别按人民币、外币现金设置库存现金日记账。库存现金日记账一般由出纳人员根据审核后的收款、付款凭证,按照业务发生顺序逐笔登记。每日终了,应计算当日库存现金收入、支出合计数和结存数,并且与实际现金库存数额进行核对,做到账实相符。每月终了,应将库存现金日记账的余额与库存现金总账的余额核对确保相符。库存现金 T 型账户，如表 2-1 所示。

表 2-1 库存现金 T 型账户

借方	库存现金	贷方
期初余额		
库存现金的收入额		库存现金的支出额
期末余额：库存现金的结余额		

(二)账务处理

现金收入的渠道主要有从银行提取现金、收取转账起点以下的小额销售款、职工交回差旅费剩余款等。具体应做如下会计分录。

(1) 收到现金时：

借：库存现金
  贷：银行存款、其他应收款等

现金支出的去向应当遵循《现金管理暂行条例》的规定，主要用于日常的零星支出。具体应做如下会计分录。

(2) 支出现金时：

借：银行存款、其他应付款、其他应收款、管理费用、应付职工薪酬等
  贷：库存现金

【例 2-1】 某企业 1 月 4 日开出一张现金支票，从开户银行提取现金 5 000 元，以备零星开支。该企业应编制的会计分录如下。

借：库存现金   5 000
  贷：银行存款   5 000

【例 2-2】 企业用库存现金 850 元支付管理部门购买办公所用的笔和纸。该企业应编制的会计分录如下。

借：管理费用   850
  贷：库存现金   850

【例 2-3】 职工李某出差预借差旅费 5 000 元，以现金付讫。该企业应编制的会计分录如下。

借：其他应收款——李某   5 000
  贷：库存现金   5 000

【例 2-4】 职工李某出差归来报销差旅费 4 500 元，余款交回现金。该企业应编制的会计分录如下。

借：管理费用   4 500
  库存现金   500
  贷：其他应收款——李某   5 000

【例2-5】 企业以库存现金支付职工工资30 000元。该企业应编制的会计分录如下。

借：应付职工薪酬——工资　　　　　　　　　　30 000
　　贷：库存现金　　　　　　　　　　　　　　　　　30 000

(三)备用金的核算

企业为了控制和简化日常零星或分散的现金开支，由企业会计部门拨付给内部各部门、各单位固定数量的可供周转使用的资金，称为"备用金"。备用金一般采用定额制度，定额备用金制度的基本内容如下。

(1) 由企业的会计部门根据企业内部各部门或个人日常零星开支的需要，核定定额并拨付现金，供其长期周转使用，各部门备用金应由专人负责。

(2) 各部门备用金保管员根据经审核无误的支付凭证和规定的手续，以备用金支付日常零星支出，待备用金快要用完时，凭有关支付凭证到会计部门报销，会计部门补足备用金。对于备用金，会计部门应经常检查各项备用金的使用情况和备用金登记簿中的各项记录，以保证备用金的数量。只有撤销备用金和调整备用金定额时，备用金定额才会发生变化。

定额备用金的核算可以在"其他应收款——备用金"账户中进行，也可以专设"备用金"账户进行备用金的核算。该账户的借方登记备用金的拨付数，贷方登记备用金撤销或调整时的收回数。具体应做如下会计分录。

① 会计部门拨付备用金时，根据使用单位或职工的借款单：

借：其他应收款——备用金(××部门)
　　贷：库存现金

② 使用部门根据有关原始凭证报销费用，会计部门补足备用金定额时，根据费用的用途：

借：管理费用
　　贷：库存现金

③ 当使用部门不再需要备用金时：

借：库存现金
　　贷：其他应收款——备用金(××部门)

【例2-6】 A公司于2023年1月1日起对总务科实行定额备用金制度。

① 会计部门根据核定的定额，拨付定额备用金2 000元，以现金支付。该企业应编制的会计分录如下。

借：其他应收款——备用金(总务科)　　　　　　2 000
　　贷：库存现金　　　　　　　　　　　　　　　　　2 000

② 总务科用备用金500元购入办公用品，支付市内运输费等200元。备用金保管员持有关原始凭证到会计部门报销。会计部门审核后付给现金，补足其定额。该企业应编制的会计分录如下。

借：管理费用　　　　　　　　　　　　　　　　700
　　贷：库存现金　　　　　　　　　　　　　　　　700

三、库存现金的清查

货币资金-库存现金(库存现金的清查).mp4

现金清查是指对库存现金的盘点与核对,包括出纳人员每日终了前进行现金账实核对,以及清查小组进行的定期或不定期的现金盘点和核对。现金清查一般采用实地盘点法。清查小组清查时,出纳人员必须在场。清查的主要内容是检查是否存在挪用现金、白条顶库、超限额留存现金,以及账实是否相符等。对于现金清查的结果,应编制现金盘点报告单,注明现金溢余或短缺的金额,并由出纳人员和盘点人员签字盖章。如果有挪用现金、白条顶库情况,应及时予以纠正;对于超限额留存的现金,要及时送存银行。

每日终了结算现金收支、财产清查时发现的有待查明原因的现金短缺或溢余,应通过"待处理财产损溢"账户核算。该账户属于双重性账户,下设"待处理流动资产损溢"和"待处理固定资产损溢"两个明细账户。"待处理财产损溢"账户的借方登记各项财产物资盘亏或毁损的金额以及盘盈报经批准后转销的数额;贷方登记各项财产物资的盘盈金额,以及盘亏或毁损报经批准后的转销数额;期末借方余额,反映企业期末尚未批准处理的各种财产物资的净损失;期末贷方余额,反映企业期末尚未批准处理的各种财产物资的净溢余。在期末结账前,应将"待处理财产损溢"账户余额处理完毕,处理后该账户应无余额。待处理财产损溢 T 型账户,如表 2-2 所示。

表 2-2 待处理财产损溢 T 型账户

借方　　　　　　　　　待处理财产损溢　　　　　　　　　贷方
发生额:财产物资发生的盘亏、毁损数　　　　发生额:财产物资发生的盘盈数 　　　　财产物资盘盈的批准转销数　　　　　　　　　财产物资盘亏、毁损的批准转销数
期末余额:尚未批准处理的财产净损失　　　　期末余额:尚未批准处理的财产净溢余

1. 企业在进行财产清查过程中发生现金溢余时,具体应做如下会计分录。

(1) 批准前(发生现金溢余)

借:库存现金　　　　　　　　　　　　　　　　　　(实际溢余金额)
　　贷:待处理财产损溢——待处理流动资产损溢　　　(实际溢余金额)

(2) 批准后(查明原因后,应分情况处理)

借:待处理财产损溢——待处理流动资产损溢　　　　(实际溢余金额)
　　贷:其他应付款——应付现金溢余(××个人或单位)　(实际支付金额)
　　　　营业外收入——现金溢余　　　　　　　　　　(无法查明原因金额)

2. 企业在进行财产清查过程中发生现金短缺时,具体应做如下会计分录。

(1) 批准前(发生现金短缺)

借:待处理财产损溢——待处理流动资产损溢　　　　(实际短缺金额)
　　贷:库存现金　　　　　　　　　　　　　　　　　(实际短缺金额)

(2) 批准后(查明原因后,应分情况处理)

借:其他应收款——××个人　　　　　　　　　　(应由责任人赔偿的金额)
　　其他应收款——应收保险赔款　　　　　　　　(应由保险公司赔偿的金额)
　　管理费用　　　　　　　　　　　　　　　　　(无法查明原因的金额)
　贷:待处理财产损溢——待处理流动资产损溢　　(实际短缺金额)

3. 若属于记账差错的应及时予以更正。

【例2-7】某企业6月末盘点时,发现库存现金比账面余额少500元。该企业应编制的会计分录如下。
　借:待处理财产损溢——待处理流动资产损溢　　　500
　　贷:库存现金　　　　　　　　　　　　　　　　　　500

【例2-8】承上例,经查明,其中100元是出纳员王某责任所致,400元无法查明原因,经批准予以核销。该企业应编制的会计分录如下。
　借:其他应收款——王某　　　　　　　　　　　100
　　管理费用　　　　　　　　　　　　　　　　　400
　　贷:待处理财产损溢——待处理流动资产损溢　　　500

【例2-9】某企业5月末盘点库存现金发现有300元的现金溢余。该企业应编制的会计分录如下。
　借:库存现金　　　　　　　　　　　　　　　　300
　　贷:待处理财产损溢——待处理流动资产损溢　　　300

【例2-10】承上例,经查明,其中200元是少付给张某的津贴,100元无法查明原因,经批准予以核销。该企业应编制的会计分录如下。
　借:待处理财产损溢——待处理流动资产损溢　　　300
　　贷:其他应付款——应付现金溢余(张某)　　　200
　　　营业外收入——现金溢余　　　　　　　　　100

第二节　银　行　存　款

一、银行存款管理

(一)银行存款账户

银行存款是指企业存放在银行和其他金融机构的货币资金。按照国家有关规定,凡是独立核算的企业都必须在当地银行开设结算账户,企业的库存现金超过其限额的部分必须存入银行。企业收入的一切款项,除国家另有规定外,都必须于当日解交银行;一切支出,除规定可以用现金支付的以外,都应通过银行办理转账结算。

按照《人民币银行结算账户管理办法》的规定,企业单位在银行开立的账户分为基本存款账户、一般存款账户、临时存款账户和专用存款账户四种。

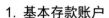

1. 基本存款账户

基本存款账户，也称结算户，是存款人因办理日常转账结算和现金收付需要而开立的银行结算账户。按规定，单位结算账户是以基本存款账户为龙头建立的账户管理体系。存款人只能在银行开立一个基本存款账户；其他银行结算账户的开立必须以基本存款账户的开立为前提，凭基本存款账户开户登记证办理相关手续，并在基本存款账户开户登记证上进行相应登记。企业工资、奖金等现金的支取，只能通过基本存款账户办理。按《人民币银行结算账户管理办法》的规定，一个单位只能选择一家银行申请开立一个基本存款账户。

2. 一般存款账户

一般存款账户是企业在基本存款账户以外的借款转存账户，以及与基本存款账户的企业不在同一地点的附属非独立核算单位开立的账户。按规定，只要存款人具有借款或其他结算需要，就可以在基本存款账户开户银行以外的银行营业机构开立一般存款账户。一般存款账户主要用于存款人借款转存、借款归还和其他结算的资金收付。该账户可以办理转账结算和现金缴存，但不能办理现金支取。

3. 临时存款账户

临时存款账户是存款人因临时需要并在规定期限内使用而开立的银行结算账户。临时存款账户主要用于办理临时机构及临时经营活动发生的资金收付，如企业异地产品展销、临时性采购资金等，该账户按规定可以支取现金，其有效期最长不得超过 2 年。

4. 专用存款账户

专用存款账户是存款人按照法律、行政法规和规章，对其特定用途资金进行专项管理和使用而开立的银行结算账户。特定用途资金主要包括基本建设资金、更新改造资金、社会保障基金、住房基金和党团工会经费等需要专户管理的资金。专用存款账户不能由存款人自由设立，且专用存款账户支取现金必须遵守国家现金管理的有关规定。

(二)银行存款的日常管理要求

企业的会计部门应当执行国家对银行存款的各项管理办法和结算制度，加强企业银行存款的管理。

1. 按照规定开立和使用账户

严格按照国家法律、行政法规的有关规定开立和使用账户，办理存款、取款和结算。定期检查、清理银行账户的开立及使用情况，发现问题，及时处理。企业除保留库存限额的现金外，其余款项都要存入银行。

2. 遵守银行结算纪律

严格遵守银行结算纪律，不在基本存款账户以外的账户提取现金；向个人银行结算账户划转资金时，必须符合有关规定；不签发没有资金保证的票据或远期支票，从套取银行信用；不签发、取得和转让没有真实交易背景的票据，以套取银行和他人资金；不无理拒绝付款，逃避债务，或任意占用他人资金；不出租、出借银行结算账户。

3. 定期核对银行存款余额

企业应当设置"银行存款日记账",由出纳人员按照各种票据和其他结算凭证,填制银行收付款凭证,并逐笔登记银行存款日记账。定期核对银行账户,掌握银行存款的收支和结余情况,避免签发空头支票。定期(月末)核对银行存款日记账与银行对账单,并编制"银行存款余额调节表"进行调节,确保银行存款账实相符。对核对中发现的差错,及时查明原因,并进行账务处理。

4. 加强相关票证印鉴的管理

企业应加强对各种银行票据和其他结算凭证的管理。设置"票据领用登记簿",支票等重要支付凭证领用时,应由领用人员按编号顺序登记并签字,作废票据应及时收回并妥善保管。如果丢失,应按规定及时向银行办理挂失手续或采取其他防范措施。定期查对已领取但尚未使用的空白票据,防止出现短缺和遗失。企业财务专用章、会计主管私章等在开户银行预留的印鉴,应由专人分别保管。

二、银行结算方式

根据《中国人民银行支付结算办法》的规定,企业通过银行办理货币资金收付的主要结算方式有支票、汇兑、商业汇票、委托收款、银行汇票、银行本票、托收承付、信用卡、信用证等。银行、企业和个人在办理转账结算时,都必须遵守"恪守信用、履约付款;谁的钱进谁的账,由谁支配;银行不予垫款"的原则。

企业应根据材料、商品等物资的购销情况、收付业务的种类及对方信用的可靠程度,选择适当的结算方式。当购销材料、商品等物资时,可取得或开出发票,增值税专用发票的票样如图 2-1 所示。

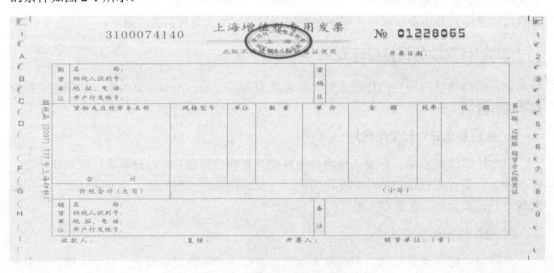

图 2-1 增值税专用发票票样

随着大数据的普及,发票也可使用电子发票,电子发票的票样,如图 2-2 所示。

(一)支票

支票是由单位或个人签发的,委托办理支票存款业务的银行在见票时无条件支付确定金额给收款人或者持票人的票据。

图 2-2 增值税专用发票电子发票票样

支票结算是一种应用比较广泛的结算方式。在同一票据交换区域内的单位或个人的各种款项结算均可以使用支票。支票由银行统一印制,分为现金支票、转账支票和普通支票三种。现金支票只能用于支取现金,不能转账;转账支票只能用于转账,不能用于支取现金;普通支票既可以支取现金,也可以转账。在普通支票左上角画有两条平行线的为划线支票,划线支票只能用于转账,不能用来支取现金。支票的提示付款期限为自出票日起 10 日内,但中国人民银行另有规定的除外。

企业在签发支票之前应认真核查银行存款的账面余额,防止签发超过银行存款余额的空头支票。对于签发空头支票的行为,除银行按票面金额处以 5%但不低于 1 000 元的罚款外,持票人还有权要求出票人支付支票金额 2%的赔偿金。出票人不得签发与其预留银行签章不符的支票;使用支付密码的,出票人不得签发支付密码错误的支票;转账支票可以根据需要在票据交换区域内背书转让。支票结算方式票样,如图 2-3 至图 2-6 所示。

(二)汇兑

汇兑是汇款人委托银行将其款项支付给收款人的结算方式。单位和个人的各种款项的结算,均可以使用汇兑结算方式。

按款项划转方式不同,汇兑可以分为信汇和电汇两种。信汇是指汇款人委托银行通过邮寄方式将款项划给收款人;电汇是汇款人委托银行通过电报方式将款项划给收款人。汇兑结算方式一般适用于异地之间各种款项的结算。这种结算方式划拨款项简便、灵活,适用于退休工资、医药费、各种劳务费、稿酬等款项的支付。

采用这一结算方式,在汇款单位汇出款项时,应填写银行印发的汇款凭证,列明收款单位名称、汇款金额及汇款用途等项目，并送达开户银行即汇出银行。汇出银行受理汇款单位签发的汇兑凭证，经审查无误后，应及时向汇入银行办理汇款，并向付款单位签发汇款回单。对开立存款账户的收款人，汇入银行应将汇入款项直接转入收款人账户，并向其发出收账通知。

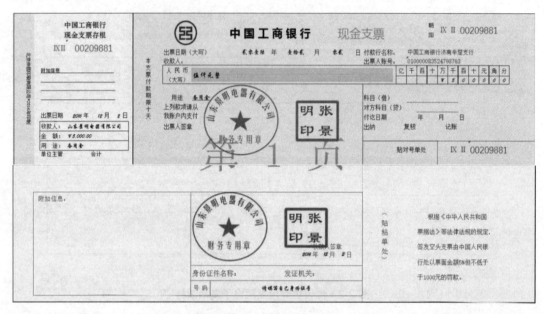

图 2-3　现金支票票样

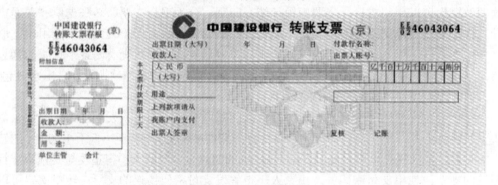

图 2-4　转账支票票样

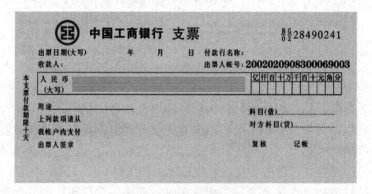

图 2-5　普通支票票样

(三)商业汇票

商业汇票是由出票人签发的,委托付款人在指定日期无条件支付确定的金额给收款人或者持票人的票据。

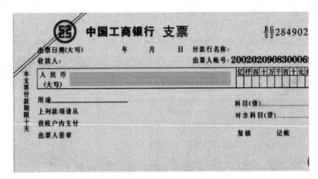

图 2-6　划线支票票样

在银行开立账户的法人及其他组织之间,只有具有真实的交易关系或债权债务关系时,才能使用商业汇票。商业汇票的出票人是交易中的收款人或付款人;商业汇票须经承兑人承兑才能生效;承兑是汇票的付款人承诺在汇票到期日支付汇票金额的票据行为。商业汇票的付款期限由交易双方确定,但最长不得超过 6 个月;商业汇票的提示付款期限为自汇票到期日起 10 日内。商业汇票一律记名,可以背书转让,收款单位可以将未到期的商业汇票向银行申请贴现。

商业汇票按承兑人不同分为银行承兑汇票和商业承兑汇票两种。

银行承兑汇票是由收款人或承兑申请人签发,并由承兑申请人向开户银行申请,经银行审查同意承兑的汇票。承兑银行按票面金额向出票人收取万分之五的手续费。付款单位应于汇票到期前将票款交存其开户银行,以备由承兑银行在汇票到期日或到期后的见票当日支付票款。到期时,承兑银行凭汇票将承兑金额无条件转给收款单位。若付款单位于汇票到期日未能足额交存款项,承兑银行除凭票向持票人无条件付款外,对出票人尚未支付的汇票金额按每日万分之五计收罚息,并保留对该项债务向企业追索的权利。银行承兑汇票结算方式的票样,如图 2-7 所示。

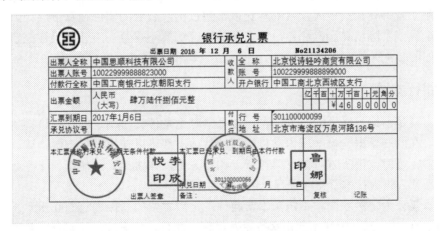

图 2-7　银行承兑汇票票样

商业承兑汇票是由银行以外的付款人承兑的商业汇票。汇票到期时，如果付款单位的存款不足支付，开户银行将汇票退还给付款企业，银行不负责付款，由收付双方自行处理。商业承兑汇票是以企业的信誉作为担保的，其风险大于银行承兑汇票。

(四)委托收款

委托收款是收款人委托银行向付款人收取款项的结算方式。其主要适用于收取水电费、电话费等分散的公用事业费等有关款项。凡在银行或其他金融机构开设账户的单位和个人的商品交易、劳务款项及其他应收款项的结算，均可使用委托收款结算方式。在款项的划回方式上，既可邮寄，也可电汇。

收款企业委托银行收款时，应填写委托收款凭证并提供相关的债务证明，经开户银行审查后，据以办理委托收款。付款单位开户银行接到收款企业开户银行寄来的委托收款凭证，经审查后通知付款单位，付款单位收到银行交给的委托收款凭证及债务证明应签收，并在 3 日之内审查债务证明是否真实，是否为本单位的债务，确认之后通知银行付款。如果付款单位逾期不通知银行，银行视为同意付款，并在第 4 日从单位账户中划出此笔托收款项。付款单位在 3 日内审查有关债务凭证后，对收款企业委托收取的款项需要拒绝付款，应出具拒绝证明，并连同有关债务证明、凭证送交开户银行，开户银行不负审查责任，只将拒绝证明等凭证一并寄给收款企业的开户银行，由其转交收款企业。如付款期满，付款单位无足够资金支付全部款项，其开户银行应将债务证明连同未付款项通知书邮寄给收款企业的开户银行，由其转交收款企业。

(五)银行汇票

银行汇票是汇款人将款项交存当地出票银行，由出票银行签发给汇款人持往异地办理转账结算或支取现金的票据。银行在见票时，按照实际结算金额无条件支付给收款人或持票人。这种结算方式具有使用灵活、票随人到、兑现性强等特点，适用于异地之间各种款项的结算，特别适用于先收款后发货或货款两清的商品交易。单位和个人的各种款项结算，均可使用银行汇票。

银行汇票一律记名，付款期为 1 个月，逾期的票据，兑付银行不予办理。收款人还可以将银行汇票背书转让给他人，背书转让以不超过出票金额的实际结算金额为限，未填写实际结算金额或实际结算金额超过出票金额的银行汇票不得背书转让。银行汇票结算方式的票样，如图 2-8 所示。

(六)银行本票

银行本票是由银行签发的，承诺自己在见票时无条件支付确定的金额给收款人或持票人的票据。在同一票据交换区域内支付的各种款项，都可以使用银行本票结算。用银行本票购买材料物资时，销货方可以见票付货，购货方可以凭票提货；债权、债务双方可以凭票清偿；收款人将银行本票交存银行，银行即可为其入账。

银行本票分为定额本票和不定额本票两种，定额本票的面额为 1 000 元、5 000 元和 10 000 元、50 000 元。银行本票由银行签发，保证兑付，信誉度高。银行本票可以用于转账，注明"现金"字样的可以用于支取现金，但单位不得申请签发现金银行本票。银行本票一律记名,其提示付款期限为出票日起最长不得超过 2 个月,在付款期内银行本票见票即付,超过期限的银行不予受理。收款人可以在其票据交换区域内将银行本票背书转让给被背书人。银行本票结算方式的票样,如图 2-9 所示。

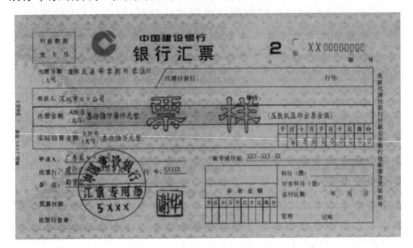

图 2-8 银行汇票票样

图 2-9 银行本票票样

(七)托收承付

托收承付是根据购销合同,由收款人发货后,委托银行向异地付款人收取款项,由付款人向银行承付的一种结算方式。这种结算方式只适用于异地结算,并且是商品交易及因商品交易产生的劳务供应的款项,双方必须签有符合《民法典》的购销合同。代销、寄销、赊销商品款不得办理托收承付结算。

使用托收承付结算方式的收款单位和付款单位,必须是国有企业、供销合作社及经营管理较好并经开户银行审查同意的城乡集体所有制工业企业。

销货企业按照购销合同的规定发货后,填写托收承付凭证,盖章后连同发运凭证或其他符合托收承付结算的有关证明和交易单证送交开户银行办理托收手续。销货企业开户银行接到托收凭证及其附件后,应当按照托收范围、条件和托收凭证填写的要求进行认真审查,经审查无误的,将有关托收凭证连同交易单证一并寄交购货企业开户银行。购货企业开户银行收到托收凭证及其附件后,应及时通知并转交购货企业。购货企业在承付期内审查核对，安排资金以备承付。购货企业的承付期应在双方签订合同时约定验单付款还是验货付款，其中，验单付款的承兑期为 3 天，验货付款的承兑期为 10 天。承付期内购货企业未表示拒绝付款的，银行视为同意承付，于承付期满的次日上午银行开始营业时，将款项划给销货企业。购货企业不得在承付货款中扣抵其他款项或以前托收的货款。

  托收承付款项划回方式分为邮寄和电报两种，由收款人根据需要选择使用；收款单位办理托收承付，必须具有商品发出的证件或其他证明。托收承付结算的每笔金额起点为 10 000 元，新华书店系统的托收承付结算的每笔金额可降至 1 000 元。

(八)信用卡

  信用卡是指商业银行向个人和单位发行的，凭此向特约单位购物、消费和向银行存取现金的一种具有消费信用的特制载体卡片。例如，中国工商银行发行的牡丹卡、中国农业银行发行的金穗卡、中国银行发行的长城卡等。

  信用卡按使用对象的不同，分为单位卡和个人卡，单位卡的使用对象为单位，个人卡的使用对象为个人。信用卡还可按信用等级的不同，分为金卡和普通卡。用在中国境内金融机构开立基本存款账户的单位，都可以申请单位卡。单位卡账户的资金一律从其基本存款账户转账存入。在使用过程中，需要向其账户续存资金的，也一律从其基本存款账户转账存入。不得交存现金，不得将销售收入的款项存入其账户。持卡人可持信用卡在特约单位购物、消费。单位卡不得用于 10 万元以上的商品交易、劳务供应款项的结算，不得支取现金。持卡人不得出租或转借信用卡。

(九)信用证

  信用证结算方式是国际结算的一种主要方式，经中国人民银行批准经营结算业务的商业银行总行，以及经商业银行总行批准开办信用证结算业务的分支机构，也可以办理国内企业之间商品交易的信用证结算业务。

  在信用证结算方式下，收款单位收到信用证后，即备货装运，签发有关发票账单，连同运输单据和信用证送交银行，根据退还的信用证等有关凭证编制收款凭证；付款单位在接到开证通知时，根据付款的有关单据编制付款凭证。

三、银行存款的核算

(一)账户设置

  为了核算银行存款的收入、付出和结存情况，应设置"银行存款"账户，该账户性质属于资产类。借方登记银行存款的增加额，贷方登记银行存款的减少额，期末借方余额表示银行存款的结余额。在总分类账上按照"银行存款"开设总账账户。银行存款总账可直接根据收款、付款凭证或记账凭证逐笔登记，也可定期或于月度结束时，根据汇总收款、付款凭证进行登记。银行存款 T 型账户，如表 2-3 所示。

表 2-3　银行存款 T 型账户

借方	银行存款	贷方
期初余额		
银行存款的增加额	银行存款的减少额	
期末余额：银行存款的结余额		

为了能够逐日详细地反映银行存款的收入来源、支出用途和结存情况，每个企业还必须设置"银行存款日记账"。一般由出纳人员按照银行存款收付业务发生的先后顺序，逐日逐项登记。"银行存款日记账"必须采用订本式账簿，账页格式一般采用"三栏式"。每日结束时，应结出余额。"银行存款日记账"应定期与"银行对账单"核对，至少每月核对一次。企业账面结余与银行对账单余额之间如有差额，必须逐笔查明原因，并按月编制"银行存款余额调节表"，检查企业记录与银行记录是否有错误。

月度终了，"银行存款日记账"的余额必须与"银行对账单"的余额核对相符。

有外币业务的企业，应在"银行存款"账户下，分别按人民币和各种外币设置"银行存款日记账"进行明细核算。

(二)银行存款收入、付出业务的核算

【例 2-11】 A 企业收到甲公司开来的金额为 180 000 元转账支票一张，甲公司用于偿还以前欠的货款。A 企业将支票和填制的进账单送交开户银行。根据开户银行的进账单和有关原始凭证，A 企业应编制的会计分录如下。

借：银行存款　　　　　　　　　　　　　180 000
　　贷：应收账款——甲公司　　　　　　　　　　180 000

【例 2-12】 A 企业将现金 1 500 元存入银行，根据"现金解款单"回单联，A 企业应编制的会计分录如下。

借：银行存款　　　　　　　　　　　　　1 500
　　贷：库存现金　　　　　　　　　　　　　　　1 500

【例 2-13】 A 企业采用汇兑结算方式，委托银行将款项 2 600 元划转给乙公司，用以偿还以前欠的劳务费。根据开户银行的汇款回单，A 企业应编制的会计分录如下。

借：应付账款——乙公司　　　　　　　　2 600
　　贷：银行存款　　　　　　　　　　　　　　　2 600

(三)银行存款的清查

为了保证银行存款核算的真实性和准确性，及时纠正银行存款账目可能存在的差错，准确掌握企业银行存款的实际数额，企业必须定期对银行存款进行清查。清查方法是：企业的"银行存款日记账"应定期(至少每月)与银行出具的"银行对账单"逐笔核对，并按月编制"银行存款余额调节表"，以便企业及时了解银行存款核算的正确性和收支动态。

货币资金-银行存款(银行存款的清查).mp4

通过核对发现双方余额不符的主要原因如下所述。

(1) 记账错误。主要是账户或金额记录的错误。

(2) 存在"未达账项"。所谓"未达账项",即企业与银行一方已登记入账,而另一方由于凭证传递时间的不同而尚未入账的款项。其中产生未达账项的主要原因有以下几种情况。

① 企业已经收款入账,银行尚未办理完转账手续。

② 企业已经付款入账,银行尚未办理完转账手续。

③ 银行已经收款入账,企业尚未收到银行的收款通知。

④ 银行已经付款入账,企业尚未收到银行的付款通知。

以上任何一种情况的发生都会使双方账面的余额不相符。

企业与银行对账前,首先应检查本单位的"银行存款日记账"是否准确无误。然后与银行送来的对账单逐笔进行核对,如发现记账有误,应查明原因并更正;如发现未达账项,则应在查明原因后编制"银行存款余额调节表",检查双方的账目是否相符。

【例 2-14】 甲公司 2023 年 3 月 31 日银行存款日记账的账面余额为 709 200 元,银行转来的对账单上的余额为 699 600 元,经逐笔核对,发现以下情况。

① 3 月 28 日,公司开出支票 4 200 元,持票人尚未到银行办理转账,银行尚未登记入账。

② 3 月 30 日,公司委托银行代收款项 15 000 元,银行已经收妥并入账,公司尚未接到银行的收款通知,尚未记账。

③ 3 月 31 日,公司将销售货物收到的转账支票 25 200 元送存银行,银行尚未记入公司存款账户。

④ 3 月 31 日,银行代甲公司支付水费 3 600 元,公司尚未接到银行的付款通知,尚未记账。

要求:根据上述资料编制该公司的"银行存款余额调节表",如表 2-4 所示。

表 2-4 银行存款余额调节表

2023 年 3 月 31 日　　　　　　　　　　　　　　　　　　　单位:元

项　目	金　额	项　目	金　额
企业银行存款日记账余额	709 200	银行存款对账单余额	699 600
加:银行已收 　　企业未收	15 000	加:企业已收 　　银行未收	25 200
减:银行已付 　　企业未付	3 600	减:企业已付 　　银行未付	4 200
调节后的存款余额	720 600	调节后的存款余额	720 600

由表 2-4 可知,在不存在记账差错的情况下,双方调节后的余额应核对相符。但是,经调整后重新求得的余额仅起到对账的作用,不能作为调节账面余额的原始凭证,而是反映银行存款的实际数额。银行存款日记账的登记,应在有关结算凭证到达后再进行会计处理并登记入账。

第三节 其他货币资金

一、其他货币资金的内容

其他货币资金是指除库存现金、银行存款以外的其他各种货币资金。就其性质来看，其他货币资金与库存现金和银行存款一样，均属于货币资金。由于存放地点和用途与库存现金和银行存款不同，因此在会计上需要单独进行核算。其他货币资金主要包括外埠存款、银行汇票存款、银行本票存款、信用卡存款、信用证保证金存款和存出投资款等。

二、其他货币资金的核算

(一)账户设置

企业应设置"其他货币资金"账户，用来反映企业其他货币资金的增、减变动及结余情况。该账户性质属于资产类。借方登记其他货币资金的增加额，贷方登记其他货币资金的减少额，期末借方余额反映其他货币资金的结余额。"其他货币资金"账户应设置"外埠存款""银行汇票""银行本票""信用卡""信用证保证金""存出投资款"等明细账。其他货币资金T型账户，如表2-5所示。

表2-5 其他货币资金T型账户

借方	其他货币资金	贷方
期初余额		
其他货币资金的增加额	其他货币资金的减少额	
期末余额：其他货币资金的结余额		

(二)账务处理

1. 外埠存款

外埠存款是指企业到外地进行临时或零星采购时，汇往采购地银行开立采购专户款项。企业将款项委托当地银行汇往采购地，开立临时采购专户，除采购员差旅费可以支取少量现金外，一律通过转账结算；采购专户只付不收，付完应结束账户。企业在采购时，通过采购专户结算货款。采购结束后若有结余款，将其退回汇款企业的开户银行。

【例2-15】 某企业6月12日将款项5 000元委托给当地银行汇往采购地开立临时采购专户。该企业应编制的会计分录如下。

借：其他货币资金——外埠存款　　　　　　5 000
　　贷：银行存款　　　　　　　　　　　　　　5 000

6月23日收到采购人员交来供货单位的发票账单，金额为4 000元，增值税税额为520

元,材料已验收入库(按实际成本核算)。该企业应编制的会计分录如下。

　　借：原材料　　　　　　　　　　　　　　　　　4 000
　　　　应交税费——应交增值税(进项税额)　　　　 520
　　　贷：其他货币资金——外埠存款　　　　　　　　　　4 520

当日,多余的外埠存款转回当地银行存款户,收到银行的收账通知,金额为 480 元。该企业应编制的会计分录如下。

　　借：银行存款　　　　　　　　　　　　　　　　 480
　　　贷：其他货币资金——外埠存款　　　　　　　　　 480

2. 银行汇票存款

银行汇票存款是指企业为取得银行汇票按规定存入银行的款项。企业将款项交存开户银行并取得银行汇票后,可持往异地办理转账结算或支取现金,汇票使用后如有多余款或因汇票超过付款期而未付出的,将其退回企业的开户银行。

货币资金-其他货币资金(银行汇票的结算).mp4

【例2-16】 企业向银行提交"银行汇票申请书"并将款项100 000元交存开户银行,要求银行办理银行汇票并已取得汇票。根据银行盖章退回的申请书存根联,该企业应编制的会计分录如下。

　　借：其他货币资金——银行汇票　　　　　　　　100 000
　　　贷：银行存款　　　　　　　　　　　　　　　　　100 000

采购员持汇票前往异地采购乙材料,实际使用汇票支付材料价款70 000元,增值税税额为9 100元。乙材料已验收入库,根据发票账单等有关凭证(按实际成本核算),该企业应编制的会计分录如下。

　　借：原材料——乙材料　　　　　　　　　　　　 70 000
　　　　应交税费——应交增值税(进项税额)　　　　 9 100
　　　贷：其他货币资金——银行汇票　　　　　　　　　 79 100

银行汇票的多余款项已退回企业开户银行。根据开户银行转来的银行汇票第四联(多余款收账通知),该企业应编制的会计分录如下。

　　借：银行存款　　　　　　　　　　　　　　　　20 900
　　　贷：其他货币资金——银行汇票　　　　　　　　　20 900

3. 银行本票存款

银行本票存款是指企业为取得银行本票按规定存入银行的款项。企业将款项交存开户银行并取得银行本票后,可在同一票据交换区域内,办理转账结算或取得现金。例如,企业因本票超过付款期等未曾使用的,可要求银行退款。

【例2-17】 企业向银行提交"银行本票申请书",并将款项3 000元交存银行。取得银行本票时,根据银行盖章退回的申请书存根联,该企业应编制的会计分录如下。

　　借：其他货币资金——银行本票　　　　　　　　 3 000
　　　贷：银行存款　　　　　　　　　　　　　　　　　 3 000

企业使用本票购买办公用品3 000元。根据发票账单等有关凭证,该企业应编制的会计分录如下:

借:管理费用　　　　　　　　　　　　　　　　　　3 000
　　贷:其他货币资金——银行本票　　　　　　　　　　　3 000

如果企业因本票超过付款期等原因而要求退款,应填制进账单(一式两联),连同本票一并送交银行,根据银行盖章退回的进账单第一联,借记"银行存款"科目,贷记"其他货币资金——银行本票"科目。

4. 信用卡存款

信用卡存款是指企业为取得信用卡按照规定存入银行的款项。企业的信用卡存款一律从基本存款账户转账存入,持卡人可持信用卡在特约单位购货、消费,但不得支取现金。

【例2-18】 企业申请信用卡,将信用卡申请表连同40 000元的支票一并送交发卡银行。根据银行盖章退回的进账单第一联,该企业应编制的会计分录如下:

借:其他货币资金——信用卡　　　　　　　　　　　40 000
　　贷:银行存款　　　　　　　　　　　　　　　　　　40 000

企业用信用卡购货和支付费用共35 000元。根据银行转来的付款凭证及所附发票账单,经核对无误后,该企业应编制的会计分录如下:

借:管理费用　　　　　　　　　　　　　　　　　　35 000
　　贷:其他货币资金——信用卡　　　　　　　　　　　35 000

5. 信用证保证金存款

信用证保证金存款是指企业为取得信用证按规定存入银行的保证金。企业向银行申请开立信用证,应按规定向银行提交开证申请书、信用证申请人承诺书和购销合同,并向银行交纳保证金。企业用信用证保证金存款结算货款后,结余款可退回企业开户银行。

【例2-19】 某企业要求银行对境外甲公司开出信用证100 000元,按规定向银行提交开证申请书、信用证申请人承诺书、购销合同及保证金100 000元。根据银行的进账单,该企业应编制的会计分录如下:

借:其他货币资金——信用证保证金　　　　　　　　100 000
　　贷:银行存款　　　　　　　　　　　　　　　　　　100 000

2天后,企业收到境外甲公司发来的材料、银行转来的信用证结算凭证及所附发票账单,共支付款项90 400元,其中货款为80 000元,增值税税额为10 400元。材料已验收入库,余款9 600元已退回企业开户银行(按实际成本核算)。该企业应编制的会计分录如下:

借:原材料　　　　　　　　　　　　　　　　　　　80 000
　　应交税费——应交增值税(进项税额)　　　　　　10 400
　　贷:其他货币资金——信用证保证金　　　　　　　　90 400
借:银行存款　　　　　　　　　　　　　　　　　　9 600
　　贷:其他货币资金——信用证保证金　　　　　　　　9 600

6. 存出投资款

存出投资款是指企业已存入证券公司但尚未进行短期投资的现金。

【例2-20】某企业向证券公司存入资金300 000元，15天后用该存款购买股票200 000元并划分为交易性金融资产。该企业应编制的会计分录如下。

① 存入证券公司款项时的会计分录如下。

借：其他货币资金——存出投资款　　　　　300 000
　　贷：银行存款　　　　　　　　　　　　　　　300 000

② 购买股票时的会计分录如下。

借：交易性金融资产　　　　　　　　　　　200 000
　　贷：其他货币资金——存出投资款　　　　　　200 000

【思政与德育】

守住本心，遏制"贪婪"——康美药业报表中凭空飞来的货币资金

康美药业股份有限公司由马某某和许某某夫妇于1997年共同成立，最初创建于广东省普宁市，后发展壮大至全广东省乃至全中国。康美药业股份有限公司于2001年在上交所上市，股票代码为600518，总股本为76 440万股，总资产为222亿元，净资产为120多亿元。康美药业股份有限公司涉足领域贯穿了供产销整条产业链，主要经营中医药产品，不仅包含中药产品的生产加工、零售、批发，还囊括了中草药的培育、定价、销售等。康美通过20余年的扩张发展，通过不断扩大产业规模，陆陆续续在全中国投资建立了140余家企业，其业务规模占到了全国中医药产业的70%。

康美药业股份有限公司董事长兼总经理马某某，从2013年开始就多次入围各大国内富豪百强榜，曾被授予全国劳动模范称号，多次担任人大代表及广东省企业和医药协会的会长和理事长。其妻子许某某任职康美药业股份有限公司大股东、副董事长、副总经理，也曾多次担任广东省中医院各大协会专家和委员。然而就是这样一个看似高速发展、快速扩张的"白马"药企，在证监会的调查和知情人士的实名举报下，其多年的巨额财务舞弊事实终被曝光。

2018年年末，证监会发现康美药业财务报告涉嫌虚假陈述等违法违规行为，披露的财务报告真实性有待考证，并立即对其舞弊嫌疑展开立案调查。12月28日，康美药业股份有限公司发布公告，称收到证监会的《调查通知书》。2019年伊始，康美药业股票接连跌停，成交量史无前例地萎缩。2019年广东正中珠江会计师事务所对康美药业2018年财务报告出具保留意见的审计报告。2019年4月30日，康美药业发布2018年年报，并将其众多舞弊迹象粉饰成会计差错，其中包括主动承认2017年年报多计299.44亿元货币资金等"会计差错"。修改这项"差错"，使康美药业期末的货币资金从调整前的341.5亿元，减少至42亿元。公告出来之后，市场哗然。

为了填补无中生有的利润和掩饰不翼而飞的关联方交易款，康美药业利用其在中医药行业的威信夸大货币资金。其一，企业并没有真实的资产、负债变动，却凭空出现大额净利润，为了粉饰会计报表，便使用货币资金虚假增加了一部分资产，使得报表左右平衡，表

面上看不出其舞弊。其二，大股东转移巨额资金用来购买自家股票，却未如实反映在财务报表上，为了填补亏空，使公司资产总额在账面上看起来没有异常，资产负债表左右相等，才通过虚增货币资金(见表2-6)来平衡报表。

表2-6 2016～2018年虚增货币资金

项　目	2016年	2017年	2018年半年报
虚增货币资金(亿元)	225.8	299.4	361.9
虚增货币资金/总资产(%)	41.13	43.57	45.96
虚增货币资金/净资产(%)	76.74	93.18	108.24

如表2-6所示，康美药业虚增货币资金额逐年增加，占总资产和净资产的比例也逐年增加，到了2018年6月末，虚增货币资金超过360亿，将近总资产的一半，甚至超过了净资产，可见若去除这部分水分，康美药业实际资产所剩无几。

(资料来源：新浪财经，2020年5月.)

思政感悟(扫码获得)　　　　　自测题及参考答案(扫码获得)

第三章 应收款项

【学习目标】

1. 了解应收款项的包含内容。
2. 掌握应收票据的取得、计息、转让、贴现及到期的会计处理。
3. 掌握应收账款形成、入账及现金折扣条件下收回的会计处理。
4. 熟悉其他应收款的内容,并掌握预付账款及其他应收款的会计处理。
5. 理解应收款项减值损失的确认,掌握应收款项减值的会计处理。

【知识框架图】

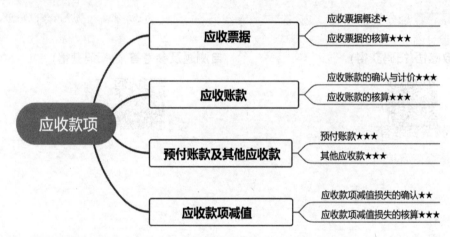

应收及预付款项是指企业在日常生产经营过程中发生的各种应收与预付的款项,包括应收票据、应收账款、应收股利、应收利息、其他应收款和预付账款等。

第一节 应收票据

一、应收票据概述

(一)应收票据的概念及分类

应收款项-应收票据业务.mp4

应收票据是指企业因销售商品、产品、提供劳务等而收到的商业汇票。商业汇票的付款期限,最长不得超过 6 个月。应收票据具有较强的法律约束力,款项的收回有一定保障,并且在到期前可以向银行申请贴现或背书转让。一般商业汇票按以下方法进行分类。

1. 按承兑人分类

按承兑人分类,商业汇票可分为商业承兑汇票和银行承兑汇票。

第三章 应收款项

商业承兑汇票是指由收款人签发,经付款人承兑,或由付款人签发并承兑的汇票。商业承兑汇票必须由付款人承兑,在汇票上签署"承兑"字样并加盖与预留银行印鉴相符的印章,方才具有法律效力。承兑不得附有条件,否则视为拒绝承兑。汇票到期时,付款企业的开户银行凭票将票款划给收款人或贴现银行。如果付款企业的存款不足支付票款,开户银行应将汇票退还付款企业,银行不负责付款。因此,对应收票据中到期没有兑现的商业承兑汇票所确认的债权,收款方应将其转至应收账款科目中继续反映和监督。

付款企业应于汇票到期前将票款足额交存其开户银行,以备由承兑银行在汇票到期日或到期日后的见票当日支付票款。收款企业应在汇票到期时将汇票连同进账单送交开户银行以便转账收款,汇票到期时,无论承兑申请人是否将票款足额缴存其开户银行,承兑汇票银行都应向收款人或贴现银行无条件履行付款责任。可见,应收票据中银行承兑汇票的债权回收风险小于商业承兑汇票。

2. 按是否计息分类

按是否计息分类,商业汇票可分为不带息商业汇票和带息商业汇票。

不带息商业汇票是指汇票到期时,承兑人只按票面金额(即面值)向收款人或被背书人支付款项的汇票。

带息商业汇票是指汇票到期时,承兑人必须按票面金额与应计利息之和向收款人或被背书人支付款项的汇票。

3. 按是否带有追索权分类

按是否带有追索权分类,商业汇票可分为带追索权商业汇票和不带追索权商业汇票。

带追索权商业汇票是指已向银行贴现,当贴现银行在商业汇票到期日不能从付款人处收取账款时,贴现银行可以向贴现人追索票款的商业汇票(如商业承兑汇票属于带追索权的商业汇票)。

不带追索权商业汇票是指已向银行贴现,无论付款人能否偿付商业汇票款项,贴现银行都不再向贴现人追偿票款的商业汇票(如银行承兑汇票属于不带追索权的商业汇票)。

(二)应收票据的计价

按现行制度的规定,企业收到商业汇票应以票据的面值入账。对于带息票据,应于期末按应收票据的票面价值和确定的利率计提利息。

(三)应收票据到期日的确定

票据期限有以下两种表示方式。

一是以月数表示,应以到期月份中与出票日相同的那一天为到期日。例如,4月15日签发的1个月票据,到期日应为5月15日。月末签发的票据,无论各月份实际天数多少,以到期月份的月末那一天为到期日,例如,8月31日签发的1个月票据,到期日应为9月30日;2月29日(闰年)签发的1个月票据,到期日应为3月31日。

二是以日数表示,应从出票日起按实际经历天数计算。通常出票日和到期日只能计算其中的一天,即"算头不算尾"或"算尾不算头"。例如,5月6日签发的60天票据,其到期日应为 7 月 5 日，即 5 月为 25 天(31-6=25)，6 月为 30 天，7 月为 5 天(60-25-30=5)，共计 60 天。

二、应收票据的核算

(一)账户设置

为了反映和监督应收票据的取得、转让及收回等经济业务的核算，应设置"应收票据"账户。该账户性质属于资产类，借方登记取得的应收票据的面值及按期计提的利息；贷方反映票据到期收回金额、背书转让金额、到期承兑人拒付金额及未到期向银行贴现的商业汇票票面余额；期末余额在借方，表示企业持有的商业汇票的票面金额和已计提的利息。在"应收票据"账户下，应按不同的债务单位设置明细账进行明细核算。应收票据 T 型账户，如表 3-1 所示。

表 3-1 应收票据 T 型账户

借方	应收票据	贷方
期初余额 ①取得的应收票据的面值 ②按期计提的利息		①到期收回票款 ②背书(贴现)的票据值 ③转为应收账款的金额
期末余额：未到期商业汇票的账面价值		

(二)会计处理

对于带息票据和不带息票据，其会计处理不尽相同。

1. 带息的应收票据

带息票据是指注明票面金额和票面利率并计算到期利息的票据。

$$票据到期值=面值+利息 \tag{3-1}$$

$$票据利息=应收票据面值×利率×期限 \tag{3-2}$$

其中，利率一般表示为年利率，全年一般按 360 天计算；期限是指签发日至到期日的间隔时间。

(1) 取得票据。根据应收票据取得的原因不同，其会计处理有所区别，具体应做如下会计分录。

① 因企业销售货物等取得应收票据时：

借：应收票据　　　　　　　　　　　(面值)
　　贷：主营业务收入/其他业务收入　　(确认的销售收入金额)
　　　　应交税费——应交增值税 (销项税额)

② 因债务人抵偿前欠货款而取得应收票据时：

借：应收票据　　　　　　　　　　　(应收取款项的金额)
　　贷：应收账款　　　　　　　　　　(应收取款项的金额)

(2) 时点计息(通常在6月30日或者12月31日计息)。在计息时点，按应收票据的票面价值和确定的利率计算计提票据利息。

借：应收票据　　　　　　　　　　(应收票据面值×利率×期限)
　　贷：财务费用　　　　　　　　　(应收票据面值×利率×期限)

(3) 票据到期。

① 到期收回时：

借：银行存款　　　　　　　　　　(票据的面值+应收的利息)
　　贷：应收票据　　　　　　　　　(票据的账面价值，即票据的面值+已计提的利息)
　　　　财务费用　　　　　　　　　(尚未计提的利息)

② 到期不能收回(带息的商业承兑汇票，承兑人违约拒付或无力支付票款，企业收到银行退回的商业汇票或拒绝付款证明书)时：

借：应收账款
　　贷：应收票据　　　　　　　　　(票据的账面价值，即票据的面值+已计提的利息)
　　　　财务费用　　　　　　　　　(尚未计提的利息)

企业将到期不能收回的带息应收票据价值转入应收账款，且未计提利息转入应收账款后原票据的计息期已结束，期末不应再对已经到期的应收票据计提利息。如果协议规定对已经到期而未能实际收到票款的债权继续计算利息的，其所包括的利息按照协议规定计算，于每个会计期末借记"应收账款"科目，贷记"财务费用"科目。企业持有的未到期应收票据，如有确凿证据证明不能收回或收回的可能性不大，应按其账面余额计提相应的坏账准备。

【例3-1】A企业2022年10月1日销售一批产品给甲公司，货已发出，增值税专用发票上注明的商品价款为100 000元，增值税销项税额为13 000元。当日收到甲公司签发的商业承兑汇票一张，期限为6个月，票面利率为10%。A企业应编制的会计分录如下：

① 收到票据时：

借：应收票据　　　　　　　　　　　　　　　　113 000
　　贷：主营业务收入　　　　　　　　　　　　　100 000
　　　　应交税费——应交增值税(销项税额)　　　13 000

② 2022年12月31日计提票据利息时：

票据利息=113 000×10%÷12×3=2 825(元)

借：应收票据　　　　　　　　　　　　　　　　2 825
　　贷：财务费用　　　　　　　　　　　　　　　2 825

③ 票据到期收回款项时：

2023年4月1日计提票据利息：

票据利息=113 000×10%÷12×3=2 825(元)

票据到期值=113 000×(1+10%÷12×6)=118 650(元)

借：银行存款　　　　　　　　　　　　　　　　118 650
　　贷：应收票据　　　　　　　　　　　　　　　115 825
　　　　财务费用　　　　　　　　　　　　　　　2 825

④ 如果票据到期，甲公司无力支付票款，A企业应将带息应收票据的金额转到"应收

账款"账户,应包括票据的面值、利息及银行收取的拒付证书的手续费。假设这项业务银行收取的手续费为20元,甲公司应编制的会计分录如下。

借:应收账款	118 670
贷:应收票据	115 825
财务费用	2 825
银行存款	20

2. 不带息票据

不带息票据的到期值为其票面价值。企业因销售商品、提供劳务等收到商业汇票时,其会计处理与带息票据的会计处理相同。当票据到期承兑或退票时,其会计处理除不需要考虑利息外,与带息票据的会计处理相似。

【例 3-2】 承例 3-1,若 A 企业收到甲公司签发的不带息商业承兑汇票一张,期限为 6 个月,A 企业应编制的会计分录如下。

① 收到票据时:

借:应收票据	113 000
贷:主营业务收入	100 000
应交税费——应交增值税(销项税额)	13 000

② 票据到期收回款项时:

借:银行存款	113 000
贷:应收票据	113 000

③ 票据到期,甲公司无力支付票款时:

借:应收账款	113 020
贷:应收票据	113 000
银行存款	20

3. 应收票据背书转让

根据《支付结算办法》的规定,企业可以将自己持有的商业汇票进行背书转让。背书是指持票人在票据背面或者粘单上记载有关事项并签章的票据行为。签章人称为背书人,背书人对票据的到期付款负连带责任。接受票据转让的人称为被背书人。

企业将持有的应收票据背书转让以取得所需物资时,具体应做如下会计分录。

借:原材料/材料采购/库存商品等	(实际成本)
应交税费——应交增值税(进项税额)	(进项税额)
贷:应收票据	(票据的账面价值)
财务费用	(尚未计提的票据利息)
贷(或借):银行存款	(企业补付或收到的差额)

【例 3-3】 某企业根据发生的有关应收票据背书转让业务,应编制的会计分录如下。

(1) 该企业采购一批材料,货款总计为 11 300 元(其中,材料价款为 10 000 元,增值税税额为 1 300 元),将票据金额为 12 000 元的不带息商业承兑汇票背书转让,以支付该批材料的货款，同时收到差价款700元存入银行。

借：原材料　　　　　　　　　　　　　　10 000
　　应交税费——应交增值税(进项税额)　1 300
　　银行存款　　　　　　　　　　　　　 700
　贷：应收票据　　　　　　　　　　　　12 000

(2) 该企业采购一批材料，货款总计为226 000元(其中，材料价款为200 000元，增值税税额为26 000元)，将面值为220 000元的带息应收票据背书转让，至转让日该应收票据应计利息总额为300元(其中，上月末已经计提的利息为280元，尚未入账的应计利息为20元)，同时以银行存款支付差额款5 700元。

借：原材料　　　　　　　　　　　　　　200 000
　　应交税费——应交增值税(进项税额)　 26 000
　贷：应收票据　　　　　　　　　　　　220 280
　　　财务费用　　　　　　　　　　　　　 20
　　　银行存款　　　　　　　　　　　　 5 700

4. 应收票据贴现

票据贴现是指持票人因亟须资金，将未到期的商业汇票背书转让给银行，银行受理后，从票据到期值中扣除按银行贴现率计算确定的贴现息后，将余额付给持票人的融资行为。在贴现中，企业贴给银行的利息称为贴现息，银行计算贴现利息的利率称为贴现率，贴现率一般高于市场利率。企业从银行获得的票据到期值扣除贴现利息后的金额称为贴现净额。企业申请贴现时，应根据汇票填制贴现凭证，连同汇票、解讫通知一并送交银行，经银行审查同意后即可办理。

带息票据贴现净额的计算公式为

$$票据到期价值=票据面值\times\left(1+年利率\times\frac{票据到期天数}{360}\right)$$

$$=票据面值\times\left(1+年利率\times\frac{票据到期数}{12}\right) \quad (3\text{-}3)$$

$$贴现息=票据到期价值\times贴现率\times\frac{贴现天数}{360} \quad (3\text{-}4)$$

$$贴现天数、贴现日至票据到期日实际天数-1 \quad (3\text{-}5)$$

$$贴现净额=票据到期价值-贴现息 \quad (3\text{-}6)$$

对于无息票据来说，票据的到期价值就是其面值。

按照《支付结算办法》的规定，实付贴现金额按票面金额扣除贴现日至汇票到期前一日的利息计算。承兑人在异地，贴现利息的计算应另加3天的划款日期。

(1) 若贴现票据为银行承兑汇票(不附追索权)，具体应做如下会计分录。

借：银行存款　　　　　(实际收到的金额，即票据到期价值减去贴现息后的净额)
　　借(或贷)：财务费用　(差额)
　贷：应收票据　　　　(应收票据的账面价值，即票据面值加上已计提的票据利息)

(2) 若贴现票据为商业承兑汇票(附追索权)，具体应做如下会计分录。

借：银行存款　　　　　　　（实际收到的金额，即票据到期价值减去贴现息后的净额）
　　借(或贷)：财务费用(差额)
　　　贷：短期借款　　　　　（应收票据的账面价值，即票据面值加上已计提的票据利息）

【例3-4】W企业因亟须资金，于4月25日将所持有的出票日为3月20日、面值为23 400元、年利率为10%、6月26日到期的一张商业承兑汇票向银行贴现，贴现率为12%(贴现企业未计提利息)。假设W企业与承兑企业在同一票据交换区域内。计算该票据的到期值、贴现期、贴现利息、贴现净额。

票据到期值=23 400×(1+10%÷360×98)=24 037(元)
贴现期=62天(4月为5天，5月为31天，6月为26天)
贴现利息=24 037×12%÷360×62=496.76(元)
贴现净额=24 037－496.76=23 540.24(元)

W企业应编制的会计分录如下。

　　借：银行存款　　　　　　　　　　　　23 540.24
　　　贷：短期借款　　　　　　　　　　　　23 400
　　　　　财务费用　　　　　　　　　　　　140.24

第二节　应收账款

一、应收账款的确认与计价

(一)应收账款的确认

应收账款是指企业因销售商品、提供劳务等经营活动，应向购货单位或接受劳务单位收取的款项。应收账款产生于商业信用条件下的赊销业务，其是建立在一般的购销合同基础上的，通常没有明确的付款时间等书面承诺，存在形成坏账的可能，因此，会计上应为适当控制赊销业务提供依据，即及时正确地确认应收账款。

应收账款确认包括两个问题：应收账款的确认时间和入账金额。在企业发生赊销业务后，应收账款作为向客户收取款项的权利，应当与销售收入的确认同时反映出来。因此，应收账款应于收入实现时予以确认。

(二)应收账款的计价

应收账款的计价就是确定应收账款的入账价值，通常情况下，应根据应收账款实际发生额计价入账。实际发生的金额包括货款、代税务部门收取的增值税及代购货单位垫付的运杂费等。但是，在实际销售过程中往往实行折扣销售的办法，这样就会影响应收账款和销售收入的入账金额，因此，企业在确认应收账款入账价值时，还需要考虑商业折扣和现金折扣等因素的影响。

应收款项-应收账款计价.mp4

1. 商业折扣

商业折扣是指企业为促进销售而在商品标价上给予的价格扣除。例如，企业为鼓励顾客多购买商品而规定购买 100 件以上可以享受 10%的折扣，或购买 20 件送一件等。商业折扣一般是在销售交易发生时形成的，对交易双方入账价值没有实质性的影响。因此，在存在商业折扣的情况下，企业按照扣除商业折扣以后的实际售价金额入账，并开具发票，按照发票价格计算增值税销项税额。例如，某商品的标价为 1 000 元/件，按 5%的商业折扣售出，则销售方应按照 950 元/件确认销售收入的实现。

2. 现金折扣

现金折扣是指债权人为了鼓励债务人在规定的期限内付款，而向债务人提供的债务扣除。现金折扣通常发生在以赊销方式销售商品及提供劳务的交易中，企业为了鼓励客户提前偿付货款，通常与债务人达成协议，债务人在不同的期限内付款可享受不同比例的折扣。现金折扣一般用符号"折扣率/付款期限"来表示。例如，"2/10，1/20，n/30"分别表示：如果买方在 10 天内付款，销货企业将按商品售价给购货企业 2%的折扣；如果买方在 11~20 天内付款，销货企业将按售价给购货企业 1%的折扣；如果购货企业在 21~30 天内付款，将不能享受到现金折扣。正因如此，除非购货方资金严重紧张，一般情况下都会接受现金折扣。我国《企业会计准则第 14 号——收入》规定，现金折扣应作为可变对价处理。企业确认的销售商品收入金额=商品单价×销售数量-商业折扣-现金折扣。

二、应收账款的核算

(一)账户设置

为了反映和监督应收账款的发生与收回情况，企业应设置"应收账款"账户；不单独设置"预收账款"账户的企业，预收的账款也在"应收账款"账户核算。该账户是资产类账户，借方登记应收账款的增加；贷方登记应收账款的收回及确认的坏账损失；期末余额一般在借方，反映企业尚未收回的应收账款，但如果期末余额在贷方，则一般为企业预收的账款。该账户应按不同的购货单位或接受劳务的单位设置明细账，进行明细核算。应收账款 T 型账户，如表 3-2 所示。

表 3-2 应收账款 T 型账户

借方	应收账款	贷方
期初余额 应收账款的增加 包括应收的价款、税款和代垫款项		①应收账款的收回 ②确认的坏账损失
期末余额：尚未收回的应收账款		期末余额：预收的账款

(二)会计处理

【例 3-5】 A 企业向 B 公司销售一批产品，增值税专用发票上注明：价款为 100 000

元,增值税税率为13%。代购货单位垫付运杂费3 000元,已办妥托收手续,款项尚未收回。A企业应编制的会计分录如下。

借:应收账款——B公司　　　　　　　　　　　　　116 000
　　贷:主营业务收入　　　　　　　　　　　　　　　100 000
　　　　应交税费——应交增值税(销项税额)　　　　 13 000
　　　　银行存款　　　　　　　　　　　　　　　　　　3 000

收到款项时:
借:银行存款　　　　　　　　　　　　　　　　　　116 000
　　贷:应收账款——B公司　　　　　　　　　　　　116 000

【例3-6】A企业向B公司销售一批产品,按照价目表上标明的价格计算,其售价金额为62 500元。由于B公司是老客户,A企业给予其20%的商业折扣。增值税税率为13%,产品已发出,A企业以现金支付代垫运杂费500元。已办妥托收手续,款项尚未收回,A企业应编制的会计分录如下。

实际确认收入=62 500×(1-20%)=50 000(元)

借:应收账款——B公司　　　　　　　　　　　　　 57 000
　　贷:主营业务收入　　　　　　　　　　　　　　　 50 000
　　　　应交税费——应交增值税(销项税额)　　　　 6 500
　　　　库存现金　　　　　　　　　　　　　　　　　　 500

【例3-7】甲公司为增值税一般纳税人,增值税税率为13%。2023年5月6日,向乙公司销售600件商品,每件不含税售价为10 000元,单位成本为8 000元。由于成批销售,给予乙公司10%的商业折扣。当日将该批商品发出,乙公司已收到该批商品并验收入库,符合收入确认条件。合同约定的现金折扣条件为2/10,1/20,n/30(假定现金折扣不考虑增值税)。甲公司基于对乙公司的了解,预计乙公司10天内付款的概率为90%,10天后付款的概率为10%。2023年5月10日,收到乙公司支付的货款。

该项销售业务属于在某一时点履行的履约义务,甲公司以最可能发生的金额预测其有权获取的对价金额。2023年5月6日,甲公司应确认的销售商品收入=600×10 000×(1-10%)(1-2%)=5 292 000(元);

销项税额=600×10 000×(1-10%)×13%=702 000(元);

销售商品成本=600×8 000=4 800 000(元)。甲公司应编制的会计分录如下。

(1) 5月6日,确认收入、结转成本。

借:应收账款　　　　　　　　　　　　　　　　　5 994 000
　　贷:主营业务收入　　　　　　　　　　　　　　5 292 000
　　　　应交税费——应交增值税(销项税额)　　　 702 000

借:主营业务成本　　　　　　　　　　　　　　　4 800 000
　　贷:库存商品　　　　　　　　　　　　　　　　4 800 000

(2) 5月10日,收到乙公司货款。

借:银行存款　　　　　　　　　　　　　　　　　5 994 000
　　贷:应收账款　　　　　　　　　　　　　　　　5 994 000

第三章 应收款项

第三节 预付账款及其他应收款

一、预付账款

预付账款是指企业按照购货合同或劳务合同规定预先付给供货方或提供劳务方的账款。企业预付货款后，有权要求对方按照购货合同规定发货。预付账款必须以购销双方签订的购货合同为条件，按照规定的程序和方法进行核算。

为了反映和监督预付账款的增减变动及其结存情况，应设置"预付账款"账户。该账户性质属于资产类，借方登记预付的货款和补付的货款，贷方登记收到所购物资时根据有关发票账单计入"原材料"等账户的金额及收回多付款项的金额。期末余额在借方，反映企业实际预付的款项；如果期末余额在贷方，则反映企业应付或应补付的款项。预付款项情况不多的企业，可以不设置"预付账款"账户，而将预付的款项通过"应付账款"账户核算。该账户应按预付单位设置明细账进行明细核算，具体应做如下会计分录。

(1) 企业根据购货合同的规定向供应单位预付款项时：
借：预付账款　　　　　　　　　　　　(预付的金额)
　　贷：银行存款　　　　　　　　　　(预付的金额)

(2) 企业购入货物时：
借：原材料/材料采购/库存商品等　　　　(货物的价款)
　　应交税费——应交增值税(进项税额)　(可以抵扣的进项税额)
　　贷：预付账款　　　　　　　　　　(购买货物的价税合计)

(3) 如果预付货款小于采购货物所需支付的款项，补付差额款时：
借：预付账款　　　　　　　　　　　　(需要补付的金额)
　　贷：银行存款　　　　　　　　　　(需要补付的金额)

(4) 如果预付货款大于采购货物所需支付的款项，收回多余款项时：
借：银行存款　　　　　　　　　　　　(收回多付的金额)
　　贷：预付账款　　　　　　　　　　(收回多付的金额)

【例3-8】A企业为采购材料预付给B公司采购材料款共计23 600元，款项用银行存款支付，A企业应编制的会计分录如下。

借：预付账款——B公司　　　　　　　　23 600
　　贷：银行存款　　　　　　　　　　　23 600

收到材料时，增值税专用发票上所列金额为20 000元，增值税税额为2 600元，A企业应编制的会计分录如下。

借：原材料/材料采购　　　　　　　　　20 000
　　应交税费——应交增值税(进项税额)　2 600
　　贷：预付账款——B公司　　　　　　22 600

同时通过银行收到退回多预付的款项，应编制如下会计分录。

借：银行存款　　　　　　　　　　　　1 000
　　贷：预付账款——B公司　　　　　　1 000

二、其他应收款

其他应收款是指除应收账款、应收票据、预付账款等以外的各种应收、暂付款项，是企业发生的非购销活动的应收债权。对于这类应收项目，通常与应收账款和预付账款分开反映。它主要包括以下内容。

(1) 应收的各种赔款、罚款，如因企业财产等遭受意外损失而应向有关保险公司收取的赔款等。

(2) 应收出租包装物租金。

(3) 应向职工收取的各种垫付款，如为职工垫付的水电费等。

(4) 备用金(向企业各职能科室、分厂等拨出的备用金)。

(5) 存出保证金，如租入包装物支付的押金。

(6) 其他各种应收、暂付款项。

为了反映和监督其他应收款的发生和结算情况，企业应设置"其他应收款"账户。该账户是资产类账户，借方登记各种其他应收款项的发生，贷方登记其他应收款项的收回；期末借方余额反映企业尚未收回的其他应收款。该账户应按其他应收款的项目分类，并按不同的债务人设置明细账，进行明细核算。企业发生其他应收款时，按应收金额借记"其他应收款"账户，贷记有关账户。收回各种款项时，借记有关账户，贷记"其他应收款"账户。

【例 3-9】 A 企业向甲公司购买商品，借用包装物，以银行存款支付包装物押金 500 元。A 企业应编制的会计分录如下。

借：其他应收款——包装物押金(甲公司)　　500
　　贷：银行存款　　　　　　　　　　　　　　　　500

以后退还包装物，收回押金时：

借：银行存款　　　　　　　　　　　　　　　500
　　贷：其他应收款——包装物押金(甲公司)　　　　500

企业内各部门因经营业务需要，经常要准备一定数额的备用金。备用金是指企业内部各车间、部门、职能科室等周转使用的货币资金，主要包括预付给科室、车间及非独立核算的经营单位等用于日常开支的款项。会计上，企业一般以"其他应收款"账户核算备用金业务。如果企业发生的备用金业务较多，也可以单独设置"备用金"账户进行核算。具体会计处理，根据用款单位的实际需要核定备用金定额，借记"其他应收款——备用金"科目，贷记"库存现金"或"银行存款"科目；用款单位报销时，借记"管理费用"等科目，贷记"银行存款""库存现金"科目；用款单位不再需要备用金时应将备用金收回，借记"库存现金"等科目，贷记"其他应收款——备用金"科目。

【例 3-10】 某企业根据发生的有关定额备用金的经济业务，应编制的会计分录如下。

(1) 开出现金支票，向总务部门支付定额备用金 1 000 元时：

借：其他应收款——备用金(总务部)　　1 000
　　贷：银行存款　　　　　　　　　　　　　　1 000

(2) 总务部门向财会部门报销日常办公用品费 200 元，财会部门以现金支付时：
借：管理费用   200
    贷：库存现金   200
(3) 总务部门不再需要备用金，将备用金 1 000 元退回时：
借：库存现金   1 000
    贷：其他应收款——备用金(总务部)   1 000

第四节 应收款项减值

企业的各项应收款项，可能会因债务人拒付、破产、死亡等信用缺失使部分或全部无法收回。这类无法收回的应收款项通常称为坏账。企业因坏账遭受的损失称为坏账损失。

应收款项-应收款项减值.mp4

一、应收款项减值损失的确认

企业在确认坏账时，应遵循财务报告目标和会计核算的基本原则，具体分析各项应收款项的特性、金额的大小、信用期限、债务人的信誉和当时的经营状况等因素，确定各项应收款项的可收回性，预计可能产生的坏账损失。一般来讲，企业应当定期或者至少每年年度终了，对应收款项进行全面检查，预计各项应收款项可能发生的坏账，对于没有把握能够收回的应收款项，应当计提坏账准备。

企业的应收款项符合下列条件之一的，应确认为坏账。
(1) 债务人死亡，以其遗产清偿后仍然无法收回的应收款项。
(2) 债务人破产，以其破产财产清偿后仍然无法收回的应收款项。
(3) 债务人较长时期内未履行其偿债义务，并有足够的证据表明无法收回或收回可能性极小。

在确定坏账准备的计提比例时，企业应根据以往的经验、债务单位的实际财务状况和现金流量等相关信息予以合理估计。

二、应收款项减值损失的核算

应收款项减值有两种核算方法，即直接转销法和备抵法。我国《企业会计准则》规定，应收款项减值的核算应采用备抵法。《小企业会计准则》规定，应收款项减值采用直接转销法。

(一)直接转销法

采用直接转销法时，日常核算中应收款项可能发生的坏账损失不进行会计处理，只有在实际发生坏账时，才作为坏账损失计入当期损益。

按照《小企业会计准则》规定，确认应收账款实际发生的坏账损失，应当按照可收回的金额，借记"银行存款"等科目，按照其账面余额，贷记"应收账款"等科目，按照其差额，借记"营业外支出——坏账损失" 科目。

直接转销法的优点是账务处理简单,将坏账损失在实际发生时确认为损失符合其偶发性特征和小企业经营管理的特点。其缺点是不符合权责发生制会计基础,也与资产定义存在一定的冲突。在这种方法下,只有坏账实际发生时,才将其确认为当期损益,导致资产和各期损益不实;另外,在资产负债表上,应收账款是按账面余额而不是按账面价值反映,这在一定程度上高估了期末应收款项。

【例3-11】2019年5月1日,A企业欠下B公司的账款为10 000元。B公司因债务人财务状况原因长期未能收回款项,后在2023年年末经催收收回4 000元,其余款项确实无法收回,确认为坏账。B公司2023年年末应编制的会计分录如下。

借:银行存款　　　　　　　　　　　　　　4 000
　　营业外支出——坏账损失　　　　　　　6 000
　　贷:应收账款——A企业　　　　　　　　　　　10 000

(二)备抵法

备抵法是指按期估计坏账损失,形成坏账准备,当某一应收款项全部或部分被确认为坏账时,应根据其金额冲减坏账准备,同时转销相应的应收账款金额的一种核算方法。采用备抵法核算坏账,每期估计的坏账损失直接计入当期损益,体现了稳健性原则的要求。在资产负债表上能如实反映应收款项的净额,使报表使用者能够了解企业应收款项的可变现金额。同时,在利润表上也避免了因应收款项价值虚列造成的利润虚增。

1. 账户设置

企业应当设置"坏账准备"账户,核算应收款项的坏账准备计提、转销等事项。"坏账准备"账户的贷方登记当期计提的坏账准备、收回已经转销的应收账款而恢复的坏账准备,借方登记实际发生的坏账损失金额和冲减的坏账准备金额,期末贷方余额,反映企业已计提但尚未转销的坏账准备。坏账准备T型账户,如表3-3所示。信用减值损失T型账户,如表3-4所示。

表3-3 坏账准备T型账户

借方	坏账准备	贷方
		期初余额
①实际发生的坏账损失金额		①当期计提的坏账准备
②冲减的坏账准备金额		②已经转销坏账又收回
期末余额:少计提的坏账准备		期末余额:已计提但尚未转销的坏账准备
(已发生坏账>已计提坏账)		(已计提坏账>已发生坏账)

表 3-4　信用减值损失 T 型账户

借方	信用减值损失	贷方
①当期计提的坏账准备 ②期末结转到"本年利润"账户		①冲回多计提的坏账准备 ②期末结转到"本年利润"账户
期末余额：无		

2. 账务处理

坏账准备可按以下公式计算。

$$当期应提取坏账准备 = 当期按应收款项计算的坏账准备金额 - (或+)"坏账准备"科目的贷方(或借方)余额 \quad (3\text{-}7)$$

$$当期按应收款项计算的坏账准备金额 = 当期应收款项期末余额 \times 估计坏账损失率 \quad (3\text{-}8)$$

有关坏账损失的会计分录如下。

(1) 企业计提坏账准备时。
　　借：信用减值损失——坏账损失　　　(当期应提取坏账准备金额)
　　　　贷：坏账准备　　　　　　　　　(当期应提取坏账准备金额)

(2) 发生坏账时：
　　借：坏账准备　　　　　　　　　　　(实际发生的坏账金额)
　　　　贷：应收账款/其他应收款等　　　(实际发生的坏账金额)

(3) 收回已确认坏账并转销的应收款项时：
　　借：应收账款/其他应收款等　　　　　(已经转销坏账又收回的金额)
　　　　贷：坏账准备　　　　　　　　　(已经转销坏账又收回的金额)
　　同时：
　　借：银行存款　　　　　　　　　　　(实际收回的金额)
　　　　贷：应收账款/其他应收款等　　　(实际收回的金额)

(4) 冲减已计提的坏账准备时：
　　借：坏账准备　　　　　　　　　　　(冲减的多计提坏账准备金额)
　　　　贷：信用减值损失——坏账损失　(冲减的多计提坏账准备金额)

企业采用备抵法进行坏账核算时，首先应按期估计坏账损失。会计实务中，按期估计坏账损失的方法主要有应收账款余额百分比法、账龄分析法和销货百分比法等。计提坏账准备的方法及提取比例等均由企业自行确定。坏账准备提取方法一经确定，不得随意变更。如需变更，除应报经批准及备案外，还应在会计报表附注中予以说明。《企业会计准则》规定，对单项金额重大的金融资产应当单独进行减值测试，如有客观证据表明其已发生减值，应当确认减值损失，计入当期损益；对单项金额不重大的金融资产，可以单独进行减值测试，或包括在具有类似信用风险特征的金融资产组合中进行减值测试。

1) 余额百分比法

余额百分比法是按应收款项余额的一定比例估计该应收款项的坏账损失的方法。每期所估计的坏账损失，应根据坏账损失占应收款项余额的经验比例和该应收款项的余额确定。

【例3-12】 A企业2021年年初坏账准备账面余额为零,年末应收账款余额为600 000元;2022年发生坏账7 600元,年末应收账款余额为660 000元;2023年已冲销的甲企业应收账款4 000元又重新收回,年末应收账款余额为1 000 000元。该企业坏账准备的提取比例为1%,A企业应编制的会计分录如下。

① 2021年年末计提坏账时:
当年年末坏账准备的金额为600 000×1%=6 000(元)
借:信用减值损失——坏账损失　　　　　　6 000
　　贷:坏账准备　　　　　　　　　　　　　　　　6 000

② 2022年发生坏账时:
借:坏账准备　　　　　　　　　　　　　　　7 600
　　贷:应收账款　　　　　　　　　　　　　　　　7 600

③ 2022年年末计提坏账时,当年年末坏账准备的金额为660 000×1%=6 600(元),当期应补提的坏账准备为6 600+(7 600-6 000)=8 200(元),应编制会计分录如下。
借:信用减值损失——坏账损失　　　　　　8 200
　　贷:坏账准备　　　　　　　　　　　　　　　　8 200

④ 2023年已注销的坏账又收回时:
借:应收账款　　　　　　　　　　　　　　　4 000
　　贷:坏账准备　　　　　　　　　　　　　　　　4 000
借:银行存款　　　　　　　　　　　　　　　4 000
　　贷:应收账款　　　　　　　　　　　　　　　　4 000

⑤ 2023年年末应计提坏账时,当年年末坏账准备的金额为1 000 000×1%=10 000(元),当年期末的坏账准备的余额为 6 600+4 000=10 600(元),当期应冲销的坏账准备金额为10 600-10 000=600(元),应编制会计分录如下。
借:坏账准备　　　　　　　　　　　　　　　600
　借:信用减值损失——坏账损失　　　　　　600

2) 账龄分析法

账龄分析法是根据应收款项账龄的长短来估计坏账的方法。账龄是指顾客所欠账款的时间。虽然应收款项能否收回及能收回多少,不一定完全取决于时间的长短,但一般来说,账龄越长,发生坏账的可能性就越大。

【例3-13】 某企业2023年12月31日应收账款账龄及估计坏账损失,如表3-5所示。

表3-5 应收账款账龄及估计坏账损失

应收账款账龄	应收账款金额/元	估计损失率/%	估计损失金额/元
1年以内	60 000	5	3 000
1~2年以内(含1年)	40 000	10	4 000
2~3年以内(含2年)	30 000	30	9 000
3~4年以内(含3年)	10 000	100	10 000
合　　计	140 000		26 000

如表3-5所示,该企业2023年12月31日估计的坏账损失为26 000元,因此,"坏账准备"账户的账面余额应为26 000元。

假设在2023年12月31日估计坏账损失前,"坏账准备"账户有贷方余额24 000元,则该企业还应计提2 000(26 000-24 000)元。该企业应编制的会计分录如下。

借:信用减值损失——坏账损失　　　　　　　　2 000
　　贷:坏账准备　　　　　　　　　　　　　　　　　2 000

再假设2023年12月31日在估计坏账损失前,"坏账准备"账户有贷方余额29 000元,则该企业应冲减3 000(29 000-26 000)元。该企业应编制的会计分录如下。

借:坏账准备　　　　　　　　　　　　　　　　3 000
　　贷:信用减值损失——坏账损失　　　　　　　　　3 000

需要说明的是,采用账龄分析法计提坏账准备时,收到债务单位当期偿还的部分债务后,剩余的应收款项不应改变其账龄,仍应按原账龄加上本期应增加的账龄确定;在存在多笔应收款项且各笔应收款项账龄不同的情况下,收到债务单位当期偿还的部分债务,应当逐笔认定收到的是哪一笔应收款项;如果确实无法认定的,应按照先发生先收回的原则确定,剩余应收款项的账龄按上述同一原则确定。

3) 销货百分比法

销货百分比法是根据企业赊销总额的一定百分比估计坏账损失的方法。坏账损失百分比一般是根据以往的经验,按赊销金额中平均发生坏账损失的比例加以计算确定的。坏账百分比的计算公式为

$$\text{估计坏账百分比} = \frac{\text{估计坏账}}{\text{估计赊销金额}} \times 100\% \tag{3-9}$$

采用销货百分比法时,企业应根据生产经营及销售政策的变化情况,及时调整坏账百分比,以使其计提的坏账准备符合企业坏账损失的实际情况。

需要指出的是,销货百分比法的计提依据是本期赊销额,不包括以前的赊销额,因此在计提坏账准备时,不需要考虑坏账准备账户此前的余额,直接根据本期赊销额计算确定。

【例3-14】 甲企业2023全年赊销金额为1 200 000元,坏账损失百分比按前3年的资料计算确定。前3年平均赊销金额为100 000元,估计坏账损失为1 000元。

估计坏账损失百分比=(1 000÷100 000)×100%=1%

年末提取的坏账准备为: 1 200 000×1%=12 000(元)

该企业应编制的会计分录如下。

借:信用减值损失——坏账损失　　　　　　　　12 000
　　贷:坏账准备　　　　　　　　　　　　　　　　 12 000

应收款项及其坏账损失的账务处理流程,如图3-1所示。

备抵法弥补了直接转销法的不足,在确认销售收入的同时估计了坏账损失,并计入同一期间的损益,避免了企业虚增利润,符合权责发生制原则、配比原则和谨慎性原则的要求;在资产负债表上列示应收款项净额,避免企业虚列资产,能更真实地反映企业的财务状况,有利于加快企业的资金周转,提高经济效益。

坏账准备计提方法一经确定,不得随意变更。如需变更,应按会计估计变更的程序和方法进行处理,并在会计报表附注中予以说明。

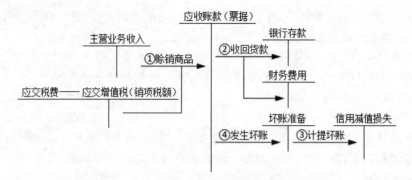

图 3-1 应收款项及其坏账损失的账务处理流程

需要指出的是，对于在会计上确认为坏账的应收款项，并不意味着企业放弃其追索权，一旦重新收回，应及时入账。

【思政与德育】

实事求是、诚信为本——"移花接木"的"应收账款"

税务稽查组检查一家生产家具的 A 公司，按常规的方法检查后，虽找到了收入下降和成本升高的原因，但未能发现企业偷逃税款的迹象，这与检举情况不相符。检查员小吴对审计报告进行查阅，他发现注册会计师对 A 公司被检查年度出具的审计报告中有这样的保留意见：由于贵公司对 B 公司和 C 公司等单位的应收账款串户问题严重，我们无法认定有关应收账款明细账期末余额的正确性。"等单位"究竟是指哪些单位？"串户问题"到底是怎样的情况？带着这些疑问，小吴将 B 公司和 C 公司的相关记账凭证进行逐一核对，果然发现了张冠李戴的"串户问题"，即 A 公司将收回的其他九家公司的销货款分别集中冲减了 B 公司和 C 公司的应收账款借方余额，会计处理为借记"银行存款"(款项来源为九家公司)，贷记"应收账款——B 公司或 C 公司"，导致 B 公司和 C 公司的应收账款明细账年末出现了贷方余额，审计报告中的"等单位"就是暗指这九家公司。经调查 A 公司对这九家公司的销售没有先做借记"应收账款"、贷记"主营业务收入"等处理，目的是在收到货款后进行移花接木，直接冲减了与这九家公司毫无关系的 B 公司和 C 公司的应收账款，以达到少计销售收入的目的。

最终查明，A 公司为了达到偷税的目的，按照上述方法进行账务处理，全年共少计主营业务收入近 1 000 万元。同时，A 公司将相关的产品销售成本(均匀地)混杂在其他各月份，按正常确认销售收入的产品销售成本进行结转，因此并没有造成销售成本结转的大起大落，这在一定程度上迷惑了检查人员对纳税情况的分析。

(由作者整理编写)

思政感悟(扫码获得)　　　　　自测题及参考答案(扫码获得)

第四章 存 货

【学习目标】

1. 熟悉存货的含义、特征、确认条件和分类。
2. 掌握存货的初始计量及存货发出计价的方法。
3. 掌握原材料、周转材料、委托加工物资日常业务的会计处理。
4. 理解周转材料的摊销方法及库存商品的会计处理。
5. 掌握存货清查的方法及存货盘盈、盘亏的会计处理。
6. 掌握存货期末计量及存货跌价准备计提、转回和结转的会计处理。

【知识框架图】

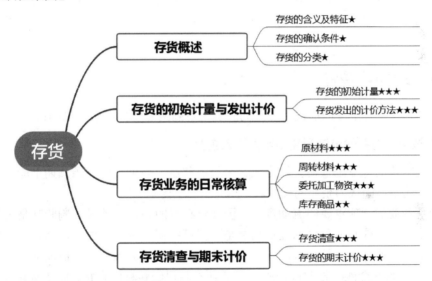

第一节 存 货 概 述

一、存货的含义及特征

(一)存货的含义

存货是指企业在日常活动中持有以备出售的产成品或商品、处在生产过程中的在产品、在生产过程或提供劳务过程中耗用的材料和物料等。它包括原材料、周转材料、在产品、半成品、产成品、商品等。存货通常在一年或超过一年的一个营业周期内被消耗或经出售转换为现金、银行存款或应收账款等,具有明显的流动性,属于流动资产。大多数制造业企业的存货在流动资产中占有很大比重,是流动资产的重要组成部分。

(二) 存货的特征

存货具有明显的流动性，属于企业的流动资产。与其他资产相比，存货具有以下特征：
(1) 存货是有形资产。
(2) 存货具有较强的流动性。在企业中，存货经常处于不断销售、耗用、购买或重置中，与固定资产相比，具有较快的变现能力和明显的流动性。
(3) 存货具有时效性和发生潜在损失的可能性。在正常的生产经营活动下，存货能够有规律地转换为货币资产或其他资产，但长期不能耗用的存货有可能变为积压物资或被降价销售，从而造成企业的损失。

判断一项资产是否属于存货，关键是看其目的和用途。例如，汽车在一般企业通常是作为固定资产管理，但对于汽车制造企业而言，如果它所生产的汽车是为了对外销售，则应作为企业的存货；如果它所生产的汽车被用于企业本身的生产经营，则应作为固定资产。

需要注意的是，为建造固定资产等各项工程而储备的各种材料，虽然也具有存货的某些特征(如流动性)，但它们并不符合存货的定义，因此不能作为企业的存货进行核算；企业的特准储备及按国家指令专项储备的资产也不符合存货的定义，因此也不属于企业的存货。

二、存货的确认条件

存货必须在符合定义的前提下，并同时满足下列两个条件才能予以确认。

1. 与该存货有关的经济利益很可能流入企业

资产最重要的特征是预期会给企业带来经济利益。如果某一资源预期不能给企业带来经济利益，就不能确认为企业的资产。

存货是企业的一项重要的流动资产，因此对存货的确认，关键是判断其是否很可能给企业带来经济利益或其所包含的经济利益是否很可能流入企业。通常，拥有存货的所有权是与该存货有关的经济利益很可能流入本企业的一个重要标志。一般情况下，根据销售合同已经售出(取得现金或有收取现金的权利)，所有权已经转移的存货，即使该存货尚未运离企业，因其所含经济利益已不能流入本企业，因而不能再作为企业的存货进行核算。企业在判断与该存货有关的经济利益能否流入企业时，通常应综合考虑该存货所有权的归属，而不应当只看其存放的地点等。

2. 该存货的成本能够可靠地计量

成本或者价值能够可靠地计量是资产确认的一项基本条件。存货作为企业资产的组成部分，要予以确认也必须能够对其成本进行可靠的计量。存货的成本能够可靠地计量必须以取得的确凿证据为依据，并且具有可验证性。如果存货成本不能可靠地计量，不能可靠地确定其成本，就不能确认为企业的存货。

三、存货的分类

不同性质的企业，对存货的分类也是不同的。服务性企业，如会计师事务所、律师事务所等，既不制造产品，也不销售产品，这些企业一般只有各种办公用品、家具用具等存货供开展业务时使用。商业企业的经济活动是将商品购进再售出，因此，其存货主要是购进待售的商品。制造企业的经济活动包含了供、产、销全过程，其拥有的存货种类最多，核算也最为复杂。为了做好存货核算，加强存货的管理，提供相关的会计信息，企业应根据不同的标准对存货进行科学的分类。

(一)按存货的经济用途分类

按存货的经济用途，存货可以分为以下三类。

1. 已备出售的存货

已备出售的存货是指企业在正常的经营过程中处于待售状态的各种物品，如制造加工企业的库存产成品、商品流通企业的库存商品等。

2. 处于生产过程中的存货

处于生产过程中的存货是指为了最终出售但目前尚处于生产加工过程中的各种物品，如工业企业的在产品和自制半成品等。

3. 已备消耗的存货

已备消耗的存货是指企业为生产产品或提供服务过程中耗用而储存的各种物品，如工业企业为生产产品耗用而储存的原材料、包装物、低值易耗品等。

(二)按存货的具体内容分类

按存货的具体内容，存货通常包括以下八类。

1. 原材料

原材料是指企业在生产过程中经加工改变其形态或性质并构成产品主要实体的各种原料及主要材料、辅助材料、外购半成品(外购件)、修理用备件(备品备件)、包装材料、燃料等。

2. 在产品

在产品是指企业正在制造尚未完工的产品，包括正在各个生产工序加工的产品，以及已加工完毕但尚未检验或已检验但尚未办理入库手续的产品。

3. 半成品

半成品是指经过一定生产过程并已检验合格交付半成品仓库保管，但尚未制造完工成为产成品，仍需进一步加工的中间产品。

4. 产成品

产成品是指工业企业已经完成全部生产过程并验收入库，可以按照合同规定的条件送交订货单位或者可以作为商品对外销售的产品。企业接受外来原材料加工制造的代制品和为外单位加工修理的代修品，制造或修理完成并验收入库后，应视同企业的产成品。

5. 商品

商品是指商品流通企业外购或委托加工完成验收入库用于销售的各种商品。

6. 周转材料

周转材料是指企业能够多次使用、逐渐转移其价值但仍保持原有形态且管理核算上不确认为固定资产的材料。如包装物和低值易耗品，以及企业(建造承包商)的钢模板、木模板、脚手架和其他周转材料等。其中，包装物是指为了包装本企业商品而储备的各种包装容器，如桶、箱、瓶、坛、袋等，其主要作用是盛装、装潢产品或商品；低值易耗品是指不符合固定资产确认条件的各种用具物品，如工具、管理用具、玻璃器皿、劳动保护用品及在经营过程中周转使用的容器等，其特点是单位价值较低，或使用期限相对于固定资产较短，在使用过程中保持其原有实物形态基本不变。

7. 委托代销商品

委托代销商品是指企业委托其他单位代销的商品。

8. 委托加工物资

委托加工物资是指企业委托外单位加工的存货，包括各种原材料、包装物、低值易耗品、半成品、产成品、商品等物资。

(三)按存货的存放地点分类

按存货的存放地点不同，存货可以分为以下四类。

1. 库存存货

库存存货是指已经运到企业，并已验收入库的各种材料、外购商品及已验收入库的自制或委托加工完成的半成品和产成品等。

2. 在途存货

在途存货是指已经结算货款，正在运输途中或已经运抵企业但尚未验收入库的各种存货。

3. 在制存货

在制存货是指正处于本企业各生产工序加工制造过程中的在制产品，以及委托外单位加工但尚未完成的材料物资。

4. 在售存货

在售存货是指按合同规定已经发出，但由于不满足收入的确认条件，还不能确认收入的存货，如发出的委托代销商品。

(四)按存货的取得方式分类

存货按其取得方式进行分类，可以分为外购存货、自制存货、委托加工存货、投资转入存货、接受捐赠存货、盘盈存货、非货币性资产交换取得存货、债务重组取得存货、企业合并取得存货等。

第二节 存货的初始计量与发出计价

一、存货的初始计量

存货应当按照成本进行初始计量。存货成本包括外购存货的成本，自制存货的成本，委托加工存货的成本，投资者投入存货的成本，通过非货币性资产交换、债务重组企业合并等方式取得的存货的成本和盘盈存货的成本等。企业取得的各种存货，应当按取得时的实际成本入账。

存货-存货的初始计量与发出计价(外购原材料-实际成本法).mp4

(一)外购存货的成本

外购存货的成本为采购成本，存货的采购成本包括采购价格、相关税费，以及运输费、装卸费、保险费和其他可直接归属于存货采购成本的费用。

1. 采购价格

采购价格是指企业购入的材料或商品的发票账单上列明的价款，但不包括按规定可以抵扣的增值税进项税额。

2. 相关税费

存货的相关税费是指企业购买存货发生的进口关税、消费税、资源税和不能抵扣的增值税进项税额及相应的教育费附加等应计入存货采购成本的税费。

企业购进免税产品(农业生产者销售的自产农业产品、古旧图书等)，一般情况下不能扣税。但按税法规定，对于购入的免税农业产品等可以按买价(或收购金额)的一定比率计算进项税额，并准予从销项税额中抵扣。在会计核算时，按购进免税农业产品有关凭证上确定的金额(买价)或者按收购金额，扣除一定比例的进项税额作为购进农业产品的成本；扣除的部分作为进项税额，待以后用销项税额抵扣。

对于增值税小规模纳税人企业来说，从会计核算角度来看，小规模纳税企业购入货物无论是否具有增值税专用发票，其支付的增值税税额均不计入进项税额，不得由销项税额抵扣，应计入购入货物的成本。

3. 其他可直接归属于存货采购成本的费用

其他可直接归属于存货采购成本的费用是指采购成本中除上述各项以外的可归属于存货采购成本的费用，如在存货采购过程中发生的仓储费、包装费、运输途中的合理损耗和入库前的挑选整理费等。

发生以上可归属于存货采购成本的费用，能分清负担对象的，应直接计入有关存货的采购成本；不能分清负担对象的，应选择合理的分配方法，分配计入有关存货的采购成本。分配方法通常包括按所购存货的重量或采购价格比例等进行分配。

但是，对于存货采购过程中发生的物资毁损、短缺等，除合理的损耗应当归属于存货采购的费用计入采购成本外，其他应根据不同情况分别进行会计处理。

(1) 需要从供应商、外部运输机构等收回的物资短缺或其他赔款，应冲减物资的采购成本。

(2) 因遭受意外灾害发生的损失和尚待查明原因的途中损耗，应比照盘亏存货来进行会计处理。

需要注意的是，商品流通企业在采购商品过程中发生的运输费、装卸费、保险费及其他可直接归属于存货采购成本的费用，可以直接计入存货采购成本；也可以先进行归集，期末根据所购商品的存销情况进行分摊：对于已售商品的进货费用，计入当期损益；对于未售商品的进货费用，计入期末存货成本。

商品流通企业采购商品的进货费用金额较小的，可以在发生时直接计入当期损益。

按照《小企业会计准则》规定，小企业(批发业、零售业)在购买商品过程中发生的费用(包括运输费、装卸费、包装费、保险费、运输途中的合理损耗和入库前的挑选整理费等)，计入"销售费用"科目核算。

(二)自制存货的成本

企业通过自制生产进一步加工取得的存货主要包括产成品、在产品、半成品和自制材料等，其成本由采购成本和加工成本构成。某些存货还包括使存货达到目前场所和状态所发生的其他成本，如可直接认定的产品设计费用等。

通过进一步加工取得的存货的成本中，采购成本是由所使用或消耗的原材料采购成本转移而来的，因此，计量加工取得的存货成本，重点是要确定存货的加工成本。存货的加工成本，是指在存货的加工过程中发生的追加费用，包括直接人工及按照一定方法分配的间接制造费用。因此，自制存货的成本包括直接材料、直接人工和制造费用。

企业设计产品发生的设计费用通常应计入当期损益，但是为特定客户设计产品所发生的、可直接确定的设计费用应计入存货的成本。

(三)委托加工存货的成本

委托外单位加工完成的存货包括加工后的原材料、包装物、低值易耗品、半成品和产成品等，其成本包括实际耗用的原材料或者半成品、加工费、装卸费、保险费和委托加工的往返运输费等费用，以及按规定应计入成本的税费。

(四)其他方式取得存货的成本

企业取得存货的其他方式主要包括接受投资者投资、非货币性资产交换、债务重组、企业合并和存货盘盈等。

1. 投资者投入存货的成本

投资者投入存货的成本应当按照投资合同或协议约定的价值确定，但合同或协议约定价值不公允的除外。在投资合同或协议约定价值不公允的情况下，按照该项存货的公允价值作为其入账价值。

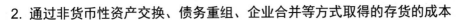

第四章 存货

2. 通过非货币性资产交换、债务重组、企业合并等方式取得的存货的成本

企业通过非货币性资产交换、债务重组、企业合并等方式取得的存货，其成本应当分别按照《企业会计准则第 7 号——非货币性资产交换》等有关的规定确定。但是，该项存货的后续计量和披露应当执行《企业会计准则第 1 号——存货》的规定。

3. 盘盈存货的成本

盘盈的存货应按其重置成本作为入账价值，一般通过"待处理财产损溢"账户进行会计处理，按管理权限报经批准后，冲减当期管理费用。

(五)注意事项

应当注意的是，在确定存货成本的过程中，下列费用不应计入存货成本，而应在其发生时计入当期损益。

(1) 非正常消耗的直接材料、直接人工及制造费用，应计入当期损益，不得计入存货成本。例如，企业超定额的废品损失及因自然灾害发生的直接材料、直接人工及制造费用，这些费用的发生无助于使该存货达到目前场所和状态，不应计入存货成本，而应计入当期损益。

(2) 仓储费用是指企业在存货采购入库后发生的储存费用，应在发生时计入当期损益。但是，在生产过程中为达到下一个生产阶段所必需的仓储费用则应计入存货成本。例如，某种酒类产品生产企业，为使生产的酒达到规定的产品质量标准，而必须发生的仓储费用，就应计入酒的成本，而不应计入当期损益。

(3) 不能归属于使存货达到目前场所和状态的其他支出，不符合存货的定义和确认条件，应在发生时计入当期损益，不得计入存货成本。

二、存货发出的计价方法

企业的经营活动是连续不断的，存货也处于不停的周转之中。企业应当根据各类存货的实物流转方式、企业管理的要求、存货的性质等实际情况，合理地选择发出存货成本的计算方法，以合理确定当期发出存货的实际成本。日常实务工作中，企业发出的存货通常按实际成本核算。在实际成本核算方式下，企业可以采用的发出存货成本的计价方法包括个别计价法、先进先出法、月末一次加权平均法和移动加权平均法四种。对于性质和用途相同的存货，应当采用相同的成本计算方法确定发出存货的成本。

(一)个别计价法

个别计价法也称为个别认定法、具体辨认法、分批实际法，是指假设存货具体项目的实物流转与成本流转相一致，按照各种存货逐一辨认各批发出存货和期末存货所属的购进批别或生产批别，并分别按其购入或生产时所确定的单位成本计算各批发出存货和期末存货成本的方法。其计算公式为

$$\text{发出存货的实际成本} = \sum \text{各批次存货发出数量} \times \text{该批次存货实际进货单价} \quad (4\text{-}1)$$

采用个别计价法，计算发出存货的成本和期末存货的成本比较合理、准确，符合实际情况。但这种方法的前提是需要对发出和结存存货的批次进行具体认定，以辨别其所属的

收入批次。在存货收发频繁的情况下,其发出成本分辨的工作量较大,实务操作的工作量繁重。因此,这种方法通常适用于一般不能替代使用的存货、为特定项目专门购入或制造的存货及提供的劳务,如珠宝、名画等贵重物品。企业采用计算机信息系统进行会计处理时,该方法可以广泛应用。

【例4-1】甲公司本月生产过程中领用A材料2 000千克,经确认其中有1 000千克属第一批入库,单位成本为60元/千克;600千克属第二批入库,单位成本为70元/千克;400千克属第三批入库,单位成本为80元/千克。

则本月发出的A材料的成本计算如下:

发出A材料实际成本=1 000×60+600×70+400×80=134 000(元)

(二)先进先出法

先进先出法是指以先购入的存货应先发出(销售或耗用)这样一种存货实物流转假设为前提,对发出存货进行计价的一种方法。采用这种方法,先购入的存货成本在后购入存货成本之前转出,据此确定发出存货和期末存货的成本。

采用先进先出法,存货成本是按最近购货确定的,期末存货成本比较接近现行的市场价值。其优点是使企业不能随意挑选存货计价以调整当期利润,可以随时结转存货发出成本;其缺点是工作量比较烦琐,如果存货收发业务较多且存货单价不稳定,其工作量较大。而且在物价持续上升时,期末存货成本接近于市价,而发出成本偏低,会高估企业当期利润和库存存货价值;反之,会低估企业当期利润和库存存货价值。

【例4-2】某企业2023年12月A种存货明细账,如表4-1所示。在明细账中,采用先进先出法计算发出存货和期末存货的成本。

表4-1 某企业2023年12月A种存货明细账

计量单位:千克

存货名称及规格:A

金额单位:元

2023年		凭证编号	摘要	收入			发出			结存		
月	日			数量	单价	金额	数量	单价	金额	数量	单价	金额
12	1		期初余额							300	50	15 000
	10		购入	900	60	54 000				300	50	15 000
										900	60	54 000
12	14	略	发出				300	50	15 000	400	60	24 000
							500	60	30 000			
	18		购入	600	70	42 000				400	60	24 000
										600	70	42 000
	20		发出				400	60	24 000	200	70	14 000
							400	70	28 000			
	23		购入	200	80	16 000				200	70	14 000
										200	80	16 000

(三) 月末一次加权平均法

月末一次加权平均法是指以本月全部进货数量加上月初库存存货数量作为权数，去除本月全部进货成本加上月初库存存货成本，计算出存货的加权平均单位成本，以此为基础计算本月发出存货的成本和期末存货的成本的一种方法。其计算公式为

$$存货单位成本=\frac{月初库存存货的实际成本+本月购入存货的实际成本}{月初库存存货数量+本月购入存货的数量} \quad (4-2)$$

本月发出存货的成本=本月发出存货的数量×存货单位成本 (4-3)

本月月末库存存货的成本=月末库存存货的数量×存货单位成本 (4-4)

或　本月月末库存存货的成本=月初库存存货的实际成本+本月购入存货的实际成本
　　　　　　－本月发出存货的实际成本 (4-5)

采用月末一次加权平均法时不计算发出和结存存货成本，只在计算月末一次加权平均单位成本，然后再计算发出存货成本和结存存货成本，比较简单，有利于简化成本计算工作。因为这种方法考虑了各批进货数量的影响，所以在市场价格上涨或下跌时所计算出来的单位成本平均化，对存货成本的分摊较为折中。但采用这种方法使存货的计价工作集中在月末，加大了月末的工作量；同时，平时无法从存货账面上提供发出和结存存货的单价及金额，因此不利于存货成本的日常管理与控制。

【例 4-3】 承例 4-2，仍以上述 A 种存货明细账为例，采用月末一次加权平均法计算其存货成本如下。

$$A存货平均单位成本=\frac{15\,000+54\,000+42\,000+16\,000}{300+900+600+200}=63.5(元)$$

本月发出存货成本=(300+500+400+400)×63.5=101 600(元)

月末库存存货成本=(200+200)×63.5=25 400(元)

(四) 移动加权平均法

移动加权平均法是指以本次进货的成本加上原有库存存货的成本，除以本次进货的数量加上原有库存存货的数量，据以计算的加权平均单位成本，作为在下次进货前计算各次发出存货成本依据的一种方法。其计算公式为

$$存货单位成本=\frac{原有库存存货的实际成本+本次入库存货的实际成本}{原有库存存货数量+本次入库存货的数量} \quad (4-6)$$

本次发出存货的成本=本次发出存货的数量×本次发货前存货的单位成本 (4-7)

本月月末库存存货成本=月末库存存货的数量×月末存货单位成本 (4-8)

或　本月月末库存存货成本=月初库存存货的实际成本+本月购入存货的实际成本
　　　　　　－本月发出存货的实际成本 (4-9)

采用移动加权平均法，每次入库一批存货就要重新计算一次存货的平均单位成本，因而可以及时地反映发出存货和结存存货的成本，能够使企业各层及时了解存货的结存情况。因为这种方法也考虑了各批进货数量的影响，所以计算的平均单位成本及发出存货和结存存货的成本比较客观，较为均衡和准确。但每次收货都要计算一次平均单价，计算工作量较大。

【例 4-4】 承例 4-2，仍以上述 A 种存货明细账为例，采用移动加权平均法计算其存货成本如下：

第一批收货后的平均单位成本 = $\dfrac{15\,000 + 54\,000}{300 + 900}$ = 57.5(元)

第一批发货的存货成本 = (300+500)×57.5 = 46 000(元)

当时结存的存货成本 = 400×57.5 = 23 000(元)

第二批收货后的平均单位成本 = $\dfrac{23\,000 + 42\,000}{400 + 600}$ = 65(元)

第二批发货的存货成本 = (400+400)×65 = 52 000(元)

当时结存的存货成本 = 200×65 = 13 000(元)

第三批收货后的平均单位成本 = $\dfrac{13\,000 + 16\,000}{200 + 200}$ = 72.5(元)

该种存货月末结存 400 件，月末存货成本为 29 000(400×72.5)元。

本月发出存货成本合计为 98 000(46 000+52 000)元。

第三节　存货业务的日常核算

存货业务的日常核算一般有两种方法：一是按实际成本核算；二是按计划成本核算。企业可以根据自身的生产经营特点和管理的要求，选择其中一种方法进行核算。

一、原材料

原材料是指企业在生产过程中经过加工改变其形态或性质并构成产品主要实体的各种原料、主要材料和外购半成品，以及不构成产品实体但有助于产品形成的辅助材料。其内容具体包括原料及主要材料、辅助材料、外购半成品(外购件)、修理用备件(备品备件)、包装材料、燃料等。原材料的日常收入、发出及结存可以采用实际成本核算，也可以采用计划成本核算。下面以原材料为例讲述存货业务的实际成本核算与计划成本核算。

(一)原材料按实际成本核算

1. 账户设置

原材料按实际成本计价核算时，无论总分类核算还是明细分类核算，材料的收发及结存均按照实际成本计价。设置的会计账户有"原材料""在途物资"等。

1) 原材料

"原材料"账户，用于核算企业库存各种材料的收发与结存的成本。在原材料按实际成本核算时，"原材料"账户的借方登记入库材料的实际成本，贷方登记发出材料的实际成本。期末余额在借方，反映企业库存材料的实际成本。该账户可按材料的保管地点(仓库)、材料的类别、品种和规格等进行明细核算。原材料 T 型账户，如表 4-2 所示。

表 4-2 原材料 T 型账户

借方	原材料	贷方
期初余额		
入库材料的实际成本	发出材料的实际成本	
期末余额：库存材料的实际成本		

2) 在途物资

"在途物资"账户，用于核算企业采用实际成本(进价)进行材料、商品等物资的日常核算、货款已结算但尚未验收入库的各种物资(即在途物资)的采购成本。该账户可按供应单位和物资品种进行明细核算。"在途物资"账户的借方登记企业购入的在途物资的实际成本，贷方登记验收入库的在途物资的实际成本，期末余额在借方，反映企业在途物资的采购成本。在途物资 T 型账户，如表 4-3 所示。

表 4-3 在途物资 T 型账户

借方	在途物资	贷方
期初余额		
企业购入的在途物资的实际成本	验收入库的在途物资的实际成本	
期末余额：在途物资的采购成本		

3) 应付账款

"应付账款"账户，用于核算企业因购买材料、商品和接受劳务等经营活动应支付的款项。贷方登记企业因购入材料、商品和接受劳务等尚未支付的款项，借方登记偿还的应付账款，期末余额一般在贷方，反映企业尚未支付的应付账款。本账户可按债权人进行明细核算。应付账款 T 型账户，如表 4-4 所示。

表 4-4 应付账款 T 型账户

借方	应付账款	贷方
	期初余额	
偿还的应付账款	企业因购入材料、商品和接受劳务等尚未支付的款项	
	期末余额：尚未支付的应付账款	

4) 预付账款

"预付账款"账户，用于核算企业按照合同规定预付的款项。企业进行在建工程预付的工程价款也在本账户核算。"预付账款"账户的借方登记预付的款项及补付的款项，贷方登记收到所购物资时根据有关发票账单计入"原材料"等账户的金额及收回多付款项的金额。如果期末余额在借方，则反映企业实际预付的款项；如果期末余额在贷方，则反映企业尚未补付的款项。该账户可按供货单位进行明细核算。预付账款 T 型账户，如表 4-5 所示。

表 4-5 预付账款 T 型账户

借方	预付账款	贷方
期初余额		
①预付的款项		①收到所购物资时根据有关发票账单计入"原材料"等账户的金额
②补付的款项		②收回多付款项的金额
期末余额：实际预付的款项		期末余额：企业尚未补付的款项

对于预付款项不多的企业，可以不设置"预付账款"账户，而将此业务直接在"应付账款"账户中核算。

2. 原材料取得的账务处理

1) 外购的原材料

(1) 发票账单与材料同时到达。对于发票账单与材料同时到达的采购业务，企业在支付货款或已开出、承兑商业汇票且材料验收入库后，具体应做如下会计分录。

借：原材料　　　　　　　　　　　　(发票账单等结算凭证确定的材料成本)
　　应交税费——应交增值税(进项税额)　(可抵扣的进项税额)
　贷：银行存款/应付票据等　　　　　(实际支付的款项或应付票据面值)

【例4-5】甲公司经有关部门核定为一般纳税人(以下各例同)。购入 J 材料一批，增值税专用发票上记载的货款为 1 000 000 元，增值税税额为 130 000 元。全部款项已用转账支票付讫，材料已验收入库。甲公司应编制的会计分录如下。

借：原材料——J 材料　　　　　　　　　　1 000 000
　　应交税费——应交增值税(进项税额)　　　130 000
　贷：银行存款　　　　　　　　　　　　　1 130 000

【例4-6】甲公司持银行汇票 3 392 180 元购入 K 材料一批，增值税专用发票上记载的货款为 3 000 000 元，增值税税额为 390 000 元。另外，开给甲公司的运输企业专用发票(即货票)上注明运费 2 000 元(增值税税率为 9%)，材料已验收入库。甲公司应编制的会计分录如下。

借：原材料——K 材料　　　　　　　　　　3 002 000
　　应交税费——应交增值税(进项税额)　　　390 180
　贷：其他货币资金——银行汇票　　　　　3 392 180

【例4-7】甲公司采用托收承付结算方式购入 L 材料一批，货款为 80 000 元，增值税税额为 10 400 元，对方代垫包装费 5 000 元，款项在承付期内以银行存款支付，材料已验收入库。甲公司应编制的会计分录如下。

借：原材料——L 材料　　　　　　　　　　85 000
　　应交税费——应交增值税(进项税额)　　　10 400
　贷：银行存款　　　　　　　　　　　　　95 400

(2) 发票账单已到，材料未到。对于已经付款或已开出、承兑商业汇票，但材料尚未到达或尚未验收入库的采购业务，具体应做如下会计分录。

① 收到发票账单等结算凭证时：
借：在途物资　　　　　　　　　　　（发票账单等结算凭证确定的材料成本）
　　应交税费——应交增值税(进项税额)　（可抵扣的进项税额）
　贷：银行存款/应付票据等　　　　　（实际支付的款项或应付票据面值）

② 材料到达入库后：
借：原材料　　　　　　　　　　　　（发票账单等结算凭证确定的材料成本）
　贷：在途物资　　　　　　　　　　（发票账单等结算凭证确定的材料成本）

【例 4-8】甲公司采用汇兑结算方式购入 F 材料一批，发票及账单已收到，增值税专用发票上记载的货款为 40 000 元，增值税税额为 5 200 元。另外，支付保险费 2 000 元，材料尚未到达。甲公司应编制的会计分录如下。

借：在途物资——F 材料　　　　　　　　　　　　42 000
　　应交税费——应交增值税(进项税额)　　　　　 5 200
　贷：银行存款　　　　　　　　　　　　　　　　47 200

【例 4-9】承例 4-8，上述购入的 F 材料已收到，并验收入库。甲公司应编制的会计分录如下。

借：原材料——F 材料　　　　　　　　　　　　　42 000
　贷：在途物资——F 材料　　　　　　　　　　　42 000

(3) 材料已到、发票账单未到。如果发票账单未到也无法确定实际成本，期末应按暂估价值记账，下期初做相反的会计分录予以冲回或用红字予以冲销，等收到发票账单后再按实际金额记账，具体应做如下会计分录。

① 日常不做账。
② 月末按暂估价值入账时：
借：原材料　　　　　　　　　　　　（暂估价值）
　贷：应付账款——暂估应付款　　　（暂估价值）
③ 下月初用红字冲销或做相反的会计分录时：
借：原材料　　　　　　　　　　　　（红字）
　贷：应付账款——暂估应付款　　　（红字）
④ 收到发票账单时，按正常购货业务进行账务处理。

【例 4-10】甲公司采用委托收款结算方式购入 H 材料一批，材料已验收入库，月末发票账单尚未收到，也无法确定其实际成本，暂估价值为 150 000 元。

月末甲公司应编制的会计分录如下。

借：原材料——H 材料　　　　　　　　　　　　150 000
　贷：应付账款——暂估应付款　　　　　　　　150 000

下月初做相反的会计分录予以冲回时：

借：应付账款——暂估应付款　　　　　　　　　150 000
　贷：原材料——H 材料　　　　　　　　　　　150 000

【例 4-11】 承例 4-10，上述购入的 H 材料于次月收到发票账单，增值税专用发票上记载的货款为 152 000 元，增值税税额为 19 760 元，对方代垫保险费为 4 000 元，已用银行存款付讫。甲公司应编制的会计分录如下。

```
借：原材料——H 材料                              156 000
    应交税费——应交增值税(进项税额)                19 760
    贷：银行存款                                          175 760
```

(4) 预付货款方式进行材料采购，具体应做如下会计分录。
① 预付货款时：
```
借：预付账款/应付账款                    (实际预付的金额)
    贷：银行存款
```
② 购入货物并验收入库时：
```
借：原材料                              (发票账单等结算凭证确定的材料成本)
    应交税费——应交增值税(进项税额)      (增值税进项税额)
    贷：预付账款                        (材料成本与增值税进项税额之和，即应付金额)
```
③ 预付货款不足，补付货款时：
```
借：预付账款                            (补付的金额)
    贷：银行存款
```
④ 供货方退回多付的货款时：
```
借：银行存款                            (收到退回的金额)
    贷：预付账款
```

【例 4-12】 根据与某厂的购销合同规定，甲公司为购买 S 材料向该厂预付 1 000 000 元货款的 80%，计 800 000 元，已通过汇兑方式汇出。甲公司单独设置"预付账款"账户。甲公司应编制的会计分录如下。

```
借：预付账款                                       800 000
    贷：银行存款                                          800 000
```

【例 4-13】 承例 4-12，甲公司收到该厂发运来的 S 材料，已验收入库。有关发票账单记载，该批货物的货款为 1 000 000 元，增值税税额为 130 000 元，对方代垫包装费为 25 000 元、运费 5 000 元，所欠款项以银行存款付讫，甲公司应编制的会计分录如下。

① 材料入库时：
```
借：原材料——S 材料                            1 030 000
    应交税费——应交增值税(进项税额)             130 000
    贷：预付账款                                       1 160 000
```
② 补付货款时：
```
借：预付账款                                       360 000
    贷：银行存款                                          360 000
```

(5) 外购材料发生短缺的会计处理。
外购材料由于各种原因使实收数量与应收数量不符，其差额即为在途损耗。企业购进

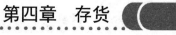

存货所发生的在途损耗应根据不同的情况分别做账务处理。

① 属于运输途中的合理损耗，应计入购入存货的成本中。

② 属于供货单位或运输机构赔偿的部分，应由责任人补足或赔偿货款，不计入存货的采购成本。

③ 属于自然灾害、被盗等非常原因造成的存货毁损，转入"待处理财产损溢"账户核算，待报经批准处理后，将扣除保险公司及有关责任人赔偿后的净损失，计入当期损益(营业外支出)。

④ 尚待查明原因的存货短缺，先转入"待处理财产损溢"账户核算，待查明原因后，再按上述要求进行会计处理。

⑤ 上列短缺存货涉及增值税的，也应进行相应的处理。

【例4-14】甲公司外购材料一批，取得的增值税专用发票上注明的材料价款为100 000元，增值税税额为13 000元，货款已支付，材料尚在运输途中。材料运到验收入库时，发现短缺10 000元的材料。后查明原因，其中20%属于合理损耗，40%应由运输机构赔偿，另外40%属于非常损失，其中保险公司理赔3 000元。甲公司应编制的会计分录如下。

① 购买材料时：
借：在途物资　　　　　　　　　　　　　　　100 000
　　应交税费——应交增值税(进项税额)　　　 13 000
　　　贷：银行存款　　　　　　　　　　　　　113 000

② 材料入库时：
借：原材料　　　　　　　　　　　　　　　　　90 000
　　待处理财产损溢——待处理流动资产损溢　　10 000
　　　贷：在途物资　　　　　　　　　　　　　100 000

③ 查明原因处理短缺材料时：
借：原材料　　　　　　　　　　　　　　　　　 2 000
　　其他应收款——运输公司　　　　　　　　　 4 520
　　　　　　　——保险公司　　　　　　　　　 3 000
　　营业外支出　　　　　　　　　　　　　　　 1 520
　　　贷：待处理财产损溢　　　　　　　　　　10 000
　　　　　应交税费——应交增值税(进项税额转出)　1 040

④ 收到相关赔款时：
借：银行存款　　　　　　　　　　　　　　　　 7 520
　　　贷：其他应收款——运输公司　　　　　　 4 520
　　　　　　　　　　——保险公司　　　　　　 3 000

2) 自制的原材料

自制并已验收入库的原材料，按实际成本，借记"原材料"账户，贷记"生产成本"账户。

【例4-15】某电机厂的基本生产车间本月生产完工一批产品，并将该批产品作为生产用原材料，已入原材料仓库，该批产品的实际成本为300 000元。该厂应编制的会计分录如下。

借：原材料	300 000
贷：生产成本——基本生产成本	300 000

3) 投资者投入的原材料

投资者投入的原材料，按投资合同或协议约定的价值，借记"原材料"等账户，按增值税专用发票上注明的增值税额，借记"应交税费——应交增值税(进项税额)"账户；按以上两项金额合计数在注册资本中所占的份额，贷记"实收资本"(或"股本")等账户，按其差额，贷记"资本公积"账户。

【例4-16】某公司收到A股东作为资本投入的原材料一批，原材料的计税价格为850 000元，增值税专用发票上注明的税额为110 500元，投资各方确认按该金额作为A股东的投入资本，可以折算成某公司每股面值1元的普通股股票900 000股。该公司应编制的会计分录如下。

借：原材料	850 000
应交税费——应交增值税(进项税额)	110 500
贷：实收资本	900 000
资本公积——股本溢价	60 500

3. 原材料发出的账务处理

企业各生产单位及有关部门领用的材料具有种类多、业务频繁等特点，为了简化核算，可以在月末根据"领料单"或"限额领料单"中有关领料的单位、部门等加以归类，编制"发料凭证汇总表"，据以编制记账凭证，并登记入账。发出材料实际成本的确定，可以由企业从个别计价法、先进先出法、月末一次加权平均法、移动加权平均法等方法中选择。计价方法一经确定，不得随意变更。如需变更，应在会计报表附注中予以说明。具体的账务处理如表4-6所示。

表4-6　实际成本法下原材料发出的账务处理

情形	账务处理
各部门领用	借：基本生产成本[基本生产车间领用(直接用于产品生产)] 　　辅助生产成本[辅助生产车间领用(直接用于产品生产)] 　　制造费用[间接材料成本(间接用于产品生产)] 　　销售费用(销售部门消耗) 　　管理费用(行政管理部门消耗) 　　在建工程(工程项目消耗) 　　研发支出(研发环节消耗) 　　委托加工物资(发出委托加工材料消耗) 　　贷：原材料
用于出售	借：其他业务成本 　　贷：原材料

【例 4-17】 甲公司 4 月 30 日仓库发出材料汇总表，如表 4-7 所示。

表 4-7　甲公司 4 月 30 日仓库发出材料汇总表

项目名称	甲 材 料		乙 材 料		合计/元
	数量/千克	金额/元	数量/千克	金额/元	
生产 A 产品	5 000	80 000	4 000	44 000	124 000
生产 B 产品	1 000	16 000	1 000	11 000	27 000
基本生产车间一般耗用	100	1 600			1 600
辅助生产车间领用	400	6 400	600	6 600	13 000
行政管理部门领用			100	1 100	1 100
销售部门耗用			200	2 200	2 200
合　　计	6 500	104 000	5 900	64 900	168 900

根据发出材料汇总表，甲公司应编制的会计分录如下。

借：生产成本——基本生产成本——A 产品　　124 000
　　　　　　　　　　　　　　　——B 产品　　27 000
　　　　　　——辅助生产成本　　　　　　　　13 000
　　制造费用　　　　　　　　　　　　　　　　1 600
　　管理费用　　　　　　　　　　　　　　　　1 100
　　销售费用　　　　　　　　　　　　　　　　2 200
　　贷：原材料——甲材料　　　　　　　　　　104 000
　　　　　　　——乙材料　　　　　　　　　　64 900

(二)原材料按计划成本核算

计划成本法是指企业存货的收入、发出和结存均按预先制定的计划成本计价，同时设置"材料成本差异"科目，登记实际成本和计划成本的差额。期末将发出存货和结存存货由计划成本调整为实际成本。

存货-存货业务的日常核算(原材料按计划成本核算).mp4

1. 账户设置

材料采用计划成本核算时，材料的收发及结存无论总分类核算还是明细分类核算均按照计划成本计价。使用的会计科目有"原材料""材料采购""材料成本差异"等。材料实际成本与计划成本的差异，通过"材料成本差异"科目核算。月末，计算本月发出材料应负担的成本差异并进行分摊，根据领用材料的用途计入相关资产的成本或者当期损益，从而将发出材料的计划成本调整为实际成本。

1) 原材料

"原材料"账户用于核算各种库存材料的收发与结存情况。在材料采用计划成本核算时，本科目的借方登记入库材料的计划成本，贷方登记发出材料的计划成本，期末余额在借方，反映企业库存材料的计划成本。原材料 T 型账户，如表 4-8 所示。

表 4-8　原材料 T 型账户

借方	原材料	贷方
期初余额		
入库材料的计划成本		发出材料的计划成本
期末余额：反映库存材料的计划成本		

2) 材料采购

"材料采购"账户借方登记材料采购的实际成本，贷方登记入库材料的计划成本。借方大于贷方表示超支，从"材料采购"科目贷方转入"材料成本差异"科目的借方；贷方大于借方表示节约，从"材料采购"科目借方转入"材料成本差异"科目的贷方；期末为借方余额，反映企业在途材料的实际成本。材料采购 T 型账户，如表 4-9 所示。

表 4-9　材料采购 T 型账户

借方	材料采购	贷方
期初余额		
①材料采购的实际成本		①入库材料的计划成本
②转出的节约差异		②转出的超支差异
期末余额：在途材料的实际成本		

3) 材料成本差异

"材料成本差异"账户反映企业已入库各种材料的实际成本与计划成本的差异，借方登记超支差异及发出材料应负担的节约差异，贷方登记节约差异及发出材料应负担的超支差异。期末如为借方余额，反映企业库存材料的实际成本大于计划成本的差异(即超支差异)；如为贷方余额，反映企业库存材料的实际成本小于计划成本的差异(即节约差异)。材料成本差异 T 型账户，如表 4-10 所示。

表 4-10　材料成本差异 T 型账户

借方	材料成本差异	贷方
①超支差异		①节约差异
②发出材料应负担的节约差异		②发出材料应负担的超支差异
期末余额：反映企业库存材料的实际成本大于计划成本的差异(即超支差异)		期末余额：反映企业库存材料的实际成本小于计划成本的差异(即节约差异)

2. 原材料取得的账务处理

1) 外购的原材料

(1) 发票账单等结算凭证已到达，同时材料已验收入库，具体应做如下会计分录。

① 取得发票账单等结算凭证时：

借：材料采购　　　　　　　　　　　　　(确定的材料实际采购成本)
　　应交税费——应交增值税(进项税额) (增值税专用发票上注明的增值税进项税额)
　　贷：银行存款/应付票据/应付账款等 (已支付或应支付的金额)

② 材料验收入库时：
借：原材料　　　　　　　　　(入库材料的计划成本=入库材料的数量×计划单位成本)
　　贷：材料采购　　　　　　(确定的材料实际采购成本)
　　贷(或借)：材料成本差异　(差额即节约差异或超支差异)

【例4-18】甲公司购入L材料一批，增值税专用发票上注明的价款为3 000 000元，增值税税额为390 000元，发票账单已收到，计划成本为3 200 000元，已验收入库，全部款项以银行存款支付。甲公司应编制的会计分录如下。

① 收到发票账单等结算凭证时：

借：材料采购——L材料　　　　　　　　　　　　　　3 000 000
　　应交税费——应交增值税(进项税额)　　　　　　　　390 000
　　贷：银行存款　　　　　　　　　　　　　　　　　　3 390 000

② 材料验收入库时：

借：原材料 ——L材料　　　　　　　　　　　　　　　3 200 000
　　贷：材料采购——L材料　　　　　　　　　　　　　3 000 000
　　　　材料成本差异——L材料　　　　　　　　　　　　 200 000

(2) 发票账单等结算凭证已到达，但材料尚未验收入库，具体应做如下会计分录。

借：材料采购　　　　　　　　　　(确定的材料实际采购成本)
　　应交税费——应交增值税(进项税额) (增值税专用发票上注明的增值税进项税额)
　　贷：银行存款/应付票据/应付账款等 (已支付或应支付的金额)

在计划成本法中，购入的材料无论是否验收入库，都要先通过"材料采购"科目进行核算，以反映企业所购材料的实际成本，从而与"原材料"科目进行比较，通过计算确定材料成本差异。

【例4-19】甲公司采用汇兑结算方式购入M1材料一批，增值税专用发票上注明的价款为200 000元，增值税税额为26 000元，发票账单已收到，计划成本为180 000元，材料尚未入库，款项已用银行存款支付。甲公司应编制的会计分录如下。

借：材料采购——M1材料　　　　　　　　　　　　　　200 000
　　应交税费——应交增值税(进项税额)　　　　　　　　 26 000
　　贷：银行存款　　　　　　　　　　　　　　　　　　 226 000

(3) 发票账单等结算凭证尚未到达，但材料已经验收入库，具体应做如下会计分录。

① 日常不做账。
② 月末按计划成本暂估价值入账时：

借：原材料　　　　　　　　　　　　(入库材料的计划成本)
　　贷：应付账款——暂估应付账款　　(入库材料的计划成本)

③ 下月初用红字冲销或做相反的会计分录予以冲回。

借：原材料　　　　　　　　　　　　(红字)
　　贷：应付账款——暂估应付账款　　(红字)

④ 收到发票账单等结算凭证时，按正常购货业务进行账务处理。

【例4-20】甲公司购入M3材料一批,材料已验收入库,发票账单尚未到达,月末按照计划成本600 000元估价入账。甲公司应编制的会计分录如下。

借:原材料　　　　　　　　　　　　　　600 000
　　贷:应付账款——暂估应付账款　　　　　　600 000

下月初做相反的会计分录予以冲回:

借:应付账款——暂估应付账款　　　　　600 000
　　贷:原材料　　　　　　　　　　　　　　　600 000

【例4-21】甲公司购入原材料一批,5月12日材料已到达,并验收入库,但发票账单尚未收到;5月31日仍未收到发票账单;6月4日收到有关发票账单,以银行存款支付货款120 000元及税款15 600元。该材料计划成本为124 000元。甲公司应编制的会计分录如下。

① 5月12日,暂不做会计处理。
② 5月31日,按计划成本暂估入账时:

借:原材料　　　　　　　　　　　　　　124 000
　　贷:应付账款——暂估应付账款　　　　　　124 000

③ 6月1日,用红字冲回时:

借:原材料　　　　　　　　　　　　　　(124 000)
　　贷:应付账款——暂估应付账款　　　　　　(124 000)

④ 6月4日,根据发票账单,应编制的会计分录如下。

借:材料采购　　　　　　　　　　　　　120 000
　　应交税费——应交增值税(进项税额)　　 15 600
　　贷:银行存款　　　　　　　　　　　　　　135 600

同时,根据材料入库单结转入库材料的成本差异。

借:原材料　　　　　　　　　　　　　　124 000
　　贷:材料采购　　　　　　　　　　　　　　120 000
　　　　材料成本差异——原材料　　　　　　　 4 000

2) 自制的原材料

自制并已验收入库的原材料,按计划成本借记"原材料"账户,按实际成本贷记"生产成本"账户,差额借记或贷记"材料成本差异"账户。

【例4-22】某公司的基本生产车间本月生产完工一批产品,本企业将该批产品作为生产用原材料,已入原材料仓库,该批产品的实际成本为500 000元,计划成本为498 000元。该公司应编制的会计分录如下。

借:原材料　　　　　　　　　　　　　　498 000
　　材料成本差异　　　　　　　　　　　　2 000
　　贷:生产成本——基本生产成本　　　　　　500 000

3. 原材料发出的账务处理

根据《企业会计准则第1号——存货》规定,企业存货日常采用计划成本核算的,发

第四章 存货

出的材料成本应由计划成本调整为实际成本,通过"材料成本差异"账户进行结转,按照所发出材料的用途,分别计入"生产成本""制造费用""管理费用""销售费用"等账户。发出材料应负担的成本差异应当按期(月)分摊,不得在季末或年末一次计算。发出材料应负担的成本差异,除委托外部加工发出的材料可按期初的成本差异率计算外,应使用当期的实际成本差异率;期初成本差异率与本期成本差异率相差不大的,也可按期初成本差异率计算。计算方法一经确定,不得随意变更。材料成本差异率的计算公式为

$$材料成本差异率 = \frac{期初结存材料的成本差异 + 本期验收入库材料的成本差异}{期初结存材料的计划成本 + 本期验收入库材料的计划成本} \times 100\% \quad (4\text{-}10)$$

$$期初材料成本差异率 = \frac{期初结存材料的成本差异}{期初结存材料的计划成本} \times 100\% \quad (4\text{-}11)$$

发出材料应负担的成本差异 = 发出材料的计划成本 × 材料成本差异率 (4-12)

期末结存材料的实际成本 = 期末结存材料的计划成本 × (1+材料成本差异率) (4-13)

【例 4-23】 甲公司某月月末根据"发料凭证汇总表"的记录,当月 A 材料的消耗(计划成本)为:基本生产领用 4 000 000 元,辅助生产领用 1 200 000 元,车间管理部门领用 500 000 元,企业行政管理部门领用 100 000 元。

根据发料凭证汇总表,甲公司应编制的会计分录如下。

借:生产成本——基本生产成本	4 000 000
——辅助生产成本	1 200 000
制造费用	500 000
管理费用	100 000
贷:原材料——A 材料	5 800 000

【例 4-24】 承例 4-23,甲公司某月月初结存 A 材料的计划成本为 2 000 000 元,成本差异为超支 64 000 元;当月入库 A 材料的计划成本为 6 400 000 元,成本差异为节约 400 000 元。

$$材料成本差异率 = \frac{64\,000 - 400\,000}{2\,000\,000 + 6\,400\,000} = -4\%$$

甲公司应编制的结转发出材料的成本差异的会计分录如下。

借:材料成本差异——A 材料	232 000
贷:生产成本——基本生产成本	160 000
——辅助生产成本	48 000
制造费用	20 000
管理费用	4 000

【例 4-25】 某企业 2023 年 5 月初结存原材料的计划成本为 2 000 000 元,本月收入原材料的计划成本为 4 000 000 元,本月发出原材料的计划成本为 3 200 000 元,原材料成本差异的月初数为 40 000 元(超支),本月入库原材料成本差异为 100 000 元(节约)。

则该企业 2023 年 5 月份材料成本差异率及发出材料应负担的成本差异计算如下。

$$材料成本差异率 = \frac{40\,000 - 100\,000}{2\,000\,000 + 4\,000\,000} \times 100\% = -1\%$$

> 发出材料应负担的成本差异=发出材料的计划成本×材料成本差异率
> =3 200 000×(-1%)=-32 000(元)
>
> 该企业2023年5月发出材料和结存材料的实际成本计算如下。
> 发出材料的实际成本=发出材料的计划成本+发出材料应负担的成本差异
> =3 200 000-32 000=3 168 000(元)
> 结存材料的实际成本=结存材料的计划成本+结存材料的成本差异
> =(2 000 000+4 000 000-3 200 000)+(40 000-100 000+32 000)
> =2 800 000-28 000
> =2 772 000(元)

原材料按计划成本核算账务处理流程，如图4-1所示。

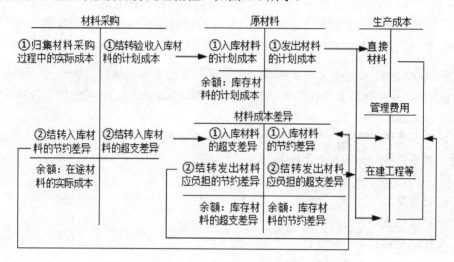

图4-1 原材料按计划成本核算账务处理流程

二、周转材料

(一)周转材料概述

企业生产经营过程中离不开周转材料。周转材料是指企业能够多次使用、逐渐转移其价值但仍保持原有形态且不确认为固定资产的材料。企业的周转材料主要包括包装物、低值易耗品，以及企业(建造承包商)的钢模板、木模板、脚手架和其他周转材料等。

1. 包装物

包装物是指企业为了包装本企业商品而储备的各种包装容器，如桶、箱、瓶、坛、袋等。企业的包装物种类繁多，为了便于管理和核算，应对包装物进行分类。

包装物按用途可分为以下五类。

(1) 生产过程中用于包装产品作为产品组成部分的包装物，其成本计入"生产成本"账户。

(2) 随同商品出售而不单独计价的包装物，其成本计入"销售费用"账户。

(3) 随同商品出售而单独计价的包装物，其成本计入"其他业务成本"账户。

(4) 出租的包装物，其成本计入"其他业务成本"账户。

(5) 出借给购买单位使用的包装物，其成本计入"销售费用"账户。

2. 低值易耗品

低值易耗品是指不能作为固定资产核算的各种用具物品，如工具、管理用具、玻璃器皿，以及在经营过程中周转使用的包装容器等。它与固定资产一样，也属于劳动资料，但其单位价值较低，使用期限较短且容易损坏。鉴于这些特点，低值易耗品通常被视同存货，作为流动资产进行核算和管理，按其用途不同一般划分为一般工具、专用工具、管理用具、劳动保护用具、其他用具等。

(二)周转材料的会计核算

1. 账户设置

为了反映和监督企业各种周转材料的增减变化及其价值损耗、结存等情况，企业应设置"周转材料"账户。该账户核算企业周转材料的成本，包括包装物、低值易耗品，以及企业(建造承包商)的钢模板、木模板、脚手架等。

企业的包装物、低值易耗品，也可以单独设置"包装物""低值易耗品"账户。

下列物品不应作为企业的包装物进行核算：各种包装材料，如纸、绳、铁丝、铁皮等，应在"原材料"账户内核算；用于储存保管商品、材料而不随商品出售、出租、出借的包装物，应按价值大小和使用年限长短，分别在"固定资产"或"周转材料——低值易耗品"账户核算。如果包装物、低值易耗品等数量不大的企业，可以不设置"周转材料"账户或"包装物""低值易耗品"账户，而将其并入"原材料"账户内核算。单独列作企业商品产品的自制包装物、低值易耗品等，应作为库存商品处理。周转材料 T 型账户，如表 4-11 所示。

表 4-11 周转材料 T 型账户

借方	周转材料	贷方
期初余额		
因购入、委托加工、盘盈等原因增加的周转材料的成本	因企业领用、摊销、对外销售和盘亏等原因减少的周转材料的成本	
期末余额： ①反映企业在库周转材料的成本 ②在用周转材料的摊余价值		

2. 账务处理

企业通过购入、自制等方式取得并已验收入库的周转材料，比照外购的原材料、自制的原材料等相关规定进行处理。

1) 发出包装物的账务处理

企业发出的包装物，按发出包装物的不同用途分别进行摊销核算。

(1) 生产领用的包装物。

企业生产部门领用的用于包装产品的包装物，构成了产品实体的组成部分，应将其实际成本计入产品生产成本。生产领用的包装物，借记"生产成本"等账户，贷记"周转材料——包装物"账户，若按计划成本核算，还应结转相应的"材料成本差异"。

【例4-26】甲公司对包装物采用实际成本核算，某月生产产品领用包装物的实际成本为100 000元。甲公司应编制的会计分录如下。

借：生产成本	100 000
贷：周转材料——包装物	100 000

(2) 随同产品出售而不单独计价的包装物。

在领用随同产品出售而不单独计价的包装物时，按其实际成本借记"销售费用"账户，贷记"周转材料——包装物"账户。

【例4-27】甲公司某月销售商品领用了不单独计价的一批包装物，其实际成本为160 000元。甲公司应编制的会计分录如下。

借：销售费用	160 000
贷：周转材料——包装物	160 000

(3) 随同产品出售而单独计价的包装物。

随同产品出售而单独计价的包装物，一方面应反映其销售收入，作为其他业务收入处理；另一方面应结转其销售成本，计入其他业务成本，具体应做如下会计分录。

① 确认其他业务收入时：

借：银行存款/应收账款等	(实际或应收取的款项)
贷：其他业务收入	(销售的价款)
应交税费——应交增值税(销项税额)	(应交纳的销项税额)

② 结转包装物成本时：

借：其他业务成本	(出售包装物成本)
贷：周转材料——包装物	

【例4-28】甲公司某月销售商品领用了单独计价的一批包装物，其实际成本为180 000元，取得销售收入为200 000元，增值税税额为26 000元，款项已存入银行。甲公司应编制的会计分录如下。

① 出售单独计价包装物时：

借：银行存款	226 000
贷：其他业务收入	200 000
应交税费——应交增值税(销项税额)	26 000

② 结转所售单独计价包装物的成本时：

借：其他业务成本	180 000
贷：周转材料——包装物	180 000

(4) 出租、出借的包装物。

有时，企业因销售商品将包装物以出租或出借的形式，租给或借给客户暂时使用，并

第四章 存货

与客户约定一定时间内收回包装物。出租、出借包装物的特点是可以长期周转使用，其价值逐渐减少，因此要采用适当的方法摊销其成本。出租是销货企业向购货单位提供的一种有偿服务，一般收取租金作为其他业务收入，因此摊销的包装物价值计入"其他业务成本"账户；而出借是销货企业向购货单位提供的一种无偿服务，是为了商品促销，一般不收取费用，因此摊销的包装物价值计入"销售费用"账户。不论是出租包装物还是出借包装物，一般都要收取押金且计入"其他应付款"账户。逾期未归还包装物的，按规定没收其押金，作为其他业务收入处理。

《企业会计准则》规定，出租、出借包装物价值损耗的摊销方法，可视其价值大小采用一次转销法和五五摊销法。

一次转销法是指在领用包装物时，将其全部价值一次计入成本、费用，适用于价值较低的包装物。领用新包装物时，具体应做如下会计分录。

借：其他业务成本　　　　　　　　（出租包装物结转的成本）
　　销售费用　　　　　　　　　　（出借包装物结转的成本）
　贷：周转材料——包装物　　　　（出租或出借包装物的成本）

采用五五摊销法，需要在"周转材料——包装物"二级明细科目下设"库存包装物""出租包装物""出借包装物""包装物摊销"等三级明细科目。企业第一次领用包装物时，摊销其价值的50%，在报废时再摊销另外的50%。如果有残值，应当收回，抵减其他业务成本或销售费用。五五摊销法适用于出租、出借包装物频繁、数量多、金额大的企业。五五摊销法下应做如下会计分录。

① 领用包装物时：

借：周转材料——包装物(出租/出借包装物)
　贷：周转材料——包装物(库存包装物)

② 包装物摊销时：

借：销售费用　　　　　　　　　　（出借包装物的成本×50%）
　　其他业务成本　　　　　　　　（出租包装物的成本×50%）
　贷：周转材料——包装物(包装物摊销)

【例4-29】 某车间向仓库领用一批新的包装物，实际成本为10 000元，用于出租和出借的各占50%。出租包装物的期限为1个月，应收租金为4 000元；出借包装物的期限为3个月。包装物采用五五摊销法。出租、出借的押金各为6 000元，已存入银行。该企业应编制的会计分录如下。

① 发出包装物时：

借：周转材料——包装物(出租包装物)　　　　5 000
　　　　　　——包装物(出借包装物)　　　　5 000
　贷：周转材料——包装物(库存包装物)　　　10 000

② 收到押金时：

借：银行存款　　　　　　　　　　　　　　　12 000
　贷：其他应付款——存入保证金(某单位)　　12 000

③ 1个月后按期如数收回出租的包装物，在6 000元的押金中扣除应收取的租金4 000元和按规定应交的增值税520元后，余额1 480元已通过银行转账退回。

```
借：其他应付款——存入保证金(某单位)        6 000
    贷：其他业务收入——包装物出租              4 000
        应交税费——应交增值税(销项税额)           520
        银行存款                              1 480
同时：
借：其他业务成本                           2 500
    贷：周转材料——包装物(包装物摊销)          2 500
```

④ 3个月后按期如数收回出借的包装物，押金6 000元已通过银行转账退回。

```
借：其他应付款——存入保证金(某单位)        6 000
    贷：银行存款                          6 000
同时：
借：销售费用                              2 500
    贷：周转材料——包装物(包装物摊销)          2 500
```

包装物也可以采用计划成本核算，其处理方法与原材料一致，此处不再赘述。

2) 发出低值易耗品的账务处理

低值易耗品主要用于企业内部生产和管理。因此，对其耗用成本，根据用途不同，分别采用一次转销法或五五摊销法，其相关内容与发出包装物的内容类似。

(1) 一次转销法是指周转材料在领用时就将其全部账面价值计入相关资产成本或当期损益的方法。一次转销法通常适用于价值较低或极易损坏的管理用具和小型工具、卡具，以及在单件小批生产方式下为制造某批订货所用的专用工具等低值易耗品及生产领用的包装物和随同商品出售的包装物；数量不多、金额较小，且业务不频繁的出租或出借包装物，也可以采用一次转销法结转包装物的成本，但在以后收回使用过的出租或出借包装物时，应加强实物管理，并在备查簿上进行登记。

周转材料采用一次转销法的，领用时应按其账面价值，借记"管理费用""生产成本""销售费用"等账户，贷记"周转材料"账户。周转材料报废时，应按报废周转材料的残料价值，借记"原材料"等账户，贷记"管理费用""生产成本""销售费用"等账户。

【例4-30】 甲公司基本生产车间领用了一批低值易耗品工具，实际成本为1 500元，采用一次转销法。

甲公司应编制的会计分录如下。

```
借：制造费用                              1 500
    贷：周转材料——低值易耗品                1 500
```

(2) 五五摊销法是指在第一次领用新的周转材料时或第一次出租、出借时先摊销其成本的一半，在报废时再摊销其成本的另一半，即周转材料分两次各按50%进行摊销。五五摊销法通常既适用于价值较低、使用期限较短的周转材料，也适用于每期领用数量和报废数量大致相等的周转材料。采用五五摊销法，具体应做如下会计分录。

① 领用周转材料时：

```
借：周转材料——低值易耗品(在用)
    贷：周转材料——低值易耗品(在库)
```

同时，摊销其账面价值的50%。
借：管理费用/制造费用等　　　　　　　(领用低值易耗品的成本×50%)
　　贷：周转材料——低值易耗品(摊销)
② 周转材料报废时，摊销报废周转材料剩余的50%的账面价值：
借：管理费用/制造费用等　　　　　　　(摊销领用低值易耗品的成本×50%)
　　贷：周转材料——低值易耗品(摊销)　(摊销领用低值易耗品的成本×50%)
转销周转材料全部已提摊销额时：
借：周转材料——低值易耗品(摊销)
　　贷：周转材料——低值易耗品(在用)

【例4-31】甲公司基本生产车间领用了一批低值易耗品一般工具，实际成本为6 800元，管理部门领用了价值5 200元的办公用具，采用五五摊销法。甲公司不单独设置"低值易耗品"账户。甲公司应编制的会计分录如下。

① 领用低值易耗品时：
借：周转材料——低值易耗品(在用)　　　　　　12 000
　　贷：周转材料——低值易耗品(在库)　　　　　　12 000

② 当期摊销50%时：
借：制造费用　　　　　　　　　　　　　　　　3 400
　　管理费用　　　　　　　　　　　　　　　　2 600
　　贷：周转材料——低值易耗品(摊销)　　　　　　6 000

③ 3个月后，基本生产车间领用的低值易耗品工具报废，摊销另外50%时：
借：制造费用　　　　　　　　　　　　　　　　3 400
　　贷：周转材料——低值易耗品(摊销)　　　　　　3 400

④ 残料变价收到现金240元时：
借：库存现金　　　　　　　　　　　　　　　　240
　　贷：制造费用　　　　　　　　　　　　　　　　240

⑤ 同时，将报废的低值易耗品的摊销额予以转销：
借：周转材料——低值易耗品(摊销)　　　　　　6 800
　　贷：周转材料——低值易耗品(在用)　　　　　　6 800

三、委托加工物资

(一)委托加工物资的概念与成本

1. 委托加工物资的概念

企业在生产经营活动中，为满足生产用料的特殊需求，往往会从企业自身工艺设备条件的限制或为降低成本等方面考虑，需要对自有的物资委托外单位进行加工，制成企业所需的物资，这种发放受托单位进行加工的材料物资，会计上称为委托加工物资。

2. 委托加工物资的成本

委托外单位加工完成的存货，以实际耗用的原材料或者半成品、加工费、运输费、装

存货-存货业务的日常核算(委托加工物资).mp4

卸费等费用及按规定应计入成本的税金，作为实际成本。其在会计处理上主要包括拨付加工物资、支付加工费用和税金、收回加工物资和剩余物资等几个环节。

(二)委托加工物资的会计核算

1. 账户设置

为了核算和监督委托加工物资增减变动及其结存情况，企业应当设置"委托加工物资"账户。该账户核算企业委托外单位加工的各种材料、商品等物资的实际成本，可按加工合同、受托加工单位及加工物资的品种等进行明细核算。借方登记委托加工物资的实际成本，贷方登记加工完成验收入库的物资的实际成本和剩余物资的实际成本，期末借方余额，反映企业委托外单位加工尚未完成物资的实际成本。委托加工物资 T 型账户，如表 4-12 所示。

表 4-12 委托加工物资 T 型账户

借方	委托加工物资	贷方
期初余额 委托加工物资的实际成本		①加工完成验收入库的物资的实际成本 ②剩余物资的实际成本
期末余额：委托外单位加工尚未完成物资的实际成本		

2. 账务处理

(1) 发出委托加工物资时：

借：委托加工物资　　　　　　　　　　(发出材料物资的实际成本)
　　贷：原材料/周转材料等

(2) 支付加工费、往返运杂费及增值税时：

借：委托加工物资　　　　　　　　　　(实际发生金额)
　　应交税费——应交增值税(进项税额)　(可以抵扣的进项税额)
　　贷：银行存款　　　　　　　　　　(实际支付金额)

(3) 支付由受托方代收代缴的消费税，分别按以下情况处理。

① 委托方将委托加工的应税消费品收回后直接用于销售的，委托方应将受托方代收代缴的消费税额计入委托加工物资的成本，按应支付的消费税做如下会计分录。

借：委托加工物资
　　贷：银行存款/应付账款等

② 委托方将委托加工的应税消费品收回后用于连续生产应税消费品的，委托方对准予抵扣的受托方代收代缴的消费税税额，按应支付的消费税做如下会计分录。

借：应交税费——应交消费税
　　贷：银行存款/应付账款等

(4) 委托加工的存货加工完成收回并验收入库及收回剩余物资时，应按计算确定的委托加工存货实际成本和剩余物资实际成本做如下会计分录。

借：原材料/周转材料/库存商品等
　　贷：委托加工物资

【例4-32】 A企业委托B企业加工一批材料(属于应税消费品)。原材料成本为200 000元，支付的加工费为160 000元(不含增值税)，消费税税率为10%，材料加工完成且验收入库，加工费用等已经支付。双方适用的增值税税率为13%。A企业按实际成本对原材料进行日常核算。

① 发出委托加工材料时，A企业应编制的会计分录如下。
借：委托加工物资　　　　　　　　　　　　　200 000
　　贷：原材料　　　　　　　　　　　　　　　200 000

② 支付加工费用、增值税及消费税时，有关计算如下。
消费税组成计税价格=(200 000+160 000)÷(1-10%)=400 000(元)
(受托方)代收代缴的消费税=400 000×10%=40 000(元)
应纳增值税=160 000×13%=20 800(元)
若A企业收回加工后的材料用于连续生产应税消费品，应编制的会计分录如下。
借：委托加工物资　　　　　　　　　　　　　160 000
　　应交税费——应交增值税(进项税额)　　　 20 800
　　　　　　——应交消费税　　　　　　　　　40 000
　　贷：银行存款　　　　　　　　　　　　　　220 800
若A企业收回加工后的材料直接用于销售，应编制的会计分录如下。
借：委托加工物资　　　　　　　　　　　　　200 000
　　应交税费——应交增值税(进项税额)　　　 20 800
　　贷：银行存款　　　　　　　　　　　　　　220 800

③ 加工完成收回委托加工材料，A企业收回加工后的材料用于连续生产应税消费品，收回委托加工材料成本=200 000+160 000=360 000(元)，应编制的会计分录如下。
借：原材料　　　　　　　　　　　　　　　　360 000
　　贷：委托加工物资　　　　　　　　　　　　360 000
A企业收回加工后的材料直接用于销售，收回委托加工材料成本=200 000+200 000=400 000(元)，应编制的会计分录如下。
借：原材料　　　　　　　　　　　　　　　　400 000
　　贷：委托加工物资　　　　　　　　　　　　400 000

四、库存商品

(一)库存商品的概念与内容

1. 库存商品的概念

库存商品是指企业已完成全部生产过程并已验收入库，合乎标准规格和技术条件，可以按照合同规定的条件送交订货单位，或可以作为商品对外销售的产品及外购或委托加工完成验收入库用于销售的各种商品。

2. 库存商品的内容

库存商品具体包括库存产成品、外购商品、存放在门市部准备出售的商品、发出展览的商品、寄存在外的商品、接受来料加工制造的代制品和为外单位加工修理的代修品等。已完成销售手续但购买单位在月末尚未提取的产品，不应作为企业的库存商品，而应作为代管商品处理，单独设置"代管商品"备查簿进行登记。

(二)库存商品的会计核算

1. 账户设置

为了反映和监督库存商品的增减变动及其结存情况，企业应当设置"库存商品"账户。该账户核算企业库存的各种商品的成本，包括库存产成品、外购商品、存放在门市部准备出售的商品、发出展览的商品及寄存在外的商品等。借方登记验收入库的库存商品成本，贷方登记发出的库存商品成本，期末借方余额反映各种库存商品的成本。库存商品 T 型账户，如表 4-13 所示。

表 4-13 库存商品 T 型账户

借方	库存商品	贷方
期初余额		
验收入库的库存商品成本	发出的库存商品成本	
期末余额：各种库存商品的成本		

2. 账务处理

1) 验收入库商品

企业通过购入、自制、委托加工等方式取得并已验收入库的库存商品的账务处理，参见外购的原材料、自制的原材料及委托加工物资等相关规定所进行的账务处理，此处不再赘述。

【例 4-33】 甲公司 5 月 10 日从上海某企业购入一批库存商品，取得的增值税专用发票上注明的价款为 100 000 元，增值税税额为 13 000 元，发票等结算单证已收到，货款及税款已通过银行付讫。商品已到达并如数验收入库。根据上述资料，甲公司应编制的会计分录如下。

借：库存商品　　　　　　　　　　　　　　　　　　100 000
　　应交税费——应交增值税(进项税额)　　　　　　13 000
　　贷：银行存款　　　　　　　　　　　　　　　　113 000

【例 4-34】 甲公司"产品入库汇总表"记载，某月已生产完工验收入库 C 产品 1 000 台，实际单位成本为 5 000 元，计 5 000 000 元；D 产品 2 000 件，实际单位成本为 1 000 元，计 2 000 000 元。

甲公司应编制的会计分录如下。

借：库存商品——C 产品　　　　　　　　　　　　5 000 000

	——D 产品	2 000 000
贷：基本生产成本——C 产品		5 000 000
	——D 产品	2 000 000

2) 发出商品

企业发出商品的原因很多，可以销售发出、委托加工发出、建造工程发出、投资发出等，发出的原因不同，有关业务的账务处理也不尽相同。商品发出成本的计算与结转，通常是在期(月)末进行。采用实际成本进行产成品日常核算的，应根据本期(月)销售产品数量及其相应的单位生产成本(按先进先出法、加权平均法或个别计价法等方法)计算确定本期发出产品成本总额，借记"主营业务成本""委托加工物资""在建工程"等科目，贷记"库存商品"科目。

【例 4-35】甲公司月末汇总的发出商品中，当月已实现销售的 A 产品 500 台，B 产品 1 500 件。该月 A 产品实际单位成本为 5 000 元，B 产品实际单位成本为 1 000 元。在结转其销售成本时，甲公司应编制的会计分录如下。

借：主营业务成本	4 000 000
贷：库存商品——A 产品	2 500 000
——B 产品	1 500 000

【例 4-36】乙公司采用支付手续费方式委托丙公司代销本公司 A 产品，2023 年 12 月 31 日，乙公司发出 A 产品 1 000 件，价值为 800 000 元。乙公司单独设置"委托代销商品"账户。

乙公司应编制的会计分录如下。

借：委托代销商品——丙公司	800 000
贷：库存商品——A 产品	800 000

第四节 存货清查与期末计价

一、存货清查

存货清查是指通过对存货的实地盘点，确定存货的实有数量，并与账面结存数核对，从而确定存货实存数与账面结存数是否相符的一种专门方法。

在存货的日常收发、保管过程中，由于自然损耗、计量错误、管理不善等原因，有时会发生盘盈、盘亏、毁损等情况，从而造成存货账实不符，为了保证企业流动资产的安全和完整，企业必须对存货进行定期或不定期的清查，以确定各种存货的实际库存量，并据以调整账面记录，做到账实相符。存货清查通常采用实地盘点的方法，即通过盘点确定各种存货的实际库存数，并与账面数进行核对。如果盘点结果与账面记录不符，应核实盘盈、盘亏和毁损的数量，并查明原因，编制"存货盘点报告表"，按规定程序报请有关部门批准后，再作出相应的账务处理。

1. 账户设置

为了反映和监督企业在财产清查中查明的各种财产的盘盈、盘亏和毁损情况，企业应当设置"待处理财产损溢"账户。该账户借方登记各种财产的盘亏数、毁损金额和盘盈财产的转销数，贷方登记各种财产的盘盈数和盘亏财产的转销数。企业清查的各种财产的损溢，应于期末前查明原因，处理完毕。需要注意的是，如果盘盈财产的数额较大，达到重要性要求，则应通过"以前年度损益调整"账户核算。

2. 账务处理

1) 存货盘盈

企业发生存货盘盈时，应及时办理入账手续，调整存货账面结存数，如果查明是收发计量或核算上的误差等原因造成的，在按管理权限报经批准后，再冲减管理费用，具体应做如下会计分录。

① 发现盘盈，审批处理前：

借：原材料/库存商品等　　　　　　　　　　　(盘盈存货的重置成本)
　　贷：待处理财产损溢——待处理流动资产损溢

② 查明原因，审批处理后：

借：待处理财产损溢——待处理流动资产损溢
　　贷：管理费用

【例 4-37】 甲公司在年末财产清查中盘盈 K 材料 800 千克，价值为 80 000 元，经查属于材料收发计量方面的错误。甲公司应编制的会计分录如下。

① 批准处理前：

借：原材料——K 材料　　　　　　　　　　　　80 000
　　贷：待处理财产损溢——待处理流动资产损溢　　　　　80 000

② 报批后，冲减管理费用时：

借：待处理财产损溢——待处理流动资产损溢　　80 000
　　贷：管理费用　　　　　　　　　　　　　　　　　　80 000

2) 存货盘亏及毁损

企业发生存货盘亏及毁损时，对于发生盘亏和毁损的存货，在报经批准处理前，调整存货账面结存数，在按管理权限报经批准后，应区分不同情况分别进行处理。

① 发现盘亏，审批处理前，具体应做如下会计分录：

借：待处理财产损溢——待处理流动资产损溢　　(盘亏或毁损存货的账面价值)
　　存货跌价准备　　　　　　　　　　　　　　(已计提的存货跌价准备)
　　贷：原材料/库存商品　　　　　　　　　　　(盘亏或毁损存货的实际成本)
　　　　应交税费——应交增值税(进项税转出)　(不可以抵扣的增值税进项税额)

② 查明原因，审批处理后，具体应做如下会计分录：

借：原材料　　　　　　　　　　　　　　　　(入库残料的价值)
　　其他应收款　　　　　　　　　　　　　　(保险公司或过失人赔偿金额)
　　管理费用　　　　　　　　　　　　　　　(计量收发差错或管理不善等造成的损失)

营业外支出——非正常损失　　　　　　　　　　　　(自然灾害等非正常损失)
　　贷：待处理财产损溢——待处理流动资产损溢

此外，按照《增值税暂行条例》规定，企业发生的非正常损失的购进货物及非正常损失的在产品、产成品所耗用的购进货物或应税劳务的进项税额不得抵扣。

【例4-38】 甲公司在财产清查中发现盘亏M材料200千克，实际单位成本为100元，其进项税额为2 600元。经查属于一般经营损失，甲公司应编制的会计分录如下。

① 批准处理前：
借：待处理财产损溢——待处理流动资产损溢　　　22 600
　　贷：原材料——M材料　　　　　　　　　　　　　　20 000
　　　　应交税费——应交增值税(进项税转出)　　　　2 600

② 批准处理后：
借：管理费用　　　　　　　　　　　　　　　　　　22 600
　　贷：待处理财产损溢——待处理流动资产损溢　　22 600

【例4-39】 甲公司在财产清查中发现毁损L材料100千克，实际单位成本为100元，经查属于材料保管员的过失造成的，按规定由其个人赔偿7 000元，残料已办理入库手续，价值为700元。其进项税额为1 300元。甲公司应编制的会计分录如下。

(1) 批准处理前。
借：待处理财产损溢——待处理流动资产损溢　　　11 300
　　贷：原材料——L材料　　　　　　　　　　　　　　10 000
　　　　应交税费——应交增值税(进项税转出)　　　　1 300

(2) 批准处理后。
① 确认过失人赔款时：
借：其他应收款　　　　　　　　　　　　　　　　　7000
　　贷：待处理财产损溢——待处理流动资产损溢　　7 000

② 残料入库时：
借：原材料　　　　　　　　　　　　　　　　　　　700
　　贷：待处理财产损溢——待处理流动资产损溢　　700

③ 结转材料毁损净损失时：
借：管理费用　　　　　　　　　　　　　　　　　　3 600
　　贷：待处理财产损溢——待处理流动资产损溢　　3 600

【例4-40】 因发生火灾，甲公司对财产盘点清查，发现一批库存乙产品毁损，实际成本为30 000元，库存商品耗用的原材料及应税劳务的进项税额为3 600元。公司对该存货已计提跌价准备4 000元。甲公司应编制的会计分录如下。

① 盘亏存货时：
借：待处理财产损溢——待处理流动资产损溢　　　29 600
　　　存货跌价准备　　　　　　　　　　　　　　　　4 000
　　贷：库存商品——乙产品　　　　　　　　　　　　30 000
　　　　应交税费——应交增值税(进项税转出)　　　　3 600

② 经核实保险公司赔偿 20 000 元，残料估价 2 000 元验收入库，报批后同意处理时：

借：其他应收款——应收保险公司赔款	20 000
原材料	2 000
营业外支出——非正常损失	7 600
贷：待处理财产损溢——待处理流动资产损溢	29 600

二、存货的期末计价

(一)成本与可变现净值孰低法的含义

资产负债表日，存货应当按照成本与可变现净值孰低计量。

成本是指期末存货的账面实际历史成本。如企业在存货成本的日常核算中采用计划成本法、售价金额核算法等简化核算方法的，则成本为经调整后的实际成本。

可变现净值是指在日常活动中，存货的估计售价减去至完工时估计将要发生的成本、估计的销售费用及相关税费后的金额。

成本与可变现净值孰低法是指期末在资产负债表中存货应当按照成本与可变现净值两者较低的金额列示。这种期末存货的计价方法体现了谨慎性要求。当存货成本低于可变现净值时，存货按成本计量；当存货成本高于可变现净值时，存货按可变现净值计量，同时按照成本高于可变现净值的差额计提存货跌价准备，计入当期损益。以前减记存货价值的影响因素已经消失的，减记的金额应当予以恢复，并在原已计提的存货跌价准备金额内转回，转回的金额计入当期损益。

(二)可变现净值的确定

企业在确定存货的可变现净值时，应当以取得的确凿证据为基础，并且考虑持有存货的目的、资产负债表日后事项的影响等因素。在实际工作中，企业应对直接销售的存货和用于生产的存货分别确定可变现净值。具体情况如下：

(1) 产成品、商品和用于出售的材料等直接用于出售的存货，在正常生产经营过程中，应当以该存货的估计售价减去估计的销售费用和相关税费后的金额确定其可变现净值。

(2) 用于生产的材料、在产品或自制半成品等需要经过加工的存货，在正常生产经营过程中，应当以所生产的产成品的估计售价减去至完工时估计将要发生的成本、估计的销售费用和相关税费后的金额确定其可变现净值。

(3) 为执行销售合同或者劳务合同而持有的存货，通常应当以合同价格作为其可变现净值的计量基础，以合同售价减去估计的销售费用和相关税费，或减去至完工时估计将要发生的成本、估计的销售费用和相关税费后的金额确定其可变现净值。如果企业持有的存货的实际数量大于销售合同的订货数量，超出部分的存货售价应当以一般销售价格(公允价格)为计量基础。

【例 4-41】 2022 年 9 月 9 日，甲公司与乙公司签订了一份不可撤销的销售合同。双方约定，2023 年 1 月 28 日，甲公司应按每台 31 万元的价格(假定本章中所称的销售价格或成本除特别注明外均不含增值税，下同)向乙公司提供 B 型机器 100 台。

2022年12月31日,甲公司B型机器的成本为2 800万元,数量为100台,单位成本为28万元/台。2022年12月31日,B型机器的市场销售价格为30万元/台。假定不考虑相关税费和销售费用。

要求:确定2022年12月31日B型机器的可变现净值。

根据甲公司与乙公司签订的销售合同规定,该批B型机器的销售价格已由销售合同约定,并且其库存数量等于销售合同约定的数量,因此,在这种情况下,计算B型机器的可变现净值应以销售合同约定的价格3 100(31×100=3 100)万元作为计算基础。

若在该例中,假定2022年12月31日B型机器的估计税费为1.2万元/台,则在2022年12月31日B型机器的可变现净值为:31×100-1.2×100=2 980(万元)。

如果企业持有存货的数量多于销售合同订购的数量,超出部分存货的可变现净值应当以产成品或商品的一般销售价格(即市场销售价格)作为计算基础。

2022年12月31日B型机器的成本为2 800万元,小于可变现净值(2 980万元),未发生减值损失。

【例4-42】2022年11月6日,甲公司与丙公司签订了一份不可撤销的销售合同。双方约定,2023年3月31日,甲公司应按每台36万元的价格向丙公司提供C型机器100台。

2022年12月31日,甲公司C型机器的成本为3 840万元,数量为120台,单位成本为32万元/台。根据甲公司销售部门提供的资料表明,向丙公司销售的C型机器预计发生的相关税费和平均运杂费等销售费用合计为1.8万元/台,向其他客户销售C型机器预计发生的相关税费和平均运杂费等销售费用合计为1.52万元/台。2022年12月31日,C型机器的市场销售价格为38万元/台。

要求:确定2022年12月31日C型机器的可变现净值。

根据该销售合同规定,库存的C型机器中的100台的销售价格已由销售合同约定,其余20台并没有由销售合同约定。因此,在这种情况下,对于销售合同约定数量(100台)的C型机器的可变现净值应以销售合同约定的价格36万元/台作为计算基础,而对于超出部分(20台)的C型机器的可变现净值应以市场销售价格38万元/台作为计算基础。

销售合同约定数量(100台)的C型机器的可变现净值=36×100-1.8×100=3 420(万元)

超出销售合同部分(20台)的C型机器的可变现净值=38×20-1.52×20=729.6(万元)

因此,2022年12月31日甲公司库存的120台C型机器的可变现净值=3 420+729.6=4 149.6(万元)。

2022年12月31日C型机器的成本为3 840万元,小于可变现净值(4 149.6万元),未发生减值损失。

【例4-43】2023年12月31日,甲公司D型机器的账面成本为1 250万元,数量为10台,单位成本为125万元/台。

2023年12月31日,D型机器的市场销售价格为128万元/台。预计发生的相关税费和销售费用合计为6万元/台。甲公司没有签订有关D型机器的销售合同。

要求:确定2023年12月31日D型机器的可变现净值。

甲公司没有就D型机器签订销售合同,因此,在这种情况下,计算D型机器的可变现净值应以一般销售价格总额1 280(128×10=1 280)万元作为计算基础。

D型机器的可变现净值=128×10-6×10=1 220(万元)

2023 年 12 月 31 日 D 型机器的成本为 1250 万元，大于可变现净值(1 220 万元)，发生了 30(1 250-1 220=30)万元的减值损失。

【例 4-44】2023 年 11 月 16 日，甲公司根据市场需求的变化，决定停止生产 E 型机器。为减少不必要的损失，决定将库存原材料中专门用于生产 E 型机器的外购原材料——M 材料全部出售，2023 年 12 月 31 日其账面成本为 700 万元，数量为 20 吨。据市场调查，M 材料的市场销售价格为 30 万元/吨，同时可能发生销售费用及相关税费共计为 10 万元。

要求：确定 2023 年 12 月 31 日 M 材料的可变现净值。

在本例中，企业已决定不再生产 E 型机器，因此，该批 M 材料的可变现净值不能再以 E 型机器的销售价格作为计算基础，而应按其本身的市场销售价格作为计算基础。

该批 M 材料的可变现净值=30×20-10=590(万元)

2023 年 12 月 31 日 M 材料的成本为 700 万元，大于可变现净值(590 万元)，发生了 110(700-590=110)万元的减值损失。

(三)存货跌价准备的会计处理

1. 计提存货跌价准备的方法

(1) 按照单个存货项目计提存货跌价准备。企业通常应当按照单个存货项目计提存货跌价准备。在这种方式下，企业应当将每个存货项目的成本与其可变现净值逐一进行比较，按较低者计量存货，并且按成本高于可变现净值的差额，计提存货跌价准备。这就要求企业应当根据管理要求和存货的特点，明确规定存货项目的确定标准。例如，将某一型号和规格的材料作为一个存货项目，将某一品牌和规格的商品作为一个存货项目，等等。

(2) 按照存货类别计提存货跌价准备。如果某一类存货的数量繁多并且单价较低，企业可以按照存货类别计量成本与可变现净值，即将存货类别的成本的总额与可变现净值的总额进行比较，每个存货类别均取成本总额较低者确定其期末价值。

2. 账户设置

企业应设置"存货跌价准备""资产减值损失"账户，以便核算和监督企业存货的减值情况。"存货跌价准备"账户属于资产类账户，是"原材料""库存商品"等账户的备抵账户。该账户借方登记实际发生的存货跌价损失金额和转回的存货跌价准备金额，贷方登记计提和补提的存货跌价准备金额，期末余额一般在贷方，反映企业已计提但尚未转销的存货跌价准备。存货跌价准备 T 型账户，如表 4-14 所示。

表 4-14 存货跌价准备 T 型账户

借方	存货跌价准备	贷方
	期初余额	
①实际发生的存货跌价损失金额	①计提的存货跌价准备金额	
②转回的存货跌价准备金额	②补提的存货跌价准备金额	
	期末余额：已计提但尚未转销的存货跌价准备	

"资产减值损失"账户核算企业计提各项资产减值所形成的损失。该账户属于损益类账户，借方登记当期计提的减值金额，贷方登记当期冲减的减值准备金额，期末余额结转至本年利润，结转后无余额。资产减值损失T型账户，如表4-15所示。

表4-15 资产减值损失T型账户

借方 资产减值损失 贷方
当期计提的减值金额　　　　　　　　　当期冲减的减值准备金额

3. 存货跌价准备的账务处理

(1) 存货跌价准备的计提。资产负债表日，在确定存货可变现净值的基础上，将存货可变现净值与存货成本进行比较，当存货成本大于可变现净值时，说明存货发生了减值，应当提取存货跌价准备。存货跌价准备金额的计算公式为

本期应计提的存货跌价准备＝期末可变现净值小于成本的差额－"存货跌价准备"账户原有余额

＝本期存货的减值－"存货跌价准备"账户原有余额

根据上述公式计算，具体账务处理如表4-16所示。

表4-16 存货跌价准备计提的账务处理

情　形	账务处理	
存货成本-可变现净值=0	本期不计提存货跌价准备，不做账务处理	
存货成本>可变现净值	按差额补提存货跌价准备	借：资产减值损失——计提的存货跌价准备 　贷：存货跌价准备
存货成本<可变现净值	按差额冲减存货跌价准备	借：存货跌价准备 　贷：资产减值损失——计提的存货跌价准备

(2) 存货跌价准备的转回。资产负债表日，企业应当确定存货的可变现净值。企业确定存货的可变现净值应当以资产负债表日的状况为基础，既不能提前确定存货的可变现净值，也不能延后确定存货的可变现净值，并且在每一个资产负债表日都应当重新确定存货的可变现净值。

如果以前减记存货价值的影响因素已经消失，则减记的金额应当予以恢复，并在原已计提的存货跌价准备的金额内转回，转回的金额计入当期损益。

企业的存货在符合条件的情况下，可以转回计提的存货跌价准备。存货跌价准备转回的条件是以前减记存货价值的影响因素已经消失，而不是在当期造成存货可变现净值高于成本的其他影响因素。

当符合存货跌价准备转回的条件时，应在原已计提的存货跌价准备的金额内转回，即在对该项存货、该类存货或该合并存货已计提的存货跌价准备的金额内转回。转回的存货跌价准备与计提该准备的存货项目或类别应当存在直接对应关系，但转回的金额以将存货跌价准备余额冲减至零为限。

【例4-45】2022年12月31日甲公司M产成品的账面成本为1 000万元,但由于M产成品的市场价格下跌,预计可变现净值为800万元,由此计提存货跌价准备200万元(M产成品以前未计提减值准备)。

甲公司应编制的会计分录如下。

借:资产减值损失——计提的存货跌价准备　　　　2 000 000
　　贷:存货跌价准备——M产成品　　　　　　　　　　　2 000 000

假定:

(1) 2023年6月30日,M产成品的账面成本仍为1 000万元,但由于M产成品市场价格有所上升,M产成品的预计可变现净值变为950万元。

(2) 2023年12月31日,M产成品的账面成本仍为1 000万元,由于M产成品的市场价格进一步上升,预计M产成品的可变现净值为1 080万元。

本例中:

(1) 2023年6月30日,由于M产成品市场价格上升,M产成品的可变现净值有所恢复,应计提的存货跌价准备为50(1 000-950)万元,则当期应冲减已计提的存货跌价准备为150(200-50)万元,且小于已计提的存货跌价准备(200万元)。因此,应转回的存货跌价准备为150万元。

甲公司应编制的会计分录如下。

借:存货跌价准备——M产成品　　　　　　　　　　1 500 000
　　贷:资产减值损失——计提的存货跌价准备　　　　　　1 500 000

(2) 2023年12月31日,M产成品的可变现净值又有所恢复,应冲减存货跌价准备为80(1 080-1 000=80)万元,但是对M产成品已计提的存货跌价准备的余额为50万元,因此,当期应转回的存货跌价准备为50万元而不是80万元(即以将M产成品已计提的"存货跌价准备"余额冲减至零为限)。

甲公司应编制的会计分录如下。

借:存货跌价准备——M产成品　　　　　　　　　　500 000
　　贷:资产减值损失——计提的存货跌价准备　　　　　　500 000

(3) 存货跌价准备的结转。企业计提了存货跌价准备,如果其中有部分存货已经销售,则企业在结转销售成本时,应同时结转对其已计提的存货跌价准备。借记"存货跌价准备"账户,贷记"主营业务成本""其他业务成本"等账户。具体账务处理如下。

借:主营业务成本/其他业务成本
　　贷:库存商品、原材料等
借:存货跌价准备
　　贷:主营业务成本/其他业务成本

如果按存货类别计提了存货跌价准备,也应该按比例结转相应的存货跌价准备。

对于因债务重组、非货币性资产交换转出的存货,应同时结转已计提的存货跌价准备,并按债务重组和非货币性资产交换的企业会计准则进行账务处理。

【例 4-46】 2022 年 12 月 31 日，甲公司库存 A 机器 5 台，每台成本为 2 000 元，并且每台已经计提的存货跌价准备为 600 元。2023 年 3 月，甲公司将库存的 5 台 A 机器以每台 3 000 元的价格全部售出。假定不考虑可能发生的销售费用及税金的影响，甲公司应将这 5 台 A 机器已经计提的跌价准备在结转其销售成本的同时予以结转。

甲公司应编制的会计分录如下。

借：主营业务成本　　　　　　　　　　　　7 000
　　存货跌价准备　　　　　　　　　　　　3 000
　　贷：库存商品——A 机器　　　　　　　　　　　10 000

【思政与德育】

坚持准则，信用至上——獐子岛"扇贝"去哪儿了？

曾为中国农业的第一只百元股，从明星企业到财务造假，獐子岛只用了不到十年。1992 年，位于北纬 39 度的獐子岛，组建渔业集团，靠海吃海，销售海珍品种、海水增养殖、海洋食品。2006 年，獐子岛集团在深交所上市，两年后，这家企业股价创下每股 151.23 元的纪录，成为中国农业的第一只百元股。吴厚刚上任后，獐子岛的主业由当初的捕鱼业变成现在的养殖业。数年间，獐子岛成了黄海北部全亚洲最大的"海洋牧场"，覆盖海域面积达 1 600 平方公里，养殖虾夷扇贝的收入约占獐子岛渔业年收入的 70%，余下的 30%分别是海参和鲍鱼。

2014 年 10 月，獐子岛发布公告称，公司养殖的扇贝因北黄海遭遇几十年一遇的冷水团，造成绝收。这一扇贝"集体跑路"事件，使獐子岛年度业绩遭受巨大亏损，达 11.89 亿元，成为当年 A 股市场最大的一起"黑天鹅"事件。獐子岛在 12 月复盘后连续三个跌停，之后在扇贝失踪不到半年，獐子岛方面表示"扇贝又游回来了"，公司还对新的海域进行抽测，结果显示，2012 年、2013 年、2014 年底播的扇贝未收获的海域为 160 余万亩，不存在减值风险。

2018 年 1 月 30 日，公司发布公告称，在盘查底播虾夷扇贝年末存量时发现，海洋牧场遭受重大灾害，扇贝越来越瘦，品质越来越差，长时间处于饥饿状态的扇贝没有得到恢复，最后诱发死亡。于是，獐子岛 2017 年公司业绩大幅下滑。按照之前预测，獐子岛 2017 年盈利近 1 亿元，但实际却是亏损 7.23 亿元。一时间，獐子岛扇贝到底去哪儿了，成为资本市场的一大难解之谜，獐子岛的投资者更是苦不堪言。受此影响，獐子岛股票遭遇 5 个一字跌停。

根据獐子岛的报表，公司 2018 年实现营业收入 27.98 亿元，同比下降 12.72%，但公司取得净利润 3 210.92 万元，同比增加 104.44%。而 2019 年 4 月 27 日，獐子岛发布第一季度业绩报告，公司第一季度亏损 4 314 万元，同比下滑 379.43%。原因同样是虾夷扇贝受灾，导致产量及销量大幅下滑。短短一个季度，獐子岛的亏损就比 2018 年一年辛辛苦苦赚来的钱还多。截至 2019 年 7 月 11 日收盘，獐子岛股价为 3.29 元，市值为 23.4 亿元，较 2018 年 1 月末股价下跌 57%，市值蒸发 31.57 亿元。

2018年2月，扇贝三次"受灾"的獐子岛因涉嫌信息披露违法违规被证监会立案调查。17个月后，"扇贝去哪儿"终于上演了大结局，因涉嫌财务造假等原因，证监会给予獐子岛警告处分，并处60万元罚款。证监会拟对董事长吴厚刚采取终身市场禁入措施，其他与该事件相关人员也受到了不同程度的惩罚。

(资料来源：和讯网，《獐子岛事件》.)

思政感悟(扫码获得)   自测题及参考答案(扫码获得)

第五章 金融资产

【学习目标】

1. 熟悉金融资产的含义及分类。
2. 掌握以摊余成本计量的金融资产的会计处理。
3. 掌握以公允价值计量且其变动计入其他综合收益的金融资产的会计处理。
4. 掌握以公允价值计量且其变动计入当期损益的金融资产的具体会计处理。
5. 理解金融资产重分类及其会计处理。

【知识框架图】

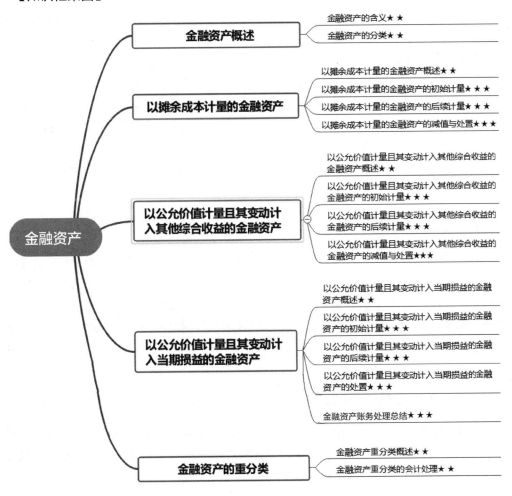

第一节 金融资产概述

一、金融资产的含义

金融资产属于企业资产的重要组成部分，是指企业持有的现金、其他方的权益工具及符合下列条件之一的资产。

(1) 从其他方收取现金或其他金融资产的合同权利。如企业的银行存款、应收账款、应收票据、贷款等均属于金融资产。但应注意的是，预付账款不是金融资产，因为其产生的未来经济利益是商品或劳务，不是收取现金或其他金融资产的权利。

(2) 在潜在有利条件下，与其他方交换金融资产或金融负债的合同权利。例如，企业持有的看涨期权或看跌期权等。

(3) 将来须用或可用企业自身权益工具进行结算的非衍生工具合同，且企业根据该合同将收到可变数量的自身权益工具。

(4) 将来须用或可用企业自身权益工具进行结算的衍生工具合同(不包括固定数量的自身权益工具交换固定金额的现金或其他金融资产的衍生工具合同)。

金融资产属于企业资产的重要组成部分，主要包括：库存现金、银行存款、应收账款、应收票据、贷款、垫款、其他应收款、应收利息、债权投资、股权投资、基金投资、衍生工具形成的衍生金融资产等。

本章内容不涉及货币资金(库存现金、银行存款、其他货币资金)，应收款项，以及对子公司、联营企业、合营企业的股权投资。

二、金融资产的分类

企业应根据金融资产的业务模式和金融资产的合同现金流量特征，将金融资产划分为以下三类：(1)以摊余成本计量的金融资产；(2)以公允价值计量且其变动计入其他综合收益的金融资产；(3)以公允价值计量且其变动计入当期损益的金融资产。上述分类一经确定，不得随意变更。此外，在初始确认时，如果能够消除或显著减少会计错配，企业可以将金融资产指定为以公允价值计量且其变动计入当期损益的金融资产。该指定一经作出，不得撤销。

(一)企业管理金融资产的业务模式

企业管理金融资产的业务模式，是指企业如何管理其金融资产以产生现金流量。业务模式决定企业所管理金融资产现金流量的来源是收取合同现金流量、出售金融资产还是两者兼有。因此，管理金融资产的业务模式可以分为以下三类：

1. 以收取合同现金流量为目标的业务模式

在以收取合同现金流量为目标的业务模式下，企业管理金融资产旨在通过在金融资产存续期内收取合同付款来取得现金流量，而不是通过持有并出售金融资产产生整体回报。

2. 以同时收取合同现金流量和出售金融资产为目标的业务模式

在同时以收取合同现金流量和出售金融资产为目标的业务模式下，企业的关键管理人员认为收取合同现金流量和出售金融资产对于实现其管理目标而言都是不可或缺的。与以收取合同现金流量为目标的业务模式相比，此业务模式涉及的出售通常频率更高、金额更大。因为出售金融资产是此业务模式的目标之一，在该业务模式下不存在出售金融资产的频率或者价值的明确界限。

3. 其他业务模式(主要是指出售金融资产赚取差价模式)

如果企业管理金融资产的业务模式不是以收取合同现金流量为目标，也不是以同时收取合同现金流量和出售金融资产为目标，则该企业管理金融资产的业务模式是其他业务模式。例如，企业持有金融资产的目的是交易性的或者基于金融资产的公允价值作出决策并对其进行管理，在这种情况下，企业管理金融资产的目标是通过出售金融资产以取得现金流量。即使企业在持有金融资产的过程中会收取合同现金流量，企业管理金融资产的业务模式也不是以收取合同现金流量和出售金融资产为目标，因为收取合同现金流量对实现该业务模式目标来说只是附带性质的活动。

(二)金融资产的合同现金流量特征

金融资产的合同现金流量特征，是指金融工具合同约定的，反映相关金融资产经济特征的现金流量属性。金融资产的合同现金流量特征包括仅为对本金和以未偿付本金金额为基础的利息的支付，以及其他合同现金流量特征。其中，本金是指金融资产在初始确认时的公允价值，本金金额可能因提前还款等原因在金融资产的存续期内发生变动；利息包括对货币时间价值、与特定时期未偿付本金金额相关的信用风险及其他基本借贷风险、成本和利润的对价。金融资产分类决策树，如图5-1所示。

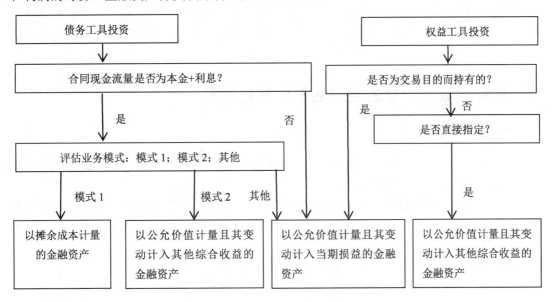

图5-1 金融资产分类决策树

第二节 以摊余成本计量的金融资产

一、以摊余成本计量的金融资产概述

(一)以摊余成本计量的金融资产的确认

金融资产同时符合下列条件的,应当分类为以摊余成本计量的金融资产。

以摊余成本计量的
金融资产会计处理.mp4

(1) 企业管理该金融资产的业务模式是以收取合同现金流量为目标。

(2) 该金融资产的合同条款规定,在特定日期产生的现金流量仅为对本金和以未偿付本金金额为基础的利息的支付。

例如,企业购买某三年期固定利率的国债,该国债的合同现金流量是到期收回本金和按约定的利率在合同期间按时收取固定利息,在没有其他特殊安排的情况下,该国债的合同现金流量一般情况下符合仅对本金和未偿付本金金额为基础的利息支付的要求,如果企业管理该债券投资的业务模式是以收取合同现金流量为目标,则企业对该国债应当分类为以摊余成本计量的金融资产。

(二)以摊余成本计量的金融资产的内容

以摊余成本计量的金融资产的管理模式是以收取合同现金流量为目标,并且金融资产的合同条款规定,在特定日期产生的现金流量,仅为对本金和以未偿付本金金额为基础的利息的支付。因此根据上述条件和特征,以摊余成本计量的金融资产包括持有至到期的债券投资、贷款和应收款项。可以通过"债权投资""贷款""应收账款""应收票据"等账户核算。贷款是商业银行的一项主要业务,应设置"贷款"账户对按规定发放的各种贷款进行核算,其具体会计处理与以摊余成本计量的金融资产(债券投资)相类似,有关应收款项的处理参见本书第三章,本节主要讲解以摊余成本计量的金融资产——债券投资。

二、以摊余成本计量的金融资产的初始计量

(一)账户设置

为了核算持有至到期债券的取得、收取利息、处置等业务,企业应当设置"债权投资""投资收益""应收利息"等账户。

"债权投资"账户核算企业持有债权投资的摊余成本。本账户可按债权投资的类别和品种,分别用"成本""利息调整""应计利息"等进行明细核算。期末借方余额,反映企业持有债权投资的摊余成本。

债权投资——成本 T 型账户,如表 5-1 所示。

第五章 金融资产

表 5-1 债权投资——成本 T 型账户

借方	债权投资——成本	贷方
期初余额 债权投资的面值		出售时债权投资的面值
期末余额：结存债权投资的面值		

债权投资——利息调整 T 型账户，如表 5-2 所示。

表 5-2 债权投资——利息调整 T 型账户

借方	债权投资——利息调整	贷方
①债权投资的初始入账金额大于面值的差额 ②按照实际利率法分期摊销的初始入账金额小于面值的差额		①债权投资的初始入账金额小于面值的差额 ②按照实际利率法分期摊销的初始入账金额大于面值的差额

债权投资——应计利息 T 型账户，如表 5-3 所示。

表 5-3 债权投资——应计利息 T 型账户

借方	债权投资——应计利息	贷方
到期一次还本付息的债权投资应于资产负债表日按票面利率计算确定的应收未收利息		到期时实际收到利息或出售时转出的应收未收的利息

(二)初始入账金额的确定

债权投资初始确认时，应当按照公允价值和相关交易费用之和作为初始入账金额。实际支付的价款中包括的已到付息期但尚未领取的债券利息，应单独确认为应收项目。

交易费用，是指可直接归属于购买、发行或处置金融工具的增量费用。增量费用是指企业没有发生购买、发行或处置相关金融工具的情形就不会发生的费用，包括支付给代理机构、咨询公司、券商、证券交易所、政府有关部门等的手续费、佣金、相关税费及其他必要支出，不包括债券溢价、折价、融资费用、内部管理成本和持有成本等与交易不直接相关的费用。

企业购入的准备持有至到期的债券，有些是按债券面值的价格购入，即平价购入；有些是按高于债券面值的价格购入，即溢价购入；有些是按低于债券面值的价格购入，即折价购入。债券的溢价、折价主要是金融市场利率与债券票面利率不一致造成的。当债券票面利率高于金融市场利率时，债券发行者按债券票面利率会多付利息，在这种情况下，可能会导致债券溢价。这部分溢价差额属于债券购买者由于日后多获利息而给予债券发行者的利息返还。反之,当债券票面利率低于金融市场利率时,债券发行者按债券票面利率会少付利息,在这种情况下,可能会导致债券折价。这部分折价差额属于债券发行者由于日后少付利息而给予债券购买者的利息补偿。

由于被投资企业存在溢价发行债券和折价发行债券的情况,因此债权投资初始确认时,应当计算确定其实际利率,并在该债权投资预期存续期间或适用的更短期间内保持不变。实际利率,是指将金融资产或金融负债在预期存续期间或适用的更短期间内的未来现金流量,折现为该金融资产或金融负债当前账面价值所使用的利率。

(三)账务处理

企业取得的债权投资,应按该债权投资的面值,借记"债权投资——成本"账户,按支付的价款中包含的已到付息期但尚未领取的利息,借记"应收利息"账户,按实际支付的金额,贷记"银行存款"等账户,按其差额,即溢价、折价与交易费用的金额借记或贷记"债权投资——利息调整"账户,具体应做如下会计分录。

借:债权投资——成本　　　　　　　(取得债券的面值)
　　应收利息　　　　　　　　　　(支付价款中包含的已到付息期但尚未领取的利息)
　借(或贷):债权投资——利息调整　(差额)
　　贷:银行存款等　　　　　　　　(实际支付的金额)

【例5-1】甲公司于2019年1月1日以825 617元的价格购买了乙公司于当日发行的面值为800 000元、票面利率为5%、5年期的债券,确认为债权投资。债券利息在每年12月31日支付。甲公司还以银行存款支付了购买该债券发生的交易费10 600元(其中包括准予抵扣的增值税进项税额600元)。

债权投资的入账金额=825 617+10 600-600=835 617(元)

应确认的利息调整借方差额=835 617-800 000=35 617(元)

甲公司应编制的会计分录如下。

借:债权投资——成本　　　　　　　　　800 000
　　　　　　——利息调整　　　　　　　 35 617
　　应交税费——应交增值税(进项税额)　　600
　贷:银行存款　　　　　　　　　　　　836 217

【例5-2】2019年1月1日,甲公司支付价款1 970万元从活跃市场上购入某公司同日发行的五年期公司债券,另付交易费用30万元。该公司债券面值为2 500万元,票面年利率为4.72%,于年末支付本年度债券利息(即每年利息为118万元),本金在债券到期时一次性偿还。合同约定,该债券的发行方在遇到特定情况时可以将债券赎回,且不需要为提前赎回支付额外款项。甲公司在购买该债券时,预计发行方不会提前赎回。甲公司根据其管理该债券的业务模式和该债券的合同现金流量特征,将该债券归类为以摊余成本计量的金融资产,不考虑所得税、减值损失等因素。(单位以万元表示)

债权投资的入账金额=1 970+30=2 000(万元)

应确认的利息调整贷方差额=2 500-2 000=500(万元)

2019年1月1日,甲公司购入债券,应编制会计分录如下。

借:债权投资——成本　　　　　　　　　　　　　2 500
　　贷:银行存款　　　　　　　　　　　　　　　　　　2 000
　　　　债权投资——利息调整　　　　　　　　　　　　 500

三、以摊余成本计量的金融资产的后续计量

(一)摊余成本的确定

债权投资应当以摊余成本进行后续计量。确认投资的摊余成本,首先要确认投资的账面余额,在此基础上再考虑投资是否发生了减值。如果投资未发生减值,则投资的账面余额即为摊余成本。

摊余成本,是指该金融资产的初始确认金额经下列调整后的结果。

(1) 扣除已偿还的本金。

(2) 加上或减去采用实际利率法将初始确认金额与到期日金额之间的差额进行摊销形成的累计摊销额。

(3) 扣除已发生的减值损失。

因此,摊余成本的计算公式为

$$\text{摊余成本} = \text{初始确认(入账)金额} - \text{已偿还的本金} \pm \text{(折价或溢价)累计摊销额} - \text{已发生的减值损失} \quad (5-1)$$

(二)利息收入的确定

企业应在债权持有期间采用实际利率法,按照摊余成本和实际利率计算确认利息收入,计入投资收益。实际利率应当在取得债权投资时确定。实际利率与票面利率差别较小的,也可按票面利率计算利息收入,计入投资收益。利息收入的计算公式为

$$\text{利息收入} = \text{金融资产的摊余成本} \times \text{实际利率} \quad (5-2)$$

但对于购入或源生的已发生信用减值的金融资产,企业应当自初始确认起,按照该金融资产的摊余成本和经信用调整的实际利率计算确定其利息收入。即按下列公式计算确定利息收入

$$\text{利息收入} = \text{金融资产的摊余成本} \times \text{经信用调整的实际利率} \quad (5-3)$$

经信用调整的实际利率,是指将购入或源生的已发生信用减值的金融资产在预计存续期的估计未来现金流量折现为该金融资产摊余成本的利率。在确定经信用调整的实际利率时,应当在考虑金融资产的所有合同条款(如提前还款、展期、看涨期权或其他类似期权等)及初始预期信用损失的基础上估计预期现金流量。

(三)账务处理

资产负债表日,债权投资应按票面利率计算确定的应收未收利息,借记"应收利息"或"债权投资——应计利息"账户,按债权投资期初摊余成本和实际利率计算确定的利息收入,贷记"投资收益"账户,按其差额,借记或贷记"债权投资——利息调整"账户,

具体应做如下会计分录。

① 以摊余成本计量的金融资产为分期付息、到期一次还本的债券投资。

借：应收利息　　　　　　　　　　　　（债券面值×票面利率）
　　借(或贷)：债权投资——利息调整　　（差额）
　　贷：投资收益　　　　　　　　　　　（金融资产期初摊余成本×实际利率）

② 以摊余成本计量的金融资产为到期一次还本付息的债券投资。

借：债权投资——应计利息　　　　　　（债券面值×票面利率）
　　借(或贷)：债权投资——利息调整　　（差额）
　　贷：投资收益　　　　　　　　　　　（金融资产期初摊余成本×实际利率）

【例5-3】 承例5-1，甲公司在初始确认时计算确定该公司债券的实际利率。设该公司债券的实际利率为 r，采用插值法，可以计算得出 $r=4\%$，由此可编制利润调整计算表，如表5-4所示。

根据上述数据，甲公司应编制的会计分录如下。

2019年12月31日，确认实际利息收入、收到票面利息时：

借：应收利息　　　　　　　　　　　　40 000
　　贷：投资收益　　　　　　　　　　　　　　　　33 425
　　　　债权投资——利息调整　　　　　　　　　　6 575
借：银行存款　　　　　　　　　　　　40 000
　　贷：应收利息　　　　　　　　　　　　　　　　40 000

表5-4　利润调整计算表　　　　　　　　　　　　　　　　　　　　单位：元

日　期	现金利息流入(a)	实际利息收入 (b)=期初(d)×4%	利息调整摊销 (c)=(a)-(b)	摊余成本余额 (d)=期初(d)-(c)
2019年1月1日				835 617
2019年12月31日	40 000	33 425*	6 575	829 042
2020年12月31日	40 000	33 162*	6 838	822 204
2021年12月31日	40 000	32 888*	7 112	815 092
2022年12月31日	40 000	32 604*	7 396	807 696
2023年12月31日	40 000	32 304**	7 696	800 000

注：*表示数字四舍五入取整。

　　**表示数字考虑了计算过程中出现的尾差。

2020年12月31日，确认实际利息收入、收到票面利息时：

借：应收利息　　　　　　　　　　　　40 000
　　贷：投资收益　　　　　　　　　　　　　　　　33 162
　　　　债权投资——利息调整　　　　　　　　　　6 838
借：银行存款　　　　　　　　　　　　40 000
　　贷：应收利息　　　　　　　　　　　　　　　　40 000

2021年12月31日，确认实际利息收入、收到票面利息时：

```
借：应收利息                                    40 000
    贷：投资收益                                    32 888
        债权投资——利息调整                             7 112
借：银行存款                                    40 000
    贷：应收利息                                    40 000
```

2022年12月31日，确认实际利息收入、收到票面利息时：
```
借：应收利息                                    40 000
    贷：投资收益                                    32 604
        债权投资——利息调整                             7 396
借：银行存款                                    40 000
    贷：应收利息                                    40 000
```

【例5-4】承例5-2，甲公司在初始确认时计算确定该公司债券的实际利率。设该公司债券的实际利率为 r，采用插值法，可以计算得出 $r=10\%$，由此可编制利润调整计算表，如表5-5所示。

根据上述数据，甲公司应编制的会计分录如下。

2019年12月31日，确认实际利息收入、收到票面利息时：
```
借：应收利息                                       118
    债权投资——利息调整                                82
    贷：投资收益                                       200
```

表5-5 利润调整计算表   单位：万元

日 期	现金利息流入(a)	实际利息收入 (b)=期初(d)×10%	利息调整摊销 (c)=(a)-(b)	摊余成本余额 (d)=期初(d)-(c)
2019年1月1日				2 000
2019年12月31日	118	200*	-82	2 082
2020年12月31日	118	208*	-90	2 172
2021年12月31日	118	217*	-99	2 271
2022年12月31日	118	227*	-109	2 380
2023年12月31日	118	238**	-120	2 500

注：*表示数字四舍五入取整。

**表示数字考虑了计算过程中出现的尾差。

```
借：银行存款                                       118
    贷：应收利息                                       118
```

2020年12月31日，确认实际利息收入、收到票面利息时：
```
借：应收利息                                       118
    债权投资——利息调整                                90
    贷：投资收益                                       208
借：银行存款                                       118
```

　　　　贷：应收利息　　　　　　　　　　　　　　　　　118

2021年12月31日，确认实际利息收入、收到票面利息时：
借：应收利息　　　　　　　　　　　　　　　　　　118
　　债权投资——利息调整　　　　　　　　　　　　　99
　　　　贷：投资收益　　　　　　　　　　　　　　　217
借：银行存款　　　　　　　　　　　　　　　　　　118
　　　　贷：应收利息　　　　　　　　　　　　　　　118

2022年12月31日，确认实际利息收入、收到票面利息时：
借：应收利息　　　　　　　　　　　　　　　　　　118
　　债权投资——利息调整　　　　　　　　　　　　109
　　　　贷：投资收益　　　　　　　　　　　　　　　227
借：银行存款　　　　　　　　　　　　　　　　　　118
　　　　贷：应收利息　　　　　　　　　　　　　　　118

【例5-5】 承例5-2，假定甲公司购买的债券不是分次付息，而是到期一次还本付息，且利息不是以复利计算。此时，设甲公司所购买债券的实际利率为r，可以计算得出$r \approx 9.05\%$。据此，调整上述表中相关数据后，如表5-6所示。

表5-6　利息调整计算表　　　　　　　　　　　　　　　　　　　　　　　　单位：万元

年 份	期初摊余成本(a)	实际利息(b) (按9.05%计算)	现金利息流入(c)	期末摊余成本 (d=a+b-c)
2019	2 000	181	0	2 181
2020	2 181	197.38	0	2 378.38
2021	2 378.38	215.24	0	2 593.62
2022	2 593.62	234.72	0	2 828.34
2023	2 828.34	261.66*	2 500+118×5	0.00

注：*表示考虑了计算过程中出现的尾差5.70元。

根据上述数据，甲公司应编制的会计分录如下。

2019年1月1日，购入债券时：
借：债权投资——成本　　　　　　　　　　　　　2 500
　　　　贷：银行存款　　　　　　　　　　　　　　2 000
　　　　　　债权投资——利息调整　　　　　　　　　500

2019年12月31日，确认实际利息收入时：
借：债权投资——应计利息　　　　　　　　　　　　118
　　　　　　　——利息调整　　　　　　　　　　　　63
　　　　贷：投资收益　　　　　　　　　　　　　　　181

2020年12月31日，确认实际利息收入时：
借：债权投资——应计利息　　　　　　　　　　　　118
　　　　　　　——利息调整　　　　　　　　　　　79.38

贷：投资收益　　　　　　　　　　　　　　　　　　　　　197.38
　2021年12月31日，确认实际利息收入时：
　　借：债权投资——应计利息　　　　　　　　　　　　　　　118
　　　　　　——利息调整　　　　　　　　　　　　　　　　　97.24
　　　贷：投资收益　　　　　　　　　　　　　　　　　　　　　215.24
　2022年12月31日，确认实际利息收入时：
　　借：债权投资——应计利息　　　　　　　　　　　　　　　118
　　　　　　——利息调整　　　　　　　　　　　　　　　　　116.72
　　　贷：投资收益　　　　　　　　　　　　　　　　　　　　　234.72

四、以摊余成本计量的金融资产的减值与处置

(一)以摊余成本计量的金融资产的减值

以摊余成本计量的金融资产的减值是以预期信用损失为基础确认的价值减损。预期信用损失是指以发生违约的风险为权重的以摊余成本计量金融资产信用损失的加权平均值。

信用损失是指企业按照实际利率折现的、根据合同应收的所有合同现金流量与预期收取的所有现金流量之间的差额，即全部现金短缺的现值。对于债权投资，应按照其经信用调整的实际利率折现。预期信用损失考虑付款的金额和时间分布，因此，即使企业预计可以全额收款但收款时间晚于合同规定的到期期限，也会产生信用损失。

企业应当在资产负债表日对以摊余成本计量的金融资产的账面价值进行检查，如果有客观证据表明该金融资产信用风险已经显著增加，就应当计提减值准备。债权投资发生减值时，应当将该金融资产的账面价值减记至预计未来现金流量的现值，减记的金额确认为信用减值损失，计入当期损益，借记"信用减值损失"科目，贷记"债权投资减值准备"科目。

【例5-6】承例5-2和例5-5，假设2022年12月31日，甲公司持有的债权投资由于市场原因，甲公司认为，该金融工具的信用风险自初始确认后并无显著增加，应按未来12个月内预期信用损失计量损失准备，经预估未来12个月内预期信用损失金额为20万元。甲公司计提减值准备，应编制的会计分录如下。(单位以万元表示)
　　借：信用减值损失　　　　　　　　　　　　　　　　　　　20
　　　贷：债权投资减值准备　　　　　　　　　　　　　　　　20

以摊余成本计量的金融资产确认减值损失后，如有客观证据表明该资产的价值得以恢复，且客观上与确认该损失后发生的事项有关，原确认的减值损失应当予以转回，计入当期损益。借记"债权投资减值准备"科目，贷记"信用减值损失"科目。但转回后的账面价值不应超过假定不计提减值准备情况下该债权投资在转回日的摊余成本。

(二)以摊余成本计量的金融资产的处置

以摊余成本计量的金融资产的处置指终止确认该项金融资产，包括该金融资产的到期收回及提前出售。

1. 以摊余成本计量的金融资产的到期收回

以摊余成本计量的金融资产的到期收回是指期限届满时按面值收回本金及应收未收的利息。如果是一次付息的债券，到期时企业可以收回债券面值和利息；如果是分期付息的债券，到期时企业可以收回债券面值。一般来说，在债权投资到期时，溢价、折价金额已经摊销完毕，不论是按面值购入，还是溢价或折价购入，"债权投资"科目的余额均为债券面值和应计利息，具体应做如下会计分录。

① 以摊余成本计量的金融资产为分期付息、到期一次还本的债券投资时：

借：银行存款
　　贷：债权投资——成本　　　　　　　　　　　（债券面值）

② 以摊余成本计量的金融资产为到期一次还本付息的债券投资时：

借：银行存款
　　贷：债权投资——成本　　　　　　　　　　　（债券面值）
　　　　　　　　——应计利息　　　　　　　　　（已经计提尚未收取的利息）

【例5-7】承例5-1和例5-3，2023年12月31日，确认实际利息收入、收到票面利息和本金，甲公司应编制的会计分录如下。

借：应收利息	40 000
贷：投资收益	32 304
债权投资——利息调整	7 696
借：银行存款	40 000
贷：应收利息	40 000
借：银行存款	800 000
贷：债权投资——成本	800 000

【例5-8】承例5-2和例5-4，2023年12月31日，确认实际利息收入、收到票面利息和本金，甲公司应编制的会计分录如下。

借：应收利息	118
债权投资——利息调整	120
贷：投资收益	238
借：银行存款	118
贷：应收利息	118
借：银行存款	2 500
贷：债权投资——成本	2 500

【例5-9】承例5-2和例5-5，2023年12月31日，确认实际利息收入、收到本金和票面利息，甲公司应编制的会计分录如下。

借：债权投资——应计利息	118
——利息调整	143.66
贷：投资收益	261.66
借：银行存款	3 090

| 贷：债权投资——成本 | 2 500 |
| ——应计利息 | 590 |

2. 以摊余成本计量的金融资产的提前出售

根据以摊余成本计量的金融资产的特点，通常该金融资产应该持有至到期，但由于某种特殊原因，也可能提前全部出售该金融资产。

企业提前出售以摊余成本计量的金融资产(债券投资)时，应将所取得的价款与以摊余成本计量的金融资产(债券投资)账面价值之间的差额，计入当期损益(投资收益)，具体应做如下会计分录。

借：银行存款　　　　　　　　　　(实际收到的价款)
　　债权投资减值准备　　　　　　(已计提的减值准备)
　　贷：债权投资——成本　　　　(处置债券投资的面值)
　　　　　　　——应计利息　　　(处置债券投资已计提的利息)
　　贷(或借)：债权投资——利息调整　(处置债券投资尚未摊销的利息调整金额)
　　　　投资收益　　　　　　　　(差额)

【例 5-10】 承例 5-2、例 5-5 和例 5-6，2023 年 1 月 5 日，由于资金短缺，甲公司决定将持有的债券投资全部出售。出售日，该金融资产的公允价值为 2 800 万元，不考虑其他相关因素，甲公司 2023 年 1 月 5 日，出售债券时，应编制的会计分录如下。

借：银行存款　　　　　　　　　　　　2 800
　　债权投资——利息调整　　　　　　143.66
　　债权投资减值准备　　　　　　　　20
　　投资收益　　　　　　　　　　　　8.34
　　贷：债权投资——成本　　　　　　2 500
　　　　　　　——应计利息　　　　　472

以摊余成本计量的金融资产(分次付息、到期还本的债券投资)的账务处理流程，如图 5-2 所示。

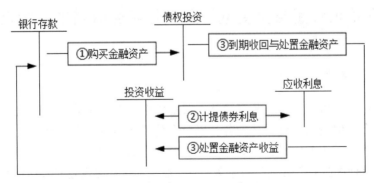

图 5-2　以摊余成本计量的金融资产(分次付息、到期还本的债券投资)的账务处理流程

第三节 以公允价值计量且其变动计入其他综合收益的金融资产

一、以公允价值计量且其变动计入其他综合收益的金融资产概述

(一)以公允价值计量且其变动计入其他综合收益的金融资产的确认

金融资产同时符合下列条件的，应当分类为以公允价值计量且其变动计入其他综合收益的金融资产。

(1) 企业管理该金融资产的业务模式既以收取合同现金流量为目标又以出售该金融资产为目标。

(2) 该金融资产的合同条款规定，在特定日期产生的现金流量，仅为对本金和以未偿付本金金额为基础的利息的支付。

以公允价值计量且其变动计入其他综合收益的金融资产会计处理.mp4

例如，企业购买某三年期固定利率的国债，该国债的合同现金流量是到期收回本金和按约定的利率在合同期间按时收取固定利息，在没有其他特殊安排的情况下，该国债的合同现金流量一般情况下符合仅对本金和以未偿付本金金额为基础的利息支付的要求，如果企业管理该债券投资的业务模式是既以收取合同现金流量为目标又以出售该国债为目标，则企业对该国债应当分类为以公允价值计量且其变动计入其他综合收益的金融资产。

(二)以公允价值计量且其变动计入其他综合收益的金融资产的内容

具体来说，以公允价值计量且其变动计入其他综合收益的金融资产既可能是持有至到期收取合同现金流量；也可能是在到期之前出售的债券投资。因此，满足上述两个条件的只能为债券投资或与债券类似的投资。在初始确认时，除符合上述条件的金融资产外，企业还可以将非交易性权益工具投资(如企业持有的限售股等)指定为以公允价值计量且其变动计入其他综合收益的金融资产，并确认股利收入。该指定一经作出，不得撤销。

二、以公允价值计量且其变动计入其他综合收益的金融资产的初始计量

(一)账户设置

为了核算以公允价值计量且其变动计入其他综合收益的金融资产的取得、收取现金股利或利息、公允价值变动、处置等业务，以公允价值计量且其变动计入其他综合收益的金融资产的债券投资，企业应设置"其他债权投资"总账账户。指定为以公允价值计量且其变动计入其他综合收益的金融资产的非交易性权益工具投资应设置"其他权益工具投资"总账账户。

1. **其他债权投资**

"其他债权投资"账户的借方登记其他债权投资的取得成本、资产负债表日其公允价

值高于账面余额的差额及折价的摊销额等;贷方登记资产负债表日其公允价值低于账面余额的差额、取得时产生的折价,以及出售时结转的成本、公允价值变动和应计的利息等。企业应当按照债权投资的类别和品种,分别设置"成本""利息调整""应计利息""公允价值变动"等明细科目进行核算。其他债权投资 T 型账户,如表 5-7 所示。

表 5-7 其他债权投资 T 型账户

借方 其他债权投资	贷方
期初余额 ①其他债权投资的取得成本 ②资产负债表日其公允价值高于账面余额的差额 ③实际支付的其他债权投资的债券价款(含交易费用)高于面值的差额及以后摊销的购入时实际支付的价款低于面值的差额	①资产负债表日其公允价值低于账面余额的差额 ②实际支付的债券价款(含交易费用)低于面值的差额及以后摊销的购入时实际支付的价款高于面值的差额 ③出售其他债权投资时结转的成本、公允价值变动及应计的利息等
期末余额:其他债权投资的账面价值	

2. 其他权益工具投资

"其他权益工具投资"借方登记其他权益工具投资的取得成本、资产负债表日其公允价值高于账面余额的差额等,贷方登记资产负债表日其公允价值低于账面余额的差额、出售时其他权益工具投资时结转的成本及公允价值变动等。"其他权益工具投资"账户应当按照权益工具的类别和品种,分别设置"成本""公允价值变动"等明细科目进行核算。其他权益工具投资 T 型账户,如表 5-8 所示。

表 5-8 其他权益工具投资 T 型账户

借方 其他权益工具投资	贷方
期初余额 ①其他权益工具投资的取得成本 ②资产负债表日其公允价值高于账面余额的差额	①资产负债表日其公允价值低于账面余额的差额 ②出售其他权益工具投资时结转的成本及公允价值变动等
期末余额:其他权益工具投资的账面价值	

3. 其他综合收益

"其他综合收益"科目核算企业以公允价值计量且其变动计入其他综合收益的金融资产公允价值变动而形成的应计入所有者权益的利得或损失等。"其他综合收益"科目的借方登记资产负债表日企业持有金融资产的公允价值低于账面余额的差额等;贷方登记资产负债日企业持有金融资产的公允价值高于账面余额的差额等。其他综合收益 T 型账户,如表 5-9 所示。

表 5-9 其他综合收益 T 型账户

借方	其他综合收益	贷方
资产负债表日企业持有金融资产的公允价值低于账面余额的差额等		资产负债日企业持有金融资产的公允价值高于账面余额的差额等

(二)初始入账金额的确定

以公允价值计量且其变动计入其他综合收益的金融资产初始确认时,应当按照公允价值和相关交易费用之和作为初始入账金额。实际支付的价款中包括的已到付息期但尚未领取的债券利息或已宣告但尚未发放的现金股利,应单独确认为应收项目。

(三)账务处理

企业取得的以公允价值计量且其变动计入其他综合收益的金融资产为债券投资的,应按债券的面值,借记"其他债权投资——成本"账户,按支付的价款中包含的已到付息期但尚未领取的利息,借记"应收利息"账户,按实际支付的金额,贷记"银行存款"等账户,按差额,借记或贷记"其他债权投资——利息调整"账户,具体应做如下会计分录。

借:其他债权投资——成本　　　(购买债券投资的面值)
　　应收利息　　　　　　　　　(支付价款中包含的已到付息期但尚未领取的利息)
借(或贷):其他债权投资——利息调整　(差额)
　　贷:银行存款等　　　　　　　(实际支付的金额)

企业取得以公允价值计量且其变动计入其他综合收益的金融资产为股票等权益工具投资的,应按其公允价值与交易费用之和,借记"其他权益工具投资——成本"账户,按支付的价款中包含的已宣告但尚未发放的现金股利,借记"应收股利"账户,按实际支付的金额,贷记"银行存款"等账户,具体应做如下会计分录。

借:其他权益工具投资——成本　　(股票的公允价值与交易费用之和)
　　应收股利　　　　　　　　　(支付价款中包含的已宣告但尚未发放的现金股利)
　　贷:银行存款等　　　　　　　(实际支付的金额)

【例 5-11】 2021 年 1 月 1 日,甲公司购入乙公司当天发行的三年期分期付息债券,面值为 80 000 元,票面利率为 5%,每年 12 月 31 日付息,实际支付价款为 77 961.69 元(其中包含准予抵扣的增值税进项税额 100 元);甲公司既可能将其持有至到期,也可能提前出售,将其确认为其他债权投资,实际利率为 6%。

其他债权投资的入账金额=77 961.69-100=77 861.69(元)

应确认的利息调整贷方差额=80 000-77 861.69=2 138.31(元)

甲公司应编制的会计分录如下。

借:其他债权投资——成本　　　　　　　　80 000
　　应交税费——应交增值税(进项税额)　　100
　　贷:其他债权投资——利息调整　　　　　2 138.31
　　　　银行存款　　　　　　　　　　　　77 961.69

【例5-12】2021年5月20日,甲公司从深圳证券交易所购入乙公司股票1 000 000股,占乙公司有表决权股份的5%,支付价款合计5 080 000元,其中,证券交易税等交易费用为8 000元,已宣告但尚未发放的现金股利为72 000元。甲公司没有在乙公司董事会中派出代表,甲公司将其划分为其他权益工具投资。

2021年5月20日,购入乙公司股票1 000 000股,甲公司应编制的会计分录如下。

借:其他权益工具投资——成本　　　　　　　　　　5 008 000
　　应收股利　　　　　　　　　　　　　　　　　　　72 000
　　贷:银行存款　　　　　　　　　　　　　　　　　　　　5 080 000

乙公司股票的单位成本=(5 080 000-72 000)÷1 000 000=5.008(元/股)

三、以公允价值计量且其变动计入其他综合收益的金融资产的后续计量

以公允价值计量且其变动计入其他综合收益的金融资产应当以公允价值进行后续计量。公允价值变动形成的利得或损失,除减值损失和外币货币性金融资产形成的汇兑差额外,应当直接计入所有者权益,在该金融资产终止确认时转出,计入当期损益(投资收益)。

(一)利息收入及现金股利的确认

以公允价值计量且其变动计入其他综合收益的金融资产为债券投资的,在持有期间应采用实际利率法计算债券投资的利息,确认为当期损益;该类债券投资采用实际利率法计算各期损益的金额与以摊余成本计量的金融资产计算相同。

资产负债表日,其他债权投资为分期付息、一次还本的债券投资的,应按票面利率计算确定的应收未收利息,借记"应收利息"账户,按其他债权投资的摊余成本和实际利率计算确定的利息收入,贷记"投资收益"账户,按其差额,借记或贷记"其他债权投资——利息调整"账户;其他债权投资为一次还本付息的债券投资的,应于资产负债表日按票面利率计算确定的应收未收利息,借记"其他债权投资——应计利息"账户,按其他债权投资的摊余成本和实际利率计算确定的利息收入,贷记"投资收益"账户,按其差额,借记或贷记"其他债权投资——利息调整"账户,具体应做如下会计分录。

借:应收利息(其他债权投资——应计利息)　　(债券投资的面值×票面利率)
借(或贷):其他债权投资——利息调整　　　　　(差额)
　　贷:投资收益　　　　　　　　　　　　　(债券投资期初账面余额或摊余成本×实际利率)

以公允价值计量且其变动计入其他综合收益的金融资产为权益工具投资的,持有期间被投资方宣告发放的现金股利,应当在被投资单位宣告发放股利时确认为当期损益即投资收益。

【例5-13】承例5-11,甲公司在初始确认时计算确定该公司债券的实际利率。设该公司债券的实际利率为r,采用插值法,可以计算得出$r=6\%$,由此可编制利润调整计算表,如表5-10所示。

表 5-10　利润调整计算表　　　　　　　　　　　　　　　　　单位：元

日　期	现金利息流入(a)	实际利息收入 (b)=期初(d)×6%	利息调整摊销 (c)=(a)-(b)	摊余成本余额 (d)=期初(d)-(c)
2021年1月1日				77 861.69
2021年12月31日	4 000	4 671.70*	−671.70	78 533.39
2022年12月31日	4 000	4 712*	−712	79 245.39
2023年12月31日	4 000	4 754.61**	−754.61	80 000

注：*表示数字四舍五入保留两位。

**表示数字考虑了计算过程中出现的尾差。

根据表格数据，2021年12月31日，甲公司应编制如下会计分录。

借：应收利息　　　　　　　　　　　　　　4 000
　　其他债权投资——利息调整　　　　　　671.70
　　贷：投资收益　　　　　　　　　　　　　　4 671.70

其他年份如上依次类推。

【例5-14】 承例5-12，2021年6月20日，甲公司收到乙公司发放的2020年现金股利72 000元。2022年3月，乙公司宣告发放现金股利，甲公司确认的金额为60 000元。

2021年6月20日，收到乙公司发放的2020年现金股利72 000元，甲公司应编制的会计分录如下。

借：银行存款　　　　　　　　　　　　　　72 000
　　贷：应收股利　　　　　　　　　　　　　　72 000

2022年3月，乙公司宣告发放现金股利，甲公司确认的金额为6 000元，甲公司应编制的会计分录如下。

借：应收股利　　　　　　　　　　　　　　60 000
　　贷：投资收益　　　　　　　　　　　　　　60 000

(二)资产负债表日公允价值变动

资产负债表日，以公允价值计量且其变动计入其他综合收益的金融资产的公允价值高于其账面余额的差额，借记"其他债权投资——公允价值变动"账户或"其他权益工具投资——公允价值变动"账户，贷记"其他综合收益"账户；公允价值低于其账面余额的差额做相反的会计分录。具体应做如下会计分录。

① 以公允价值计量且其变动计入其他综合收益的金融资产的公允价值高于其账面余额时：

借：其他债权投资——公允价值变动
　　贷：其他综合收益——其他债权投资公允价值变动

若将金融资产指定为以公允价值计量且其变动计入其他综合收益的非交易性权益工具投资，具体应做如下会计分录。

借：其他权益工具投资——公允价值变动
　　贷：其他综合收益——其他权益工具投资公允价值变动

② 以公允价值计量且其变动计入其他综合收益的金融资产的公允价值低于其账面余额时：

借：其他综合收益——其他债权投资公允价值变动
  贷：其他债权投资——公允价值变动

若将金融资产指定为以公允价值计量且其变动计入其他综合收益的非交易性权益工具投资，具体应做如下会计分录。

借：其他综合收益——其他权益工具投资公允价值变动
  贷：其他权益工具投资——公允价值变动

【例5-15】承例5-11和例5-13，甲公司2021年年末、2022年年末持有的该其他债权投资的公允价值分别为78 604元和79 271元。

2021年年末甲公司确认公允价值变动为78 604-78 533.39=70.61(元)，甲公司应编制的会计分录如下。

借：其他债权投资——公允价值变动   70.61
  贷：其他综合收益——其他债权投资公允价值变动 70.61

2022年末甲公司确认公允价值变动为79 271-79 245.39-70.61=-45(元)，甲公司应编制的会计分录如下。

借：其他综合收益——其他债权投资公允价值变动 45
  贷：其他债权投资——公允价值变动   45

【例5-16】承例5-12和例5-14，2021年6月30日，乙公司股票收盘价为每股5.20元。2021年12月31日，乙公司股票收盘价为每股4.90元，为简化核算，假设2022年该股票公允价值没有变动。

2021年6月30日，确认乙公司股票公允价值变动为192 000[(5.20-5.008)×1 000 000]元，甲公司应编制的会计分录如下。

借：其他权益工具投资——公允价值变动 192 000
  贷：其他综合收益——其他权益工具投资公允价值变动 192 000

2021年12月31日，确认乙公司股票公允价值变动为-300 000[(4.90-5.20)×1 000 000]元，甲公司应编制会计分录如下。

借：其他综合收益——其他权益工具投资公允价值变动 300 000
  贷：其他权益工具投资——公允价值变动   300 000

四、以公允价值计量且其变动计入其他综合收益的金融资产的减值与处置

(一)以公允价值计量且其变动计入其他综合收益的金融资产的减值

按照《企业会计准则第8号——资产减值》中金融资产减值范围的规定，企业应当以预期信用损失为基础对以公允价值计量且其变动计入其他综合收益的金融资产(债券投资)进行减值会计处理并确认损失准备，即对"其他债权投资"进行减值确认与处理。

如果其他债权投资的公允价值预期发生信用损失，应当确认为减值损失，计提减值准

备。对于其他债权投资，企业应当在其他综合收益中确认其减值准备，并将减值损失或利得计入当期损益，而不应减少该金融资产在资产负债表中列示的账面价值。

企业确认的其他债权投资信用减值损失，应根据减值的金额，借记"信用减值损失"科目，贷记"其他综合收益——信用减值准备"科目，不调整该金融资产的账面价值。如果该金融资产的减值恢复，应编制相反的会计分录。

【例5-17】承例5-11、例5-13和例5-15，甲公司2022年年末持有的其他债权投资的公允价值为79 271元，甲公司预计到期时该债券的现金流量现值为75 000元。

2022年年末甲公司确认减值损失为79 271-75 000=4 721(元)，甲公司应编制的会计分录如下：

借：信用减值损失　　　　　　　　　　　　4 721
　　贷：其他综合收益——信用减值准备　　　　4 721

(二)以公允价值计量且其变动计入其他综合收益的金融资产的处置

处置以公允价值计量且其变动计入其他综合收益的金融资产时，应将取得的价款与该金融资产账面价值之间的差额，计入投资损益或留存收益；同时，将原直接计入所有者权益的公允价值变动累计额对应处置部分的金额转出，计入投资损益或留存收益，具体应做如下会计分录。

① 出售以公允价值计量且其变动计入其他综合收益的金融资产为债券投资的，应将取得的价款与该金融资产账面价值之间的差额，计入投资损益。

借：银行存款等　　　　　　　　　　(实际收到的金额)
　　贷：其他债权投资——成本　　　　(出售债券投资的面值)
　　　　　　　　　　——应计利息　　(出售债券投资已计提的利息)
　　贷(或借)：其他债权投资——公允价值变动 (出售债券投资公允价值累计变动金额)
　　　　　　　　　　　　　　——利息调整　　(出售债券投资尚未摊销的金额)
　　贷(或借)：投资收益　　　　　　　　(差额)

同时，结转原直接计入其他综合收益的公允价值变动的累计金额，即做如下会计分录：

借(或贷)：其他综合收益——其他债权投资公允价值变动
　　　　　　　　　　　——信用减值准备
　　贷(或借)：投资收益

② 出售指定为以公允价值计量且其变动计入其他综合收益的非交易性权益工具投资时，取得的价款与该金融资产账面价值之间的差额，应当计入留存收益。

借：银行存款等　　　　　　　　　　(实际收到的金额)
　　贷：其他权益工具投资——成本　　(出售投资的成本)
　　贷(或借)：其他权益工具投资——公允价值变动 (出售投资公允价值累计变动金额)
　　贷(或借)：盈余公积——法定盈余公积　　(差额×10%)
　　　　　　　利润分配——未分配利润　　　　(差额×90%)

同时，之前计入其他综合收益的累计利得或损失应当从其他综合收益中转出，计入留存收益，即做如下会计分录。

借(或贷)：其他综合收益——其他权益工具投资公允价值变动
　　　贷(或借)：盈余公积——法定盈余公积
　　　　　　　利润分配——未分配利润

【例5-18】承例5-12、例5-14和例5-16，2023年1月10日，甲公司以每股4.50元的价格将股票全部转让，同时支付证券交易税等交易费用7 200元，甲公司按10%提取法定盈余公积。

出售乙公司股票价格=4.50×1 000 000=4 500 000(元)
出售乙公司股票取得的价款=4 500 000-7200=4 492 800(元)
出售乙公司股票时的账面余额=5 008 000+(-108 000)=4 900 000(元)

2023年1月10日，出售乙公司股票1 000 000股，甲公司应编制的会计分录如下。

借：银行存款　　　　　　　　　　　　　　　　　4 492 800
　　盈余公积　　　　　　　　　　　　　　　　　　　40 720
　　利润分配——未分配利润　　　　　　　　　　　　366 480
　　其他权益工具投资——公允价值变动　　　　　　　108 000
　贷：其他权益工具投资——成本　　　　　　　　　5 008 000

同时，应从所有者权益中转出的公允价值累计变动额=192 000-300 000=-108 000(元)。

借：盈余公积　　　　　　　　　　　　　　　　　　10 800
　　利润分配——未分配利润　　　　　　　　　　　　97 200
　贷：其他综合收益——其他权益工具投资公允价值变动　108 000

以公允价值计量且其变动计入其他综合收益的金融资产(债券投资)的账务处理流程，如图5-3所示。

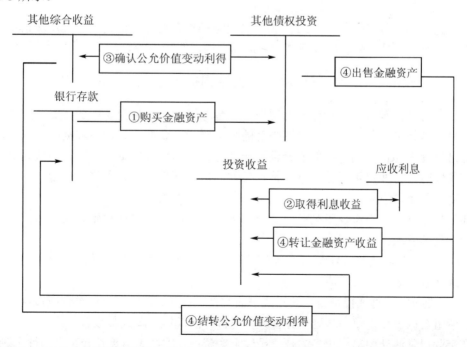

图5-3　以公允价值计量且其变动计入其他综合收益的金融资产(债券投资)的账务处理流程

第四节 以公允价值计量且其变动计入当期损益的金融资产

一、以公允价值计量且其变动计入当期损益的金融资产概述

(一)以公允价值计量且其变动计入当期损益的金融资产的确认

按照《企业会计准则》规定，分类为以摊余成本计量的金融资产和以公允价值计量且其变动计入其他综合收益的金融资产之外的金融资产，企业应当将其归类为以公允价值计量且其变动计入当期损益的金融资产。例如，企业持有的普通股股票的合同现金流量是收取被投资企业未来股利分配及其清算时获得剩余收益的权利。股利及获得剩余收益的权利均不符合本金和利息的定义，因此企业持有的普通股股票应当归类为以公允价值计量且其变动计入当期损益的金融资产。

以公允价值计量且其变动计入当期损益的金融资产会计处理.mp4

金融资产满足下列条件之一的，表明企业持有该金融资产的目的是交易性的。

(1) 取得相关金融资产或承担相关金融负债的目的，主要是近期出售或回购。例如，企业以赚取差价为目的从二级市场购入的股票、债券、基金等。

(2) 相关金融资产在初始确认时属于集中管理的可辨认金融工具组合的一部分，且有客观证据表明近期实际存在短期获利行为。例如，企业基于其投资策略和风险管理的需要，将某些金融资产进行组合后从事短期获利活动，对于组合的金融资产，应采用公允价值计量，并将其相关公允价值变动计入当期损益。

(3) 相关金融资产属于衍生工具，但符合财务担保合同定义的衍生工具及被指定为有效套期工具的衍生工具除外，如国债期货、远期合同、股指期货等。

(二)以公允价值计量且其变动计入当期损益的金融资产的内容

以公允价值计量且其变动计入当期损益的金融资产，包括交易性金融资产和直接指定为以公允价值计量且其变动计入当期损益的金融资产。企业将某项金融资产指定为以公允价值计量且其变动计入当期损益的金融资产，通常是指该金融资产不满足确认为交易性金融资产条件时，企业仍可在符合某些特定条件的情况下将其按公允价值计量，并将其公允价值变动计入当期损益。

通常情况下，只有符合下列条件之一的金融资产，才可以在初始确认时指定为以公允价值计量且其变动计入当期损益的金融资产。

(1) 该指定可以消除或明显减少因该金融资产的计量基础不同导致的相关利得或损失在确认或计量方面不一致的情况。

(2) 企业风险管理或投资策略的正式书面文件已载明，该金融资产组合或该金融资产和金融负债组合以公允价值为基础进行管理、评价并向关键管理人员报告。

在企业日常活动中出现较多的是交易性金融资产，因此本节重点介绍交易性金融资产。

二、以公允价值计量且其变动计入当期损益的金融资产的初始计量

(一)账户设置

为了核算交易性金融资产的取得、收取现金股利或利息、处置等业务,企业应当设置"交易性金融资产""公允价值变动损益""投资收益""应收利息""应收股利"等账户。

1. 交易性金融资产

"交易性金融资产"账户核算企业为交易目的所持有的债券投资、股票投资、基金投资等交易性金融资产的公允价值。企业持有的直接指定为以公允价值计量且其变动计入当期损益的金融资产也在"交易性金融资产"账户核算。"交易性金融资产"账户的借方登记交易性金融资产的取得成本、资产负债表日其公允价值高于账面余额的差额等;贷方登记资产负债表日其公允价值低于账面余额的差额,以及企业出售交易性金融资产时结转的成本和公允价值变动损益。企业应当按照交易性金融资产的类别和品种,分别设置"成本""公允价值变动"等明细账户进行核算。本账户期末借方余额,反映企业持有的交易性金融资产的公允价值。交易性金融资产T型账户,如表5-11所示。

表5-11 交易性金融资产T型账户

借方 交易性金融资产	贷方
期初余额 ①交易性金融资产的取得成本 ②资产负债表日其公允价值高于账面余额的差额等	①资产负债表日其公允价值低于账面余额的差额 ②企业出售交易性金融资产时结转的成本和公允价值变动损益
期末余额:反映企业持有的交易性金融资产的公允价值	

2. 公允价值变动损益

"公允价值变动损益"账户核算企业持有的交易性金融资产等公允价值变动而形成的应计入当期损益的利得或损失。本账户贷方登记资产负债表日企业持有的交易性金融资产等的公允价值高于账面余额的差额;借方登记资产负债表日企业持有的交易性金融资产等的公允价值低于账面余额的差额。资产负债表日,应将本账户余额转入"本年利润"账户,结转后本账户无余额。公允价值变动损益T型账户,如表5-12所示。

表5-12 公允价值变动损益T型账户

借方 公允价值变动损益	贷方
①资产负债表日企业持有的交易性金融资产等的公允价值低于账面余额的差额 ②结转净收益	①资产负债表日企业持有的交易性金融资产等的公允价值高于账面余额的差额 ②结转净损失

3. 投资收益

"投资收益"账户核算企业持有交易性金融资产等各项投资持有期间取得的投资收益及处置交易性金融资产等各项投资实现的投资收益或投资损失。本账户贷方登记企业持有交易性金融资产等各项投资持有期间取得的投资收益和企业出售交易性金融资产等实现的投资收益；借方登记企业持有交易性金融资产等各项投资持有期间和企业出售交易性金融资产等发生的投资损失。资产负债表日，应将本账户余额转入"本年利润"账户，结转后本账户无余额。投资收益 T 型账户，如表 5-13 所示。

表 5-13 投资收益 T 型账户

借方	投资收益	贷方
①取得时发生的交易费用		①实现的投资收益
②发生的投资损失		②结转净损失
③结转净收益		

(二) 初始入账金额的确定

企业对以公允价值计量且其变动计入当期损益的金融资产的会计处理，应着重于该金融资产与金融市场的紧密结合性，反映该类金融资产相关市场变量变化对其价值的影响，进而对企业财务状况和经营成果的影响。

交易性金融资产初始确认时，应按公允价值计量，相关交易费用应当直接计入当期损益(投资收益)。企业取得交易性金融资产所支付的价款中包含已宣告但尚未发放的现金股利或已到付息期但尚未领取的债券利息的，应当单独确认为应收项目。

交易费用是指可直接归属于购买、发行或处置金融工具新增的费用，包括支付给代理机构、咨询公司、券商等的手续费和佣金及其他必要支出。

(三) 账务处理

企业取得交易性金融资产，按其公允价值，借记"交易性金融资产——成本"账户；按发生的交易费用，借记"投资收益"账户；按已到付息期但尚未领取的利息或已宣告但尚未发放的现金股利，借记"应收利息"或"应收股利"账户；按实际支付的金额，贷记"银行存款"等账户，具体应做如下会计分录。

借：交易性金融资产——成本　　(金融资产的公允价值)
　　应收股利　　　　　　　　　(支付价款中所含已宣告但尚未发放的现金股利)
　　应收利息　　　　　　　　　(支付价款中所含已到付息期但尚未领取的利息)
　　投资收益　　　　　　　　　(支付的相关交易费用)
　　贷：银行存款等　　　　　　(实际支付的金额)

【例 5-19】2022 年 5 月 20 日，甲公司从深圳证券交易所购入某公司股票 1 000 000 股，占某公司有表决权股份的 5%，支付价款合计 5 080 000 元，其中，证券交易税等交易费用为 8 000 元，已宣告发放现金股利 72 000 元。甲公司将其划分为交易性金融资产。假定不考虑其他因素,甲公司的账务处理如下。

2022年5月20日,购入某公司股票1 000 000股。甲公司应编制的会计分录如下。

借:交易性金融资产——成本　　　　　　　　　　　　5 000 000
　　应收股利　　　　　　　　　　　　　　　　　　　　72 000
　　投资收益　　　　　　　　　　　　　　　　　　　　 8 000
　贷:银行存款　　　　　　　　　　　　　　　　　　　5 080 000

乙公司股票的单位成本=(5 080 000-72 000-8 000)÷1 000 000=5.00(元/股)

【例5-20】 承例5-19,2022年6月20日,甲公司收到被投资公司发放的2021年现金股利72 000元。甲公司应编制的会计分录如下。

借:银行存款　　　　　　　　　　　　　　　　　　　　72 000
　贷:应收股利　　　　　　　　　　　　　　　　　　　　72 000

三、以公允价值计量且其变动计入当期损益的金融资产的后续计量

交易性金融资产,应当以公允价值进行后续计量,公允价值变动计入当期损益(公允价值变动损益)。企业持有该金融资产期间取得的债券利息或现金股利,应当在计息日或现金股利宣告发放日确认为投资收益。

(一)利息收入或现金股利的确认

以公允价值计量且其变动计入当期损益的金融资产持有期间被投资单位宣告发放的现金股利,或在资产负债表日按分期付息、一次还本债券投资的票面利率计提的利息,借记"应收股利"或"应收利息"账户,贷记"投资收益"账户。

【例5-21】 承例5-19,2023年4月20日,被投资公司宣告发放2022年现金股利2 000 000元。甲公司确认被投资公司发放的2022年现金股利中应享有的份额=2 000 000×5%=100 000(元)。甲公司应编制的会计分录如下。

借:应收股利　　　　　　　　　　　　　　　　　　　　100 000
　贷:投资收益　　　　　　　　　　　　　　　　　　　　100 000

【例5-22】 承例5-21,2023年5月10日,甲公司收到乙公司发放的2022年现金股利,应编制的会计分录如下。

借:银行存款　　　　　　　　　　　　　　　　　　　　100 000
　贷:应收股利　　　　　　　　　　　　　　　　　　　　100 000

(二)资产负债表日公允价值变动

资产负债表日,交易性金融资产的公允价值高于其账面余额的差额,借记"交易性金融资产——公允价值变动"账户,贷记"公允价值变动损益"账户;交易性金融资产的公允价值低于其账面余额的差额做相反的会计分录。具体应做如下会计分录。

① 交易性金融资产的公允价值高于其账面余额时:

借：交易性金融资产——公允价值变动
　　　　贷：公允价值变动损益

② 交易性金融资产的公允价值低于其账面余额时，做相反的会计分录。

【例5-23】承例5-19，2022年6月30日，被投资公司股票收盘价为每股5.20元。确认被投资公司股票公允价值变动=(5.20-5.00)×1 000 000=200 000(元)，甲公司应编制的会计分录如下。

借：交易性金融资产——公允价值变动　　　　200 000
　　贷：公允价值变动损益　　　　　　　　　　　　200 000

【例5-24】承例5-19和例5-23，2022年12月31日，甲公司仍持有被投资公司股票；当日，被投资公司股票收盘价为每股4.90元。确认被投资公司股票公允价值变动=(4.90-5.20)×1 000 000=-300 000(元)，甲公司应编制的会计分录如下。

借：公允价值变动损益　　　　　　　　　　　　300 000
　　贷：交易性金融资产——公允价值变动　　　　　300 000

四、以公允价值计量且其变动计入当期损益的金融资产的处置

处置该金融资产时，其公允价值与初始入账金额之间的差额应当确认为投资收益，具体应做如下会计分录。

借：银行存款　　　　　　　　　　　　(实际收到的金额)
　　贷：交易性金融资产——成本　　　　(处置金融资产的入账成本)
　　贷(或借)：交易性金融资产——公允价值变动　(公允价值累计变动金额)
　　贷(或借)：投资收益　　　　　　　　(差额)

【例5-25】承例5-19~例5-24，2023年5月17日，甲公司以每股4.50元的价格将股票全部转让，同时支付证券交易税等交易费用7 200元。

股票出售价格=4.50×1 000 000=4 500 000(元)
出售股票取得的价款净额=4 500 000-7 200=4 492 800(元)
股票持有期间公允价值变动金额=200 000-300 000=-100 000(元)
出售股票时的账面余额=5 000 000+(-100 000)=4 900 000(元)
出售股票的净损益=4 492 800-4 900 000=-407 200(元)
甲公司应编制的会计分录如下。

借：银行存款　　　　　　　　　　　　　　　　4 492 800
　　投资收益　　　　　　　　　　　　　　　　　407 200
　　交易性金融资产——公允价值变动　　　　　　100 000
　　　贷：交易性金融资产——成本　　　　　　　　　5 000 000

【例5-26】2023年1月1日，A企业从二级市场支付价款5 100 000元(含已到付息期但尚未领取的利息100 000元)购入某公司发行的债券，另发生交易费用100 000元。该债券面值为5 000 000元，剩余期限为2年，票面年利率为4%，每半年付息一次，付息日为每年的1月5日和7月5日。A企业将其划分为交易性金融资产。

A企业的其他资料如下:

(1) 2023年1月5日,收到该债券2022年下半年利息。

(2) 2023年6月30日,该债券的公允价值为5 750 000元(不含利息)。

(3) 2023年7月5日,收到该债券2023年上半年利息。

(4) 2023年12月31日,该债券的公允价值为5 500 000元(不含利息)。

(5) 2024年1月5日,收到该债券2023年下半年利息。

(6) 2024年3月31日,A企业将该债券出售,取得价款5 900 000元(含第一季度利息50 000元)。

假定不考虑其他因素,则A企业应编制的会计分录如下。

① 2023年1月1日,购入债券时:

借:交易性金融资产——成本 5 000 000
　　应收利息 100 000
　　投资收益 100 000
　贷:银行存款 5 200 000

② 2023年1月5日,收到该债券2022年下半年利息时:

借:银行存款 100 000
　贷:应收利息 100 000

③ 2023年6月30日,确认债券公允价值变动和投资收益时:

借:交易性金融资产——公允价值变动 750 000
　贷:公允价值变动损益 750 000
借:应收利息 100 000
　贷:投资收益 100 000

④ 2023年7月5日,收到该债券2023年上半年利息时:

借:银行存款 100 000
　贷:应收利息 100 000

⑤ 2023年12月31日,确认债券公允价值变动和投资收益时:

借:公允价值变动损益 250 000
　贷:交易性金融资产——公允价值变动 250 000
借:应收利息 100 000
　贷:投资收益 100 000

⑥ 2024年1月5日,收到该债券2023年下半年利息时:

借:银行存款 100 000
　贷:应收利息 100 000

⑦ 2024年3月31日,将该债券予以出售,应编制的会计分录如下。

确认第一季度的利息收入时:

借:应收利息 50 000
　贷:投资收益 50 000

确认处置损益时:

借:银行存款 5 900 000

贷：交易性金融资产——成本		5 000 000
——公允价值变动		500 000
应收利息		50 000
投资收益		350 000

以公允价值计量且其变动计入当期损益的金融资产的账务处理流程，如图 5-4 所示。

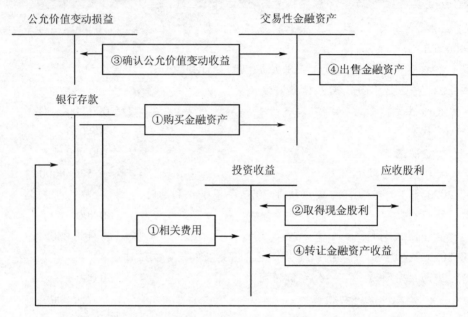

图 5-4 以公允价值计量且其变动计入当期损益的金融资产的账务处理流程

五、金融资产账务处理总结

以摊余成本计量的金融资产、以公允价值计量且其变动计入其他综合收益的金融资产和以公允价值计量且其变动计入当期损益的金融资产等三类金融资产在会计核算上既存在共同点也存在区别，具体如表 5-14 所示。

表 5-14 三类金融资产对比

类别	以摊余成本计量的金融资产	以公允价值计量且其变动计入其他综合收益的金融资产		以公允价值计量且其变动计入当期损益的金融资产
账户	债权投资	其他债权投资	其他权益工具投资	交易性金融资产
交易费用	入账成本	入账成本	入账成本	投资收益
尚未发放的利息或股利	应收利息	应收利息	应收股利	应收股利
期末计量	摊余成本计量	公允价值计量	公允价值计量	公允价值计量
公允价值变动	—	其他综合收益	其他综合收益	公允价值变动损益

续表

类别	以摊余成本计量的金融资产	以公允价值计量且其变动计入其他综合收益的金融资产		以公允价值计量且其变动计入当期损益的金融资产
利息计算	摊余成本×实际利率	摊余成本×实际利率	—	面值×票面利率
是否计提减值	是	是	—	—
处置是否影响损益	是	是	否	是
处置时影响的损益类账户	投资收益	投资收益 (其他综合收益转投资收益)	留存收益 (其他综合收益转留存收益)	投资收益

第五节　金融资产的重分类

一、金融资产重分类概述

(1) 企业改变其管理金融资产的业务模式时(例如，企业被合并或者重组等)，应当按照规定对所有受影响的相关金融资产进行重分类。需要说明的是，企业管理金融资产的业务模式的变更是一种极其少见的情形。

(2) 金融资产的重分类仅限于持有目的为收取合同现金流量本金和利息的债务工具投资，权益工具投资的金融资产不能进行重分类。

(3) 以下情形不属于业务模式变更。

① 企业持有特定金融资产的意图改变。企业即使在市场状况发生重大变化的情况下改变对特定资产的持有意图，也不属于业务模式变更。

② 金融资产特定市场暂时性消失，从而暂时影响金融资产出售。

③ 金融资产在企业具有不同业务模式的各部门之间转移。

(4) 如果企业管理金融资产的业务模式没有发生变更，而金融资产的条款发生变更但未导致金融资产终止确认的，不允许重分类。如果金融资产条款发生变更导致金融资产终止确认的，不涉及重分类问题，企业应当终止确认原金融资产，同时按照变更后的条款确认一项新金融资产。

二、金融资产重分类的会计处理

企业对金融资产重分类，应当自重分类日起采用未来适用法进行相关会计处理，不得对以前已经确认的利得、损失(包括减值损失或利得)或利息进行追溯调整。重分类日，是指导致企业对金融资产进行重分类的业务模式发生变更后的首个报告期间的第一天。

本节的重分类按照"以摊余成本计量的金融资产的重分类""以公允价值计量且其变动

计入其他综合收益的金融资产的重分类""以公允价值计量且其变动计入当期损益的金融资产的重分类"三类分别进行讲解。为简化表述,本节将以摊余成本计量的金融资产称为"第一类金融资产",将以公允价值计量且其变动计入其他综合收益的金融资产称为"第二类金融资产",将以公允价值计量且其变动计入当期损益的金融资产称为"第三类金融资产"。

权益工具的投资一般不符合本金加利息的合同现金流量特征,在初始确认时,企业可以将非交易性权益工具投资指定为第二类金融资产,并按规定确认股利收入。该指定一经作出,不得撤销。企业投资其他上市公司股票或者非上市公司股权的,都可能属于这种情形,因此其他权益工具投资不允许重分类。表5-15所示为三类金融资产重分类的六种情形。

表5-15 三类金融资产重分类的六种情形

原科目	重分类科目
债权投资	其他权益工具投资、交易性金融资产
其他权益工具投资	债权投资、交易性金融资产
交易性金融资产	债权投资、交易性金融资产

具体六种重分类的会计处理请扫码取得。

1. 第一类金融资产的重分类

(1) 第一类金融资产重分类为第三类金融资产。

企业将一项第一类金融资产重分类为第三类金融资产的,应当按照该资产在重分类日的公允价值进行计量,原账面价值与公允价值之间的差额计入当期损益,具体账务处理如表5-16所示。

表5-16 第一类金融资产重分类为第三类金融资产

账务处理	重分类前	重分类后
	以摊余成本计量的金融资产	以公允价值计量且其变动计入当期损益的金融资产
原则	按照该金融资产在重分类日的公允价值进行计量,原账面价值与公允价值之间的差额计入当期损益	
会计分录	借:交易性金融资产 　　债权投资减值准备 　贷:债权投资——成本 　　　　　　——应计利息 　贷(或借):债权投资——利息调整 　借(或贷):公允价值变动损益	(重分类日的公允价值) (债权投资已计提的减值准备) (债权投资的面值) (已计提尚未收取的利息) (尚未摊销的利息调整金额) (差额)

【例5-27】甲公司2021年12月31日持有一项债权投资,账面价值为120 000元,其中,债券面值为100 000元,利息调整借差为2 000元,应计利息为18 000元;该债券到期日为2023年12月31日。当日,该债券的公允价值为116 000元。由于业务需要,甲公司将该项债权投资重分类为交易性金融资产,甲公司应编制的会计分录如下:

借:交易性金融资产　　　　　　　　116 000
　　公允价值变动损益　　　　　　　　4 000

贷：债权投资——成本		100 000
——利息调整		2 000
——应计利息		18 000

(2) 第一类金融资产重分类为第二类金融资产。

企业将一项第一类金融资产重分类为第二类金融资产的，应当按照该金融资产在重分类日的公允价值进行计量、原账面价值与公允价值之间的差额计入其他综合收益。该金融资产重分类不影响其实际利率和预期信用损失的计量，具体账务处理如表5-17所示。

表5-17 第一类金融资产重分类为第二类金融资产

账务处理	重分类前	重分类后
	以摊余成本计量的金融资产	以公允价值计量且其变动计入其他综合收益的金融资产
原则	按照该金融资产在重分类日的公允价值进行计量，原账面价值与公允价值之间的差额计入其他综合收益	
会计分录	借：其他债权投资　　　　　　　(重分类日的公允价值) 　　贷：债权投资——成本　　　　(以摊余成本计量的金融资产的面值) 　　　　　　　——应计利息　　(已计提尚未收取的利息) 　贷(或借)：债权投资——利息调整　(尚未摊销的利息调整金额) 　贷(或借)：其他综合收益——其他债权投资公允价值变动。 同时： 借：债权投资减值准备 　　贷：其他综合收益——信用减值准备	

【例5-28】甲公司2020年12月31日持有一项债权投资，账面价值为120 000元，其中，债券面值为100 000元，利息调整借差为2 000元，应计利息为18 000元；该债券到期日为2022年12月31日。当日，该债券的公允价值为116 000元。由于业务需要，甲公司将该项债权投资重分类为其他债权投资，甲公司应编制的会计分录如下。

借：其他债权投资		116 000
其他综合收益——其他债权投资公允价值变动		4 000
贷：债权投资——成本		100 000
——利息调整		2 000
——应计利息		18 000

2. 第二类金融资产的重分类

(1) 第二类金融资产重分类为第一类金融资产。

企业将一项第二类金融资产(债券投资)重分类为第一类金融资产的，应当将之前计入其他综合收益的累计利得或损失转出，调整该金融资产在重分类日的公允价值，并以调整后的金额作为新的账面价值，即视同该金融资产一直以摊余成本计量。该金融资产重分类不影响其实际利率和预期信用损失的计量，具体账务处理如表5-18所示。

表 5-18 第二类金融资产重分类为第一类金融资产

账务处理	重分类前	重分类后
	以公允价值计量且其变动计入其他综合收益的金融资产	以摊余成本计量的金融资产
原则	将之前计入其他综合收益的累计利得或损失转出，调整该金融资产在重分类日的公允价值，并以调整后的金额作为新的账面价值，即视同该金融资产一直以摊余成本计量	
会计分录	借：债权投资——成本　　　　　　　　　(债券的面值) 　　　　　　——利息调整　　　　　(尚未摊销的利息调整金额) 　　　　　　——应计利息　　　　　(尚未收取的利息) 　　贷：其他债权投资——成本　　　　　(金融资产的面值) 　　　　　　　　　——应计利息　　　(已计提尚未收取的利息) 　　贷(或借)：债权投资——利息调整(尚未摊销的利息调整金额) 同时： 借(或贷)：其他综合收益——其他债权投资公允价值变动(金融资产公允价值变动的累计利得或损失) 　　贷(或借)：其他债权投资——公允价值变动 同时： 借：其他综合收益——信用减值准备 　　贷：债权投资减值准备	

【例 5-29】假定甲公司于 2023 年 1 月 1 日决定，将持有的确认为其他债权投资的乙公司债券重分类为债权投资。当日该债券的账面价值为 885 000 元，其中，债券面值为 800 000 元，利息调整借差为 8 996 元，应计利息为 80 000 元，公允价值变动为贷方 3 996 元，甲公司应编制的会计分录如下。

① 结转摊余成本时：
借：债权投资——成本　　　　　　　800 000
　　　　　　——利息调整　　　　　　 8 996
　　　　　　——应计利息　　　　　　80 000
　　贷：其他债权投资——成本　　　　800 000
　　　　　　　　　——利息调整　　　 8 996
　　　　　　　　　——应计利息　　　80 000
② 结转公允价值变动时：
借：其他债权投资——公允价值变动　　 3 996
　　贷：其他综合收益——其他债权投资公允价值变动　3 996

(2) 第二类金融资产重分类为第三类金融资产。

企业将一项第二类金融资产(债券投资)重分类为第三类金融资产的，应当继续以公允价值计量该金融资产。同时，企业应当将之前计入其他综合收益的累计利得或损失从其他综合收益转入当期损益(公允价值变动损益)，具体账务处理如表 5-19 所示。

表 5-19 第二类金融资产重分类为第三类金融资产

账务处理	重分类前	重分类后
	以公允价值计量且其变动计入其他综合收益的金融资产	以公允价值计量且其变动计入当期损益的金融资产
原则	继续以公允价值计量该金融资产	
会计分录	借：交易性金融资产——成本　　　　　(重分类日的公允价值) 　贷：其他债权投资——成本　　　　　　(金融资产的面值) 　　　　　　　　——应计利息　　　　(已计提尚未收取的利息) 　贷(或借)：其他债权投资——利息调整　(尚未摊销的利息调整金额) 　　　　　　　　　　　　——公允价值变动 (累计公允价值变动金额) 同时： 借(或贷)：其他综合收益——其他债权投资公允价值变动 　贷(或借)：公允价值变动损益 若其他债权投资计提过减值准备时： 借：其他综合收益——信用减值准备 　贷：公允价值变动损益	

【例 5-30】假定甲公司于 2023 年 1 月 1 日决定，将持有的作为其他债权投资的乙公司债券重分类为交易性金融资产。当日该债券的账面价值(即公允价值)为 885 000 元，其中，债券面值为 800 000 元，利息调整借差为 8 996 元，应计利息为 80 000 元，公允价值变动为贷方 3 996 元，甲公司应编制的会计分录如下。

① 结转摊余成本和公允价值时：
借：交易性金融资产——成本　　　　　　　　885 000
　　其他债权投资——公允价值变动　　　　　　3 996
　贷：其他债权投资——成本　　　　　　　　　800 000
　　　　　　　　　——利息调整　　　　　　　　8 996
　　　　　　　　　——应计利息　　　　　　　 80 000

② 结转其他综合收益时：
借：公允价值变动损益　　　　　　　　　　　　3 996
　贷：其他综合收益——其他债权投资公允价值变动　3 996

3. 第三类金融资产的重分类

(1) 第三类金融资产重分类为第一类金融资产。

企业将一项第三类金融资产重分类为第一类金融资产的，应当以其在重分类日的公允价值作为新的账面余额，具体账务处理如表 5-20 所示。

表 5-20 第三类金融资产重分类为第一类金融资产

账务处理	重分类前	重分类后
	以公允价值计量且其变动计入当期损益的金融资产	以摊余成本计量的金融资产
原则	以其在重分类日的公允价值作为新的账面余额	
会计分录	借：债权投资——成本　　　　　　　　(债权投资的面值) 　　　　——应计利息　　　　　　　(尚未收取的利息) 借(或贷)：债权投资——利息调整　(金融资产重分类日的公允价值大于或小于面值与利息的差额) 　　贷：交易性金融资产——成本　　(交易性金融资产取得时的入账金额) 　　贷(或借)：交易性金融资产——公允价值变动　(公允价值累计变动额) 　　贷(或借)：投资收益　(金融资产公允价值大于或小于交易性金融资产账面价值的差额) 重分类日存在预期信用损失的： 借：信用减值损失 　　贷：债权投资减值准备	

【例5-31】 甲公司于2022年12月31日决定将原准备随时出售的乙公司债券调整为持有至到期，将该交易性金融资产重分类为债权投资。当日该债券的公允价值为1 105 000元，其中，成本为1 080 000元，公允价值变动为25 000元；该债券是乙公司于2020年1月1日发行的，面值为1 000 000元，5年期，票面利率为4%，到期一次还本付息。假定甲公司于每年年末确认投资收益，甲公司应编制的会计分录如下。

债券面值=1 000 000(元)
应计利息=1 000 000×4%×3=120 000(元)
利息调整=1 105 000-1 000 000-120 000=-15 000(元)
借：债权投资——成本　　　　　　　　1 000 000
　　　　　——应计利息　　　　　　　　120 000
　　贷：债权投资——利息调整　　　　　15 000
　　　　交易性金融资产——成本　　　1 080 000
　　　　　　　　——公允价值变动　　　25 000

(2) 第三类金融资产重分类为第二类金融资产。

企业将一项第三类金融资产重分类为第二类金融资产的，应当继续以公允价值计量该金融资产。按照规定对金融资产重分类进行处理的，企业应当根据该金融资产在重分类日的公允价值确定其实际利率，具体账务处理如表5-21所示。

第五章 金融资产

表 5-21 第三类金融资产重分类为第二类金融资产

账务处理	重分类前	重分类后
账务处理	以公允价值计量且其变动计入当期损益的金融资产	以公允价值计量且其变动计入其他综合收益的金融资产
原则	继续以公允价值计量该金融资产	
会计分录	借：其他债权投资——成本　　　　　　　(金融资产的面值) 　　　　　　　——应计利息　　　　　　　(应计提的利息) 借(或贷)：其他债权投资——利息调整　　(差额) 　贷：交易性金融资产——成本　　　　　(入账的金额) 　　　　　　　　　　——公允价值变动　(累计公允价值变动金额) 重分类日存在预期信用损失的： 借：信用减值损失 　贷：其他综合收益——信用减值准备	

【例 5-32】甲公司于 2022 年 12 月 31 日决定将原准备随时出售的乙公司债券调整为持有至到期，将该交易性金融资产重分类为其他债权投资。当日该债券的公允价值为 1 105 000 元，其中，成本为 1 080 000 元，公允价值变动为 25 000 元；该债券是乙公司于 2020 年 1 月 1 日发行，面值为 1 000 000 元，5 年期，票面利率为 4%，到期一次还本付息。假定甲公司于每年年末确认投资收益，甲公司应编制的会计分录如下。

债券面值=1 000 000(元)

应计利息=1 000 000×4%×3=120 000(元)

利息调整=1 105 000-1 000 000-120 000=-15 000(元)

借：其他债权投资——成本　　　　　　1 000 000
　　　　　　　　——应计利息　　　　　120 000
　贷：其他债权投资——利息调整　　　　　　15 000
　　　交易性金融资产——成本　　　　　1 080 000
　　　　　　　　　　——公允价值变动　　　25 000

【思政与德育】

勤勉尽责、自律守法——花样操纵股市

2018 年 4 月 2 日至 7 月 28 日，李某某利用其所控制的"徐某某"等 19 个证券账户，通过连续买卖 HD 股票，拉抬股价，操纵市场，至 2018 年 12 月 23 日，李某某合计买卖股票 1.2 亿余股，违法所得 1.68 亿余元。

2018 年 4 月 2 日至 7 月 28 日，李某某在自己实际控制的 19 个证券账户之间连续交易 HD 股票，交易量较大且占该股票市场成交量比重较高。据统计，李某某操作买卖 HD 股票的 72 个交易日中，交易量排名占该股票当日交易量第一的有 52 个交易日，交易量占该股票市场成交量比例超过 20% 的有 10 个交易日。其中，李某某交易量占该股票市场成交量比

例最高日达50.14%。2018年6月11日至7月28日的25个交易日,是李某某操作市场最为频繁、交易量最大的时期,在这25个交易日中,李某某集其所控制的账户,集中大量买卖HD股票,拉高股价,交易HD股票量达657万余股。通过一系列的拉抬动作,HD股票价格从2018年4月1日的14.09元(收盘价)上升至2018年7月28日的19.54元,股价上升38.68%,该股票在这期间最高价达20.51元,较4月1日上升45.56%。

(资料来源:东方财富(改编))

思政感悟(扫码获得)　　　　　　自测题及参考答案(扫码获得)

第六章　长期股权投资

【学习目标】

1. 理解长期股权投资的含义及内容。
2. 掌握长期股权投资初始投资成本的确定。
3. 掌握成本法的适用范围及其会计处理。
4. 掌握权益法的适用范围及其会计处理。
5. 掌握长期股权投资核算方法转换的会计处理。
6. 掌握长期股权投资减值与处置的会计处理。

【知识框架图】

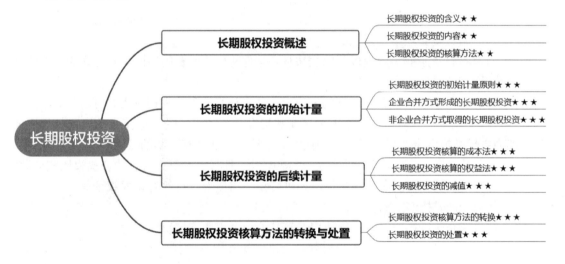

第一节　长期股权投资概述

一、长期股权投资的含义

长期股权投资是指投资企业对被投资单位实施控制、重大影响的权益性投资，以及对其合营企业的权益性投资。除此之外，其他权益性投资不作为长期股权投资进行核算，而应当按照《企业会计准则第22号——金融工具确认和计量》的规定进行会计核算。

企业能够对被投资单位实施控制的，被投资单位为本企业的子公司。控制是指投资方拥有对被投资方的权力，通过参与被投资方的相关活动而享有可变回报，并且有能力运用对被投资方的权力影响其回报金额。

企业与其他方对被投资单位实施共同控制的，被投资单位为本企业的合营企业。共同控制是指按照相关约定对某项安排所共有的控制，并且该安排的相关活动必须经过分享控制权的参与方一致同意后才能决策。

企业能够对被投资单位施加重大影响的,被投资单位为本企业的联营企业。重大影响,是指投资企业对被投资单位的财务和经营政策有参与决策的权力,但并不能够控制或者与其他方一起共同控制这些政策的制定。

二、长期股权投资的内容

长期股权投资是企业对外投出的一种权益性投资,持有期限较长(通常超过1年),具有长期性。本节所指的长期股权投资,包括以下内容。

首先,投资企业能够对被投资单位实施控制的权益性投资,即对子公司投资。

拥有控制权的投资企业一般称为母公司,被母公司控制的企业一般称为子公司。

投资方要实现控制,必须具备两个基本要素,一是因涉入被投资方而享有可变回报;二是拥有对被投资方的权力,并且有能力运用对被投资方的权力影响其回报金额。投资方只有同时具备上述两个要素时,才能控制被投资方。

一般来说,企业拥有下列实质性权力,可以视为能够对被投资企业实施控制。

(1) 持有被投资企业半数以上的表决权。

(2) 持有被投资企业半数或以下的表决权,但通过与其他表决权持有人之间的协议能够控制半数以上表决权。

(3) 持有被投资企业半数或以下的表决权,且未与其他表决权持有人签订协议、不能够控制半数以上表决权,但综合考虑下列事实和情况后,如果认为企业持有的表决权足以使其有能力主导被投资企业相关活动的,视为对被投资企业拥有控制的权力。

① 与其他投资方相比,持有的表决权份额较大,且其他投资方持有的表决权比较分散。

② 持有被投资企业的潜在表决权,如可转换公司债券、可执行认股权证等。

③ 其他合同安排产生的权力。

④ 被投资企业以往的表决权行使情况等其他相关事实和情况。

(4) 在难以判断其享有的实质性权利是否足以使其拥有控制被投资企业的权力时,如果存在其具有实际能力以单方面主导被投资企业相关活动的证据,视为拥有控制被投资企业的权力。这些证据包括但不限于下列事项。

① 能够任命或批准被投资企业的关键管理人员。

② 能够出于其自身利益决定或否决被投资企业的重大交易。

③ 能够掌控被投资企业董事会等类似权力机构成员的任命程序。

④ 与被投资企业的关键管理人员或董事会等类似权力机构中的多数成员存在关联方关系。

在某些情况下,其他投资方享有的实质性权利有可能会阻止企业对被投资企业的控制。在这种情况下,企业尽管存在前述对被投资企业的权力,也不能视为能够对被投资企业实施控制。例如,A公司持有B公司60%的表决权股份,但B公司章程规定,任何投资方均有对B公司重大相关活动的一票否决权,则A公司对B公司不存在控制权。

其次,投资企业与其他合营方一同对被投资单位实施共同控制的权益性投资,即对合营企业投资。

被各投资方共同控制的企业,一般称为投资企业的合营企业。

共同控制是指按照合同约定对某项经济活动所共有的控制，仅在与该项经济活动相关的重要财务和经营政策需要分享控制权的投资方一致同意时存在。与联营企业等投资方式的不同在于，合营企业的合营各方均受到合营合同的限制和约束。一般在合营企业设立时，合营各方在投资合同或协议中约定在所设立合营企业的重要财务和生产经营决策制定过程中，必须由合营各方均同意才能通过。该约定可能体现为不同的形式，例如，可以通过在合营企业的章程中规定，也可以通过制定单独的合同作出约定。共同控制的实质是通过合同约定建立起来的、合营各方对合营企业共有的控制。实务中，在确定是否构成共同控制时，一般可以考虑以下情况作为确定依据。

(1) 任何一个合营方均不能单独控制合营企业的生产经营活动。

(2) 涉及合营企业基本经营活动的决策需要各合营方一致同意。

(3) 各合营方可能通过合同或协议的形式任命其中的一个合营方对合营企业的日常活动进行管理，但其必须在各合营方已经一致同意的财务和经营政策范围内行使管理权。

最后，投资企业对被投资单位具有重大影响的权益性投资，即对联营企业投资。

投资企业能够对被投资企业施加重大影响，则被投资企业称为投资企业的联营企业。

重大影响是指对一个企业的财务和经营政策有参与决策的权力，但并不能够控制或者与其他方一起共同控制这些政策的制定。在确定能否对被投资单位施加重大影响时，应当考虑投资企业和其他方持有的被投资单位当期可转换公司债券、当期可执行认股权证等潜在表决权因素。投资方直接或通过子公司间接持有被投资单位 20% 以上但低于 50% 的表决权时，一般认为对被投资单位具有重大影响，除非有明确的证据表明该种情况下不能参与被投资单位的生产经营决策，不形成重大影响。

投资企业通常可以通过以下一种或几种情形来判断其是否对被投资单位具有重大影响。

(1) 在被投资单位的董事会或类似权力机构中派有代表，并享有相应的实质性的参与决策权，投资企业可以通过该代表参与被投资单位经营政策的制定，达到对被投资单位施加重大影响。

(2) 参与被投资单位的政策制定过程，包括股利分配政策等的制定。这种情况下，因可以参与被投资单位的政策制定过程，在制定政策过程中可以为其自身利益提出建议或意见，可以对被投资单位施加重大影响。

(3) 与被投资单位之间发生重要交易。有关的交易因对被投资单位的日常经营具有重要性，进而一定程度上可以影响到被投资单位的生产经营决策。

(4) 向被投资单位派出管理人员。这种情况下，是指投资企业对被投资单位派出管理人员，管理人员有权力负责被投资单位的财务和经营活动，从而能够对被投资单位进行监督管理。

(5) 向被投资单位提供关键技术资料。被投资单位的生产经营需要依赖投资企业的技术或技术资料，表明投资企业对被投资单位具有重大影响。

三、长期股权投资的核算方法

长期股权投资的核算方法有成本法与权益法两种。

1. 成本法核算的长期股权投资的范围

企业能够对被投资单位实施控制的长期股权投资,即企业对子公司的长期股权投资,应当采用成本法核算,投资企业为投资性主体且子公司不纳入其合并财务报表的除外。对子公司的长期股权投资采用成本法核算,主要是为了避免在子公司实际发放现金股利或利润之前,母公司垫付资金发放现金股利或利润等情况,解决了原来权益法下投资收益不能足额收回导致超分配的问题。

2. 权益法核算的长期股权投资的范围

企业对被投资单位具有共同控制或重大影响时,长期股权投资应当采用权益法核算。

(1) 企业对被投资单位具有共同控制的长期股权投资,即其企业对合营企业的长期股权投资。

(2) 企业对被投资单位具有重大影响的长期股权投资,即企业对其联营企业的长期股权投资。

投资方在判断对被投资单位是否具有共同控制、重大影响时,应综合考虑直接持有的股权和通过子公司间接持有的股权。在综合考虑直接持有的股权和通过子公司间接持有的股权后,如果认定投资方对被投资单位具有共同控制或重大影响,在个别财务报表中,投资方进行权益法核算时,应仅考虑直接持有的股权份额;而在合并财务报表中,投资方进行权益法核算时,则应同时考虑直接持有的股权份额和间接持有的股权份额。

第二节 长期股权投资的初始计量

一、长期股权投资的初始计量原则

长期股权投资在取得时应按照初始投资成本入账。长期股权投资既可以通过企业合并(控股合并)取得,也可以通过企业合并以外的其他方式取得。我国的《企业会计准则第20号——企业合并》中将企业合并按照是否在同一控制下为标准划分为两大基本类型:同一控制下的企业合并与非同一控制下的企业合并。不同方式取得的长期股权投资,其初始投资成本的确定方法也有所不同。长期股权投资初始投资成本的确定原则,如表6-1所示。

表6-1 长期股权投资初始投资成本的确定原则

取得方式		初始计量
企业合并方式取得的长期股权投资(对子公司的投资)	同一控制下企业合并取得的长期股权投资	应当在合并日按照取得的被合并方所有者权益在最终控制方合并财务报表中的净资产账面价值份额作为长期股权投资的初始投资成本。支付对价的账面价值与初始投资成本的差额计入资本公积,资本公积的余额不足冲减的,依次冲减盈余公积和未分配利润

第六章 长期股权投资

续表

取得方式		初始计量
企业合并方式取得的长期股权投资(对子公司的投资)	非同一控制下企业合并取得的长期股权投资	应以投资方在购买日为取得对被购买方的控制权而付出的资产、发行或承担的负债及发行的权益性证券的公允价值作为长期股权投资的初始投资成本。支付的对价为非现金资产的，其公允价值与账面价值的差额计入当期损益
非企业合并方式取得的长期股权投资(对合营企业、联营企业投资)		以支付现金取得的长期股权投资，应当按照实际支付的购买价款和直接相关的费用、税金及其他必要支出作为长期股权投资的初始投资成本。支付的对价为非现金资产的，其公允价值与账面价值的差额计入当期损益； 以发行权益性证券方式取得的长期股权投资，其成本为所发行权益性证券的公允价值。为发行权益性证券支付的手续费、佣金等应从权益性证券的溢价发行收入中扣除，溢价收入不足冲减的，应冲减盈余公积和未分配利润

二、企业合并方式取得的长期股权投资

(一)企业合并概述

长期股权投资-初始计量(企业合并方式取得).mp4

企业合并是将两个或两个以上单独的企业合并形成一个报告主体的交易或事项。

从企业合并的定义来看，是否形成企业合并关键要看有关交易或事项发生前后，是否引起报告主体的变化。报告主体的变化产生于控制权的变化。

企业合并按合并方式划分，包括控股合并、吸收合并和新设合并。

1. 控股合并

合并方(或购买方，下同)通过企业合并交易或事项取得对被合并方(或被购买方，下同)的控制权，企业合并后能够通过所取得的股权等主导被合并方的生产经营决策并从被合并方的生产经营活动中获益，被合并方在企业合并后仍维持其独立法人资格继续经营的，为控股合并。

控股合并中，合并方通过企业合并交易或事项取得了对被合并方的控制权，被合并方成为其子公司，在企业合并发生后，被合并方应当纳入合并方合并财务报表的编制范围，从合并财务报表的角度，形成报告主体的变化。

2. 吸收合并

合并方在企业合并中取得被合并方的全部净资产，并将有关资产、负债并入合并方自身的账簿和报表进行核算；企业合并后，注销被合并方的法人资格，由合并方持有在合并中取得的被合并方的资产、负债，在新的基础上继续经营，该类合并为吸收合并。

企业吸收合并期间，合并方应将合并中取得的资产、负债作为本企业的资产、负债进行核算。

3. 新设合并

参与合并的各方在企业合并后法人资格均被注销，重新注册成立一家新的企业，由新注册成立的企业持有参与合并企业的资产、负债并在新的基础上经营，为新设合并。

上述企业合并方式中，只有控股合并形成投资单位对被投资单位的长期股权投资。

(二) 企业合并的类型

1. 同一控制下的企业合并

同一控制下的企业合并，是指参与合并的企业在合并前及合并后均受同一方或相同的多方最终控制且该控制并非暂时性的，能够对参与合并各方在合并前及合并后均实施最终控制的一方通常指企业集团的母公司。该控制并非暂时性的，具体是指在企业合并之前(即合并日之前)，参与合并各方在最终控制方的控制时间一般在 1 年以上(含 1 年)，企业合并后所形成的报告主体在最终控制方的控制时间也应达到 1 年以上(含 1 年)。

对于同一控制下的企业合并，在合并日取得对其他参与合并企业控制权的一方为合并方，参与合并的其他企业为被合并方。合并日，是指合并方实际取得对被合并方控制权的日期。也就是说，合并日是被合并方的净资产的控制权转移给合并方的日期。同时满足下列条件的，通常可认为实现了控制权的转移。

(1) 企业合并合同或协议已获股东大会等通过。
(2) 企业合并事项需要经过国家有关主管部门审批的，已获得批准。
(3) 参与合并各方已办理了必要的财产权转移手续。
(4) 合并方或购买方已支付了合并价款的大部分(一般应超过 50%)，并且有能力、有计划支付剩余款项。
(5) 合并方或购买方实际上已经控制了被合并方或被购买方的财务和经营政策，并享有相应的利益，承担相应的风险。

企业之间的合并是否属于同一控制下的企业合并，应综合考虑构成企业合并交易的各方面情况，按照实质重于形式的原则进行判断。

2. 非同一控制下的企业合并

非同一控制下的企业合并，是指参与合并各方在合并前及合并后不受同一方或相同的多方最终控制的合并交易，即除判断属于同一控制下的企业合并的情况以外的其他的企业合并。

对于非同一控制下的企业合并，在购买日取得对其他参与合并企业控制权的一方为购买方，参与合并的其他企业为被购买方。购买日，是指购买方实际取得对被购买方控制权的日期。购买日比照同一控制下的企业合并的合并日的确定方法确定。

(三) 企业合并形成的长期股权投资的会计处理

企业合并形成的长期股权投资，初始投资成本的确定应区分企业合并的类型，按照同一控制下企业合并与非同一控制下企业合并分别确定形成长期股权投资的初始投资成本。无论是同一控制下的企业合并形成的长期股权投资还是非同一控制下的企业合并形成的长期股权投资，实际支付的价款或对价中包含的已宣告但尚未发放的现金股利或利润，均作为应收项目处理，不构成取得长期股权投资的初始投资成本。

1. 同一控制下企业合并形成的长期股权投资

对于同一控制下的企业合并，从能够对参与合并各方在合并前及合并后均实施最终控制的一方来看，最终控制方在企业合并前及合并后能够控制的资产并没有发生变化。同一控制下的企业合并一般并非合并双方的自愿行为，而是由控制方所主导。这种合并不属于交易行为，合并对价并不公允，而是参与合并各方资产和负债的重新组合。因此，合并方应以被合并方的账面价值为基础进行初始计量，以在合并日享有的被合并方所有者权益账面价值的份额作为初始计量金额。

合并方为合并所发生的有关费用，指合并方为进行企业合并所发生的各项直接相关费用，如为进行企业合并而支付的审计费用、评估费用、法律服务费用等增量费用，应当于实际发生时作为"管理费用"直接计入当期损益。但这里所称企业合并中发生的各项直接相关费用，不包括为企业合并发行的债券或承担其他债务支付的手续费、佣金等，也不包括企业合并中发行的权益性证券发生的手续费、佣金等。为企业合并发行的债券或承担其他债务支付的手续费、佣金等，应当计入所发行债券及其他债务的初始计量金额。企业合并中发行权益性证券发生的手续费、佣金等费用，应当抵减权益性证券溢价收入，溢价收入不足冲减的，冲减留存收益。

合并前被合并方与合并方采用的会计政策、会计期间应一致。如果合并前被合并方与合并方采用的会计政策、会计期间不一致，应统一被合并方与合并方的会计政策、会计期间，即应在按照合并方的会计政策、会计期间对被合并方资产、负债的账面价值进行调整的基础上，再计算确定长期股权投资的初始投资成本。

(1) 合并方以支付现金、转让非现金资产或承担债务方式作为合并对价的，应当在合并日按照取得被合并方在最终控制方合并财务报表中的净资产账面价值份额作为长期股权投资的初始投资成本。长期股权投资的初始投资成本与支付的现金、转让的非现金资产及所承担债务账面价值之间的差额，应当调整资本公积(资本溢价或股本溢价)；资本公积(资本溢价或股本溢价)的余额不足冲减的，依次冲减盈余公积和未分配利润。具体应做如下会计分录。

借：长期股权投资　　(合并方在合并日取得被合并方所有者权益账面价值的份额)
　　应收股利　　　　(应享有被投资单位已宣告但尚未发放的现金股利或利润)
　　贷：银行存款　　　　　　　　　　(支付的价款)
　　　　固定资产清理/库存商品等　　(转让的非现金资产的账面价值)
　　　　应付债券——面值　　　　　　(发行的债券的面值)
　　　　　　　　——利息调整　　　　(债券的溢价)
　　贷(或借)：资本公积——资本(或股本)溢价(差额)

【例6-1】甲公司和乙公司均为大方集团公司的子公司，2023年6月30日，甲公司从乙公司取得其持有的A公司80%的股份，双方协商的价格为5 000万元，甲公司以货币资金支付，并于当日起能够对A公司实施控制。此外，甲公司还以银行存款支付审计费用、评估费用10万元。两家公司在企业合并前采用的会计政策相同。合并日，A公司所有者权益的总额为6 000万元，甲公司的资本公积(股本溢价)为500万元。根据以上资料，甲公司取得对A公司长期股权投资，应编制的会计分录如下。

甲公司取得的长期股权投资属于同一控制下的企业合并所取得，因此，
甲公司取得的长期股权投资的入账价值 = 6 000×80% = 4 800(万元)。

借：长期股权投资——A公司　　　　　　48 000 000
　　资本公积——股本溢价　　　　　　　 2 000 000
　　贷：银行存款　　　　　　　　　　　　　　50 000 000

支付与企业合并直接相关的费用时：
借：管理费用　　　　　　　　　　　　　 100 000
　　贷：银行存款　　　　　　　　　　　　　　 100 000

(2) 合并方以发行权益性证券作为合并对价的，应按发行股份的面值总额作为股本，长期股权投资初始投资成本与所发行股份面值总额之间的差额，应当调整资本公积(股本溢价)；资本公积(股本溢价)不足冲减的，调整留存收益。具体应做如下会计分录。

借：长期股权投资　　(合并方在合并日取得被合并方所有者权益账面价值的份额)
　　应收股利　　　　(应享有被投资单位已宣告但尚未发放的现金股利或利润)
　　贷：股本　　　　　　　　　　　　(发行股份的面值总额)
　　　　资本公积——股本溢价　　　　 (差额也有可能在借方)

【例6-2】 2023年6月30日，P公司向同一集团内S公司的原股东定向增发3 000万股普通股(每股面值为1元，市价为13.02元)，取得S公司100%的股权，并于当日起能够对S公司实施控制。合并后S公司仍维持其独立法人资格继续经营。两家公司在企业合并前采用的会计政策相同。合并日，S公司账面所有者权益总额为13 212万元。

S公司在合并后维持其法人资格继续经营，合并日P公司在其账簿及个别财务报表中应确认对S公司的长期股权投资，P公司应编制的会计分录如下。

借：长期股权投资——S公司　　　　　　132 120 000
　　贷：股本　　　　　　　　　　　　　　　　30 000 000
　　　　资本公积——股本溢价　　　　　　　　102 120 000

2. 非同一控制下企业合并形成的长期股权投资

非同一控制下的企业合并中，购买方应当按照确定的企业合并成本作为长期股权投资的初始投资成本。该类合并中，参与合并的各方在合并前及合并后不存在任何关联方关系，其合并是合并各方自愿进行和完成的，是一种交易行为，交易作价相对公平合理。因此，非同一控制下企业合并取得的长期股权投资是以购买方为进行企业合并支付的现金或非现金资产、发行或承担的债务、发行的权益性证券等在购买日的公允价值作为初始计量的金额。购买方为合并所发生的各项直接相关费用，应当于实际发生时作为"管理费用"直接计入当期损益。

同样，这里所说的"为合并所发生的各项直接相关费用"，不包括与为进行企业合并发行的权益性证券或发生的债务相关的手续费、佣金等，该部分费用应比照同一控制下企业合并中类似费用的处理原则，即应抵减权益性证券的溢价发行收入或是计入所发生债务的

初始确认金额。

(1) 合并方以支付现金、转让非现金资产或承担债务方式作为合并对价的，应当在合并日按照购买日的公允价值作为长期股权投资的初始投资成本。长期股权投资的初始投资成本与转让的非现金资产等账面价值之间的差额，计入当期损益。具体应做如下会计分录。

借：长期股权投资　　　　（合并方在合并日取得长期股权投资的公允价值）
　　应收股利　　　　　　（应享有被投资单位已宣告但尚未发放的现金股利或利润）
　　贷：银行存款　　　　　　　　　　　（支付的价款）
　　　　固定资产清理等　　　　　　　　（转让的非现金资产的账面价值）
　　　　应交税费——应交增值税(销项税额)　（应交纳的增值税）
　　　　应付债券——面值　　　　　　　　（发行债券的面值）
　　　　　　　　——利息调整　　　　　　（债券的溢价）
　　　　贷(或借)：资产处置损益/投资收益等(公允价值与转让非现金资产账面价值的差额)

为合并发生直接相关费用时：

借：管理费用　　　　（为合并发生的相关直接费用）
　　贷：银行存款　　（支付为合并发生的相关直接费用）

非同一控制下企业合并涉及以库存商品等作为合并对价的，应按库存商品的公允价值，贷记"主营业务收入"等账户，并同时结转相关的成本，涉及增值税的，还应进行相应的处理。

(2) 合并方以发行权益性证券作为合并对价的，应按发行股份的面值总额作为股本，权益性证券的公允价值与所发行股份面值总额之间的差额，应当调整资本公积(股本溢价)。具体应做如下会计分录。

借：长期股权投资　　　　（确定的合并成本，即发行股票的公允价值）
　　贷：股本　　　　　　　（发行股票的面值总额）
　　　　资本公积——股本溢价　（股票的公允价值-股票面值）

【例6-3】A公司于2023年3月31日取得B公司70%的股权。为核实B公司的资产价值，A公司聘请专业资产评估机构对B公司的资产进行评估，支付评估费用300万元。合并中，A公司支付的有关资产在购买日的账面价值与公允价值，如表6-2所示。

表6-2　A公司支付的有关资产在购买日的账面价值与公允价值　　　单位：万元

项　目	账面价值	公允价值
土地使用权(自用)	6 000	9 600
固定资产	2 400	3 000
银行存款	1 600	1 600
合　计	10 000	14 200

假定合并前A公司与B公司不存在任何关联方关系。A公司用作合并对价的土地使用权原价为9 000万元，至企业合并发生时已累计摊销3 000万元。固定资产原价为4 000万元，至企业合并发生时已累计折旧1 600万元。该两项资产均未计提减值准备，不考虑相关税费。

分析：本例中因A公司与B公司在合并前不存在任何关联方关系，应作为非同一控制下的企业合并处理。

A公司对于合并形成的对B公司的长期股权投资，应按确定的企业合并成本作为其初始投资成本。A公司应编制的会计分录如下。

企业合并成本=9 600+3 000+1 600=14 200(万元)

① 借：	固定资产清理	24 000 000
	累计折旧	16 000 000
贷：	固定资产	40 000 000
② 借：	长期股权投资——B公司	142 000 000
	累计摊销	30 000 000
贷：	无形资产	90 000 000
	固定资产清理	24 000 000
	银行存款	16 000 000
	资产处置损益	42 000 000
③ 借：	管理费用	3000 000
贷：	银行存款	3000 000

通过多次交换交易，分步取得股权最终形成企业合并的，企业合并成本为每一单项交换交易的成本之和。

达到企业合并前对持有的长期股权投资采用权益法核算的，长期股权投资在购买日的初始投资成本，为原权益法下的账面价值加上购买日为取得进一步股份新支付对价的公允价值之和。原持有股权投资的相关其他综合收益，应当在处置该项投资时采用与被投资单位直接处置相关资产或负债相同的基础进行会计处理。

达到企业合并前对持有的股权投资采用公允价值计量的(如作为其他权益工具投资的股权投资)，长期股权投资在购买日的初始投资成本为原采用公允价值计量的金融资产于当日的公允价值加上购买日为取得进一步股份新支付对价的公允价值之和。原持有股权投资的公允价值与其账面价值的差额及计入其他综合收益的累计公允价值变动，应当全部转入改按成本法核算的留存收益。

三、非企业合并方式取得的长期股权投资

(一)以支付现金取得的长期股权投资

以支付现金取得的长期股权投资，应当按照实际支付的购买价款作为长期股权投资的初始投资成本，包括取得长期股权投资直接相关的费用、税金及其他必要支出。但所支付价款中包含的被投资单位已宣告但尚未发放的现金股利或利润应作为应收项目核算，不构成取得长期股权投资的成本。

【例6-4】甲公司于2023年2月10日，自公开市场中买入乙公司20%的股份，实际支付价款6 000万元，其中包括乙公司已经宣告但尚未发放的现金股利20万元。另外，在购买过程中支付手续费等相关费用150万元。甲公司取得该部分股权后，能够对乙公司的

生产经营决策施加重大影响。

甲公司应当按照实际支付的购买价款扣除乙公司已经宣告但尚未发放的现金股利20万元作为取得长期股权投资的成本,甲公司应编制的会计分录如下。

借:长期股权投资——乙公司(成本)　　　　　　　　　61 300 000
　　应收股利　　　　　　　　　　　　　　　　　　　　　200 000
　　贷:银行存款　　　　　　　　　　　　　　　　　　　61 500 000

(二)以发行权益性证券方式取得的长期股权投资

以发行权益性证券方式取得的长期股权投资,其成本为所发行权益性证券的公允价值,但不包括应从被投资单位收取的已宣告但尚未发放的现金股利或利润。

为发行权益性证券支付给有关证券承销机构等的手续费、佣金等与权益性证券发行直接相关的费用,不构成取得长期股权投资的成本。该部分费用应自权益性证券的溢价发行收入中扣除,权益性证券的溢价收入不足冲减的,应冲减盈余公积和未分配利润。

【例6-5】2023年3月16日,A公司通过增发5 000万股本公司普通股(每股面值为1元)取得B公司20%的股权,按照增发前及增发后的平均股价计算,该5 000万股股份的公允价值为7 900万元。为增发该部分股份,A公司向证券承销机构等支付了380万元的佣金和手续费。假定A公司取得该部分股权后,能够对B公司的生产经营决策施加重大影响。

A公司应当以所发行股份的公允价值作为取得长期股权投资的成本,应编制的会计分录如下。

借:长期股权投资——B公司(成本)　　　　　　　　　79 000 000
　　贷:股本　　　　　　　　　　　　　　　　　　　　50 000 000
　　　　资本公积——股本溢价　　　　　　　　　　　　29 000 000

发行权益性证券过程中支付的佣金和手续费,应冲减权益性证券的溢价发行收入,A公司应编制的会计分录如下:

借:资本公积——股本溢价　　　　　　　　　　　　　　3 800 000
　　贷:银行存款　　　　　　　　　　　　　　　　　　　3 800 000

(三)投资者投入的长期股权投资

投资者投入的长期股权投资,应当按照投资合同或协议约定的价值作为初始投资成本,但合同或协议约定的价值不公允的除外。

投资者投入的长期股权投资,是指投资者以其持有的对第三方的投资作为出资投入企业,接受投资的企业原则上应当按照投资各方在投资合同或协议中约定的价值作为取得投资的初始投资成本。但是,如果投资各方在投资合同或协议中约定的价值明显高于或低于该投资公允价值的,应以公允价值作为长期股权投资的初始投资成本。

【例6-6】A公司设立时,其主要出资方之一甲公司以其持有的对B公司的长期股权投资作为出资投入A公司。投资各方在投资合同中约定,作为出资的该项长期股权投资作价9 000万元。该作价是按照B公司股票的市价经考虑相关调整因素后确定的。A公司注册资本为 36 000 万元,甲公司出资占 A 公司注册资本的 20%。取得该项投资后,甲公司根据其持股比例,能够派人参与 A 公司的财务和生产经营决策。

A 公司应编制的会计分录如下。

借:长期股权投资　　B 公司(成本)　　　　　　90 000 000
　　贷:实收资本　　　　　　　　　　　　　　　72 000 000
　　　　资本公积——股本溢价　　　　　　　　　18 000 000

(四)其他方式取得的长期股权投资

通过债务重组、非货币性资产交换等方式取得的长期股权投资,其初始投资成本应按照《企业会计准则第 12 号——债务重组》和《企业会计准则第 7 号——非货币性资产交换》的规定确定。

第三节　长期股权投资的后续计量

长期股权投资在持有期间,根据投资企业对被投资单位的影响程度等进行划分,应当分别采用成本法或权益法进行核算。

一、长期股权投资核算的成本法

(一)成本法及适用范围

成本法是指长期股权投资的价值按照初始投资成本计量,除追加或收回投资外,一般不对长期股权投资的账面价值进行调整的一种会计处理方法。长期股权投资的成本法适用于投资企业能够对被投资单位实施控制的长期股权投资(即对子公司的长期股权投资)。

长期股权投资-后续计量(成本法).mp4

(二)成本法的会计处理

1. 账户设置

长期股权投资采用成本法核算应设置"长期股权投资"账户,"长期股权投资"账户可按被投资单位进行明细核算。长期股权投资 T 型账户,如表 6-3 所示。

表 6-3　长期股权投资 T 型账户

借方	长期股权投资	贷方
期初余额		
长期股权投资的增加额	长期股权投资的减少额	
期末余额:长期股权投资的余额		

当长期股权投资存在减值迹象时,企业应当按照《企业会计准则第 8 号——资产减值》

第六章 长期股权投资

对长期股权投资进行减值测试,并设置"长期股权投资减值准备"账户。该账户可按被投资单位进行明细核算。资产负债表日,长期股权投资发生减值的,按应减记的金额,借记"资产减值损失"账户,贷记"长期股权投资减值准备"账户。处置长期股权投资时,应同时结转已计提的长期股权投资减值准备。本账户期末贷方余额,反映企业已计提但尚未转销的长期股权投资减值准备。

长期股权投资减值准备 T 型账户,如表 6-4 所示。

表 6-4 长期股权投资减值准备 T 型账户

借方	长期股权投资减值准备	贷方
长期股权投资处置时减值准备的结转额	期初余额	
	长期股权投资减值准备的计提额	
	期末余额:长期股权投资减值准备的账面余额	

2. 账务处理

(1) 企业初始投资或追加投资时,按初始投资成本增加长期股权投资的账面价值,应做如下会计分录。

借:长期股权投资——××公司
　　贷:银行存款等

(2) 当被投资单位宣告分派利润或现金股利时,投资企业应当按照可以获取的现金股利或利润确认为当期的投资收益,应做如下会计分录。

借:应收股利
　　贷:投资收益

(3) 长期股权投资发生减值时,应做如下会计分录。

借:资产减值损失
　　贷:长期股权投资减值准备

【例 6-7】 甲公司 2022 年 1 月 1 日以 5 000 万元的价格购入乙公司 60%的股份,购买过程中另支付相关税费 50 万元。2022 年 4 月,乙公司宣告分派 2021 年现金股利 2 000 万元;2022 年,乙公司实现净利润 4 000 万元。2022 年年末该长期股权投资的回收金额为 4 500 万元;2023 年 5 月,乙公司宣告分派 2022 年现金股利 2 200 万元;2023 年 10 月,甲公司将持有的乙公司股份全部转让,取得价款 5 300 万元。甲公司应编制的会计分录如下。(单位以万元表示)

① 2022 年年初投资时:
借:长期股权投资　　　　　　　　　　　　　　　5 050
　　贷:银行存款　　　　　　　　　　　　　　　　5 050

② 2022 年 4 月,乙公司宣告分派 2021 年现金股利 2 000 万元时:
借:应收股利　　　　　　　　　　　　　　　　　1 200
　　贷:投资收益　　　　　　　　　　　　　　　　1 200

收到现金股利时:
借:银行存款　　　　　　　　　　　　　　　　　1 200
　　贷:应收股利　　　　　　　　　　　　　　　　　　1 200

③ 2022年，乙公司实现净利润4 000万元，甲公司采用成本法，不作账务处理。

④ 2022年年末，该项长期股权投资发生减值550(5 050-4 500=550)万元，计提减值准备时:
借:资产减值损失　　　　　　　　　　　　　　　550
　　贷:长期股权投资减值准备　　　　　　　　　　　　550

⑤ 2023年5月，乙公司宣告分派2022年现金股利2 200万元时:
借:应收股利　　　　　　　　　　　　　　　　　1 320
　　贷:投资收益　　　　　　　　　　　　　　　　　　1 320

收到现金股利时:
借:银行存款　　　　　　　　　　　　　　　　　1 320
　　贷:应收股利　　　　　　　　　　　　　　　　　　1 320

⑥ 2023年10月，甲公司将持有的乙公司股份全部转让时:
借:银行存款　　　　　　　　　　　　　　　　　5 300
　　长期股权投资减值准备　　　　　　　　　　　　 550
　　贷:长期股权投资　　　　　　　　　　　　　　　　5 050
　　　　投资收益　　　　　　　　　　　　　　　　　　 800

二、长期股权投资核算的权益法

(一)权益法及适用范围

权益法是指投资以初始投资成本计量后，在投资持有期间根据投资企业享有被投资单位所有者权益的份额的变动对投资的账面价值进行调整的方法。长期股权投资的权益法适用于以下两种情况。

(1) 企业对被投资单位具有共同控制的长期股权投资，即企业对其合营企业的长期股权投资。

(2) 企业对被投资单位具有重大影响的长期股权投资，即企业对其联营企业的长期股权投资。

长期股权投资-后续计量(权益法).mp4

(二)权益法的会计处理

1. 账户设置

长期股权投资采用权益法核算的，"长期股权投资"账户除可按被投资单位进行明细核算外，还应当分别以"投资成本""损益调整""其他综合收益""其他权益变动"进行明细核算。长期股权投资T型账户，如表6-5所示。

第六章 长期股权投资

表 6-5 长期股权投资 T 型账户

借方	长期股权投资	贷方
期初余额 ①初始投资成本 ②被投资单位实现净利润调整长期股权投资的账面价值 ③被投资单位其他综合收益、其他权益变动增加调整长期股权投资的账面价值		①被投资单位实现净亏损或分配现金股利调整长期股权投资的账面价值 ②被投资单位其他综合收益、其他权益变动减少调整长期股权投资的账面价值
期末余额：长期股权投资的账面价值		

2. 账务处理

(1) 初始投资成本的调整。投资企业取得对联营企业或合营企业的投资以后，对于取得投资时投资成本与应享有被投资单位可辨认净资产公允价值份额之间的差额，应区别情况分别进行处理。

① 初始投资成本大于取得投资时应享有被投资单位可辨认净资产公允价值份额的，两者之间的差额不要求对长期股权投资的成本进行调整。该部分差额从本质上是投资企业在取得投资过程中通过购买作价体现出的与所取得股权份额相对应的商誉及不符合确认条件的资产价值。

② 初始投资成本小于取得投资时应享有被投资单位可辨认净资产公允价值份额的，两者之间的差额要求对长期股权投资的成本进行调整。该部分差额体现为双方在交易作价过程中转让方的让步，该部分经济利益流入应作为收益处理，计入取得投资当期的营业外收入，同时调整增加长期股权投资的账面价值。

企业取得投资时，按确定的初始投资成本，应做如下会计分录。

借：长期股权投资——投资成本
　　贷：银行存款等

同时，按初始投资成本小于应享有被投资单位可辨认净资产公允价值份额的差额，做如下会计分录。

借：长期股权投资——投资成本
　　贷：营业外收入

【例 6-8】甲公司于 2023 年 1 月取得 B 公司 30% 的股权，支付价款 6 000 万元。取得投资时被投资单位净资产账面价值为 15 000 万元(假定被投资单位各项可辨认资产、负债的公允价值与其账面价值相同)。在 B 公司的生产经营决策过程中，所有股东均按持股比例行使表决权。甲公司在取得 B 公司的股权后，派人参与了 B 公司的生产经营决策。因能够对 B 公司施加重大影响，甲公司对该投资应当采用权益法核算。

取得投资时，甲公司应编制的会计分录如下。

借：长期股权投资——B 公司(投资成本)　　　　60 000 000
　　贷：银行存款　　　　　　　　　　　　　　　　　　60 000 000

长期股权投资的初始投资成本 6 000 万元大于取得投资时应享有被投资单位可辨认净

资产公允价值的份额 4 500(15 000×30%)万元，两者之间的差额 1 500(6 000-4 500=1 500)万元不调整长期股权投资的账面价值。

如果本例中取得投资时被投资单位可辨认净资产的公允价值为 24 000 万元，A 企业按持股比例 30%计算确定应享有 7 200(24 000×30%=7 200)万元，则初始投资成本与应享有被投资单位可辨认净资产公允价值份额之间的差额 1 200(7 200-6 000)万元应计入取得投资当期的营业外收入，甲公司应编制的会计分录如下。

借：长期股权投资——B 公司(投资成本)　　　72 000 000
　　贷：银行存款　　　　　　　　　　　　　　60 000 000
　　　　营业外收入　　　　　　　　　　　　　12 000 000

(2) 投资损益的确认。投资企业取得长期股权投资后，应当按照应享有或应分担的被投资单位实现净利润或发生净亏损的份额(法规或章程规定不属于投资企业的净损益除外)调整长期股权投资的账面价值，并确认为当期投资损益。

投资企业根据被投资单位实现的净利润或经过调整的净利润计算应享有的份额，应做如下会计分录：

借：长期股权投资——损益调整
　　贷：投资收益

若被投资单位发生净亏损则做相反的会计分录，但以长期股权投资的账面价值减记至零为限。

投资企业在确认应享有被投资单位净损益的份额时，在被投资单位账面净利润的基础上，应考虑以下因素的影响进行适当调整。

首先，被投资单位采用的会计政策及会计期间与投资企业不一致的，应按投资企业的会计政策及会计期间对被投资单位的财务报表进行调整，并据以确认投资损益。

其次，应当以取得投资时被投资单位各项可辨认资产等的公允价值为基础，对被投资单位净损益进行调整后加以确定。

被投资单位个别利润表中的净利润是以其持有的资产、负债账面价值为基础持续计算的，而投资企业在取得投资时，是以被投资单位有关资产、负债的公允价值为基础确定投资成本，长期股权投资的投资收益所代表的是被投资单位资产、负债在公允价值计量的情况下在未来期间通过经营产生的损益中归属于投资企业的部分。取得投资时有关资产、负债的公允价值与其账面价值不同的，未来期间，在计算归属于投资企业应享有的净利润或应承担的净亏损时，应以投资时被投资单位有关资产对投资企业的成本即取得投资时的公允价值为基础计算确定，从而产生了需要对被投资单位账面净利润进行调整的情况。

在针对上述事项对被投资单位实现的净利润进行调整时，应考虑重要性原则，不具重要性的项目可不予调整。符合下列条件之一的，投资企业可以以被投资单位的账面净利润为基础，计算确认投资损益，同时应在会计报表附注中说明不能按照准则中规定进行核算的原因。

① 投资企业无法合理确定取得投资时被投资单位各项可辨认资产等的公允价值。

② 投资时被投资单位可辨认资产的公允价值与其账面价值相比，两者之间的差额不具重要性的。

③ 其他原因导致无法取得被投资单位的有关资料，不能按照准则中规定的原则对被投

第六章 长期股权投资

资单位的净损益进行调整的。

【例6-9】 承例6-8,假定在长期股权投资的成本大于取得投资时被投资单位可辨认净资产公允价值份额的情况下,甲公司取得投资当年B公司实现净利润1 600万元。甲公司与B公司均以公历年度作为会计年度,两者之间采用的会计政策相同。

投资时B公司各项资产、负债的账面价值与其公允价值相同,不需要对其实现的净损益进行调整,因此甲公司应确认的投资收益为480(1 600×30%=480)万元。

甲公司应编制的会计分录如下。

借:长期股权投资——B公司(损益调整)　　　　4 800 000
　　贷:投资收益　　　　　　　　　　　　　　　　　　　4 800 000

【例6-10】 甲公司于2023年1月8日购入乙公司30%的股份,购买价款为6 600万元,并自取得投资之日起派人参与乙公司的生产经营决策。取得投资当日,乙公司可辨认净资产公允价值为18 000万元,账面价值为16 080万元。除某项固定资产账面原价为3 600万元,已提折旧720万元,公允价值为4 800万元外,乙公司其他资产、负债的公允价值与账面价值相同。该项固定资产乙公司预计使用年限为20年,甲公司取得投资后剩余使用年限为16年。

假定乙公司于2023年实现净利润1 800万元。甲公司与乙公司的会计年度及采用的会计政策相同。固定资产均按直线法提取折旧,预计净残值均为0,假定不考虑所得税影响。

甲公司在确定其应享有的投资收益时,应在乙公司实现净利润的基础上,根据取得投资时乙公司有关资产的账面价值与其公允价值差额的影响进行调整(假定不考虑所得税影响)。

固定资产公允价值与账面价值差额应调整增加的折旧额=4 800÷16-3 600÷20=120(万元)
调整后的净利润=1 800-120=1 680(万元)
甲公司应享有份额=1 680×30%=504(万元)
确认投资收益时,甲公司应编制的会计分录如下。

借:长期股权投资——乙公司(损益调整)　　　　5 040 000
　　贷:投资收益　　　　　　　　　　　　　　　　　　　5 040 000

最后,投资企业与其联营企业及合营企业之间发生的未实现内部交易损益。在确认投资收益时,除考虑公允价值的调整外,对于投资企业与其联营企业及合营企业之间发生的未实现内部交易损益应予抵销,即投资企业与联营企业及合营企业之间发生的未实现内部交易损益按照持股比例计算归属于投资企业的部分应当予以抵销,在此基础上确认投资损益。该未实现内部交易损益既包括联营企业或合营企业向投资企业出售资产(逆流交易),也包括投资企业向其联营企业或合营企业出售资产(顺流交易),这是因为不管是逆流交易还是顺流交易,其交易损益分别在合营企业、联营企业或者投资企业的个别报表中确认。如果该内部交易损益没有实现(有关资产未对外部独立第三方出售),从合营企业、联营企业或者投资企业来看,其损益未能最终实现。而从合营企业、联营企业或者投资企业其他的股东来看,应由其他股东所享有的份额,其损益已经实现。因此对于内部交易中未实现的损益应将属于投资企业的部分予以抵销。

【例6-11】2023年1月3日，甲公司以银行存款5 000万元购入C公司30%有表决权股份，能够对C公司施加重大影响。假定取得该项投资时，C公司各项可辨认资产、负债的公允价值等于账面价值，双方采用的会计政策、会计期间相同。2023年6月5日，C公司出售一批商品给甲公司，商品成本为1 000万元，售价为1 500万元，甲公司将购入的商品作为存货。至2023年年末，甲公司已将从C公司购入商品的40%出售给外部独立的第三方。C公司2023年实现净利润1 000万元，假定不考虑所得税因素。

甲公司在确定其应享有的投资收益时，应在C公司实现净利润的基础上，按照未实现内部交易损益进行调整。C公司在该项交易中实现利润500万元，其中未实现损益300(500×60%)万元，在采用权益法计算确认投资损益时应予抵消，因此甲公司2023年应确认对C公司的投资收益 = (1 000 - 300)×30% = 210(万元)。

根据上述资料，甲公司确认投资收益，应编制的会计分录如下：

借：长期股权投资——C公司(损益调整)　　　　2 100 000
　　贷：投资收益　　　　　　　　　　　　　　　　　　2 100 000

(3) 超额亏损的确认。按照权益法核算的长期股权投资，被投资单位发生亏损时，投资企业确认应分担被投资单位发生的损失。投资企业只承担有限责任，因此，在被投资单位发生超额亏损时，投资企业确认的投资损失，原则上应以长期股权投资的账面价值及其他实质上构成对被投资单位净投资的长期权益减记至零为限，投资企业负有承担额外损失义务的除外。

这里所讲的"其他实质上构成对被投资单位净投资的长期权益"通常是指长期应收项目。例如，企业对被投资单位的长期债权，该债权没有明确的清收计划且在可预见的未来期间不准备收回，实质上构成对被投资单位的净投资，但不包括投资企业与被投资单位之间因销售商品、提供劳务等日常活动所产生的长期债权。

投资企业在确认应分担被投资单位发生的亏损时，具体应按照以下顺序处理。

首先，减记长期股权投资的账面价值。

其次，在长期股权投资的账面价值减记至零的情况下，对于未确认的投资损失，考虑除长期股权投资以外，账面上是否有其他实质上构成对被投资单位净投资的长期权益项目，如果有，则应以其他长期权益的账面价值为限，继续确认投资损失，冲减长期应收项目等的账面价值。

最后，经过上述处理，按照投资合同或协议约定，投资企业仍需要承担额外损失弥补等义务的，应按预计将承担的义务金额确认预计负债，计入当期投资损失。

被投资单位发生超额亏损时，投资企业应做如下会计分录：

① 冲减长期股权投资账面价值时：

借：投资收益
　　贷：长期股权投资——损益调整　　(长期股权投资的账面价值减记至零为限)

② 冲减其他实质上构成对被投资单位净投资的长期权益时：

借：投资收益
　　贷：长期应收款　　　　　　　　　(长期权益的账面价值减记至零为限)

③ 因投资合同或协议约定导致投资企业需要承担额外义务的，按照或有事项准则的规定，对于符合确认条件的义务，应确认为当期损失，做如下会计分录：

借：投资收益
　　贷：预计负债　　　　　　　　　　　(投资企业承担额外义务损失的金额)

在确认了有关的投资损失以后，发生亏损的被投资单位以后实现净利润的，应按与上述相反的顺序进行处理。即被投资单位于以后期间实现盈利的，应按以上相反顺序分别减记已确认的预计负债、恢复其他长期权益及长期股权投资账面价值，同时确认投资收益。即应当按顺序分别借记"预计负债""长期应收款""长期股权投资"账户，贷记"投资收益"账户。

【例6-12】甲企业持有乙企业40%的股权，能够对乙企业施加重大影响。2023年12月31日确认投资损益前该项长期股权投资的账面价值为9 000万元。乙企业2023年由于一项主要经营业务市场条件发生变化，当年度亏损12 000万元。假定甲企业在取得该投资时，乙企业各项可辨认资产、负债的公允价值与其账面价值相等，双方所采用的会计政策及会计期间也相同。

则甲企业当年度应确认的投资损失为4 800(12 000×40%)万元。确认上述投资损失后，长期股权投资的账面价值变为4 200(9 000-4 800)万元。

甲企业应编制的会计分录如下。

借：投资收益　　　　　　　　　　　　　　　　48 000 000
　　贷：长期股权投资——乙企业(损益调整)　　　　　48 000 000

如果乙企业当年度的亏损额为27 000万元，则甲企业按其持股比例确认应分担的损失为10 800(27 000×40%)万元，但长期股权投资的账面价值仅为9 000万元，如果没有其他实质上构成对被投资单位净投资的长期权益项目，则甲企业应确认的投资损失仅为9 000万元，超额损失1 800(10 800-9 000)万元在账外进行备查登记。在确认了9 000万元的投资损失，长期股权投资的账面价值减记至零以后，如果甲企业账上仍有应收乙企业的长期应收款3 600万元，该款项从目前情况来看，没有明确的清偿计划(并非产生于商品购销等日常活动)，则在长期应收款的账面价值大于1 800万元的情况下，应以长期应收款的账面价值为限度进一步确认投资损失1 800万元。

甲企业应编制的会计分录如下。

借：投资收益　　　　　　　　　　　　　　　　90 000 000
　　贷：长期股权投资——乙企业(损益调整)　　　　　90 000 000
借：投资收益　　　　　　　　　　　　　　　　18 000 000
　　贷：长期应收款——乙企业　　　　　　　　　　　18 000 000

(4) 现金股利或利润的确认。

按照权益法核算的长期股权投资，投资企业从被投资单位取得的现金股利或利润，应抵减长期股权投资的账面价值。在被投资单位宣告分派现金股利或利润时，投资企业应做如下会计分录。

借：应收股利
　　贷：长期股权投资——损益调整

被投资单位宣告发放的股票股利，投资企业不做账务处理，但应在备查簿中登记，以反映股份的变化情况。

【例 6-13】 甲公司于 2022 年 1 月取得 B 公司 40%的股权。2023 年 1 月，B 公司宣告分配 2022 年的现金股利 1 000 万元，甲公司应编制的会计分录如下。

借：应收股利——B 公司　　　　　　　　　　　　　4 000 000
　　贷：长期股权投资——损益调整　　　　　　　　　　　　4 000 000

2023 年 3 月 B 公司发放 2022 年的现金股利 1 000 万元。甲公司应编制的会计分录如下。

借：银行存款　　　　　　　　　　　　　　　　　4 000 000
　　贷：应收股利——B 公司　　　　　　　　　　　　　　4 000 000

(5) 被投资单位其他综合收益变动。采用权益法核算时，被投资单位确认的其他综合收益变动也会影响被投资单位所有者权益总额，进而影响投资企业应享有被投资单位所有者权益的份额。因此，当被投资单位其他综合收益发生增减变动时，投资方应当按照归属于本企业的部分，相应调整长期股权投资的账面价值，同时增加或减少其他综合收益，具体应做如下会计分录。

借(或贷)：长期股权投资——其他综合收益
　　贷(或借)：其他综合收益　　(被投资单位其他综合收益变动额×投资方持股比例)

【例 6-14】 甲公司持有乙公司 25%的股份，并能对乙公司施加重大影响。当期，乙公司将作为存货的房地产转换为以公允价值模式计量的投资性房地产，转换日公允价值大于账面价值 1500 万元，计入了其他综合收益。不考虑其他因素，甲公司当期按照权益法核算确认其他综合收益，应编制的会计分录如下。

按权益法核算甲公司应确认的其他综合收益=1 500×25%=375(万元)

借：长期股权投资——其他综合收益　　　　　　　3 750 000
　　贷：其他综合收益　　　　　　　　　　　　　　　　　3 750 000

(6) 被投资单位除净损益、其他综合收益和利润分配以外的其他原因导致所有者权益变动。采用权益法核算时，投资企业对于被投资单位除净损益以外所有者权益的其他变动，在持股比例不变的情况下，应按照持股比例与被投资单位除净损益以外所有者权益的其他变动中归属于本企业的部分，相应调整长期股权投资的账面价值，同时增加或减少资本公积(其他资本公积)。

【例 6-15】 A 企业持有 B 企业 30%的股份，能够对 B 企业施加重大影响。当年被投资方 B 企业为了筹集现金而向第三方增发股票。因此 B 企业的净资产由 1000 万元增加至 1500 万元，A 企业持股比例由 30%下降至 25%，但仍对 B 企业具有重大影响。假定 A 企业与 B 企业适用的会计政策、会计期间相同，投资时 B 企业有关资产的公允价值与其账面价值也相同。不考虑相关的所得税影响。

A 企业享有的 B 企业净资产份额由 300(1 000×30%=300)万元增加至 375(1 500×25%=375)万元，对这部分 75(375-300=75)万元的权益变动，A 企业应当同时增加长期股权投资和资本公积。

借：长期股权投资——B 企业(其他权益变动)　　　　750 000
　　贷：资本公积——其他资本公积　　　　　　　　　　　750 000

权益法下长期股权投资的账务处理流程，如图 6-1 所示。

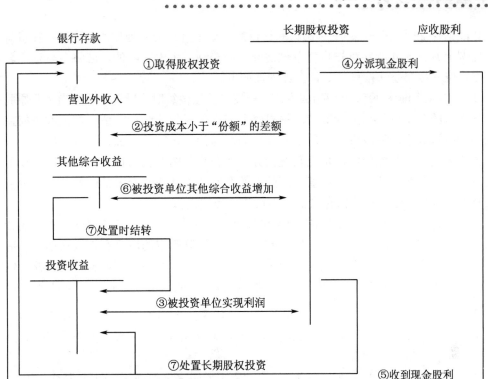

图6-1 权益法下长期股权投资的账务处理流程

三、长期股权投资的减值

长期股权投资在持有期间如果存在减值迹象的,应当按照相关准则的要求进行减值测试。长期股权投资的减值应当按照《企业会计准则第8号——资产减值》的有关规定确定其可收回金额及应予计提的减值准备,长期股权投资减值损失一经确认,在以后期间不得转回。投资企业在计提长期股权投资减值准备时,应按确认的减值损失金额做如下会计分录。

借:资产减值损失
　　贷:长期股权投资减值准备

第四节　长期股权投资核算方法的转换与处置

一、长期股权投资核算方法的转换

长期股权投资在持有期间,当发生追加投资或者减少投资等情况时,长期股权投资的性质也会随之发生变化,从而引起长期股权投资核算方法的转换。

(一)追加投资

1. 由按公允价值计量的金融资产转为长期股权投资并按权益法核算

企业原持有的对被投资单位的股权投资(不具有控制、共同控制或重大影响的),按照《企业会计准则第 22 号——金融工具确认和计量》的规定进行会计处理的,因追加投资等导致持股比例上升,使其能够对被投资单位实施共同控制或重大影响,应将金融资产转为长期股权投资并按权益法核算,具体会计处理如下。

(1) 确定长期股权投资的初始成本。在转按权益法核算时,投资企业应当按照原股权投资在转换日的公允价值加上为取得新增投资而应支付对价的公允价值,作为改按权益法核算的初始投资成本。原股权投资的公允价值与账面价值之间的差额,计入当期损益。但原股权投资分类为以公允价值计量且其变动计入综合收益的非交易性其他权益工具投资的,原股权投资的公允价值与账面价值之间的差额及原计入其他综合收益的累计公允价值变动应当转入改按权益法核算的留存收益,不得转入当期损益。

(2) 比较初始投资成本与享有被投资单位可辨认净资产公允价值的份额。按上述计算所得的初始投资成本与按照追加投资后新的持股比例计算确定的应享有被投资单位在追加投资日可辨认净资产公允价值份额之间的差额,前者大于后者的,不调整长期股权投资的账面价值;前者小于后者的,差额应调整长期股权投资的账面价值,并计入当期营业外收入。

【例 6-16】2022 年 2 月,甲公司以 600 万元现金从非关联方处取得 A 公司 10%的股权。甲公司根据《企业会计准则第 22 号——金融工具确认和计量》将其作为其他权益工具投资。

2023 年 1 月 2 日,甲公司又以 1 600 万元的现金从另一家非关联方处取得 A 公司 15%的股权,相关手续于当日完成。当日,A 公司可辨认净资产公允价值总额为 8 400 万元(假定公允价值与账面价值相同),甲公司原持有 A 公司股权投资(其他权益工具投资)的账面价值为 1 000 万元,其中,计入其他综合收益的累积公允价值变动为 400 万元。该其他权益工具投资当日的公允价值为 1 100 万元。取得该部分股权后,按照 A 公司章程规定,甲公司能够对 A 公司施加重大影响。对该项股权投资转为长期股权投资并采用权益法核算,不考虑相关税费等其他因素影响。

2023 年 1 月 2 日,甲公司对 A 公司 25%的股权的初始投资成本=1 100(原持有 10%的股权的公允价值)+1 600(新增投资支付对价的公允价值)=2 700(万元)。

甲公司应享有 A 公司可辨认净资产公允价值的份额=8 400×25%=2 100(万元)

投资成本 2 700 万元大于应享有 A 公司可辨认净资产公允价值的份额 2 100 万元,甲公司无须调整长期股权投资的成本。

2023 年 1 月 2 日,甲公司确认对 A 公司长期股权投资时,应编制的会计分录如下。(单位以万元表示)

借:长期股权投资——A 公司(投资成本)   2 700
  贷:银行存款   1 600
    其他权益工具投资——成本   600
      ——公允价值变动   400
    盈余公积   10
    利润分配——未分配利润   90
借:其他综合收益   400
  贷:盈余公积   40
    利润分配——未分配利润   360

2. 由按公允价值计量的金融资产或权益法核算转为成本法核算

因追加投资导致原持有的分类为以公允价值计量且其变动计入当期损益的金融资产，或非交易性权益工具投资分类为以公允价值计量且其变动计入其他综合收益的金融资产，以及对联营企业或合营企业的投资转变为对子公司投资的，长期股权投资账面价值的调整应当按照本章关于对子公司投资初始计量的相关规定处理。

对于原作为金融资产转换为采用成本法核算的对子公司投资的，如有关金融资产分类为以公允价值计量且其变动计入当期损益的金融资产，应当按照转换时的公允价值确认长期股权投资；如非交易性权益工具投资分类为以公允价值计量且其变动计入其他综合收益的金融资产，应当按照转换时的公允价值确认长期股权投资，原确认计入其他综合收益的累计公允价值变动应结转计入留存收益，不得计入当期损益。

【例6-17】 甲公司 2022—2023 年有关投资业务如下。

(1) 2022年1月1日，甲公司以610万元(含已宣告但尚未领取的现金股利10万元和支付的相关费用2万元)购入A公司10%的股权，甲公司对A公司没有重大影响，甲公司与A公司没有关联关系。甲公司将购买的A公司股份划分为其他权益工具投资。

(2) 2022年2月10日，甲公司收到A公司支付的现金股利10万元。

(3) 2022年12月31日，甲公司持有的A公司股权的公允价值为660万元。

(4) 2023年1月2日，甲公司又从A公司的另一投资者处取得A公司45%的股权，实际支付价款3 200万元。此次购买完成后，甲公司持股比例达到55%，能够对A公司实施控制。2023年1月2日，甲公司原持有A公司10%的股权的公允价值为660万元(与账面价值相同)。A公司可辨认净资产公允价值为6 500万元。

甲公司对上述投资业务，应编制的会计分录如下。(单位以万元表示)

① 2022年1月1日取得投资时：

借：其他权益工具投资——成本　　　　　　　　　600
　　应收股利　　　　　　　　　　　　　　　　　 10
　　贷：银行存款　　　　　　　　　　　　　　　　　610

② 2023年2月10日，收到现金股利时：

借：银行存款　　　　　　　　　　　　　　　　　 10
　　贷：应收股利　　　　　　　　　　　　　　　　　 10

③ 2022年12月31日，确认公允价值变动时：

借：其他权益工具投资——公允价值变动　　　　　 60
　　贷：其他综合收益　　　　　　　　　　　　　　　 60

④ 2023年1月2日，又购入45%的股权时：

2023年1月2日，甲公司对A公司55%的股权的初始投资成本=660(原持有10%的股权的公允价值)+3 200(新增投资支付对价的公允价值)=3 860(万元)。

甲公司应享有A公司可辨认净资产公允价值的份额=6 500×55%=3 575(万元)

投资成本3 860万元大于应享有A公司可辨认净资产公允价值的份额3 575万元，甲公司无须调整长期股权投资的成本，应编制的会计分录如下。

借：长期股权投资——A公司　　　　　　　　　3 860

贷：银行存款	3 200	
其他权益工具投资——成本	600	
——公允价值变动	60	
同时：		
借：其他综合收益	60	
贷：盈余公积	6	
利润分配——未分配利润	54	

(二)处置投资

1. 成本法转为权益法

因处置投资导致对被投资单位由能够实施控制转为具有重大影响或者与其他投资方一起实施共同控制的，应将长期股权投资由成本法转为权益法核算，并对该剩余股权视同自取得时即采用权益法核算进行调整(追溯调整法)，在投资企业的个别报表中应按以下步骤处理。

① 按处置或收回投资的比例结转应终止确认的长期股权投资成本。

② 比较剩余的长期股权投资成本与按照剩余持股比例计算原投资时应享有被投资单位可辨认净资产公允价值的份额，其中，属于投资作价中体现商誉部分的(长期股权投资成本大于应享有被投资单位可辨认净资产公允价值的份额)不调整长期股权投资的账面价值；属于原投资成本小于应享有被投资单位可辨认净资产公允价值份额的，在调整长期股权投资账面价值的同时，应调整留存收益。

③ 对于原取得投资后至转为权益法核算期间被投资单位实现净损益中按照持股比例计算应享有的份额，一方面应调整长期股权投资的账面价值，同时对原取得投资时至处置投资当期期初被投资单位实现的净损益(扣除已发放和已宣告发放的现金股利及利润)中应享有的份额，调整留存收益；对处置投资当期期初至处置投资之日被投资单位实现的净损益中应享有的份额，调整当期损益(投资收益)。

④ 对被投资单位其他综合收益变动中应享有的份额，在调整长期股权投资账面价值的同时，应当计入其他综合收益。

⑤ 对被投资单位除净损益、其他综合收益和利润分配外的其他原因导致所有者权益变动中应享有的份额，在调整长期股权投资账面价值的同时，应当计入资本公积(其他资本公积)。

【例6-18】2021年1月1日，甲公司以3 300万元取得B公司60%的股权，款项以银行存款支付。B公司2021年1月1日可辨认净资产公允价值总额为5 000万元(假定其公允价值等于账面价值)。甲公司对B公司具有控制权，并对该项投资采用成本法核算。甲公司每年均按10%提取盈余公积。

(1) 2021年，B公司实现净利润1 800万元，未分派现金股利。因其他权益工具投资公允价值变动，确认其他综合收益200万元。

(2) 2022年，B公司实现净利润1 200万元，未分派现金股利。

(3) 2023年1月3日，甲公司出售其持有B公司股权的50%，取得出售价款2 600万

第六章 长期股权投资

元,款项已存入银行存款,当日B公司可辨认净资产公允价值总额为8 200万元。甲公司出售其持有B公司股权的50%后不再对B公司拥有控制权,但仍能对其施加重大影响,因此甲公司将对B公司的股权投资由成本法改按权益法核算。甲公司剩余30%股权的公允价值为3 000万元。假定不考虑其他因素,甲公司对B公司长期股权投资业务应编制的会计分录如下。(单位以万元表示)

① 2022年1月1日,取得B公司60%的股权时:
借:长期股权投资——B公司　　　　　　　　　　3 300
　　贷:银行存款　　　　　　　　　　　　　　　　　3 300

② 2023年1月3日,出售部分股权时:
确认部分股权处置收益。
借:银行存款　　　　　　　　　　　　　　　　　2 600
　　贷:长期股权投资　　　　　　　　　　　　　　　1 650
　　　　投资收益　　　　　　　　　　　　　　　　　　950

对剩余股权改按权益法核算。

处置投资后,剩余长期股权投资初始成本为1 650(3 300×50%=1 650)万元,投资时按照剩余投资比例计算原投资日享有B公司可辨认净资产公允价值的份额为1 500(5 000×30%=1 500)万元,剩余长期股权投资的初始成本大于享有B公司可辨认净资产公允价值的份额,不需要对剩余长期股权投资初始成本进行调整。

B公司自购买日至处置日期间实现的净利润为3 000(1 800+1 200=3 000)万元,其他综合收益为200万元,甲公司应该对长期股权投资的账面价值进行调整,同时调整留存收益和其他综合收益,应编制的会计分录如下。

借:长期股权投资——损益调整　　　　　900 (1 800+1 200)×30%
　　　　　　　　　　——其他综合收益　　　60 (200×30%)
　　贷:盈余公积　　　　　　　　　　　　　　　　　90
　　　　利润分配——未分配利润　　　　　　　　　810
　　　　其他综合收益　　　　　　　　　　　　　　　60

2. 成本法核算转为按公允价值计量的金融资产

原持有的对被投资单位具有控制权的长期股权投资,因部分处置等导致持股比例下降,不能再对被投资单位实施控制、共同控制或重大影响的,应将剩余股权投资改按《企业会计准则第22号——金融工具确认和计量》的要求进行会计处理,即在丧失控制时将剩余股权转为以公允价值计量且其变动计入当期损益的金融资产或以公允价值计量且其变动计入其他综合收益的金融资产(其他权益工具投资),转换当日股权投资的公允价值与其账面价值之间的差额计入当期损益(投资收益)。

【例6-19】甲公司持有乙公司60%的股权并能控制乙公司,投资成本为1 200万元,按成本法核算。2023年5月12日,甲公司出售所持乙公司股权的90%给非关联方,所得价款为1 800万元,剩余6%的股权于丧失控制权日的公允价值为200万元,甲公司将其分类为以公允价值计量且其变动计入当期损益的金融资产。假定不考虑其他因素,甲公司于丧失控制权日应编制的会计分录如下。(单位以万元表示)

① 出售股权时：
借：银行存款　　　　　　　　　　　　　　　　1 800
　　贷：长期股权投资　　　　　　　　　　　　　　　1 080
　　　　投资收益　　　　　　　　　　　　　　　　　　720
② 剩余股权处理时：
借：交易性金融资产　　　　　　　　　　　　　　200
　　贷：长期股权投资　　　　　　　　　　　　　　　　120
　　　　投资收益　　　　　　　　　　　　　　　　　　 80

3. 权益法核算转为按公允价值计量的金融资产

原持有的对被投资单位具有共同控制或重大影响的长期股权投资，因部分处置等导致持股比例下降，不能再对被投资单位实施共同控制或重大影响的，应在丧失共同控制或重大影响时，将剩余股权投资改按《企业会计准则第22号——金融工具确认和计量》的要求进行会计处理，即在丧失共同控制或重大影响之日，将剩余股权转为以公允价值计量且其变动计入当期损益的金融资产或其他权益工具投资，转换当日股权投资的公允价值与账面价值之间的差额计入当期损益(投资收益)。

原采用权益法核算的相关其他综合收益应当在终止采用权益法核算时，采用与被投资单位直接处置相关资产或负债相同的基础进行会计处理；因被投资单位除净损益、其他综合收益和利润分配外的其他所有者权益变动而确认的所有者权益，应当在终止采用权益法核算时全部转入当期损益(投资收益)。

【例6-20】甲公司持有F公司20%的有表决权股份，能够对F公司施加重大影响，对该股权投资采用权益法核算。2023年1月，甲公司将该项投资中的50%出售给非关联方，取得价款1 500万元，相关手续于当日完成。甲公司无法再对F公司施加重大影响，将剩余股权投资转为其他权益工具投资。出售时，该项长期股权投资的账面价值为2 200万元，其中，投资成本为1 800万元，损益调整为200万元，其他综合收益为100万元(性质为被投资单位的其他权益工具投资的累计公允价值变动)，除净损益、其他综合收益和利润分配外的其他所有者权益变动为100万元。剩余股权的公允价值为1 500万元。不考虑相关税费等其他因素影响，甲公司应编制的会计分录如下。(单位以万元表示)

① 出售部分股权时：
借：银行存款　　　　　　　　　　　　　　　　1 500
　　贷：长期股权投资——F公司(投资成本)　　　　　900
　　　　　　　　——F公司(损益调整)　　　　　　　100
　　　　　　　　——F公司(其他综合收益)　　　　　 50
　　　　　　　　——F公司(其他权益变动)　　　　　 50
　　　　投资收益　　　　　　　　　　　　　　　　　400
② 由于终止采用权益法核算，将原确认的相关其他综合收益全部转入当期损益时：
借：其他综合收益　　　　　　　　　　　　　　100
　　贷：投资收益　　　　　　　　　　　　　　　　　100

③ 由于终止采用权益法核算,将原计入资本公积的其他所有者权益变动全部转入当期损益时:

  借:资本公积——其他资本公积   100
    贷:投资收益   100

④ 剩余股权投资转为其他权益工具时:

  借:其他权益工具——成本   1 500
    贷:长期股权投资   1 100
      投资收益   400

二、长期股权投资的处置

企业在持有长期股权投资的过程中,由于各方面的考虑,决定将所持有的对被投资单位的股权投资全部或部分对外出售时,应相应结转与所售股权投资相对应的长期股权投资的账面价值,出售所得价款与处置长期股权投资账面价值之间的差额,应确认为处置当期的投资损益。处置长期股权投资时,具体应做如下会计分录。

  借:银行存款等   (企业实际收到的价款)
    长期股权投资减值准备 (已计提的长期股权投资减值准备)
    贷:长期股权投资   (按处置比例结转的投资的账面价值)
  (贷或借):投资收益   (差额)

采用权益法核算的长期股权投资处置时,应同时结转原已确认的其他综合收益(不能结转损益的除外)和因被投资单位除净损益、其他综合收益和利润分配外的其他所有者权益变动而确认的所有者权益(资本公积——其他资本公积)至当期损益(投资收益)。部分处置的,应将与所出售股权相对应的其他综合收益或资本公积按比例结转至当期损益(投资收益),具体应做如下会计分录。

  借(或贷):其他综合收益
       资本公积——其他资本公积
    贷(或借):投资收益

【例6-21】甲公司原持有C公司40%的股权,能够对C公司施加重大影响。2023年6月30日,甲公司决定出售其持有的C公司股权的50%,出售时甲公司对C公司长期股权投资的账面价值为2 000万元,其中,投资成本为1 200万元,损益调整为400万元,其他综合收益为200万元(均可重分类为损益),其他权益变动为200万元。出售取得价款1 200万元,已存入银行存款。出售部分股权后,甲公司仍能够对C公司施加重大影响。假定不考虑其他因素,甲公司应编制的会计分录如下。

① 确认有关股权投资的处置损益时:

甲公司应确认的处置损益=1 200-2 000×50%=200(万元)

  借:银行存款   12 000 000
    贷:长期股权投资——投资成本   6 000 000
          ——损益调整   2 000 000

——其他综合收益		1 000 000
——其他权益变动		1 000 000
投资收益		2 000 000

② 结转该项股权投资原已确认的其他综合收益和资本公积(按出售比例结转)时：

借：其他综合收益		1 000 000
资本公积——其他资本公积		1 000 000
贷：投资收益		2 000 000

【思政与德育】

科学判断、事实为本——雅戈尔公司权益投资会计方法变更

2018年4月10日，雅戈尔(600177SH)披露了2018年第一季度业绩预增公告，公告内容如下。

1. 经财务部门初步测算，预计2018年第一季度实现归属于上市公司股东的净利润与上年同期(法定披露数据)相比，将增加约868 046万元，同比增长687.95%左右。

2. 自2018年3月29日起对中国中信股份有限公司(以下简称"中信股份")的会计核算方法由可供出售金融资产变更为长期股权投资，并以权益法确认损益。本次会计核算方法变更，根据《企业会计准则第2号——长期股权投资》的规定，公司所持中信股份对应的净资产可辨认公允价值与账面价值的差额930 210.84万元，将计入2018年第一季度营业外收入。

公司于2015年通过新股认购和二级市场买入的方式投资中信股份，作为其他债权投资核算。截至2018年3月29日，期末账面价值折合人民币1 283 234.80万元；所持股份对应的净资产可辨认公允价值折合人民币2 213 445.64万元，与账面价值的差额为930 210.84万元。变更原因如下：

(1) 公司副总经理兼财务负责人吴幼光先生于2018年3月20日获委任为中信股份非执行董事。

(2) 公司为中信股份第三大股东，且公司对中信股份的持股比例于2018年3月29日由4.99%增加至5.00%。

(3) 根据《企业会计准则第2号——长期股权投资》的规定，投资企业对被投资单位具有共同控制或重大影响的长期股权投资，应采用权益法核算。

2018年4月26日，雅戈尔集团股份有限公司发布了《关于取消对中国中信股份有限公司会计核算方法变更》的提示性公告，具体内容如下。

取消本次会计核算方法变更不会对公司2017年度业绩产生影响；变更后，公司2018年第一季度归属于上市公司股东的净利润预计较上年同期减少约7.5亿元，降低约60%；待审批程序履行后，公司将及时披露《2018年第一季度业绩预告更正公告》。

近日，公司发布《关于变更中国中信股份有限公司会计核算方法的公告》，调整对所持中信股份股票的会计核算方法，受到市场和媒体较大关注。上海证券交易所向公司送达《关于雅戈尔集团股份有限公司变更会计核算方法事项的监管工作函》，要求公司及年审注册会

计师审慎核实上述会计核算方法变更是否符合企业会计准则的规定，是否符合公司的经营实质。经公司与立信会计师事务所(特殊普通合伙)(以下简称"立信")讨论，根据会计师意见，公司拟取消对中信股份的会计核算方法变更，继续以可供出售金融资产核算该项投资。

(资料来源：巨潮资讯网，《雅戈尔公司权益投资会计方法变更》.)

思政感悟(扫码获得)　　　　　自测题及参考答案(扫码获得)

第七章 固定资产

【学习目标】

1. 了解固定资产的性质、分类和基本特征。
2. 熟悉和理解固定资产的概念、内容及确认条件。
3. 掌握固定资产的价值构成及不同来源渠道取得固定资产入账价值的确定及其会计处理。
4. 掌握固定资产计提折旧的范围及计提折旧的方法。
5. 掌握固定资产后续支出的会计处理。
6. 掌握固定资产清理、清查及固定资产期末计价的会计处理。

【知识框架图】

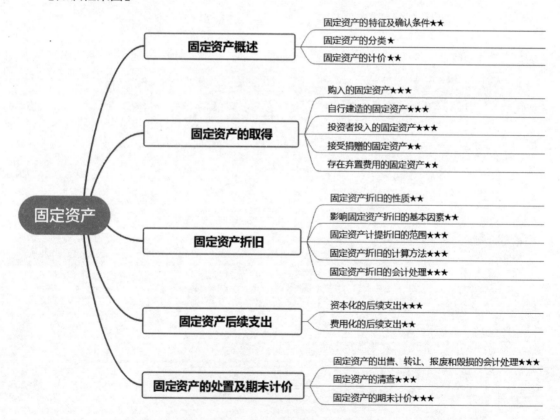

第一节 固定资产概述

企业在生产经营过程中,离不开各种各样的资产,例如,原材料、库存商品等流动资产,机器设备、厂房等固定资产,专利权、商标权等无形资产,有的企业还拥有生物资产

第七章 固定资产

等其他资产。其中，固定资产是企业从事生产经营活动不可缺少的重要劳动资料，而生产性固定资产(如机器设备、生产工具等)是生产的重要要素——劳动手段，直接影响产品的质量及生产的发展；管理性固定资产(如办公楼、交通工具)，是管理的重要工具，直接影响工作效率和管理水平。因此，固定资产是企业一项非常重要的能给企业带来经济利益的经济资源。

一、固定资产的特征及确认条件

(一)固定资产的特征

固定资产是指为生产商品、提供劳务、出租或经营管理而持有的，且使用寿命超过一个会计年度的有形资产。

1. 为生产商品、提供劳务、出租或经营管理而持有的

企业持有固定资产的目的，是生产商品、提供劳务、出租他人，或因经营管理需要而持有并不是对外出售，这一特征是固定资产区别于存货等流动资产的重要标志。因此，凡不是服务于企业经营目的的资产都不是企业的固定资产。例如，同样是小轿车，如果企业持有是为了经营管理需要，就列为固定资产，但如果该企业是一家汽车销售公司，就只能列为存货，而不是固定资产。

2. 使用寿命超过一个会计年度

使用寿命超过一个会计年度，这一特征说明固定资产属于长期耐用的非流动资产，给企业带来的经济利益超过一年。固定资产的使用寿命至少超过一个会计年度，其实物形态不会因为使用而发生变化或显著损耗，这也是其与存货的区别。

3. 固定资产是有形资产

固定资产是以实体形式存在的，这一特征区别于企业的无形资产。例如，专利权、商标权、土地使用权等，尽管是因生产经营目的而持有的，使用年限较长，单位价值也很高，但其不具备实物形态，因此不属于固定资产的范畴。

由于企业的经营内容、经营规模等各不相同，固定资产的标准也不可能强求绝对一致，各企业应根据有关固定资产的确认标准并结合本企业的具体情况加以确定。

(二)固定资产的确认条件

固定资产在同时满足以下两个条件时，才能加以确认。

1. 与该固定资产有关的经济利益很可能流入企业

资产最基本的特征是预期能够给企业带来经济利益。因此，企业在确认固定资产时，需要判断与该固定资产有关的经济利益是否很可能流入企业。在实务中，主要通过判断与该固定资产所有权相关的风险和报酬是否转移到了企业来确定。

2. 该固定资产的成本能够可靠地计量

成本能够可靠地计量，是资产确认的一项基本条件。因此，企业要对某项有形资产确

认为固定资产，那么取得该固定资产所发生的支出就必须能够可靠计量，否则就不能确认为企业的固定资产。

企业在确定固定资产成本时，有时需要根据所获得的最新资料，对固定资产的成本进行合理的估计。例如，对于已达到预定可使用状态的固定资产，虽然尚未办理竣工决算手续，但是企业可以根据工程预算、工程造价或工程实际发生的成本等资料，按暂估价确定固定资产的成本并开始计提折旧，待到办理竣工决算手续后再做相应的调整。

二、固定资产的分类

企业固定资产的种类繁多，性质和用途各不相同。为了正确地进行固定资产核算，管好、用好企业的固定资产，应对其进行科学合理的分类。固定资产可以按以下不同的标准进行分类。

1. 按经济用途分类

按经济用途分类，固定资产可分为生产经营用固定资产和非生产经营用固定资产。

(1) 生产经营用固定资产，是指参加生产经营过程或直接服务于生产经营过程的各种固定资产。如生产经营用的各种房屋及建筑物、机器设备、运输设备和工具器具等。

(2) 非生产经营用固定资产，是指不直接服务于生产经营过程的各种固定资产。如用于职工住宅、公用事业、文化生活、卫生保障及科研试验等方面的房屋和建筑物与器具等。

2. 按所有权性质分类

按所有权性质分类，固定资产可分为自有的固定资产和租入的固定资产。

(1) 自有的固定资产，是指所有权归属于本企业，可供企业自由支配使用的固定资产。

(2) 租入的固定资产，是指企业采取租赁的方式从其他单位租入的固定资产。租入的固定资产对于企业来说，没有所有权和最终处置权，而只是以定期支付租金的方式向资产所有者租入。按租赁方式不同，分为经营租入的固定资产和融资租入的固定资产。前者租赁期较短，期满后需归还，因而会计上一般不作为本企业的固定资产处理；而后者租赁期较长，通常情况下在期满后支付一笔名义购买价，即可取得该项固定资产的所有权，因此按照实质重于形式原则在会计核算上将其视为企业自有的固定资产进行会计处理。

3. 按使用情况分类

按使用情况分类，固定资产可分为使用中的固定资产、未使用的固定资产和不需用的固定资产。

(1) 使用中的固定资产，是指正在使用中的固定资产，既包括经营性质的，也包括非经营性质的。由于季节性经营或大修理等原因，暂时停止使用的固定资产、企业出租(指经营性租赁)给其他单位使用的固定资产和内部替换使用的固定资产也属于使用中的固定资产。

(2) 未使用的固定资产，是指已完工或已购建的尚未交付使用的新增固定资产，以及因扩建而暂停使用的固定资产。例如，企业购建的尚待安装的固定资产等。

(3) 不需用的固定资产，是指本企业多余或不适用，需要调配处理的各种固定资产。

4. 按经济用途和使用情况综合分类

在会计实务中，按固定资产的经济用途和使用情况进行综合分类，一般将固定资产分为以下七大类。

(1) 生产经营用固定资产。
(2) 非生产经营用固定资产。
(3) 租出固定资产。
(4) 未使用固定资产。
(5) 不需用固定资产。
(6) 土地。这是指过去已经估价单独入账的土地。
(7) 融资租入固定资产。在租赁期内视同企业固定资产进行管理。

不同企业的经营性质和经营规模各不相同，对固定资产的分类也不可能完全一致，并且也没有必要强求统一。各企业可以根据各自的具体情况和经营管理、会计核算的需要选择合适的分类标准。

三、固定资产的计价

(一)计价基础

固定资产计价是指用货币计量单位表示固定资产的价值。对固定资产一般采用以下计价标准(也称计价基础)。

1. 原始价值

原始价值也称原值或历史成本，是指企业购置、建造某项固定资产达到预定可使用状态前所发生的一切必要、合理的支出。它是固定资产基本的计价标准，是新购建固定资产时采用的计价标准。《企业会计准则第 4 号——固定资产》中也明确规定"固定资产"账户核算企业固定资产的原价。固定资产按原始价值计价可以揭示投资人对企业固定资产的原始投资规模，也是计提固定资产折旧的依据。这种计价标准，是以实际发生并有支付凭证的支出为依据，具有客观性和可验证性。但是当经济环境和社会物价水平发生变化时，它不能准确地反映固定资产的真实价值。

2. 净值

净值也称折余价值，是指固定资产原始价值减去已提折旧额后的余额。它反映了固定资产尚未损耗的价值，反映了企业实际占用在固定资产上的资金数额，将其与原始价值对比，可以了解固定资产的新旧程度，便于安排固定资产的更新改造。

3. 重置成本

重置成本，是指在当前条件下，重新购置同样的全新固定资产所发生的全部合理支出。一般在购入旧的固定资产、固定资产盘盈、接受捐赠固定资产等无法确定其原始成本的情况下，或者在接受旧的固定资产投资时，采用重置成本计价。

(二)固定资产的初始计量

固定资产的初始计量是指固定资产初始成本的确定。固定资产应当按照成本进行初始计量。

固定资产在取得时，应按照取得时的实际成本作为入账价值。取得时的实际成本包括买价、进口关税、运输费和保险费等相关费用，以及为使固定资产达到预定可使用状态前所发生的一切必要、合理的支出。由于企业取得固定资产的途径和方式不同，其入账价值的确定也有所差异。

1. 外购固定资产

外购固定资产的成本，包括购买价款、相关税费(不包括允许抵扣的增值税进项税额)、使固定资产达到预定可使用状态前所发生的可归属于该项资产的运输费、装卸费、安装费和专业人员服务费等。

企业用一笔款项购入多项没有单独标价的固定资产时，应按各项固定资产公允价值占公允价值总额的比例对总成本进行分配，以确定各项固定资产的入账价值。

购买固定资产的价款超过正常信用条件延期支付(如分期付款购买固定资产)，实质上是具有融资性质的，固定资产的成本应以购买价款的现值为基础确定。而实际支付的价款与购买价款的现值之间的差额，除按照借款费用资本化条件应予以资本化的以外，应当在信用期间内计入当期损益。

2. 自行建造的固定资产

自行建造的固定资产的成本，按建造该项资产达到预定可使用状态前所发生的必要支出，作为入账价值。符合资本化原则的借款费用应计入固定资产成本。

3. 投资者投入的固定资产

投资者投入的固定资产成本，应当按照投资合同或协议约定的价值确定，但合同或协议约定价值不公允的除外。

4. 改建、扩建的固定资产

在原有固定资产的基础上进行改建、扩建的固定资产，按原有固定资产账面价值减去改建、扩建过程中发生的变价收入，同时，将被替换部分的账面价值扣除，加上由于改建、扩建使该项固定资产达到预定可使用状态前发生的支出，作为入账价值。

5. 接受捐赠的固定资产

接受捐赠的固定资产，如果捐赠方提供了有效凭据，按凭据上标明的金额作为入账价值；捐赠方没有提供有效凭据，按照同类或类似固定资产的市场价格估计入账，或按预计未来现金流量现值入账。

6. 盘盈的固定资产

盘盈的固定资产，应按前期差错更正进行会计处理，即盘盈的固定资产通过"以前年度损益调整"账户进行核算。具体按同类或类似固定资产的市场价格(即为重置成本)，减去按该项资产的新旧程度估计的价值损耗后的余额作为入账价值,或按预计未来现金流量现值入账。

第二节 固定资产的取得

固定资产有不同的取得方式,主要包括外购、自行建造、投资者投入、融资租入、盘盈等。不同来源方式取得的固定资产,其会计处理方法也不尽相同。

固定资产的取得
(外购固定资产).mp4

固定资产应通过"固定资产"账户核算,该账户属于资产类账户,借方反映固定资产的增加额,贷方反映固定资产的减少额,余额在借方,表示企业现有的固定资产原值。为了反映固定资产的明细资料,企业应设置"固定资产登记簿"和"固定资产卡片",按固定资产类别、使用部门等进行明细核算。对经营租入的固定资产,应另设"固定资产备查簿"进行登记,不在本账户核算。固定资产T型账户,如表7-1所示。

表7-1 固定资产T型账户

借方	固定资产	贷方
期初余额		
取得固定资产的原始价值(增加额)	处置固定资产的原始价值(减少额)	
期末余额:现有固定资产的原值		

企业进行的固定资产新建工程、改建工程、扩建工程和外购需要安装的固定资产,应通过"在建工程"账户核算,工程完工验收交付使用时再转入"固定资产"账户。"在建工程"账户属于资产类账户,借方反映发生的各项实际支出,贷方反映工程完工结转的实际成本,借方余额表示企业尚未完工的基建工程发生的各项实际支出。该账户应按基建工程项目的类别设置明细账户,进行明细核算。在建工程T型账户,如表7-2所示。

表7-2 在建工程T型账户

借方	在建工程	贷方
期初余额		
发生的各项实际支出	工程完工结转的实际成本	
期末余额:尚未完工的基建工程发生的各项实际支出		

一、购入的固定资产

(一)购入不需要安装的固定资产

购入不需要安装的固定资产,是指企业购入的固定资产不需要安装就可以直接交付使用。固定资产的成本包括：实际支付的买价(不包括可以抵扣的增值税进项税额)、包装费、运杂费、装卸费、场地整理费、交纳的有关税金(如进口关税、耕地占用税、契税、车辆购置税)等作为入账价值，具体应做如下会计分录。

借：固定资产　　　　　　　　　　　　　　(固定资产的成本)
　　应交税费——应交增值税(进项税额)　　(可以抵扣的进项税额)
　贷：银行存款　　　　　　　　　　　　　　(实际支付的价款)

【例7-1】 甲公司以银行存款购入一台不需要安装的生产用设备，发票价格为200 000元，增值税进项税额为26 000元，运杂费为3 000元，增值税进项税额为270元，该设备已经交付使用。甲公司应编制的会计分录如下。

借：固定资产——生产经营用固定资产　　　　　　203 000
　　应交税费——应交增值税(进项税额)　　　　　 26 270
　贷：银行存款　　　　　　　　　　　　　　　　　229 270

【例7-2】 A公司、C公司均为增值税的一般纳税人，C公司与A公司签订一份销售合同，C公司将不再使用的厂房出售给A公司，总价款为3 000万元。作为不动产核算的固定资产适用的增值税税率为9%，该厂房已经交付使用。A公司应编制的会计分录如下。

借：固定资产——生产经营用固定资产　　　　　　30 000 000
　　应交税费——应交增值税(进项税额)　　　　　 2 700 000
　贷：银行存款　　　　　　　　　　　　　　　　　32 700 000

(二)购入需要安装的固定资产

购入需要安装的固定资产，是指购入的固定资产需要经过安装以后才能交付使用。企业购入固定资产实际支付的买价(不包括可以抵扣的增值税进项税额)、包装费、运杂费、装卸费、场地整理费、安装费及专业人员服务费、其他相关税费等均应先通过"在建工程"账户核算，待安装完毕达到预定可使用状态时，再由"在建工程"账户转入"固定资产"账户，具体应做如下会计分录。

(1) 企业购入固定资产时：

借：在建工程　　　　　　　　　　　　　　(相关成本先计入在建工程)
　　应交税费——应交增值税(进项税额)　　(可以抵扣的进项税额)
　贷：银行存款　　　　　　　　　　　　　　(支付的价款)

(2) 发生安装费及专业人员服务费时：

借：在建工程　　　　　　　　　　　　　　(安装和调试费计入在建工程)
　　应交税费——应交增值税(进项税额)　　(可以抵扣的进项税额)
　贷：银行存款　　　　　　　　　　　　　　(支付的价款)
　　　工程物资/原材料等　　　　　　　　　(安装领用的物资和材料的成本价)

(3) 安装完毕达到预定可使用状态时：

借：固定资产　　　　　　　　　　　　　　(固定资产的入账成本)
　贷：在建工程　　　　　　　　　　　　　　(在建工程全部结转为固定资产)

【例7-3】 乙公司从A企业购入需要安装的生产用机器一台，买价为100 000元，适用的增值税税率为13%，包装费、运输费为2 000元(适用的增值税税率为9%)，购入后发生安装费20 000元(适用的增值税税率为13%)，领用丙材料实际成本为1 000元。所有款项均以银行存款支付。该机器安装完毕后交付使用。

① 购入机器时，乙公司应编制的会计分录如下。

借：在建工程　　　　　　　　　　　　　　　　　　100 000
　　应交税费——应交增值税(进项税额)　　　　　　 13 000
　　贷：银行存款　　　　　　　　　　　　　　　　113 000
借：在建工程　　　　　　　　　　　　　　　　　　　2 000
　　应交税费——应交增值税(进项税额)　　　　　　　 180
　　贷：银行存款　　　　　　　　　　　　　　　　　2 180

② 发生安装费及领用原材料时，乙公司应编制的会计分录如下。

借：在建工程　　　　　　　　　　　　　　　　　　 21 000
　　应交税费——应交增值税(进项税额)　　　　　　 2 600
　　贷：银行存款　　　　　　　　　　　　　　　　 22 600
　　　　原材料——丙材料　　　　　　　　　　　　　1 000

③ 安装完毕交付使用时，乙公司应编制的会计分录如下。

借：固定资产——生产经营用固定资产　　　　　　　123 000
　　贷：在建工程　　　　　　　　　　　　　　　　123 000

外购固定资产的会计处理程序，如图7-1所示。

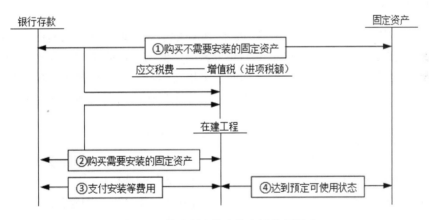

图7-1　外购固定资产的会计处理程序

(三)以一笔款项购入多项没有单独标价的固定资产

企业以一笔款项购入多项没有单独标价的固定资产，应当按照各项固定资产的公允价值占公允价值总额的比例对总成本进行分配，分别确定各项固定资产的成本。

【例7-4】 甲公司向乙公司购进了三台不同型号且具有不同生产能力的设备A、B、C，共支付货款7 842 000元，增值税税额为1 019 460元，全部以银行存款支付。假定设备A、B、C均满足固定资产的定义及确认标准，公允价值分别为2 926 000元、3 594 800元、

18 392 000 元,不考虑其他相关税费。甲公司应编制的会计分录如下。

① 确定应计入固定资产成本的金额为 7 842 000 元。

② 确定设备 A、B、C 的价值比例。

A 设备应分配的固定资产价值比例=2 926 000÷(2 926 000+3 594 800+18 392 000)
=11.74%

B 设备应分配的固定资产价值比例=3 594 800÷(2 926 000+3 594 800+18 392 000)
=14.43%

C 设备应分配的固定资产价值比例=18 392 000÷(2 926 000+3 594 800+18 392 000)
=73.83%

③ 确定设备 A、B、C 各自的成本。

A 设备的成本=7 842 000×11.74%=920 650.8(元)
B 设备的成本=7 842 000×14.43%=1 131 600.6(元)
C 设备的成本=7 842 000×73.83%=5 789 748.6(元)

④ 甲公司应编制的会计分录如下。

借:固定资产——A 设备　　　　　　　　　　920 650.8
　　　　　——B 设备　　　　　　　　　　1 131 600.6
　　　　　——C 设备　　　　　　　　　　5 789 748.6
　　应交税费——应交增值税(进项税额)　　1 019 460
　贷:银行存款　　　　　　　　　　　　　8 861 460

(四)分期付款购入固定资产

企业购买固定资产价款超过正常信用条件延期支付(如分期付款购买固定资产),实质上是具有融资性质的,固定资产的成本以购买价款的现值为基础确定。实际支付的价款与购买价款的现值之间的差额,应当在信用期间内采用实际利率法进行摊销,摊销金额除满足借款费用资本化条件应计入固定资产成本以外,均应当在信用期间内确认为财务费用,计入当期损益,具体应做如下会计分录:

(1) 企业购入固定资产时:

借:固定资产　　　　　　　　　　(固定资产成本为购买价款现值)
　　未确认融资费用　　　　　　　(借贷差额部分)
　贷:长期应付款　　　　　　　　(分期付款计入长期应付款)

(2) 按期支付款项时:

① 支付款项时的会计分录:

借:长期应付款　　　　　　　　　(按期支付的价款)
　　应交税费——应交增值税(进项税额)　(可以抵扣的进项税额)
　贷:银行存款　　　　　　　　　(支付的价款)

② 分摊未确认融资费用时的会计分录:

借:财务费用　　　　　　　　　　(融资费用计入财务费用)
　贷:未确认融资费用　　　　　　(按期分摊)

第七章　固定资产

【例 7-5】 甲公司 2021 年 1 月 1 日从乙公司购入 W 型机器一台作为固定资产使用，机器已到达企业。购货合同规定，W 型机器的总价款为 1 000 万元，分 3 年支付，适用的增值税税率为 13%，在每次支付价款时分期开出增值税专用发票。2021 年 12 月 31 日支付 500 万元，2022 年 12 月 31 日支付 300 万元，2023 年 12 月 31 日支付 200 万元。假定设备的折现率为 6%。未确认融资费用分摊表(实际利率法)，如表 7-3 所示。

表 7-3　未确认融资费用分摊表　　　　　　　　　　单位：万元

日　期	还款额(本＋息) (1)	确认的融资费用 (2)=期初(4)×6%	应付本金减少额 (3)=(1)-(2)	应付本金余额 (4)=期初(4)-(3)
2021 年 1 月 1 日				906.62
2021 年 12 月 31 日	500	54.39	445.61	461.01
2022 年 12 月 31 日	300	27.66	272.34	188.67
2023 年 12 月 31 日	200	11.33*	188.67	0
合　计	1 000	93.38*	906.62	摊余成本

注：*尾数调整。

2021 年 1 月 1 日，确定购入固定资产成本金额=500÷(1+6%)+300÷(1+6%)^2+200÷(1+6%)^3=906.62(万元)。

① 2021 年 1 月 1 日，购买时应编制的会计分录如下(单位：万元)：
借：固定资产　　　　　　　　　　　　　906.62
　　未确认融资费用　　　　　　　　　　 93.38
　　贷：长期应付款　　　　　　　　　　　　　　1 000

② 2021 年 12 月 31 日，支付款项时应编制的会计分录如下。
借：长期应付款　　　　　　　　　　　　500
　　应交税费——应交增值税(进项税额)　 65
　　贷：银行存款　　　　　　　　　　　　　　　565

③ 分摊未确认融资费用时应编制的会计分录如下。
借：财务费用　　　　　　　　　　　　　54.39
　　贷：未确认融资费用　　　　　　　　　　　　54.39

④ 2022 年 12 月 31 日，支付款项时应编制的会计分录如下。
借：长期应付款　　　　　　　　　　　　300
　　应交税费——应交增值税(进项税额)　 39
　　贷：银行存款　　　　　　　　　　　　　　　339

⑤ 分摊未确认融资费用时应编制的会计分录如下。
借：财务费用　　　　　　　　　　　　　27.66
　　贷：未确认融资费用　　　　　　　　　　　　27.66

⑥ 2023 年 12 月 31 日，支付款项时应编制的会计分录如下。
借：长期应付款　　　　　　　　　　　　200
　　应交税费——应交增值税(进项税额)　 26
　　贷：银行存款　　　　　　　　　　　　　　　226

⑦ 分摊未确认融资费用时应编制的会计分录如下。

借：财务费用　　　　　　　　　　　　　　　　11.33
　　贷：未确认融资费用　　　　　　　　　　　　　11.33

二、自行建造的固定资产

企业根据生产经营需要，利用自有的人力、物力等条件制造生产经营所需的机器设备、自行建造房屋建筑物、各种设施及进行大型机器设备安装工程等，为自建固定资产。企业自行建造固定资产的成本，应按建造该项资产达到预定可使用状态前所发生的必要支出作为入账价值，包括工程物资、人工成本、交纳的相关税费、应予以资本化的借款费用及应分摊的间接费用等。按其建造实施方式的不同，自行建造的固定资产可分为自营工程和出包工程两种。

1. 自营工程

1）账户设置

企业自营工程主要通过"工程物资"和"在建工程"账户进行核算。企业为在建工程准备的物资，应设置"工程物资"总账账户，核算各项工程物资实际成本的增减变动及结存情况。该账户借方登记企业购入工程物资的实际成本；贷方登记领用等减少的工程物资的实际成本；期末借方余额，反映企业为工程购入但尚未领用的物资的实际成本。该账户可以设置"专用材料""专用设备"等明细科目进行明细核算。工程物资 T 型账户，如表 7-4 所示。

表 7-4　工程物资 T 型账户

借方	工程物资	贷方
期初余额		
购入工程物资的实际成本	领用等减少的工程物资的实际成本	
期末余额：已购入但尚未领用的物资的实际成本		

2）账务处理

企业自营工程具体应做如下会计分录。

(1) 企业购入工程物资时：

借：工程物资
　　应交税费——应交增值税(进项税额)
　　贷：银行存款

(2) 工程领用工程物资时：

借：在建工程　　　　　　　　　　(工程物资转入在建工程)
　　贷：工程物资　　　　　　　　　(安装领用的物资)

(3) 工程领用材料、库存商品时：

借：在建工程　　　　　　　　　　(转入在建工程)
　　贷：原材料/库存商品　　　　　(安装领用的材料和产品)

(4) 发生安装费及专业人员服务费时：
借：在建工程　　　　　　　　　　　　　　　(安装和调试费计入在建工程)
　　贷：应付职工薪酬/库存现金　　　　　　　(在建工程人员或专业人员薪酬)
(5) 安装完毕达到预定可使用状态时：
借：固定资产　　　　　　　　　　　　　　　(固定资产的入账成本)
　　贷：在建工程　　　　　　　　　　　　　　(在建工程全部结转为固定资产)

自营工程会计处理程序，如图 7-2 所示。

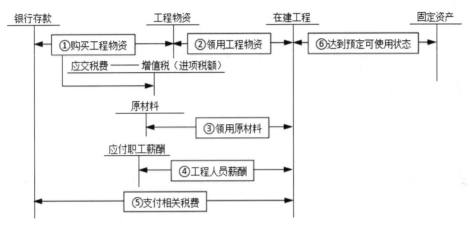

图 7-2　自营工程会计处理程序

【例 7-6】　某企业为增值税的一般纳税人，存货和工程物资适用的增值税税率为 13%。该企业自行建造一栋生产用的厂房，建造期间发生下列经济业务。

① 购入一批为工程准备的物资，买价为 200 000 元，增值税税额为 26 000 元，以银行存款支付。该企业应编制的会计分录如下。

借：工程物资　　　　　　　　　　　　　　　　　　　　　200 000
　　应交税费——应交增值税(进项税额)　　　　　　　　　 26 000
　　贷：银行存款　　　　　　　　　　　　　　　　　　　226 000

② 工程领用工程物资 200 000 元。应编制的会计分录如下。

借：在建工程——厂房　　　　　　　　　　　　　　　　　200 000
　　贷：工程物资　　　　　　　　　　　　　　　　　　　200 000

③ 工程建设期间支付在建工程人员工资 50 000 元。应编制的会计分录如下。

借：在建工程——厂房　　　　　　　　　　　　　　　　　 50 000
　　贷：应付职工薪酬　　　　　　　　　　　　　　　　　 50 000

④ 由于工程需要，基建部门领用企业生产的一批产品，产品成本为 30 000 元，计税价格为 38 000 元，应编制的会计分录如下。

借：在建工程——厂房　　　　　　　　　　　　　　　　　 30 000
　　贷：库存商品　　　　　　　　　　　　　　　　　　　 30 000

⑤ 本月，企业辅助生产车间和总务部门为工程提供水、电、设备修理和运输的费用共计 7 400 元。应编制的会计分录如下。

借：在建工程——厂房　　　　　　　　　　　　　7 400
　　贷：生产成本——辅助生产成本　　　　　　　　　　　　7 400
⑥ 结转本期已完工并达到预定可使用状态的固定资产，并交付使用。应编制的会计分录如下。
借：固定资产——厂房　　　　　　　　　　　　287 400
　　贷：在建工程——厂房　　　　　　　　　　　　　　287 400

2. 出包工程

企业通过出包工程方式建造固定资产，其"在建工程"账户主要用来核算企业与建造承包商办理的工程价款的结算。但是，在"在建工程"账户下，必须按建筑工程、安装工程及不同的固定资产项目设置明细账户，分别归集建造成本和各项费用，以确定各固定资产的建造成本。具体应做如下会计分录。

(1) 预付工程款或直接支付工程款时：
借：在建工程　　　　　　　　　　　(工程价款)
　　应交税费——应交增值税(进项税额)　　(从承包商处收到的进项税额)
　　贷：预付账款/银行存款　　　　　　(支付的款项)

(2) 工程达到预定可使用状态时：
借：固定资产
　　贷：在建工程

【例 7-7】甲公司为增值税一般纳税人，2023 年 3 月 1 日，甲公司将一幢新建厂房工程出包给丙公司承建，税率为 9%；2023 年 4 月 1 日，按合理估计的发包工程进度和合同规定向承包单位结算工程进度款 500 000 元，增值税税额 45 000 元，以银行存款转账支付；2023 年 7 月 8 日，工程达到预定可使用状态后，收到承包单位的有关工程结算单据，补付工程款 172 000 元，增值税税额 15 480 元，以银行存款转账支付；2023 年 7 月 23 日，工程达到预定可使用状态，经验收后交付使用。

① 2023 年 4 月 1 日，按合理估计的发包工程进度和合同规定结算进度款时，甲公司应编制的会计分录如下。
借：在建工程　　　　　　　　　　　　　　　　500 000
　　应交税费——应交增值税(进项税额)　　　　　45 000
　　贷：银行存款　　　　　　　　　　　　　　　　545 000

② 2023 年 7 月 8 日，甲公司补付工程款时，应编制的会计分录如下。
借：在建工程　　　　　　　　　　　　　　　　172 000
　　应交税费——应交增值税(进项税额)　　　　　15 480
　　贷：银行存款　　　　　　　　　　　　　　　　187 480

③ 2023 年 7 月 23 日，工程达到预定可使用状态时，甲公司应编制的会计分录如下。
借：固定资产　　　　　　　　　　　　　　　　672 000
　　贷：在建工程　　　　　　　　　　　　　　　　672 000

三、投资者投入的固定资产

企业接受投资者投入的固定资产的入账价值，按照投资合同或协议约定的价值确定，但合同或协议约定的价值不公允的除外，具体应做如下会计分录。

借：固定资产
　　应交税费——应交增值税(进项税额)
　贷：实收资本/股本
　　　资本公积——资本溢价/股本溢价

【例 7-8】甲有限责任公司收到乙公司投入机器设备一台，投资合同约定的价值为 500 000 元，与市场公允价值一致。甲、乙公司均是增值税一般纳税人，适用的增值税税率为 13%，甲公司应编制的会计分录如下。

借：固定资产——生产经营用固定资产　　　　　　　500 000
　　应交税费——应交增值税(进项税额)　　　　　　 65 000
　贷：实收资本　　　　　　　　　　　　　　　　　　565 000

四、接受捐赠的固定资产

接受捐赠的固定资产，如果捐赠方提供了有效凭据，按凭据上标明的金额作为入账价值；捐赠方没有提供有效凭据，按照同类或类似固定资产的市场价格估计入账，或按预计未来现金流量现值入账。具体应做如下会计分录：

借：固定资产　　　　　　　　　　　　(捐赠固定资产的入账价值)
　　应交税费——应交增值税(进项税额)　(相关进项税额)
　贷：营业外收入　　　　　　　　　　　(捐赠利得计入营业外收入)
　　　银行存款　　　　　　　　　　　　(为接受捐赠发生的费用金额)

【例 7-9】甲公司和乙公司均是增值税一般纳税人，适用的增值税税率为 13%，甲公司于 2023 年 3 月 20 日接受乙公司捐赠机器设备一台，设备的价值为 32 000 元，增值税税额为 4 160 元。甲公司为使设备达到预定可使用状态所发生的运输费等费用为 1000 元，增值税税额 90 元。甲公司应编制的会计分录如下。

借：固定资产——接受捐赠固定资产　　　　　　　　33 000
　　应交税费——应交增值税(进项税额)　　　　　　 4 250
　贷：营业外收入　　　　　　　　　　　　　　　　　36 160
　　　银行存款　　　　　　　　　　　　　　　　　　 1 090

五、存在弃置费用的固定资产

对于特殊行业的特定固定资产，确定其初始入账成本时还应考虑弃置费用。弃置费用通常是指根据国家法律和行政法规、国际公约等规定，企业承担的环境保护和生态恢复等义务所确定的支出，如核电站、核设施等的弃置和恢复环境等义务。对于这些特殊行业的特定固定资产，企业应当按照弃置费用的现值计入相关固定资产的成本，并确认为预计负债。在固定资产的使用寿命内，按照预计负债的摊余成本和实际利率计算确定的利息费用，在发生时计入财务费用。

需要注意的是，一般工商企业的固定资产发生的报废清理费用不属于弃置费用，应当在发生时作为固定资产处置费用处理。

存在弃置费用的固定资产，应做如下会计分录。

(1) 按照弃置费用的现值计入相关固定资产成本，并确认为预计负债：

借：固定资产　　　　　　　　　　　　　　　(弃置费用的现值)
　　贷：预计负债　　　　　　　　　　　　　(弃置费用的现值)

(2) 固定资产使用寿命内，按期计提预计负债的利息费用：

借：财务费用　　　　　　　　　　　　　　　(计提的利息费用)
　　贷：预计负债　　　　　　　　　　　　　(计提的利息费用)

【例 7-10】 A 公司主要从事化工产品的生产和销售。2023 年 1 月 1 日，A 公司一套化工产品生产线达到预定可使用状态并投入使用，建造成本为 30 000 000 元，预计使用寿命为 10 年。根据有关法律规定，A 公司在该生产线使用届满时应对环境进行复原，预计将发生弃置费用 1 000 000 元。假设该公司所采用的折现率为 10%。

① 计算固定资产的成本。

该化工产品生产线属于特殊行业的固定资产，确定固定资产成本时应考虑弃置费用。

弃置费用的现值 = 1 000 000 × (P/F,10%,10) = 1 000 000 × 0.3855 = 385 500(元)

固定资产的成本 = 30 000 000 + 385 500 = 30 385 500(元)

应编制的会计分录如下。

借：固定资产　　　　　　　　　　　　　　　30 385 500
　　贷：在建工程　　　　　　　　　　　　　30 000 000
　　　　预计负债　　　　　　　　　　　　　　　385 500

② 计算第一年应负担的利息费用，385 500 × 10% = 38 550(元)，应编制的会计分录如下。

借：财务费用　　　　　　　　　　　　　　　　　38 550
　　贷：预计负债　　　　　　　　　　　　　　　38 550

③ 计算第二年应负担的利息费用，(385 500 + 38 550) × 10% = 42 405(元)，应编制的会计分录如下。

借：财务费用　　　　　　　　　　　　　　　　　42 405
　　贷：预计负债　　　　　　　　　　　　　　　42 405

以后年度，企业应当按照实际利率法计算确定每年的财务费用，账务处理略。

第三节　固定资产折旧

一、固定资产折旧的性质

固定资产的折旧是指在固定资产的使用寿命期内，按照确定的方法对应计折旧额进行的系统分摊。其中，应计折旧额是指应当计提折旧的固定资产原价扣除其预计净残值后的余额，如已对固定资产计提减值准备，还应扣除已计提的固定资产减值准备累计金额。

从本质上讲，折旧是一种费用，是固定资产在使用过程中由于逐渐损耗而减少的那部分价值。固定资产损耗，分有形损耗和无形损耗两种。有形损耗是指固定资产由于使用和自然力的影响引起的使用价值和价值的损失；无形损耗是指固定资产由于科学技术进步引起的价值上的损失。根据配比原则，对固定资产损耗的价值，应在固定资产的预计使用寿命内，以计提折旧的方式计入各期成本费用，从各期营业收入中逐步得到补偿，为固定资产的更新改造积累资金。

二、影响固定资产折旧的基本因素

影响固定资产折旧的基本因素有以下几个。

(1) 固定资产的原值。固定资产的原值是指企业计提固定资产折旧时的基数，也即固定资产取得时的入账价值。

(2) 固定资产的预计净残值。固定资产的预计净残值是指假定固定资产预计使用寿命已满并处于使用寿命终了时的预期状态，企业目前从该项资产处置中获得的扣除预计处置费用后的金额。即固定资产预计净残值是现值的概念。因此，在计算折旧时，应从固定资产原值中扣除。

(3) 固定资产的减值准备，是指固定资产已计提的固定资产减值准备累计金额。固定资产计提减值准备后，应当在剩余使用寿命期内根据调整后的固定资产账面价值(固定资产账面余额减去累计折旧和累计减值准备后的金额)和预计净残值重新计算确定折旧率和折旧额。

(4) 固定资产的使用寿命。固定资产的使用寿命是指固定资产预期使用的期限。固定资产的使用寿命，可根据不同的固定资产的特点，分别以下述方式表示：①使用年数或月数；②工作时间数；③工作量或产品产量。

企业应当根据固定资产的性质和使用情况，合理确定固定资产的使用寿命和预计净残值。一经确定，不得随意变更，但符合规定的除外。

企业确定固定资产使用寿命，应当考虑下列因素：①预计生产能力或实物产量；②预计有形损耗和无形损耗；③法律或者类似规定对资产使用的限制。

三、固定资产计提折旧的范围

按照《企业会计准则第 4 号——固定资产》的规定，除以下情况外，企业应对所有的固定资产计提折旧。

(1) 已提足折旧仍继续使用的固定资产。

(2) 按规定单独作为固定资产入账的土地。

在确定固定资产计提折旧范围时，需要说明以下几点。

(1) 固定资产提足折旧后，不论是否继续使用，均不再计提折旧。

(2) 提前报废的固定资产，不再补提折旧。

(3) 已达到预定可使用状态但尚未办理竣工决算的固定资产，应按估计价值确定其成本,并计提折旧;待办理竣工决算后,再按实际成本调整原来的暂估价值,但不需要调整原已计提的折旧额。

四、固定资产折旧的计算方法

企业应当根据固定资产的性质和消耗方式,合理地确定固定资产的预计使用寿命和预计净残值,并根据科技发展、环境及其他因素,选择合理的固定资产折旧方法,按照管理权限经股东大会或董事会,或经理(厂长)会议或类似机构的批准,作为计提折旧的依据。同时,按照法律、行政法规的规定报送有关各方备案,并备置于企业所在地,以供投资者等有关各方查阅。企业已经确定对外报送或者备置于企业所在地的有关固定资产的预计使用寿命和预计净残值、折旧方法等,一经确定,不得随意变更。

固定资产折旧方法可以采用年限平均法、工作量法、双倍余额递减法、年数总和法等。企业应当根据固定资产所含经济利益预期实现方式合理选择固定资产折旧方法。

1. 年限平均法

年限平均法又称直线法,是指将固定资产应计提的折旧额在固定资产的预计使用年限内均衡地分摊到各期的一种方法。采用这种方法计算的每期折旧额均是相等的。其计算公式为

$$年折旧额 = \frac{固定资产原价 - 预计净残值}{预计使用寿命(年)} \tag{7-1}$$

$$年折旧率 = \frac{1 - 预计净残值率}{预计折旧年限} \times 100\% \tag{7-2}$$

$$月折旧率 = \frac{年折旧率}{12} = \frac{月折旧额}{固定资产原价} \times 100\% \tag{7-3}$$

$$月折旧额 = 固定资产原值 \times 月折旧率 \tag{7-4}$$

【例7-11】某企业某项固定资产原价为130 000元,预计使用年限为10年,预计净残值率为4%。该固定资产的折旧额和折旧率计算如下。

净残值=130 000×4%=5 200(元)

年折旧额=(130 000−5 200)÷10=12 480(元)

月折旧额=12 480÷12=1 040(元)

或者:

年折旧率=[(1−4%)÷10]×100%=9.6%

月折旧率=9.6%÷12=0.8%

月折旧额=130 000×0.8%=1 040(元)

上述计算的折旧率是按个别固定资产单独计算的,称为个别折旧率。此外,还有分类折旧率和综合折旧率。分类折旧率是指按照固定资产的类别,分类计算的平均折旧率,是固定资产分类折旧额与该类固定资产原价的比率。例如,将房屋建筑物分为一类,将机械设备分为一类,等等。分类折旧率的计算公式为

$$某类固定资产年分类折旧率 = \frac{该类固定资产年折旧额之和}{该类固定资产原价总和} \tag{7-5}$$

综合折旧率是指企业全部固定资产折旧额与全部固定资产原价的比率。综合折旧率的计算公式为

$$\text{固定资产年综合折旧率} = \frac{\text{各项固定资产折旧额之和}}{\text{各项固定资产原价之和}} \quad (7\text{-}6)$$

采用个别折旧率计算折旧,结果较准确,但计算的工作量较为繁重;而采用分类折旧率和综合折旧率计算折旧,计算比较简单,但其计算结果的准确性较差。

采用年限平均法提取折旧方法简单,但它也存在着明显的缺点:固定资产在不同的使用年限提供的经济效益是不同的,其所带来的经济利益应逐年减少,但年限平均法没有考虑这一实际情况,明显不合理;固定资产在不同的使用年限发生的维修费用也不一样,固定资产的维修费用将随着其使用时间的延长而不断增大,而年限平均法也没有考虑这一因素。当固定资产各期负荷程度不同,采用年限平均法计算折旧就不能反映固定资产的实际使用情况。因此,年限平均法适用于各个时期使用程度、使用效率及提供的经济利益大体相同的固定资产。

2. 工作量法

工作量法又称作业量法,是根据固定资产在使用期间完成的总工作量平均计算折旧的一种方法。工作量法和年限平均法都是平均计算折旧的方法,都属于直线法。工作量法的基本计算公式为:

$$\text{每单位工作量折旧额} = \text{固定资产原值} \times \frac{1 - \text{净残值率}}{\text{预计总工作量}} \quad (7\text{-}7)$$

$$\text{某项固定资产月折旧额} = \text{该项固定资产当月工作量} \times \text{每单位工作量折旧额} \quad (7\text{-}8)$$

【例7-12】某企业的一辆轿车,其原值为100 000元,预计行驶里程为200 000千米,预计报废时的净残值率为5%,本月行驶300千米。该轿车的月折旧额计算如下。
每公里折旧额=100 000×(1-5%)÷200 000=0.475(元/千米)
本月折旧额=300×0.475=142.5(元)

工作量法具有简便、实用的优点,同时又可以将固定资产各期的使用强度与该期应分摊的折旧额匹配。工作量法比较适用于采矿设备、运输工具等固定资产。

工作量法是按照固定资产所完成的工作量计算每期的折旧额,若固定资产各期使用较为均衡,工作量法下计算的各期折旧额基本是相等的。

3. 双倍余额递减法

双倍余额递减法属于加速折旧法。加速折旧法是指在固定资产有效使用年限内,前期多提折旧,后期少提折旧,从而相对较快地计提折旧的一种方法。这种方法使固定资产的价值在有效使用年限内,较快地得到补偿。

双倍余额递减法是指在不考虑固定资产净残值的情况下,根据每个会计期间的期初固定资产账面净值乘以双倍的直线折旧率计算固定资产折旧的一种方法。双倍余额递减法是加速折旧的一种方法。

双倍余额递减法的计算公式为

$$年折旧率 = \frac{2}{预计使用年限} \times 100\% \tag{7-9}$$

$$月折旧率 = \frac{年折旧率}{12} \tag{7-10}$$

$$月折旧额 = 期初固定资产账面净值 \times 月折旧率 \tag{7-11}$$

采用双倍余额递减法计提折旧的固定资产，如果某一折旧年度，按双倍余额递减法计算的折旧额小于按直线法计算的折旧额，则应改为直线法计提折旧。我国财务制度规定，在固定资产使用寿命的最后两年里，将固定资产账面净值扣除预计净残值后的余额在最后两年平均摊销。

【例7-13】某企业一项固定资产的原价为200 000元，预计使用年限为5年，预计净残值为5 000元。按双倍余额递减法计算折旧，每年的折旧额计算如下。

双倍直线折旧率=2÷5×100%=40%

第1年应提的折旧额=200 000×40%=80 000(元)

第2年应提的折旧额=(200 000-80 000)×40%=48 000(元)

第3年应提的折旧额=(120 000-48 000)×40%=28 800(元)

从第4年起改用年限法(直线法)计提折旧。

第4年、第5年的年折旧额=[(72 000-28 800)-5 000]÷2=19 100(元)

4. 年数总和法

年数总和法属于加速折旧法。年数总和法是以固定资产的原值减去预计净残值后的净值为基数乘以一个逐年递减的分数计算每年的折旧额，这个分数的分子代表固定资产尚可使用的年数，分母代表使用年限的年数总和。其计算公式为

$$年折旧率 = \frac{尚可使用年限}{预计使用年限的年数总和} \tag{7-12}$$

$$月折旧率 = \frac{年折旧率}{12} \tag{7-13}$$

$$月折旧额 = (固定资产原值 - 预计净残值) \times 月折旧率 \tag{7-14}$$

$$年折旧额 = (固定资产原值 - 预计净残值) \times 年折旧率 \tag{7-15}$$

与直线法相比，加速折旧法既没有改变固定资产的折旧年限，也没有改变折旧总额，只是改变了固定资产折旧在各个会计期间的分布情况。采用加速折旧法，首先，符合配比原则，因为早期固定资产的生产能力强，创造的收益也最大，随着固定资产创造收益的递减，年维修成本逐年上升，加速折旧可使年折旧与维修费之和大体均衡，起到均衡各期成本的作用。其次，加速折旧法考虑了固定资产的无形损耗，随着科学技术的发展，将导致固定资产的无形损耗大幅增加，加速折旧法可减少技术淘汰发生的损失，使固定资产的账面净值更接近于市价。最后，采用加速折旧法可以使企业获得延期交纳所得税的财务利益，对促进增加固定资产投资、加快技术改造有一定的作用。

【例7-14】承例7-13，采用年数总和法计算的各年折旧额，如表7-5所示。

表7-5　年数总和法计算折旧额　　　　　　　　　　单位：元

年数	账面原值	原值-预计净残值	折旧率	每年折旧额	累计折旧	期末账面净值
1	200 000	195 000	5/15	65 000	65 000	135 000
2	200 000	195 000	4/15	52 000	117 000	83 000
3	200 000	195 000	3/15	39 000	156 000	44 000
4	200 000	195 000	2/15	26 000	182 000	18 000
5	200 000	195 000	1/15	13 000	195 000	5 000

固定资产按月计提折旧时，应根据用途计入相关资产的成本或者当期损益。企业至少应当于每年年度终了，对固定资产的使用寿命、预计净残值和折旧方法进行复核。

(1) 使用寿命预计数与原先估计有差异的，应当调整固定资产使用寿命。
(2) 预计净残值预计数与原先估计有差异的，应当调整预计净残值。
(3) 与固定资产有关的经济利益预期实现方式有重大改变的，应当改变折旧方法。
(4) 固定资产的使用寿命、预计净残值和折旧方法的改变应当作为会计估计变更。

【例7-15】甲公司2016年12月31日购入的一台管理用设备，原始价值为84 000元，原估计使用年限为8年，预计净残值为4 000元，按直线法计提折旧。由于技术因素及更新办公设施的原因，已不能继续按原定使用年限计提折旧，于2021年1月1日将该设备的折旧年限改为6年，预计净残值为2 000元，甲公司的管理用设备已计提折旧4年，累计折旧40 000元，固定资产净值为44 000元。2021年1月1日起，改按新的使用年限计提折旧，每年折旧费用=(44 000-2 000)÷(6-4)=21 000(元)，每月的折旧费用=21 000÷12=1 750(元)。

五、固定资产折旧的会计处理

(一)账户设置

企业应设置"累计折旧"账户对固定资产折旧进行核算。该科目是固定资产的备抵账户，该账户借方登记冲销转出的累计折旧减少额；贷方登记计提固定资产累计折旧增加额；期末余额在贷方，反映企业已计提的累计折旧金额。累计折旧T型账户，如表7-6所示。

表7-6　累计折旧T型账户

借方	累计折旧	贷方
冲销转出的累计折旧减少额	期初余额	
	计提固定资产累计折旧增加额	
	期末余额：已计提累计折旧金额	

(二)账务处理

折旧本质上是一项费用。企业计提固定资产折旧时，具体应做如下会计分录。

借：制造费用　　　　　　　　　　　　(基本生产车间)
　　管理费用　　　　　　　　　　　　(管理部门)
　　销售费用　　　　　　　　　　　　(销售部门)
　　其他业务成本　　　　　　　　　　(经营租出的固定资产)
　　在建工程　　　　　　　　　　　　(自营建造过程中使用的固定资产)
　　贷：累计折旧　　　　　　　　　　(应计提的累计折旧)

【例7-16】某企业采用年限平均法提取固定资产折旧。2023年12月，根据"固定资产折旧计算表"确定的各车间及厂部管理部门应分配的折旧额为：A车间35 000元，B车间24 000元，C车间56 000元，厂部管理部门26 000元。该企业应编制的会计分录如下。

借：制造费用——A车间　　　　　　　　　　　　　　35 000
　　　　　　——B车间　　　　　　　　　　　　　　24 000
　　　　　　——C车间　　　　　　　　　　　　　　56 000
　　管理费用　　　　　　　　　　　　　　　　　　　26 000
　　贷：累计折旧　　　　　　　　　　　　　　　　　141 000

《企业会计准则》规定，固定资产按月计提折旧，即企业在实际计提固定资产折旧时，当月增加的固定资产，当月不提折旧，从下月起计提折旧；当月减少的固定资产，当月仍提折旧，从下月起停止计提折旧。

固定资产计提折旧时，应以月初可提取折旧的固定资产账面原值为依据，可以在上月计提折旧的基础上，对上月固定资产的增减情况进行调整后计算当月应计提的折旧额。其计算公式为

当月固定资产应计提的折旧额=上月固定资产计提的折旧额+
　　　　　　上月增加固定资产应计提的折旧额-
　　　　　　上月减少固定资产应计提的折旧额　　　　　　　　(7-16)

【例7-17】甲企业2023年12月的固定资产折旧计算表，如表7-7所示。

表7-7　固定资产折旧计算表　　　　　　　　　　　　单位：元

使用部门	固定资产项目	上月折旧额	上月增加固定资产		上月减少固定资产		本月折旧额
			原价	折旧额	原价	折旧额	
一车间	厂房	5 000					5 000
	机器设备	15 000					15 000
	小计	20 000					20 000
二车间	厂房	3 000					3 000
	机器设备	12 000			40 000	200	11 800
	小计	15 000					14 800
厂部管理部门	房屋	1 600					1 600
	运输工具	1 500	100 000	500			2 000
	小计	3 100					3 600
合计		38 100					38 400

根据上述固定资产折旧计算表,应编制的会计分录如下。

借:制造费用——一车间   20 000
          ——二车间   14 800
   管理费用   3 600
   贷:累计折旧   38 400

第四节　固定资产后续支出

固定资产后续支出,是指固定资产在使用过程中发生的更新改造支出、修理费用等。企业的固定资产投入使用后,为了适应新技术发展的需要,或者为维护、提高固定资产的使用效能,往往需要对现有固定资产进行维护、改建、扩建或者改良。因此,将固定资产后续支出分为资本化的后续支出和费用化的后续支出两种。

固定资产
后续支出.mp4

一、资本化的后续支出

企业将固定资产进行更新改造的,如符合资本化的条件,应将该固定资产的原价、已计提的累计折旧和减值准备转销,将其账面价值转入在建工程,并停止计提折旧。固定资产发生的可资本化的后续支出,通过"在建工程"账户核算。待更新改造等工程完工并达到预定可使用状态时,再由"在建工程"账户转为"固定资产",并按重新确定的使用寿命、预计净残值和折旧方法计提折旧。

固定资产后续支出资本化的具体会计分录如下。

(1) 将固定资产转入改扩建时:
借:在建工程   (固定资产的账面价值)
   累计折旧   (计提的累计折旧全部转出)
   固定资产减值准备   (计提的减值准备全部转出)
   贷:固定资产   (固定资产的原价)

(2) 发生改扩建支出时:
借:在建工程   (改扩建相关成本计入在建工程)
   贷:应付职工薪酬   (改扩建人员薪酬)
       原材料   (改扩建过程中消耗原材料)
       银行存款等   (其他货币性支出)

(3) 达到预定可使用状态时:
借:固定资产   (改扩建后固定资产的入账成本)
   贷:在建工程   (在建工程完工后全部转出)

【例7-18】甲公司是一家从事服装生产的企业,其有关固定资产更新改造的资料如下。
(1) 2020年12月30日,该公司自行建成了一条生产线并投入使用,建造成本为768 000元;采用年限平均法计提折旧;预计净残值率为3%,预计使用寿命为6年。

(2) 2022年12月31日，由于生产的产品适销对路，现有生产线的生产能力已难以满足公司生产发展的需要，但若新建生产线则建设周期过长，该公司决定对现有生产线进行改扩建，以提高其生产能力。假定该生产线未发生减值。

(3) 2023年1月1日至2023年3月31日，经过3个月的改扩建，完成了对这条服装生产线的改扩建工程，共发生支出275 800元，全部以银行存款支付。为简化计算过程，改扩建支出不考虑增值税费。

(4) 该生产线改扩建工程达到预定可使用状态后，极大提高了生产能力，预计将其使用寿命延长了4年，即为10年。假定改扩建后的生产线的预计净残值率为改扩建后固定资产账面价值的3%，折旧方法仍为年限平均法。

(5) 为简化计算过程，整个过程不考虑其他相关税费；公司按年度计提固定资产折旧。
甲公司具体应做如下会计分录。

① 2021年1月1日至2022年12月31日，即固定资产后续支出发生前，该条生产线应计折旧额如下。

应计折旧额=768 000×(1-3%)=744 960(元)
年折旧额=744 960÷6=124 160(元)
计提2021年、2022年的固定资产折旧，每年应编制的会计分录如下。

借：制造费用　　　　　　　　　　　　　　124 160
　　贷：累计折旧　　　　　　　　　　　　　　　124 160

② 2022年12月31日，该生产线的账面价值如下。
生产线的账面价值=768 000-(124 160×2)=519 680(元)
将该生产线转入改扩建，应编制的会计分录如下。

借：在建工程　　　　　　　　　　　　　　519 680
　　累计折旧　　　　　　　　　　　　　　248 320
　　贷：固定资产　　　　　　　　　　　　　　　768 000

③ 2023年1月1日至3月31日，发生改扩建工程支出，应编制的会计分录如下。

借：在建工程　　　　　　　　　　　　　　275 800
　　贷：银行存款　　　　　　　　　　　　　　　275 800

④ 2023年3月31日，生产线改扩建工程达到预定可使用状态，固定资产的入账价值=519 680+275 800=795 480(元)，应编制的会计分录如下。

借：固定资产　　　　　　　　　　　　　　795 480
　　贷：在建工程　　　　　　　　　　　　　　　795 480

⑤ 2023年3月31日，转为固定资产后，按重新确定的使用寿命、预计净残值和折旧方法计提折旧。

应计折旧额=795 480×(1-3%)=771 615.6(元)
月折旧额=771 615.6÷(7×12+9)=8 296.94(元)
2023年应计提的折旧额=8 296.94×9=74 672.46(元)
计提2023年的固定资产折旧，应编制的会计分录如下。

借：制造费用　　　　　　　　　　　　　　74 672.46
　　贷：累计折旧　　　　　　　　　　　　　　　74 672.46

以后每年应计提的折旧额=8 296.94×12=99 563.28(元)，所编制的会计分录与⑤相同。

第七章　固定资产

企业发生的某些固定资产的后续支出可能会涉及替换原固定资产的某组成部分，当发生的后续支出符合固定资产确认条件时，应将其计入固定资产成本，同时将被替换部分的账面价值从该固定资产原账面价值中扣除；不符合固定资产确认条件的固定资产修理费用等，应当在发生时计入当期损益。

【例7-19】 某公司某项固定资产原价为100万元，采用年限平均法计提折旧，使用寿命为10年，预计净残值为零，在第5年年初该公司对该项固定资产进行更新改造，共发生支出合计30万元，均以银行存款支付，符合固定资产的确认条件(资本化)，同时对该固定资产的某一主要部件进行更换，被更换部件的原价为40万元。为简化计算过程，更新改造支出不考虑增值税费。

某公司具体应做如下会计分录。

① 计算该项固定资产进行更换前的账面价值，应编制的会计分录如下。
100-100÷10×4=60(万元)。

借：在建工程　　　　　　　　　　　　　　　　600 000
　　累计折旧　　　　　　　　　　　　　　　　400 000
　　　贷：固定资产　　　　　　　　　　　　　　　　1 000 000

② 以银行存款支付支出30万元，应编制的会计分录如下。

借：在建工程　　　　　　　　　　　　　　　　300 000
　　　贷：银行存款　　　　　　　　　　　　　　　　300 000

③ 计算被更换部件的账面价值，应编制的会计分录如下。
40-40÷10×4=24(万元)。

借：营业外支出　　　　　　　　　　　　　　　240 000
　　　贷：在建工程　　　　　　　　　　　　　　　　240 000

④ 计算更新改造后固定资产的价值，应编制的会计分录如下。
600 000+300 000-240 000=660 000(元)。

借：固定资产　　　　　　　　　　　　　　　　660 000
　　　贷：在建工程　　　　　　　　　　　　　　　　660 000

二、费用化的后续支出

一般情况下，固定资产投入使用后，由于固定资产磨损且各组成部分耐用程度不同，可能会导致固定资产的局部损坏，为了维持固定资产的正常运转和使用，充分发挥其使用效能，企业会对固定资产进行必要的维护。固定资产的日常维护支出只是确保固定资产的正常工作状态，一般不会产生未来的经济利益，通常不满足固定资产的确认条件，在发生时应直接计入当期损益。其中，企业生产车间(部门)和行政管理部门等发生的固定资产修理费用等后续支出计入"管理费用"账户；企业专设销售机构的，其发生的与专设销售机构相关的固定资产修理费用等后续支出计入"销售费用"账户，不得采用预提或待摊方式处理，具体应做如下会计分录。

借：管理费用　　　　　　　　　　　(生产车间和行政管理部门)
　　销售费用　　　　　　　　　　　(销售机构)
　　　贷：银行存款/原材料/应付职工薪酬等　　(相关支出或消耗)

【例7-20】 2023年5月18日，某公司对其一条生产线进行日常维修，维修过程中领用原材料一批，价值为200 000元，为购买该批原材料支付的增值税进项税额为26 000元；另支付维修人员工资9 000元。该公司应编制的会计分录如下：

借：管理费用　　　　　　　　　　　　　　209 000
　　贷：原材料　　　　　　　　　　　　　　　200 000
　　　　应付职工薪酬　　　　　　　　　　　　　9 000

第五节　固定资产的处置及期末计价

企业固定资产的处置主要包括固定资产出售、转让、报废和毁损、对外投资转出、非货币性资产交换、债务重组等。

《企业会计准则》规定，固定资产满足下列条件之一的，应当予以终止确认。

(1) 该项固定资产处于处置状态。
(2) 该项固定资产预期通过使用或处置不能产生经济利益。

固定资产的处置及期末计价.mp4

企业出售、转让、报废固定资产或发生固定资产毁损，应当将处置收入扣除账面价值和相关税费后的金额计入当期损益，该账面价值是固定资产成本扣减累计折旧和累计减值准备后的金额。固定资产盘亏造成的损失也应当计入当期损益。

一、固定资产的出售、转让、报废和毁损的会计处理

(一)账户设置

企业出售、转让、报废、毁损等固定资产处置应通过"固定资产清理"账户核算。"固定资产清理"属于双重性账户，用来反映企业因出售、报废和毁损等原因转入清理的固定资产账面价值，以及在清理过程中所发生的清理费用和清理收入。其借方登记转入固定资产的账面价值、清理费用及结转清理净损失等；贷方登记固定资产的变价收入和应由保险公司或过失人承担的损失及结转清理净收益等。固定资产清理完毕，应当计算并结转清理净损益，将其转入"营业外收入"或"营业外支出"账户，结转后，"固定资产清理"账户没有余额。固定资产清理T型账户，如表7-8所示。

表7-8　固定资产清理T型账户

借方	固定资产清理	贷方
①转入固定资产的账面价值		①固定资产的变价收入
②固定资产的清理费用		②应由保险公司或过失人承担的损失
③结转清理净损失		③结转清理净收益

(二)账务处理

固定资产的出售、转让、报废和毁损应转入固定资产清理,具体应做如下会计分录。

(1) 将固定资产转入清理时:

借:固定资产清理　　　　　　　　　　　(固定资产的账面价值)
　　累计折旧　　　　　　　　　　　　　(计提的累计折旧)
　　固定资产减值准备　　　　　　　　　(计提的减值准备)
　　贷:固定资产　　　　　　　　　　　(固定资产的原价)

(2) 发生相关清理费用时:

借:固定资产清理
　　应交税费——应交增值税(进项税额)
　　贷:银行存款/应付职工薪酬等

(3) 出售固定资产获得价款、残料价值、变价收入及接受各种赔偿时:

借:银行存款　　　　　　　　　　　　　(出售含税价款及保险赔款等)
　　原材料　　　　　　　　　　　　　　(入库残料的价值)
　　其他应收款　　　　　　　　　　　　(保险或个人的赔偿金)
　　贷:固定资产清理　　　　　　　　　(固定资产清理转出)
　　　　应交税费——应交增值税(销项税额) (变价出售时的相关增值税)

(4) 固定资产清理后处理相关净损益时:

① 因固定资产已丧失使用功能或因自然灾害发生毁损等而报废清理产生的利得或损失应计入营业外收支。具体应做如下会计分录。

借:营业外支出　　　　　　　　　　　　(报废和毁损的净损失计入营业外支出)
　　贷:固定资产清理　　　　　　　　　(固定资产清理转出)
或借:固定资产清理　　　　　　　　　　(固定资产清理转出)
　　贷:营业外收入　　　　　　　　　　(报废和毁损的净利得计入营业外收入)

② 因出售、转让等产生的固定资产处置利得或损失应计入资产处置损益。具体应做如下会计分录。

借(或贷):固定资产清理　　　　　　　　(固定资产清理转出)
　　贷(或借):资产处置损益　　　　　　(出售转让的利得或损失)

其他方式减少的固定资产,如对外投资转出固定资产、非货币性资产交换转出固定资产、以固定资产清偿债务等,分别按照非货币性资产交换、债务重组等的处理原则进行核算。

【例7-21】 某企业为一般纳税人,出售一座建筑物,原价为2 500 000元,已提折旧为700 000元,出售前发生清理费用为3 000元,增值税税额为180元,出售价格为2 100 000元,适用的增值税税率为9%。

① 转入清理时,该企业应编制的会计分录如下。

借:固定资产清理　　　　　　　　　　　1 800 000
　　累计折旧　　　　　　　　　　　　　　700 000
　　贷:固定资产　　　　　　　　　　　2 500 000

② 支付清理费用时,该企业应编制的会计分录如下。

借：固定资产清理	3 000	
应交税费——应交增值税(进项税额)	180	
贷：银行存款		3 180

③ 收到价款时，该企业应编制的会计分录如下。

借：银行存款	2 289 000	
贷：固定资产清理		2 100 000
应交税费——应交增值税(销项税额)		189 000

④ 结转净收益时，净收益＝2 100 000－1 800 000－3 000＝297 000(元)。该企业应编制的会计分录如下。

借：固定资产清理	297 000	
贷：资产处置损益		297 000

【例 7-22】丁公司现有一台设备由于性能等原因决定提前报废，原价为 600 000 元，已计提折旧 500 000 元，未计提减值准备。报废时的残值变价收入为 20 000 元，增值税税额为 2600 元，报废清理过程中发生清理费用 4 500 元，增值税 270 元。有关收入、支出均通过银行办理结算。

① 将报废固定资产转入清理时，丁公司应编制的会计分录如下。

借：固定资产清理	100 000	
累计折旧	500 000	
贷：固定资产		600 000

② 收回残值变价收入时，丁公司应编制的会计分录如下。

借：银行存款	22 600	
贷：固定资产清理		20 000
应交税费——应交增值税(销项税额)		2 600

③ 支付清理费用时，丁公司应编制的会计分录如下。

借：固定资产清理	4 500	
应交税费——应交增值税(进项税额)	270	
贷：银行存款		4 770

④ 结转报废固定资产发生的净损失时，丁公司应编制的会计分录如下。

借：营业外支出——非流动资产处置损失	84 500	
贷：固定资产清理		84 500

二、固定资产的清查

企业应于每年编制年度财务报告前，对固定资产进行全面的清查。平时可根据需要，组织局部的轮流清查或抽查，以保证固定资产核算的真实性。固定资产清查过程中，如果发现盘盈、盘亏的固定资产，应填制固定资产盘盈、盘亏报告表。清查固定资产损溢，应及时查明原因，并按照规定程序报批处理。固定资产的清查方法是实地盘点法。

第七章 固定资产

(一)盘亏的固定资产

企业应当定期或者至少每年年末对固定资产进行清查盘点,以保证固定资产核算的真实性和完整性。如果清查中发现固定资产盘亏,应及时查明原因,在期末结账前处理完毕。企业盘亏的固定资产,应通过"待处理财产损溢——待处理固定资产损溢"账户进行核算,具体应做如下会计分录。

(1) 发生固定资产盘亏时:
借:待处理财产损溢——待处理固定资产损溢　　　(固定资产的账面价值)
　　累计折旧　　　　　　　　　　　　　　　　　(已计提的累计折旧)
　　固定资产减值准备　　　　　　　　　　　　　(已计提的减值准备)
　　贷:固定资产　　　　　　　　　　　　　　　(固定资产的原价)

(2) 转出不可抵扣的进项税额时:
借:待处理财产损溢——进项税额转出　　　　　　(形成待处理财产损失)
　　贷:应交税费——应交增值税(进项税额转出)　(不转出已折旧部分的增值税)

(3) 报经批准处理时:
借:营业外支出——盘亏损失　　　　　　　　　　(盘亏损失转入营业外支出)
　　贷:待处理财产损溢——待处理固定资产损溢　(待处理财产损溢全部转出)

【例7-23】某企业在期末进行财产清查时,发现盘亏设备一台,其账面原价为200 000元,已提累计折旧140 000元,购入时增值税税额为26 000元,假设该生产经营用固定资产未计提固定资产减值准备。

(1) 发现盘亏固定资产时,该企业应编制的会计分录如下。
借:待处理财产损溢——待处理固定资产损溢　　　　60 000
　　累计折旧　　　　　　　　　　　　　　　　　140 000
　　贷:固定资产——生产经营用固定资产　　　　　　　200 000

(2) 转出不可抵扣的进项税额时,编制会计分录如下。
借:待处理财产损溢——进项税额转出　　　　　　7 800
　　贷:应交税费——应交增值税(进项税额转出)　　　　7 800

(3) 报经批准后,该企业应编制的会计分录如下。
借:营业外支出——固定资产盘亏　　　　　　　　67 800
　　贷:待处理财产损溢——待处理固定资产损溢　　　　67 800

(二)盘盈的固定资产

企业在财产清查中,若发现盘盈的固定资产,则作为前期会计差错处理。企业在财产清查中盘盈的固定资产,在按管理权限报经批准处理前,应先通过"以前年度损益调整"账户核算。盘盈的固定资产,应按重置成本确定其入账价值:如果同类或类似固定资产存在活跃市场的,就按同类或类似固定资产的市场价格,减去按该项固定资产的新旧程度估计的价值损耗后的余额,作为入账价值;如果同类或类似固定资产不存在活跃市场的,就按该项固定资产的预计未来现金流量的现值,作为入账价值。企业结算盘盈的固定资产时,具体应做如下会计分录。

(1) 盘盈固定资产时：
借：固定资产　　　　　　　　　　　　　　　　(以固定资产的重置成本入账)
　　贷：以前年度损益调整　　　　　　　　　　(批准处理前)
(2) 确定应交纳的所得税时：
借：以前年度损益调整　　　　　　　　　　　　(冲减以前年度收益)
　　贷：应交税费——应交所得税　　　　　　　(由于盘盈增加的所得税费用)
(3) 结转为留存收益时：
借：以前年度损益调整　　　　　　　　　　　　(剩余部分全部转入留存收益)
　　贷：盈余公积——法定盈余公积　　　　　　(按规定补提法定盈余公积)
　　　　利润分配——未分配利润　　　　　　　(转入未分配利润)

【例 7-24】某企业在财产清查过程中，发现未入账的设备一台，按同类或类似商品的市场价格，减去按该项资产的新旧程度估计的价值损耗后的余额为 80 000 元(假定与其计税基础不存在差异)。根据有关规定，该盘盈的固定资产作为前期会计差错进行处理。假定该企业适用的所得税税率为25%，按净利润的10%计提法定盈余公积。

① 盘盈固定资产时，该企业应编制的会计分录如下。
借：固定资产　　　　　　　　　　　　　　　　80 000
　　贷：以前年度损益调整　　　　　　　　　　　　　80 000
② 确定应交纳的所得税时，该企业应编制的会计分录如下。
借：以前年度损益调整　　　　　　　　　　　　20 000
　　贷：应交税费——应交所得税　　　　　　　　　20 000
③ 结转为留存收益时，该企业应编制的会计分录如下。
借：以前年度损益调整　　　　　　　　　　　　60 000
　　贷：盈余公积——法定盈余公积　　　　　　　　 6 000
　　　　利润分配——未分配利润　　　　　　　　　54 000

三、固定资产的期末计价

固定资产发生损坏、技术陈旧或其他经济原因导致其可收回金额低于其账面价值，这种情况称为固定资产价值减值。

企业的固定资产在使用过程中，由于存在有形损耗(如自然磨损等)和无形损耗(如技术陈旧等)及其他的经济原因，固定资产发生资产价值的减值是必然的。对于已经发生的资产价值的减值如果不予以确认，必将导致虚夸资产的价值，这不符合真实性原则，也有悖于稳健性要求。因此，企业应当在期末或者至少在每个年度终了，对固定资产逐项进行检查，如发现存在下列情况，应当计算固定资产的可收回金额，以确定资产是否已经发生减值。

(1) 固定资产市价大幅下跌，其跌幅大大高于因时间推移或正常使用而预计的下跌幅度，并且预计在近期内不可能恢复。

(2) 企业所处经营环境，如技术、市场、经济或法律环境，或者产品营销市场在当期发生或在近期发生重大变化，并对企业产生负面影响。

(3) 同期市场利率等大幅提高，进而很可能影响企业计算固定资产可收回金额的折现率,并导致固定资产可收回金额大幅降低。

(4) 固定资产陈旧过时或发生实体损坏等。

(5) 固定资产预计使用方式发生重大不利变化,如企业计划终止或重组该资产所属的经营业务、提前处置资产等情形,从而对企业产生负面影响。

(6) 其他有可能表明资产已发生减值的情况。

如果固定资产由于上述原因导致其可收回金额低于账面价值的,即发生了固定资产的减值,企业应当按可收回金额低于其账面价值的差额计提固定资产减值准备,并计入当期损益。固定资产减值准备应按单项资产计提。

当存在下列情况之一时,应当按照该项固定资产的账面价值全额计提固定资产减值准备。

(1) 长期闲置不用,在可预见的未来不会再使用,且已无转让价值的固定资产。

(2) 由于技术进步等原因,已不能使用的固定资产。

(3) 虽然固定资产尚可使用,但使用后产生大量不合格产品的固定资产。

(4) 已遭毁损,以至于不再具有使用价值和转让价值的固定资产。

(5) 其他实质上已经不能再给企业带来经济利益的固定资产。

已全额计提减值准备的固定资产,不再计提折旧。

已计提减值准备的固定资产,应当按照该固定资产的账面价值及尚可使用寿命重新计算确定折旧率和折旧额;如果已计提减值准备的固定资产价值又得以恢复,不得转回已提的减值准备,不需对减值后已提折旧进行调整。

企业发生固定资产减值时,借记"资产减值损失——计提的固定资产减值准备"账户,贷记"固定资产减值准备"账户。根据《企业会计准则第 8 号——资产减值》规定,企业固定资产减值损失一经确认,在以后会计期间不得转回。

【例7-25】2023 年 12 月 31 日,某公司的一条生产线由于技术等原因,存在可能发生减值的迹象。经计算,该生产线的可收回金额为 730 000 元,账面价值为 780 000 元,以前年度未对该生产线计提减值准备。

该生产线发生的减值金额=780 000-730 000=50 000(元),该公司应编制的会计分录如下。

借:资产减值损失——计提的固定资产减值准备　　　　　50 000
　　贷:固定资产减值准备　　　　　　　　　　　　　　　　50 000

【思政与德育】

诚实守信,廉洁自律——某公司固定资产、在建工程造假

某股份有限公司坐落于辽宁省某市,主要业务包括国防军工及航空航天等涉及使用特殊钢铁材料的领域,如高温合金、钛合金、新材料不锈钢、高强度钢材等,该公司在生产规模及产品精密程度上都是国内一流水平。该公司作为专门对口国防军工及航空航天等关乎国家安全的企业,其产品曾创造多个第一,各种超高强度钢材、不锈钢锅炉等都开创了我国钢铁行业的先河;国内发射的人造卫星、核弹、原子弹均装备了该公司提供的各种钢材,其优良的品质在科技国防事业上体现得淋漓尽致,可以说该公司是我国钢铁产业的领头羊,被称为制造业中的"白马产业",在辽宁省和中国钢铁制造行业中都极具代表性。

经相关部门查证,某公司 2013~2014 年年度报告中披露的期末在建工程余额存在虚假

记载，累计虚增在建工程为113 854万元；2010~2016年、2017年1~9月，该公司累计虚增存货为198 934万元；2010~2017年累计虚增利润总额为190 194万元。

(1) 虚增在建工程：2013~2014年，该公司累计虚增在建工程达113 854万元，2013年虚增在建工程为74 293万元、2014年虚增在建工程为39 561万元。其财务报表披露的在建工程余额与实际相差甚远，存在造假行为。

(2) 虚增固定资产：2013年和2015年，该公司通过伪造、变造记账凭证及原始凭证等方式将虚增的在建工程转入固定资产，虚增2013年和2015年年度报告期末固定资产，2013年和2015年累计虚增固定资产为84 100万元，其中2013年虚增固定资产为49 000万元，2015年虚增固定资产为35 100万元。该公司2013年和2015年年度报告披露的期末固定资产余额与事实不符，存在虚假记载。

2013~2015年某公司虚增固定资产和在建工程情况

单位：万元

虚增项目	2013年	2014年	2015年
固定资产	49 000		35 100
在建工程	74 293	39 561	

(3) 虚增固定资产折旧：2014~2016年、2017年1~9月，某公司将虚增后的固定资产计提折旧，虚增2014~2016年年度报告和2017年第三季度报告期末固定资产折旧额，2014年至2017年9月累计虚增固定资产折旧为8 739.47万元，其中，2014年虚增固定资产折旧为1 438.13万元，2015年虚增固定资产折旧为1 817.44万元，2016年虚增固定资产折旧为3 133.65万元，2017年1~9月虚增固定资产折旧为2 350.24万元。该公司2014~2016年年度报告、2017年第三季度报告披露的固定资产折旧数据与事实不符，存在虚假记载。

(4) 虚增利润：2010~2016年、2017年1~9月，该公司通过虚增存货，将部分虚增存货转入在建工程和固定资产进行资本化等方式，累计虚增利润总额为190 100万元。

(资料来源：①华夏商训；②张文博.我国制造业上市公司财务舞弊研究——基于ST抚钢的案例分析[D].河北经贸大学硕士学位论文，2020.)

思政感悟(扫码获得)　　自测题及参考答案(扫码获得)

第八章 无形资产

【学习目标】

1. 熟悉无形资产的基本特征、确认条件及内容与分类。
2. 掌握无形资产的初始计量及会计处理。
3. 熟悉无形资产使用寿命的确定条件。
4. 掌握使用寿命有限及使用寿命不确定的无形资产的会计处理。
5. 掌握无形资产减值的会计处理。
6. 熟悉无形资产出售、出租和报废的会计处理。

【知识框架图】

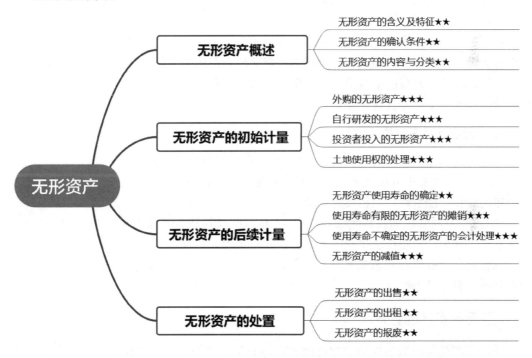

第一节 无形资产概述

一、无形资产的含义及特征

(一)无形资产的含义

无形资产是指企业拥有或者控制的没有实物形态的可辨认的非货币性资产,主要包括专利权、非专利技术、商标权、著作权、土地使用权、特许

无形资产-
内容概述.mp4

权等。无形资产是非流动资产，具有资产的一般特征，即是由过去的交易(或事项)所形成，由企业拥有或控制，可以在较长时期内给企业带来未来经济利益。

(二)无形资产的特征

与其他资产相比，无形资产具有以下特征。

1. 无形资产不具有实物形态

不具有实物形态是无形资产区别于固定资产和存货等其他资产的显著标志。看不见、摸不着，但是具有极大的潜在价值。通常表现为某种权利、技术或获取超额利润的综合能力，如土地使用权、非专利技术等。需要特别指出的是，并不是所有不具有实物形态的资产都是无形资产，如应收账款等。

2. 无形资产属于非货币性长期资产

银行存款、应收账款、应收票据等货币性资产，虽然也没有实物形态，但它们与无形资产有着本质的区别。货币性资产的共同特点是直接表现为无形的货币数额，或在将来收到一定货币数额的要求权，它们往往在一年内变现或被耗用，是流动资产，而无形资产不属于流动资产，它属于长期资产，企业为取得无形资产所发生的支出属于资本性支出。

持有无形资产的目的不是出售而是生产经营，即利用无形资产来提供商品、提供劳务、出租给他人或为企业经营管理服务。

3. 无形资产具有可辨认性

满足下列条件之一的资产，符合无形资产定义中的可辨认性标准。

(1) 能够从企业中分离或者划分出来，并能单独或者与相关合同、资产或负债一起，用于出售、转移、授予许可、租赁或者交换。

(2) 源自合同性权利或其他法定权利，无论这些权利是否可以从企业或其他权利和义务中转移或者分离，如通过法律程序申请可以获得某项商标权或专利权。

商誉是与企业整体价值联系在一起的，无法与企业自身分离，不具有可辨认性，不属于本章所指的无形资产。

(三)无形资产的管理

无形资产是经济增长中的决定性因素，与有形资产相比，其对保持和增强企业持久经济利益流入越来越重要。无形资产准确及时的确认与计量、提供高质量的无形资产会计核算资料，可防范和化解企业因无形资产权属不清、技术落后、缺乏核心技术、管理失当、存在重大技术安全隐患等导致的法律纠纷、缺乏可持续发展能力风险，并在引导创新决策、有效配置创新资源等方面具有重要意义和作用。

二、无形资产的确认条件

无形资产在符合定义的前提条件下，还应同时满足以下两个条件，才能予以确认。

(一)与该无形资产有关的经济利益很可能流入企业

作为无形资产确认的项目,必须具备其所产生的经济利益很可能流入企业这一条件。通常情况下,无形资产产生的未来经济利益可能包括在销售商品、提供劳务的收入中,或者体现在企业使用该项无形资产而减少或节约了成本,或者体现在获得的其他利益当中。例如,生产加工企业在生产工序中使用了某种知识产权,使其降低了未来生产成本,而不是增加未来收入。实务中,要确定无形资产创造的经济利益是否很可能流入企业,需要实施职业判断。

企业应能够控制无形资产所产生的经济利益,即企业拥有无形资产的法定所有权,或企业与他人签订了协议,使企业的相关权利受到法律的保护。在判断无形资产产生的经济利益是否有可能流入企业时,企业管理部门应对无形资产在预计使用年限内存在的各种因素作出稳健的估计。

(二)该无形资产的成本能够可靠地计量

成本能够可靠地计量是确认资产的一项基本条件,对于无形资产来说,这个条件相对更为重要。企业若不能计量为取得该项无形资产所发生的支出,则不能将其作为无形资产确认。例如,高科技人才的知识能给企业创造经济利益,但难以准确、合理地辨认,所发生的支出更是难以计量,因而无法作为企业的无形资产加以确认。再如,企业自创商誉及内部产生的品牌、客户关系等,其成本无法可靠地计量,因此也不能作为企业的无形资产确认。

三、无形资产的内容与分类

(一)无形资产的内容

无形资产一般包括专利权、非专利技术、商标权、著作权、土地使用权、特许权等。

1. 专利权

专利权是指专利发明人经过专利申请获得批准,从而得到法律保护的,对某一产品的设计、造型、配方、结构、制造工艺或程序等拥有的专门权利。我国《专利法》规定,专利权分为发明专利权、实用新型专利权和外观设计专利权,自申请日起计算,发明专利权的期限为20年,实用新型专利权及外观设计专利权的期限为10年。发明者取得专利权后,在有效期限内将享有专利的独占权。专利权具有公开性和期限性等特点。

2. 非专利技术

非专利技术,也称专有技术,是指未经申请的、没有公开的、先进的、可以带来经济效益的专门技术、工艺规程、经验和产品设计等技术或诀窍。非专利技术因为未经法定机关按法律程序批准和认可,所以不受法律保护,而主要靠自我保密的方式来维持其独占性,非专利技术没有法律上的有效年限,但事实上具有专利权的效用。非专利技术具有经济性、机密性和动态性等特点。

3. 商标权

商标权是商标所有者专门在某类指定的产品或商品上使用特定的名称或图案的权利,即商标依法注册登记后,取得的受法律保护的独家使用权利。商标权的内容包括独占使用权和禁止使用权。商标是用来辨认特定商品和劳务的标记,代表着企业的一种信誉,从而具有相应的经济价值。我国《商标法》规定,注册商标的有效期限为10年,期满需要继续使用的,应当在期满前6个月内申请续展注册,每次续展注册的有效期为10年。

4. 著作权

著作权又称版权,是指作者对其创作的文学、科学和艺术作品依法享有的某些特殊权利。著作权包括发表权、署名权、修改权、保护作品完整权、使用权、获得报酬的权利及应当由著作权人享有的其他权利。著作权可以转让、出售或者赠与。

5. 土地使用权

土地使用权是指企业按照法律规定所取得的在一定时期对国有土地进行开发、利用和经营的权利。根据法律规定,在我国境内的土地都属于国家或集体所有,任何单位和个人不得侵占、买卖、出租或非法转让。国家和集体可以依照法定程序对土地使用权实行有偿出让,企业也可以依照法定程序取得土地使用权,或将已取得的土地使用权依法转让。企业取得土地使用权的方式大致有划拨取得、外购取得、投资者投入取得等。通常情况下,作为投资性房地产和固定资产的土地,按照投资性房地产和固定资产核算,而以外购或投资者投入等方式取得的土地使用权作为无形资产核算。

6. 特许权

特许权,又称特许经营权、专营权,是指企业在某一地区经营或销售某种特定商品的权利或是一家企业接受另一家企业使用其商标、商号、技术秘密等的权利。特许权一般有两种形式,一种是由政府机构授权准许企业使用公共财产或在一定地区享有经营某种业务的特权,如烟草专卖权,水、电、邮电通信等专营权;另一种是指企业间依照签订的合同,一家企业使用另一家企业的某些权利,如连锁店、分店使用总店的名称等。

(二)无形资产的分类

1. 按无形资产的取得方式分类

按照取得方式,无形资产可分为外购无形资产和内部自行研发形成的无形资产。

外购无形资产,是指企业用货币资金或者以其他资产相交换,从其他科研单位或其他企业引进的无形资产;内部自行研发形成的无形资产,是指由企业所属的科研机构或职能部门研究开发出来的无形资产。

2. 按期限分类

按照是否具备确定的寿命期限,无形资产可分为期限确定的无形资产和期限不确定的无形资产两种。

期限确定的无形资产,是指在法律允许的一定期限内,其占有权受法律保护的无形资产，如专利权、著作权、商标权、土地使用权、特许权等。

期限不确定的无形资产，是指没有相应法律规定其有效期限，其经济寿命难以预先准确估计的无形资产，如非专利技术等。

3. 按经济内容分类

按经济内容的不同，无形资产可分为专利权、非专利技术、商标权、著作权、特许权、土地使用权等。

第二节　无形资产的初始计量

无形资产的初始计量是指如何确定企业以各种方式取得的无形资产的入账价值。企业取得无形资产的途径不同，因此不同途径形成的无形资产的入账价值也各不相同。无形资产通常按照实际成本进行初始计量，即以取得无形资产并使之达到预定用途而发生的全部支出作为无形资产的成本。同时，从谨慎性原则出发，在尚未证实某项无形资产的开发能否为企业带来经济利益时，不能将为取得该项无形资产而发生的支出资本化。

一、外购的无形资产

(一)外购无形资产成本的计量

外购无形资产的成本包括购买价款、相关税费(不包括税法规定可抵扣的增值税税额)及直接归属于使该项资产达到预定用途所发生的其他支出。但下列各项不包括在外购无形资产的初始成本中。

(1) 为引入新产品进行宣传发生的广告费用、管理费用及其他间接费用。

(2) 无形资产已经达到预定用途以后发生的费用。

购买无形资产的价款超过正常信用条件延期支付，实质上具有融资性质，无形资产的初始成本以购买价款的现值为基础确定。实际支付的价款与购买价款的现值之间的差额，作为未确认融资费用，并应在付款期间内采用实际利率法进行摊销，其摊销金额除满足借款费用资本化条件应当计入无形资产成本外，均应当在信用期间内确认为财务费用，计入当期损益。

(二)外购无形资产的会计处理

1. 账户设置

为了反映和监督无形资产的取得和处置等情况，企业应设置"无形资产""累计摊销""无形资产减值准备"等账户。

"无形资产"账户属于资产类，借方反映取得无形资产的成本，贷方反映转出的无形资产的金额，期末余额在借方，反映尚未摊销的无形资产账面余额。该账户应按无形资产的项目设置明细账，进行明细核算。无形资产 T 型账户，如表 8-1 所示。

表 8-1 无形资产 T 型账户

借方	无形资产	贷方
期初余额		
取得无形资产的成本	转出的无形资产的金额	
期末余额：尚未摊销的无形资产账面余额		

"累计摊销"账户属于资产类，是"无形资产"的备抵账户，核算企业对使用寿命有限的无形资产计提的累计摊销。账户的贷方反映企业按期计提的无形资产摊销金额，借方反映处置无形资产时结转的累计摊销金额，期末贷方余额反映累计已摊销的金额。该账户可按无形资产项目进行明细核算。累计摊销 T 型账户，如表 8-2 所示。

表 8-2 累计摊销 T 型账户

借方	累计摊销	贷方
	期初余额	
结转的累计摊销金额	计提的无形资产摊销金额	
	期末余额：累计已摊销的金额	

"无形资产减值准备"账户属于资产类，是"无形资产"的备抵账户，核算企业对无形资产计提的减值准备。该账户贷方登记计提的无形资产减值准备，借方登记转销的无形资产减值准备，期末贷方余额反映企业已计提但尚未转销的减值准备的金额。该账户可按无形资产项目进行明细核算。无形资产减值准备 T 型账户，如表 8-3 所示。

表 8-3 无形资产减值准备 T 型账户

借方	无形资产减值准备	贷方
	期初余额	
转销的无形资产减值准备	计提的无形资产减值准备	
	期末余额：已计提但尚未转销的减值准备的金额	

2. 账务处理

一般情况下，企业购入各项无形资产时，具体应做如下会计分录。

借：无形资产
　　应交税费——应交增值税(进项税额)
　贷：银行存款等

【例 8-1】 甲公司为一般纳税人企业，从外部某单位购入一项商标权，增值税专用发票列明价款为 1 000 000 元，增值税税额为 60 000 元，用银行存款付讫。甲公司应编制的会计分录如下。

借：无形资产——商标权　　　　　　　　　　　　1 000 000

应交税费——应交增值税(进项税额)	60 000
贷：银行存款	1 060 000

如果企业采用分期付款等融资方式购入各项无形资产时，具体应做如下会计分录。

(1) 购买时：

借：无形资产	(按购买价款的现值)
未确认融资费用	(二者差额)
贷：长期应付款	(合同规定的购买价款)

(2) 期末付款时：

借：长期应付款	(按照分期支付的款项)
贷：银行存款	(按照分期支付的款项)
借：财务费用	(按照合同价款现值计算的当期利息)
贷：未确认融资费用	(按照合同价款现值计算的当期利息)

【例8-2】 甲公司于2022年1月1日从外单位购买一项专利权，采用分期付款方式支付款项。合同规定，该项专利权总计600 000元，每年年末付款300 000元，两年付清。假定银行同期贷款利率为6%，2年期年金现值系数为1.833 4。甲公司应编制的会计分录如下。

无形资产现值=300 000×1.833 4=550 020(元)

未确认融资费用=600 000-550 020=49 980(元)

第一年应确认的融资费用=550 020×6%=33 001(元)

第二年应确认的融资费用=49 980-33 001=16 979(元)

① 2022年1月1日：

借：无形资产——专利权	550 020
未确认融资费用	49 980
贷：长期应付款	600 000

② 2022年12月31日付款时：

借：长期应付款	300 000
贷：银行存款	300 000
借：财务费用	33 001
贷：未确认融资费用	33 001

③ 2023年12月31日付款时：

借：长期应付款	300 000
贷：银行存款	300 000
借：财务费用	16 979
贷：未确认融资费用	16 979

二、自行研究开发的无形资产

自行研究开发无形资产的成本，由可直接归属于该无形资产的创造、生产并使该资产能够以管理层预定的方式运作的所有必要支出组成。可直接归属成本包括：研究开发该无形资产时耗费的材料、劳务成本、注册费、在研究开发该无形资产过程中使用的其他专利权和特许权的摊销，以及按照借款费用的处理原则可以资本化的利息支出。在研究开发无形资产过程中发生的除上述可直接归属于无形资产研究开发活动之外的其他销售费用、管理费用等间接费用，以及无形资产达到预定用途前发生的可辨认的无效和初始运作损失、为运行该无形资产发生的培训支出等不构成无形资产的研究开发成本。

需要说明的是，自行研究开发无形资产的成本仅包括在满足资本化条件的时点至无形资产达到预定用途前所发生的支出总额，对于同一项无形资产在研究开发过程中达到资本化条件之前已经费用化计入当期损益的支出不再进行调整。

(一)研究阶段与开发阶段的区分

对于企业自行研究的开发项目，应当区分研究阶段与开发阶段两个部分分别进行核算。

1. 研究阶段

研究阶段是指为获取并理解新的科学或技术知识而进行的独创性的、有计划的调查。研究活动包括以获取新知识为目的所进行的活动；研究成果或其他知识的应用研究、评价和最终选择；材料、设备、产品、工序、系统或服务替代品的研究；新的或经改进的材料、设备、产品、工序、系统或服务的可能替代品的配置、设计、评价和最终选择等。研究阶段的特点如下。

(1) 计划性。研究阶段是建立在有计划的调查基础上，即研发项目已经过董事会或者相关管理层的批准，并着手收集相关资料、进行市场调查等。例如，某药品公司为研究开发某个药品，经董事会或者相关管理层的批准，有计划地进行收集相关资料、开展市场调查、比较市场中相关药品的药性、效用等方面的活动。

(2) 探索性。研究阶段基本上是探索性的，为进一步的开发活动进行资料及相关方面的准备，在这一阶段不会形成阶段性成果。

从研究活动的特点来看，其研究是否能在未来形成成果，即通过开发后是否会形成无形资产均具有较大的不确定性，企业也无法证明其能够带来未来经济利益的无形资产的存在。因此，研究阶段的有关支出，在发生时进行费用化处理，计入当期损益(管理费用)。

2. 开发阶段

开发阶段是指在进行商业性生产或使用前，将研究成果或其他知识应用于某项计划或设计，以生产出新的或具有实质性改进的材料、装置、产品等。开发活动包括生产前或使用前的样品和模型的设计、建造和测试；含新技术的工具、夹具、模具和冲模的设计；不具有商业性生产经济规模的试生产设施的设计、建造和运营；新的或经改造的材料、设备、产品、工序、系统或服务所选定的替代品的设计、建造和测试；等等。开发阶段的特点如下。

相对于研究阶段而言，开发阶段应当是已完成研究阶段的工作，在很大程度上具备了形成新产品或新技术的基本条件。此时，如果企业能够证明开发支出符合无形资产的定义及相关确认条件，则可将开发阶段发生的支出进行资本化处理，确认为无形资产。

3. 研究阶段和开发阶段的不同点

(1) 目标不同。一般研究阶段目标不具体，不具有针对性；而开发阶段多是针对具体目标、产品、工艺等。

(2) 对象不同。研究阶段一般很难具体化到特定项目上；而开发阶段往往形成对象化的成果。

(3) 风险不同。研究阶段的成功概率很难判断，一般成功率很低，风险比较大；而开发阶段的成功率较高、风险相对较低。

(4) 结果不同。研究阶段的结果多是研究报告等基础性成果；而开发阶段的结果则多是具体的新技术、新产品等。

(二) 开发阶段相关支出资本化的条件

在开发阶段，可将有关支出资本化，计入无形资产的成本，但必须同时满足下列条件。

1. 完成该无形资产以使其能够使用或出售在技术上具有可行性

企业在判断是否满足该条件时，应以目前阶段的成果为基础，说明在此基础上进一步进行开发所需要的技术条件等已经具备，完成该项无形资产不存在技术上的障碍或其他不确定性。例如，企业已经完成了全部计划、设计和测试活动，这些活动是使资产能够达到设计规划书中的功能、特征和技术所必需的活动，或经过专家鉴定等。

2. 具有完成、使用或出售该无形资产的意图

企业研发项目形成成果以后，是对外出售还是为自己使用并从使用中获得经济利益，应当取决于管理当局的意图。企业的管理当局应能够说明其开发无形资产的目的，并且具有完成该项无形资产开发且使其能够使用或出售的可能性。

3. 无形资产产生经济利益的方式

无形资产产生经济利益的方式，包括能够证明运用该无形资产生产的产品存在市场或无形资产自身存在市场；无形资产将在内部使用的，应当证明其有用性。如果相关无形资产形成以后，主要用于生产新产品，企业应当对运用该无形资产生产的产品的市场情况进行可靠预计，应当能够证明所生产的产品存在市场，并能够带来经济利益的流入；如果相关无形资产开发以后主要用于对外出售的，则企业应当能够证明市场上存在对该类无形资产的需求，其开发以后存在外在的市场可以出售并能够给企业带来经济利益的流入；如果无形资产开发以后，不是用于生产产品，也不是用于对外出售，而是在企业内部使用的，则企业应能够证明其在企业内部使用时对企业的有用性。

4. 有足够的技术、财务资源和其他资源支持，以完成该无形资产的开发，并有能力使用或出售该无形资产

(1) 完成该项无形资产的开发具有技术上的可靠性。开发无形资产并使用其形成成果在技术上的可靠性，是继续开发活动的关键，因此，必须有确凿证据证明企业继续开发该项无形资产有足够的技术支持和技术能力。

(2) 财务资源和其他资源支持。财务资源和其他资源支持是能够完成相关无形资产开发的经济基础，因此，企业必须能够证明可以取得无形资产开发所必需的财务资源和其他资源，以及获得这些资源的相关计划。

(3) 能够证明企业可以取得无形资产开发所必需的技术、财务和其他资源，以及获得这些资源的相关计划。如果企业自有资金不足以提供支持的，应当能够证明存在外部其他方面的资金支持，如银行等金融机构声明愿意为该无形资产的开发提供所需资金。

(4) 有能力使用或出售该项无形资产以取得收益。

5. 归属于该项无形资产开发阶段的支出能够可靠地计量

企业对于开发活动所发生的支出应当单独核算，例如，直接发生的开发人员工资、材料费及相关设备折旧费等都应计入无形资产的成本。若企业同时开发多项无形资产，所发生的支出同时用于支持多项开发活动的，应按照合理的标准在各项开发活动之间进行分配；无法明确分配的，在发生时应当费用化，计入当期损益，不计入开发活动的成本。无法区分研究阶段支出和开发阶段支出的，应当在发生时作为管理费用，全部计入当期损益。

(三)自行研究开发费用的会计处理

1. 账户设置

企业应设置"研发支出"账户，该账户属于成本类，借方登记实际发生的研发支出，贷方登记转为无形资产和管理费用的金额，借方余额反映企业正在进行中的研究开发项目中满足资本化条件的支出。企业应当按照研究开发项目分为"费用化支出"与"资本化支出"进行明细核算。研发支出——费用化支出T型账户，如表8-4所示；研发支出——资本化支出T型账户，如表8-5所示。

无形资产 初始计量
(研发费用).mp4

表8-4 研发支出——费用化支出T型账户

借方	研发支出——费用化支出	贷方
期初余额		
研究阶段和开发阶段不符合资本化条件的支出	期末转入管理费用的金额	
期末余额：无余额		

表8-5 研发支出——资本化支出T型账户

借方	研发支出——资本化支出	贷方
期初余额		
开发阶段发生的符合资本化条件的支出	转为无形资产的金额	
期末余额：正在进行的满足资本化条件的各种支出的期末余额		

2. 账务处理

(1) 企业研究阶段的有关支出，在发生时应当费用化，计入当期损益，具体应做如下会计分录。

① 发生支出时：
借：研发支出——费用化支出
　　贷：银行存款等

② 期末，将研究阶段的支出结转到管理费用时：
借：管理费用
　　贷：研发支出——费用化支出

(2) 企业开发阶段的支出符合资本化条件的予以资本化，不符合资本化条件的计入当期损益，具体应做如下会计分录。

① 符合资本化条件的，发生支出时：
借：研发支出——资本化支出　　　　(按照符合资本化条件的发生额)
　　贷：银行存款等　　　　　　　　(按照符合资本化条件的发生额)

② 不符合资本化条件的，发生支出时：
借：研发支出——费用化支出
　　贷：银行存款等

如果确实无法区分属于研究阶段的支出还是开发阶段的支出，应将其所发生的研发支出全部费用化，计入当期损益。

③ 研究开发项目达到预定用途形成无形资产时：
借：无形资产　　　　　　　　　　　(按研发支出——资本化支出归集的金额)
　　贷：研发支出——资本化支出　　(按研发支出——资本化支出归集的金额)

④ 期末，将"研发支出——费用化支出"账户归集的金额转入"管理费用"账户时：
借：管理费用　　　　　　　　　　　(按研发支出——费用化支出归集的金额)
　　贷：研发支出——费用化支出　　(按研发支出——费用化支出归集的金额)

【例8-3】甲公司正在研究和开发一项新工艺，截至2022年12月31日以前发生的各项研究、调查、试验等费用共计200 000元，经测试该项研发活动已经完成了研究阶段；从2023年1月1日开始进入开发阶段，共支出研发费用300 000元，假定符合资本化条件，2023年6月30日，该项研发活动结束，形成一项非专利技术。甲公司应编制的会计分录如下。

① 2022年发生研发支出时：
借：研发支出——费用化支出　　　　　　　　200 000
　　贷：银行存款　　　　　　　　　　　　　　　　200 000

② 2022年12月31日结转费用化支出时：
借：管理费用　　　　　　　　　　　　　　　200 000
　　贷：研发支出——费用化支出　　　　　　　　　200 000

③ 2023年，发生开发支出并满足资本化确认条件时：
借：研发支出——资本化支出　　　　　　　　300 000
　　贷：银行存款　　　　　　　　　　　　　　　　300 000

④ 2023年6月30日，该技术研发完成并形成无形资产时：

借：无形资产　　　　　　　　　　　　　　300 000
　　贷：研发支出——资本化支出　　　　　　　　300 000

内部研究开发费用的账务处理程序，如图8-1所示。

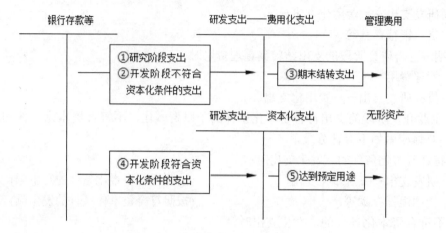

图8-1　内部研究开发费用的账务处理程序

三、投资者投入的无形资产

投资者投入的无形资产，应当按照投资合同或协议约定的价值确定无形资产的取得成本，但投资合同或协议约定的价值不公允的除外。

在投资合同或协议约定价值不公允的情况下，应按照无形资产的公允价值入账，所确认的初始成本与实收资本或股本之间的差额调整资本公积，具体应做如下会计分录。

借：无形资产　　　　　　　　　(按投资合同或协议约定的价值)
　　贷：实收资本(股本)　　　　　(按照所占注册资本或股本的份额)
　　　　资本公积——资本(股本)溢价　(二者差额)

【例8-4】甲股份公司于2023年5月10日接受乙公司以专利权进行的投资，该专利权的账面价值为1 260 000元，双方按照投资协议协商确认的价值为1 320 000元，占甲股份公司注册资本的15%，甲股份公司的注册资本为3 000 000元。假定不考虑其他相关税费。甲股份公司应编制的会计分录如下。

借：无形资产——专利权　　　　　　　　　1 320 000
　　贷：股本　　　　　　　　　　　　　　　　450 000
　　　　资本公积——股本溢价　　　　　　　　870 000

四、土地使用权的处理

企业取得的土地使用权，通常应当按照取得时所支付的价款及相关税费确认为无形资产。土地使用权用于自行开发建造厂房等地上建筑物时，土地使用权的账面价值不与地上建筑物合并计算其成本，而仍作为无形资产进行核算，土地使用权与地上建筑物应分别进行摊销和提取折旧，但下列情况除外。

(1) 房地产开发企业取得的土地使用权用于建造对外出售的房屋建筑物，相关的土地使用权应当计入所建造的房屋建筑物成本。

(2) 企业外购的房屋建筑物，实际支付的价款中包括土地及建筑物的价值，则应当对支付的价款按照合理的方法(如公允价值比例)在土地和地上建筑物之间进行分配；如果确实无法在地上建筑物与土地使用权之间进行合理分配的，应当全部作为固定资产，按照固定资产确认和计量的规定进行处理。

企业改变土地使用权的用途，将其用于出租或增值目的时，应将其转为投资性房地产。

企业取得土地使用权及摊销的具体业务应做如下会计分录。

① 取得使用权时：
借：无形资产——土地使用权　　　　　　　　　(按照实际支付的金额)
　　贷：银行存款等　　　　　　　　　　　　　(按照实际支付的金额)

② 分期摊销土地使用权时：
借：在建工程　　　　　　　　　　　　　　　(按照使用年限计算的摊销额)
　　贷：累计摊销　　　　　　　　　　　　　 (按照使用年限计算的摊销额)

【例8-5】甲公司是一家从事房地产开发业务的建筑企业，2023年7月1日，甲公司取得股东作为出资投入的一宗土地使用权及地上建筑物。取得时，土地使用权的公允价值为1 000万元，地上建筑物的公允价值为500万元。甲公司将上述土地使用权和地上建筑物用于管理部门办公，预计使用50年。假定不考虑相关税费，甲公司应编制的会计分录如下。

借：无形资产——土地使用权　　　　　　　　　　10 000 000
　　固定资产——××建筑物　　　　　　　　　　 5 000 000
　　贷：股本　　　　　　　　　　　　　　　　　　　15 000 000

第三节　无形资产的后续计量

无形资产的后续计量主要是指无形资产的摊销。无形资产属于企业的长期资产，通常情况下，其成本应在预计使用寿命内合理地摊销。

一、无形资产使用寿命的确定

企业应当在取得无形资产时判断、分析其使用寿命。使用寿命有限的无形资产应当估计其使用寿命的年限或者构成使用寿命的产量等类似计量单位的数量，在使用寿命或类似计量单位内系统、合理地摊销其成本，其应摊销金额为无形资产成本扣除其预计残值后的金额，已计提减值准备的无形资产，还应扣除已计提的无形资产减值准备累计金额。无法预见无形资产为企业带来经济利益的期限的，应当视为使用寿命不确定的无形资产。

(一)确定无形资产使用寿命需考虑的因素

企业确定无形资产的使用寿命通常应当考虑以下因素。

(1) 该资产通常的产品寿命周期、可获得的类似资产使用寿命的信息。
(2) 技术、工艺等方面的现阶段情况及对未来发展趋势的估计。
(3) 以该资产生产的产品(或服务)的市场需求情况。
(4) 现在或潜在的竞争者预期采取的行动。
(5) 为维持该资产产生未来经济利益能力的预期维护支出,以及企业预计支付有关支出的能力。
(6) 对该资产的控制期限、使用的法律或类似限制,如特许使用期间、租赁期间等。
(7) 与企业持有的其他资产使用寿命的关联性等。

(二)无形资产使用寿命的复核

企业至少应当于每年年度终了,对使用寿命有限的无形资产的使用寿命进行复核。如果有证据表明无形资产的使用寿命与以前估计不同的,应当改变其摊销期限,并按照会计估计变更进行处理。例如,企业使用的某项专利权,原预计使用寿命为 10 年,使用至第 3 年年末时,该企业计划再使用 2 年即不再使用,为此,在第 3 年年末,企业应当变更该项无形资产的使用寿命,并作为会计估计变更进行处理。

企业应当在每个会计期末对使用寿命不确定的无形资产的使用寿命进行复核。如果有证据表明该无形资产的使用寿命是有限的,应当作为会计估计变更进行处理,并按照使用寿命有限的无形资产的处理原则进行会计处理。

二、使用寿命有限的无形资产的摊销

使用寿命有限的无形资产,应在其预计的使用寿命内采用系统、合理的方法对应摊销金额进行摊销。企业至少应当于每年年度终了,对无形资产的使用寿命及摊销方法进行复核。如果有证据表明无形资产的使用寿命及摊销方法不同于以前的估计,则应视为会计估计变更。

无形资产-后续计量
(资产摊销).mp4

(一)摊销期、摊销方法和摊销金额的确定

无形资产的摊销期自其可使用(即其达到预定用途)时起至终止确认时止,即当月增加的无形资产当月开始摊销,当月减少的无形资产当月不再摊销。在无形资产的使用寿命内系统地分摊其应摊销金额,摊销方法包括直线法、生产总量法等。企业选择的无形资产摊销方法,应当能够反映与该项无形资产有关的经济利益的预期实现方式,并一致地运用于不同会计期间;无法可靠确定其预期实现方式的,应当采用直线法进行摊销。

无形资产的应摊销金额为其成本扣除预计残值后的金额。已计提减值准备的无形资产,还应扣除已计提的无形资产减值准备的累计金额。

无形资产的摊销金额一般应当计入当期损益(管理费用)。但如果某项无形资产是专门用于生产某种产品或者其他资产,其所包含的经济利益是通过转入到所生产的产品或其他资产中实现的,则无形资产的摊销金额应当计入相关资产的成本。例如,某项专门用于生产过程中的无形资产,其摊销金额应构成所生产产品成本的一部分,计入该产品的制造费用。

(二) 残值的确定

使用寿命有限的无形资产，其残值应当视为零，但下列情况除外。
(1) 有第三方承诺在无形资产使用寿命结束时购买该项无形资产。
(2) 可以根据活跃市场得到预计残值信息，并且该市场在无形资产使用寿命结束时很可能存在。

无形资产的残值意味着在其经济寿命结束前，企业预计将会处置无形资产，并且从该处置中获得利益。估计无形资产的残值应以资产处置时的可收回金额为基础，此时的可收回金额是指在预计出售日出售一项使用寿命已满且处于类似使用状况下，同类无形资产预计的处置价格(扣除相关税费)。残值确定以后，在持有无形资产的期间内，至少应于每年年末进行复核，预计其残值与原估计金额不同的，应按照会计估计变更进行处理。如果无形资产的残值重新估计以后高于其账面价值的，则无形资产不再摊销，直至残值降至低于账面价值时再恢复摊销。

(三) 使用寿命有限的无形资产摊销的会计处理

无形资产的摊销金额一般应计入当期损益，具体做如下会计分录。

借：管理费用、其他业务成本等　　　　　　　　　　(按每期应摊销的金额)
　　贷：累计摊销　　　　　　　　　　　　　　　　(按每期应摊销的金额)

【例8-6】甲公司2023年5月购入一项商标权，支付价款7 000 000元，款项已支付，该商标权的使用寿命为10年，不考虑残值的因素。甲公司应编制的会计分录如下。

① 购入时：
借：无形资产——商标权　　　　　　　　　　　　7 000 000
　　贷：银行存款　　　　　　　　　　　　　　　　　7 000 000

② 在该项无形资产使用寿命内每年期末摊销时：
借：管理费用　　　　　　　　　　　　　　　　　　700 000
　　贷：累计摊销　　　　　　　　　　　　　　　　　　700 000

三、使用寿命不确定的无形资产的会计处理

根据可获得的相关信息判断，有确凿证据表明无法合理估计其使用寿命的无形资产，才能作为使用寿命不确定的无形资产。对于使用寿命不确定的无形资产，在持有期间内 不需要进行摊销，但应当至少在每个会计期末按照有关规定进行减值测试。如经减值测试表明已发生减值，则需要计提相应的减值准备，具体账务处理为：借记"资产减值损失"科目，贷记"无形资产减值准备"科目。对于使用寿命不确定的无形资产，如果有证据表明其使用寿命是有限的，则应视为会计估计变更，应当估计其使用寿命并按照使用寿命有限的无形资产的处理原则进行处理。

四、无形资产的减值

如果无形资产将来为企业创造的经济利益不足以弥补无形资产的成本，则说明无形资

产发生了减值，具体表现为无形资产的账面价值超过了其可收回金额。

(一)减值迹象

企业应定期对无形资产的账面价值进行检查，至少于每年年末检查一次。在检查中，如果发现以下迹象，则应对无形资产的可收回金额进行估计，并将该项无形资产的账面价值超过可收回金额的部分确认为减值准备。

(1) 该项无形资产已被其他新技术等替代，使其为企业创造经济利益的能力受到重大不利影响。

(2) 该项无形资产的市价在当期大幅下跌，在剩余摊销年限内预期不会恢复。

(3) 该项无形资产已超过法律保护期限，但仍然具有部分使用价值。

(4) 其他足以表明该项无形资产实质上已经发生了减值的情形。

(二)确定无形资产可收回金额

无形资产的可收回金额是指以下两项金额中较大者。

(1) 无形资产的销售净价，即该项无形资产的销售价格减去因出售该项无形资产所发生的律师费用和其他相关税费后的余额。

(2) 预期从无形资产的持续使用和使用年限结束时的处置中产生的预计未来现金流量的现值。

(三)账务处理

如果无形资产的账面价值超过其可收回金额，则应按超过部分确认无形资产减值准备。企业计提的无形资产减值准备计入当期的"资产减值损失"，具体应做如下会计分录。

借：资产减值损失　　　　　　　　　　(账面价值超过其可收回金额部分)
　　贷：无形资产减值准备　　　　　　　(账面价值超过其可收回金额部分)

无形资产的价值受许多因素的影响。例如，以前期间导致无形资产发生减值的迹象，可能已经全部消失或部分消失。《企业会计准则》规定，企业不能将以前年度已确认的减值损失予以转回。

【例8-7】2022年1月1日，甲公司自行研发的某项非专利技术已经达到预定可使用状态，累计研究支出为800万元，累计开发支出为2 500万元(其中符合资本化条件的支出为2 000万元)。有关调查表明，根据产品生命周期、市场竞争等方面情况综合判断，该非专利技术将在不确定的期间内为企业带来经济利益。由此，该非专利技术可视为使用寿命不确定的无形资产，在持有期间内不需要进行摊销。2023年年底，甲公司对该项非专利技术按照资产减值的原则进行减值测试，经测试表明其已发生减值。2023年年底，该非专利技术的可收回金额为1 800万元。甲公司应编制的会计分录如下。(单位以万元表示)

① 非专利技术达到预定用途时：
借：无形资产　　　　　　　　　　　2 000
　　贷：研发支出——资本化支出　　　2 000

② 非专利技术发生减值时：

借：资产减值损失	200	
贷：无形资产减值准备		200

第四节　无形资产的处置

无形资产的处置，主要包括无形资产的出售、出租及报废三种情形。

一、无形资产的出售

企业出售无形资产时，表明企业放弃了该项无形资产的所有权，因此应将无形资产的账面价值全部转出，同时将所得价款与该项无形资产的账面价值之间的差额计入资产处置损益。应当注意的是，企业出售无形资产确认其利得的时点，应按照收入确认的相关原则进行确定。

企业出售无形资产时，具体应做如下会计分录。

借：银行存款等　　　　　　　　　　　(按照实际取得的转让收入)
　　无形资产减值准备　　　　　　　　(累计计提的减值准备)
　　累计摊销　　　　　　　　　　　　(累计摊销的金额)
　　贷：无形资产　　　　　　　　　　(按照无形资产的账面余额)
　　　　应交税费——应交增值税(销项税额)　(按照应支付的相关税费)
　　　　资产处置损益　　　　　　　　(按照差额)

如果出售表现为损失，则借记资产处置损益。

【例 8-8】甲公司为增值税一般纳税人，将拥有的一项商标权出售，取得不含税收入1 200 000元，应交纳的增值税税额为72 000元(适用增值税税率为6%，不考虑其他税费)。该专利权的成本为3 000 000元，已摊销的金额为1 800 000元，已计提的减值准备为300 000元，甲公司应编制的会计分录如下。

借：银行存款　　　　　　　　　　　　1 272 000
　　累计摊销　　　　　　　　　　　　1 800 000
　　无形资产减值准备　　　　　　　　　300 000
　　贷：无形资产——专利权　　　　　　3 000 000
　　　　应交税费——应交增值税(销项税额)　72 000
　　　　资产处置损益　　　　　　　　　300 000

二、无形资产的出租

企业出租无形资产，属于将所拥有的无形资产的使用权让渡给他人使用，同时收取租金，在满足收入确认条件的情况下，应确认相关的收入，并结转其摊销成本，具体应做如下会计分录。

(1) 取得租金时：
借：银行存款
　　贷：其他业务收入
　　　　应交税费——应交增值税(销项税额)
(2) 摊销出租无形资产成本并发生与转让该项无形资产使用权有关的各种费用支出时：
借：其他业务成本
　　贷：累计摊销

【例8-9】2023年1月1日，甲公司将一项商标权出租给乙企业使用，该商标权账面余额为6 000 000元，摊销期限为10年，采用直线法摊销。出租合同规定，每月不含税租金为300 000元。甲公司为一般纳税人，应交纳的增值税税额为18 000元。假定按月摊销商标权，且不考虑增值税以外的其他相关税费。

① 取得租金时，甲公司应编制的会计分录如下。

借：银行存款　　　　　　　　　　　　　　　　　　　318 000
　　贷：其他业务收入——出租商标权　　　　　　　　300 000
　　　　应交税费——应交增值税(销项税额)　　　　　 18 000

② 按月摊销时，月摊销额=6 000 000÷10÷12=50 000(元)，甲公司应编制的会计分录如下。

借：其他业务成本——商标权摊销　　　　　　　　　　 50 000
　　贷：累计摊销　　　　　　　　　　　　　　　　　 50 000

三、无形资产的报废

如果无形资产预期不能为企业带来经济利益，从而不再符合无形资产的定义，则应将其价值全部转入当期损益，主要有以下情形。

(1) 某项无形资产已被其他新技术等替代，并且该项无形资产已无使用价值和转让价值。
(2) 某项无形资产已超过法律保护期限，并且已不能为企业带来经济利益。
(3) 其他足以证明某项无形资产已经丧失了使用价值和转让价值的情形。

无形资产如果有以上情形，应将其报废并予以转销，其账面价值转作当期损益。具体应做如下会计分录。

借：累计摊销　　　　　　　　　　　　(按照已摊销的金额)
　　无形资产减值准备　　　　　　　　(按照已计提减值准备的金额)
　　营业外支出——处置非流动资产损失　(按照其差额)
　　贷：无形资产　　　　　　　　　　(按照其账面余额)

【例8-10】甲公司的一项专利技术A，根据市场调查，用其生产的产品已经没有市场，决定予以转销。该项专利技术的账面余额为5 000 000元，摊销期限为10年，采用直线法进行摊销，已摊销了5年，假定该项专利权的残值为零，已累计计提减值准备100 000元，不考虑其他相关因素。

累计摊销=5 000 000÷10×5=2 500 000(元)，甲公司应编制的会计分录如下。

借：累计摊销	2 500 000
无形资产减值准备	100 000
营业外支出——处置非流动资产损失	2 400 000
贷：无形资产——专利技术A	5 000 000

【思政与德育】

自主创新、与时俱进——打造核心技术竞争优势

2018年4月16日，美国商务部宣布禁止美国企业向中兴通讯销售一切产品，时间长达7年。这意味着从4月16日开始，美国不再向中国中兴公司销售科技软硬件产品及技术。中兴2018年年度报告显示，公司收到美国禁令后支付的罚款及相关事项导致的净利润损失共计69.84亿元。此次事件暴露出中兴严重依赖上游企业的芯片供应，在关键技术领域缺乏自主研发能力的弱点。

2019年5月15日，美国总统特朗普以国家安全问题为由签署行政命令，限制华为在美国销售设备。随后，美国商务部也正式将华为列入"实体清单"，禁止美国企业向华为出售相关技术和产品，谷歌、英特尔、高通等芯片设计商和供应商相继与华为切断交易，华为面临与中兴通讯近乎同样的境遇。令人庆幸的是，经过近三个月的努力，华为正式发布了我国自主研发的国产操作系统鸿蒙，成功踏出了技术封锁线的第一步，而且鸿蒙系统已经完全达到了商用要求，随时可以替代安卓系统。面对技术封锁，华为能够成功突破，源于华为在研发支出上的巨大投入。相关资料统计，2019年华为研发支出达1 317亿元，占其销售收入的13.9%，占全国研发支出的6%。实践证明，在科技创新的激烈竞争中，关键核心技术才是企业的命脉，自主创新、与时俱进才是企业不断向前发展的不竭动力。

(资料来源：搜狐网(整理).)

思政感悟(扫码获得)　　　　　　自测题及参考答案(扫码获得)

第九章 负　　债

【学习目标】

1. 熟悉流动负债和非流动负债的特征、分类。
2. 掌握短期借款、应付账款、应付票据、预收账款的会计处理。
3. 掌握应付职工薪酬、应交税费账户的会计处理。
4. 了解应付股利、应付利息、其他应付款账户的会计处理。
5. 掌握长期借款、应付债券的会计处理。

【知识框架图】

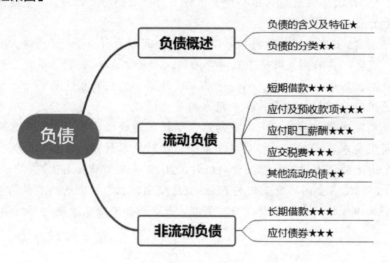

第一节　负 债 概 述

一、负债的含义及特征

企业筹集资金有两个途径，一个是债权性资金，另一个是权益性资金。我国《企业会计准则》对负债的定义是："负债是指企业过去的交易或事项形成的、预期会导致经济利益流出企业的现时义务。"

根据负债的定义，负债具有以下几方面的特征。

(1) 负债是由过去的交易或事项产生的。过去的交易或事项是指已发生或完成的经济业务。例如，企业向银行取得借款、企业向购货单位赊购商品等，这些经济业务的发生，会导致企业的负债增加。对于未来发生的交易或事项，不确认为负债。例如，赊购货物意向书，在交易或事项尚未发生前，这种预期可能发生的负债不能形成企业的负债。

(2) 负债是企业承担的现时义务。现时义务是指企业在现行条件下已承担的义务。负债属于具有约束力的合同、协议的法定要求，因而不能履行义务时，在法律上可以强制执行。

例如，企业购入货物后必须向销货企业支付货款，对购货企业而言，支付货款是一项强制性的义务，只有在付款后负债才可能消失。

(3) 现时义务的履行会导致企业经济利益的流出。负债的清偿一般通过向债权人支付货币资金、非货币性资产、提供劳务等方式来偿还；也可以通过债转股或者举借新债偿还旧债来了结现有的负债。这些最终都会以牺牲企业的经济利益为代价。

二、负债的分类

负债按其流动性，分为流动负债和非流动负债两大类。

(1) 流动负债是指将在1年(含1年)或者超过1年的一个营业周期内偿还的债务，包括短期借款、应付账款、应付票据、应交税费(按税种设明细账进行核算)、应付职工薪酬、预收账款、其他应付款等。

(2) 非流动负债是指偿还期在1年或者超过1年的一个营业周期以上的债务，包括长期借款、应付债券、长期应付款项等。

(一)流动负债的分类

1. 按产生的原因分类

(1) 借贷形成的流动负债。如企业从银行和其他金融机构借入的短期借款。

(2) 结算过程中产生的流动负债。如企业购入的原材料已经到货，在货款尚未支付前形成一笔待结算的应付款项。

(3) 经营过程中产生的流动负债。会计上实行权责发生制，因有些费用要预先确认从而形成的负债，如应交税费、应付职工薪酬等。

(4) 分配利润产生的流动负债。如企业宣告发放的现金股利或利润，在尚未发放之前形成应付给投资者的利润。

2. 按偿还方式分类

流动负债按照偿还方式分类，可以分为货币性流动负债和非货币性流动负债。

(1) 货币性流动负债，是指需要以货币性资产偿还的流动负债，如短期借款、应付账款、应付票据、应付职工薪酬、应付股利、应交税费及其他应付款等。

(2) 非货币性流动负债，是指不需要以货币性资产偿还的流动负债，如预收账款等。

(二)非流动负债的分类

(1) 按筹措方式划分，非流动负债可分为长期借款、应付债券和长期应付款等。

(2) 按偿还方式划分，非流动负债可分为定期偿还非流动负债和分期偿还非流动负债。

(三)负债的确认条件

将一项现时义务确认为负债，除了需要符合负债的定义，还需要同时满足以下两个条件。

(1) 与该义务有关的经济利益很可能流出企业。

(2) 未来流出的经济利益的金额能够可靠地计量。

只有符合负债定义和确认条件的项目，才能列入资产负债表。

第二节 流动负债

一、短期借款

短期借款是指企业向银行或其他金融机构等借入的期限在 1 年以下（含 1 年）的各种款项。短期借款一般是企业为了满足正常生产经营所需的资金或者是为了抵偿某项债务而借入的。短期借款具有借款金额小、时间短、利息低等特点，对企业资产的流动性要求高。

流动负债-
短期借款.mp4

(一)账户设置

企业应设置"短期借款"科目核算短期借款的取得、偿还等情况。该科目的贷方登记取得短期借款本金的金额，借方登记偿还短期借款的本金金额，期末余额在贷方，反映企业尚未偿还的短期借款。本科目可按借款种类、贷款人和币种设置明细科目进行明细核算。短期借款的账务处理包括取得短期借款、发生短期借款利息、归还短期借款等环节。

短期借款 T 型账户，如表 9-1 所示。

表 9-1 短期借款 T 型账户

借方	短期借款	贷方
已偿还款项	期初余额 借入款项	
	期末余额：尚未偿还的短期借款	

(二)账务处理

"短期借款"的账务处理，具体应做如下会计分录。

(1) 取得借款时：
借：银行存款
　　贷：短期借款

(2) 按月计提利息时：
借：财务费用　　　　　　　　　　　　　(当月的利息费用计入财务费用)
　　贷：应付利息　　　　　　　　　　　　(当月计提的利息数额)

(3) 按季支付利息时：
借：应付利息　　　　　　　　　　　　　(已经计提的利息数额)
　　财务费用　　　　　　　　　　　　　(最后一个月的利息费用)
　　贷：银行存款　　　　　　　　　　　(支付利息)

(4) 偿还本金时：
借：短期借款
　　贷：银行存款

第九章 负债

【例9-1】 某企业于2023年1月1日从银行借入短期借款15 000 000元，期限半年，年利率为4%，利息按月计提，分季支付，到期归还借款本金。该企业应编制的会计分录如下。

① 1月1日借入款项时：
借：银行存款　　　　　　　15 000 000
　　贷：短期借款　　　　　　15 000 000

② 1月末计提当月利息时：
本月利息费用=15 000 000×4%÷12×1=50 000(元)
借：财务费用　　　　　　　50 000
　　贷：应付利息　　　　　　50 000

③ 2月末计提当月利息同1月末。

④ 3月末支付本季度应付利息时：
借：财务费用　　　　　　　50 000
　　应付利息　　　　　　　100 000
　　贷：银行存款　　　　　　150 000

⑤ 下一个季度的账务处理与上一个季度相同。

⑥ 7月1日借款到期归还本金时：
借：短期借款　　　　　　　15 000 000
　　贷：银行存款　　　　　　15 000 000

二、应付及预收款项

(一)应付账款

应付账款指企业因购买材料、商品、接受劳务等经营活动应付而未付的款项。应付账款是买卖双方在购销活动中因取得物资与支付货款在时间上不一致产生的负债。

1. 账户设置

企业应设置"应付账款"科目核算应付账款的发生、偿还、转销等情况。该科目的贷方登记应付未付款项的增加，借方登记应付未付款项的减少，期末贷方余额反映企业尚未支付的应付账款余额。本科目可按债权人设置明细科目进行明细核算。

应付账款期末列示在资产负债表的流动负债部分，列示项目为"应付账款"，列示金额根据"应付账款和预付账款"所属明细账分析填列。应付账款T型账户，如表9-2所示。

表9-2 应付账款T型账户

借方	应付账款	贷方
	期初余额	
①支付应付款项	①采购货物等发生应付未付款项	
②债权转股权	②应付票据到期无力支付转入	
	期末余额：已发生但尚未支付的款项	

2. 账务处理

企业因购买材料、商品或接受劳务供应等经营活动发生的应付账款，具体应做如下会计分录。

(1) 企业购入材料、商品和接受劳务而发生的应付未付款项时：
借：原材料等　　　　　　　　　　　　(购买材料、商品等的价款)
　　应交税费——应交增值税(进项税额)　(对应的增值税进项税额)
　贷：应付账款　　　　　　　　　　　　(应付的价款+增值税税款)

(2) 接受供应单位提供劳务而发生的应付账款时：
借：生产成本、管理费用等　　　　　　　(价款)
　　应交税费——应交增值税(进项税额)　(对应的增值税进项税额)
　贷：应付账款　　　　　　　　　　　　(价款+增值税税款)

(3) 企业偿付应付账款时：
借：应付账款　　　　　　　　　　　　　(偿付应付账款)
　贷：银行存款　　　　　　　　　　　　(支付款项)

(4) 企业开出、承兑商业汇票抵付应付账款时：
借：应付账款　　　　　　　　　　　　　(应付账款转出)
　贷：应付票据　　　　　　　　　　　　(转入应付票据)

(5) 企业对确实无法支付的应付账款进行处理时：
借：应付账款　　　　　　　　　　　　　(应付账款转出)
　贷：营业外收入　　　　　　　　　　　(非日常利得)

【例9-2】某企业为增值税一般纳税人，购入一批原材料，货款为200 000元，增值税税额为26 000元，对方代垫运杂费含税价为2 180元，运费增值税税率为9%。材料已验收入库，但款项尚未支付。该企业应编制的会计分录如下。

① 赊购材料时
借：原材料　　　　　　　　　　　　　　202 000(200 000+2 000)
　　应交税费——应交增值税(进项税额)　26 180(26 000+180)
　贷：应付账款　　　　　　　　　　　　228 180

② 偿还材料款及代垫运费款时
借：应付账款　　　　　　　　　　　　　228 180
　贷：银行存款　　　　　　　　　　　　228 180

【例9-3】某企业按有关规定将确实无法支付给A公司的应付账款为85 000元，经批准转作营业外收入。该企业应编制的会计分录如下。

借：应付账款——A公司　　　　　　　　85 000
　贷：营业外收入　　　　　　　　　　　85 000

(二)应付票据

企业应设置"应付票据"科目核算应付票据的开出、偿付等情况。该科目贷方登记开出、承兑汇票的面值，借方登记支付票据的金额，期末余额在贷方，反映企业尚未到期的商业汇票的票面金额。我国商业汇票的付款期限最长不得超过 6 个月，因此，将应付票据列入流动负债。

(1) 商业汇票按承兑人不同可以分为银行承兑汇票和商业承兑汇票。
(2) 商业汇票按是否带息可以分为带息票据和不带息票据。

1. 账户设置

为核算采用商业汇票结算方式的应付金额，企业应设置"应付票据"账户，并按债权人的不同设置明细账进行明细核算。该账户属于负债类账户，贷方登记开出并承兑的商业汇票票面金额及期末计提应付未付的利息；借方登记商业汇票到期支付的本息；余额在贷方，表示已开出并承兑但尚未到期的本利和。

除此之外，企业还应设置"应付票据备查登记簿"，详细登记每一票据的种类、号码、签发日期、到期日、票面金额、合同交易号、收款人姓名或单位名称，以及付款日期和金额等资料。应付票据到期付清时，应在备查簿中逐笔注销。应付票据 T 型账户，如表 9-3 所示。

表 9-3 应付票据 T 型账户

借方	应付票据	贷方
	期初余额	
①商业汇票到期支付的本息	①开出并承兑的商业汇票票面金额	
②商业汇票到期无力支付转入应付账款	②期末计提应付未付的利息	
	期末余额：已开出并承兑但尚未到期的本利和	

2. 账务处理

企业因购买材料、商品或接受劳务供应等而开出、承兑商业汇票时，应付票据无论是否带息，均应按其面值入账。如为带息应付票据，其票据到期时应付金额为面值和利息之和；如为不带息应付票据，其票据到期时应付金额就是票据的面值。应付票据的处理具体应做如下会计分录。

(1) 企业开具商业汇票支付货款时：
借：原材料、库存商品等　　　　　　　　（购买商品或劳务的价款）
　　应交税费——应交增值税(进项税额)　（相应的增值税进项税额）
　　贷：应付票据　　　　　　　　　　　　（商业汇票的面值）
(2) 支付银行承兑汇票手续费时：
借：财务费用　　　　　　　　　　　　　（筹资手续费计入财务费用）
　　贷：银行存款　　　　　　　　　　　　（支付手续费）
(3) 带息应付票据按期计提利息时：
借：财务费用　　　　　　　　　　　　　（利息计入财务费用）
　　贷：应付票据　　　　　　　　　　　　（每期利息金额）
(4) 带息应付票据到期支付票据款时：
借：应付票据　　　　　　　　　　　　　（面值+已计提利息）
　　财务费用　　　　　　　　　　　　　（最后一期应计提的利息）

贷：银行存款　　　　　　　　　　　　　　　(面值+全部利息)
(5) 带息应付票据到期，企业无力支付款项时：
　借：应付票据　　　　　　　　　　　　　　　(面值+已计提利息)
　　　财务费用　　　　　　　　　　　　　　　(最后一期应计提的利息)
　　　贷：应付账款/短期借款　　　　　　　　　(商业承兑汇票/银行承兑汇票)

【例9-4】A公司于2023年1月1日购入一批价值为60 000元的材料，开出一张期限为4个月，年利率为5%的银行承兑汇票，假如银行承兑汇票的手续费按面值的1%收取，增值税税率为13%。A公司应编制的会计分录如下。

① 1月1日购入商品时，编制的会计分录如下。
　借：原材料　　　　　　　　　　　　　　　　60 000
　　　应交税费——应交增值税(进项税额)　　　 7 800
　　　贷：应付票据　　　　　　　　　　　　　67 800

② 支付银行承兑汇票手续费时，编制的会计分录如下。
　借：财务费用　　　　　　　　　　　　　　　　678
　　　贷：银行存款　　　　　　　　　　　　　　678

③ 1月31日计算一个月的应计利息时，编制的会计分录如下。
应计利息=67 800×5%÷12×1=282.5(元)
　借：财务费用　　　　　　　　　　　　　　　282.5
　　　贷：应付票据　　　　　　　　　　　　　282.5

④ 2月末、3月末计提利息时，编制的会计分录同③。

⑤ 5月1日到期付款时，编制的会计分录如下。
　借：应付票据　　　　　　　　　　　　　　68 647.5
　　　财务费用　　　　　　　　　　　　　　　282.5
　　　贷：银行存款　　　　　　　　　　　　　68 930

⑥ 假设5月1日到期无力付款时，编制的会计分录如下。
　借：财务费用　　　　　　　　　　　　　　　282.5
　　　贷：应付票据　　　　　　　　　　　　　282.5
　借：应付票据　　　　　　　　　　　　　　68 930
　　　贷：短期借款　　　　　　　　　　　　68 930

(三)预收账款

预收账款是指买卖双方协议商定，由购货方预先支付一部分货款给供应方而发生的一项负债。企业预收的货款待实际出售商品、产品或者提供劳务时再行冲减。

1. 账户设置

企业核算预收账款，可根据预收账款业务的多少确定采用的核算方法。

(1) 如果预收账款业务较多，应单独设置"预收账款"账户，核算预收账款的取得、偿付等情况。该账户贷方登记发生的预收账款的数额和购货单位补付账款的数额，借方登记企业向购货方发货后冲销的预收账款数额和退回购货方多付账款的数额，余额一般在贷方，反映企业向购货单位预收款项但尚未向购货方发货的数额,如为借方金额,反映企业尚未转销的款项。企业应当按照购货单位设置明细科目进行明细核算。

(2) 如果企业预收账款业务不多,可以不设置"预收账款"账户,而将预收的货款直接计入"应收账款"账户的贷方,待销售实现时计入"应收账款"账户的借方。这时,若"应收账款"账户有贷方余额,则表示预收的货款。这种方法能够完整地反映购销双方的结算情况,但在编制财务报表时,应将"应收账款"有关明细科目的借方余额之和填在"应收账款"项目中,而将"应收账款"有关明细科目的贷方余额之和填在"预收账款"项目中。预收账款T型账户,如表9-4所示。

表9-4 预收账款T型账户

借方	预收账款	贷方
期初余额		期初余额
①冲销预收款项(发货后)		①取得预收款项
②退回购货方多付的款项		②购货方补付的账款
期末余额:应由购货单位补付的款项		期末余额:预收的款项及应退回的多余款项

2. 账务处理

企业向购货单位预收账款,具体应做如下会计分录。

(1) 企业向购货单位预收款项时:

借:银行存款
　　贷:预收账款

(2) 企业向购货单位提供商品或劳务时:

借:预收账款　　　　　　　　　　　　　　　　(价款+销项税额)
　　贷:主营业务收入　　　　　　　　　　　　(应确认的收入金额)
　　　　应交税费——应交增值税(销项税额)　(应交增值税销项税额)

(3) 企业收到购货单位支付的剩余款项时:

借:银行存款　　　　　　　　　　　　　　　　(收到补付的金额)
　　贷:预收账款　　　　　　　　　　　　　　(补付的金额)

【例9-5】某企业为增值税一般纳税人,向A公司销售一批商品,货款为50 000元,应交增值税为6 500元,价税合计为56 500元。合同规定,A公司应先支付货款的60%(56 500×60%=33 900),企业在提货时付清余款。该企业应编制的会计分录如下:

① 收到60%预先支付的货款时:

借:银行存款　　　　　　　　　　　　　　　　33 900
　　贷:预收账款——A公司　　　　　　　　　　33 900

② 向A公司发出商品并确认销售实现时:

借:预收账款——A公司　　　　　　　　　　　56 500
　　贷:主营业务收入　　　　　　　　　　　　50 000

应交税费——应交增值税(销项税额)	6 500
③ 收到A公司补付货款(56 500-33 900=22 600)时：	
借：银行存款	22 600
贷：预收账款——A公司	22 600

三、应付职工薪酬

(一)职工薪酬的内容

职工薪酬，是指企业为获得职工提供的服务或解除劳动关系而给予的各种形式的报酬或补偿。职工薪酬包括短期薪酬、离职后福利、辞退福利和其他长期职工福利。企业提供给职工配偶、子女、受赡养人、已故员工遗属及其他受益人等的福利，也属于职工薪酬。这里所称职工的概念比较宽泛，主要有三类人员：一是与企业签订正式劳动合同的所有人员，含全职、兼职和临时职工；二是未与企业签订正式劳动合同，但由企业正式任命的人员，如董事会成员、监事会成员和内部审计委员会成员等；三是在企业的计划、领导和控制下，虽未与企业签订正式劳动合同或企业未正式任命，但为企业提供了与职工类似服务的人员。

1. 短期薪酬

短期薪酬是指企业在职工提供相关服务的年度报告期间结束后12个月内需要全部予以支付的职工薪酬，因解除与职工的劳动关系给予的补偿除外。短期薪酬具体包括：职工工资、奖金、津贴和补贴，职工福利费，医疗保险费、工伤保险费和生育保险费等社会保险费，住房公积金，工会经费和职工教育经费，短期带薪缺勤，短期利润分享计划，非货币性福利以及其他短期薪酬。

2. 带薪缺勤

带薪缺勤是指企业支付工资或提供补偿的职工缺勤，包括年休假、病假、短期伤残、婚假、产假、丧假、探亲假等。利润分享计划，是指因职工提供服务而与职工达成的基于利润或其他经营成果提供薪酬的协议。

3. 离职后福利

离职后福利是指企业为获得职工提供的服务而在职工退休或与企业解除劳动关系后，提供的各种形式的报酬和福利，短期薪酬和辞退福利除外。

4. 辞退福利

辞退福利是指企业在职工劳动合同到期之前解除与职工的劳动关系，或者为鼓励职工自愿接受裁减而给予职工的补偿。

5. 其他长期职工福利

其他长期职工福利是指除短期薪酬、离职后福利、辞退福利之外所有的职工薪酬，包括长期带薪缺勤、长期残疾福利、长期利润分享计划等。

(二)账户设置

企业应设立"应付职工薪酬"账户进行职工薪酬的核算,该账户属于负债类,贷方登记已分配计入有关成本费用项目的应付职工薪酬的数额,借方登记实际发放职工薪酬的数额,余额在贷方,反映应发未发的职工薪酬。同时,本账户应当按照"工资""职工福利""社会保险费""住房公积金""工会经费""职工教育经费""解除劳动关系补偿"等应付职工薪酬项目进行明细核算。应付职工薪酬 T 型账户,如表 9-5 所示。

表 9-5　应付职工薪酬 T 型账户

借方	应付职工薪酬	贷方
	期初余额	
期初余额	已分配的应付职工薪酬	
实际发放的职工薪酬	期末余额:应发未发的职工薪酬	

(三)账务处理

企业应当根据职工提供服务的受益对象,对发生的职工薪酬分别按以下情况进行处理。

1. 货币性职工薪酬的会计处理

企业应付的货币性职工薪酬包括职工工资、奖金、津贴、补贴、职工福利费、医疗保险费、工伤保险费和生育保险费等社会保险费,以及住房公积金、工会经费和职工教育经费等职工薪酬。

一般情况下,企业分配职工薪酬时,应根据职工提供服务情况,将应计入职工薪酬的工资总额等货币性薪酬按照受益部门计入相关资产的成本或当期费用。

(1) 企业分配职工薪酬时,具体应做如下会计分录。

借:生产成本　　　　　　　　　　　　　(生产工人的职工薪酬)
　　制造费用　　　　　　　　　　　　　(车间管理人员的职工薪酬)
　　管理费用　　　　　　　　　　　　　(行政管理人员的职工薪酬)
　　销售费用　　　　　　　　　　　　　(销售人员的职工薪酬)
　　在建工程　　　　　　　　　　　　　(在建工程人员的职工薪酬)
　　研发支出　　　　　　　　　　　　　(研究开发人员的职工薪酬)
　　贷:应付职工薪酬　　　　　　　　　(薪酬内容在明细科目填列)

(2) 企业支付货币性职工薪酬时,具体应做如下会计分录。

借:应付职工薪酬　　　　　　　　　　　(实际支付货币或通过抵减)
　　贷:银行存款/库存现金　　　　　　　(实际支付的金额)
　　　　其他应收款　　　　　　　　　　(代垫的房租、医药费等)
　　　　应交税费——应交个人所得税　　(代扣的个人所得税)

【例 9-6】 甲企业 2023 年 5 月应付工资总额为 693 000 元,"工资费用分配汇总表"中列示的产品生产人员工资为 480 000 元,车间管理人员工资为 105 000 元,企业行政管理人员工资为 90 600 元,专设销售机构人员工资为 17 400 元。甲企业应编制的会计分录如下。

借:生产成本——基本生产成本	480 000
制造费用	105 000
管理费用	90 600
销售费用	17 400
贷:应付职工薪酬——工资	693 000

【例 9-7】 承例 9-6,2023 年 5 月,甲企业根据相关规定,分别按照职工工资总额的 2%和 2.5%的计提标准,确认应付工会经费和职工教育经费。甲企业应编制的会计分录如下。

借:生产成本——基本生产成本	21 600
制造费用	4 725
管理费用	4 077
销售费用	783
贷:应付职工薪酬——工会经费和职工教育经费(工会经费)	13 860
——工会经费和职工教育经费(职工教育经费)	17 325

本例中,应确认的应付职工薪酬=(480 000+105 000+90 600 +17 400)×(2%+2.5%) =31185(元),其中,工会经费为 13 860 元,职工教育经费为 17 325 元。

本例中,应计入"生产成本"科目的金额= 480 000×(2%+2.5%) =21 600(元);应计入"制造费用"科目的金额= 105 000×(2%+2.5%) =4 725(元);应计入"管理费用"科目的金额= 90 600×(2%+2.5%) =4 077(元);应计入"销售费用"科目的金额=17 400×(2% +2.5%) =783(元)。

【例 9-8】 乙企业下设一所职工食堂,每月根据在岗职工数量及岗位分布情况、相关历史经验数据等计算需要补贴食堂的金额,从而确定企业每期因补贴职工食堂需要承担的福利费金额。2023 年 3 月,企业在岗职工共计 200 人,其中管理部门 30 人,生产车间 170 人,企业的历史经验数据表明,每个职工每月需补贴食堂 150 元。乙企业应编制的会计分录如下。

借:生产成本	25 500
管理费用	4 500
贷:应付职工薪酬——职工福利费	30 000

本例中,乙企业应当计提的职工福利费=150×200 =30 000(元)

【例 9-9】 2023 年 6 月,丙企业根据国家规定的计提标准,计算应向社会保险经办机构交纳职工基本医疗保险费共计 97 020 元,其中,应计入基本生产车间生产成本的金额为 67 200 元,应计入制造费用的金额为 14 700 元,应计入管理费用的金额为 15 120 元。丙企业应编制的会计分录如下。

借:生产成本——基本生产成本	67 200
制造费用	14 700
管理费用	15 120
贷:应付职工薪酬——社会保险费——基本医疗保险	97 020

【例9-10】 某企业根据"工资结算汇总表"结算本月应付职工工资总额为600 000元，其中，代扣职工房租200 000元，企业代垫职工家属医药费20 000元，实发工资380 000元。应编制的会计分录如下。

① 代扣款项时：
借：应付职工薪酬——工资　　　　　　　　　　　　　　　　220 000
　　贷：其他应收款——职工房租　　　　　　　　　　　　　　200 000
　　　　　　　　　　——代垫医药费　　　　　　　　　　　　 20 000

② 发放工资时：
借：应付职工薪酬——工资　　　　　　　　　　　　　　　　380 000
　　贷：银行存款　　　　　　　　　　　　　　　　　　　　　380 000

【例9-11】 2023年3月21日，某企业给下设的职工浴池支付补贴款400 000元，应编制的会计分录如下。
借：应付职工薪酬——职工福利　　　　　　　　　　　　　　400 000
　　贷：银行存款　　　　　　　　　　　　　　　　　　　　　400 000

【例9-12】 某企业以银行存款交纳参加职工医疗保险的医疗保险费用268 000元，应编制的会计分录如下。
借：应付职工薪酬——社会保险费　　　　　　　　　　　　　268 000
　　贷：银行存款　　　　　　　　　　　　　　　　　　　　　268 000

2. 非货币性职工薪酬的会计处理

企业向职工提供的非货币性职工薪酬，应当分以下情况处理。

(1) 企业以其自产产品作为非货币性福利发放给职工的，应当根据受益对象，按照该产品的公允价值，计入相关资产成本或当期损益，同时确认应付职工薪酬。具体应做如下会计分录。

流动负债-应付职工薪酬
(非货币性薪酬).mp4

借：生产成本　　　　　　(提供给生产工人的产品的公允价值+增值税)
　　制造费用　　　　　　(提供给车间管理人员的产品的公允价值+增值税)
　　管理费用　　　　　　(提供给行政管理人员的产品的公允价值+增值税)
　　销售费用　　　　　　(提供给销售人员的产品的公允价值+增值税)
　　在建工程　　　　　　(提供给在建工程人员的产品的公允价值+增值税)
　　研发支出　　　　　　(提供给研究开发人员的产品的公允价值+增值税)
　　贷：应付职工薪酬——非货币性福利　　　(确认为非货币性福利)

企业确认职工薪酬的同时，应确认主营业务收入和增值税税额，同时结转相关成本，具体应做如下会计分录。

借：应付职工薪酬——非货币性福利　　　(实际支付应付职工薪酬)
　　贷：主营业务收入　　　　　　　　　　(产品的公允价值)
　　　　应交税费——应交增值税(销项税额)　(按产品的公允价值计算增值税)
借：主营业务成本　　　　　　　　　　　　(产品的生产成本)
　　贷：库存商品　　　　　　　　　　　　(产品的成本)

【例9-13】 某公司为一家冰箱生产企业，共有职工1 000人，其中，生产冰箱的生产工人700人，生产车间管理人员100人，企业管理人员200人。2023年5月，公司以自己生产的I型号冰箱作为福利发放给公司每名职工。I型号冰箱的单位生产成本为2 500元，售价为每台4 000元，该公司适用的增值税税率为13%。确认薪酬时，该公司应编制的会计分录如下。

应计入生产成本的应付职工薪酬金额=700×4 000×1.13=3 164 000(元)
应计入制造费用的应付职工薪酬金额=100×4 000×1.13=452 000(元)
应计入管理费用的应付职工薪酬金额=200×4 000×1.13=904 000(元)

借：生产成本　　　　　　　　　　　　　　　　　　3 164 000
　　制造费用　　　　　　　　　　　　　　　　　　　452 000
　　管理费用　　　　　　　　　　　　　　　　　　　904 000
　　贷：应付职工薪酬——非货币性福利　　　　　　　　　　4 520 000

【例9-14】 承例9-13，企业有职工1 000人，I型号冰箱的单位生产成本为2 500元，售价为每台4 000元，该公司适用的增值税税率为13%。则发放冰箱时，宝利公司应编制的会计分录如下。

借：应付职工薪酬——非货币性福利　　　　　　　　4 520 000
　　贷：主营业务收入　　　　　　　　　　　　　　　　4 000 000
　　　　应交税费——应交增值税(销项税额)　　　　　　520 000
借：主营业务成本　　　　　　　　　　　　　　　　2 500 000
　　贷：库存商品　　　　　　　　　　　　　　　　　　2 500 000

(2) 企业将外购商品作为非货币性福利发放给职工的，应当根据受益对象，按照该产品的公允价值并转出相关税费，具体应做如下会计分录。

借：生产成本　　　　(提供给生产工人的产品的公允价值+进项税额转出)
　　制造费用　　　　(提供给车间管理人员的产品的公允价值+进项税额转出)
　　管理费用　　　　(提供给行政管理人员的产品的公允价值+进项税额转出)
　　销售费用　　　　(提供给销售人员的产品的公允价值+进项税额转出)
　　在建工程　　　　(提供给在建工程人员的产品的公允价值+进项税额转出)
　　研发支出　　　　(提供给研究开发人员的产品的公允价值+进项税额转出)
　　贷：应付职工薪酬——非货币性福利　　　　(确认为非货币性福利)

企业确认职工薪酬的同时，应结转外购商品成本及相关税费，具体应做如下会计分录。

借：应付职工薪酬——非货币性福利　　　　(确认为非货币性福利)
　　贷：库存商品　　　　　　　　　　　　(商品的公允价值)
　　　　应交税费——应交增值税(进项税额转出)　(商品的增值税转出)

【例9-15】 某企业共有职工150名，2023年3月，企业外购150台手机作为福利发放给职工，手机的购买价款为每台5 000元，增值税税额为650元。假定150名职工中100名为生产一线职工，50名为总部管理人员，该企业应编制的会计分录如下。

① 确认应付职工薪酬时：
借：生产成本　　　　　　　　　　　　　　　　　　　565 000

管理费用	282 500
贷：应付职工薪酬——非货币性福利	847 500

② 向员工发放外购手机时：

借：应付职工薪酬——非货币性福利	847 500
贷：库存商品	750 000
应交税费——应交增值税(进项税额转出)	97 500

(3) 企业将拥有的房屋等资产无偿提供给职工使用的，应当根据受益对象，将该住房每期应计提的折旧计入相关资产成本或当期损益，同时确认应付职工薪酬。具体应做如下会计分录。

借：生产成本/制造费用/管理费用等
  贷：应付职工薪酬——非货币性福利
借：应付职工薪酬——非货币性福利
  贷：累计折旧

【例9-16】 某企业为其职工免费提供职工集体宿舍,该集体宿舍楼每月计提折旧5 000元。计提的折旧视同给员工的福利，该公司应编制的会计分录如下。

借：制造费用	5 000
贷：应付职工薪酬——非货币性福利	5 000
借：应付职工薪酬——非货币性福利	5 000
贷：累计折旧	5 000

(4) 企业租赁住房等资产供职工无偿使用，属于短期租赁的应当根据受益对象，将每期应付的租金计入相关资产成本或当期损益，并确认应付职工薪酬；如果难以认定受益对象的非货币性福利，直接计入当期损益和应付职工薪酬。

【例9-17】 某企业为经理级别以上的职工和高级工程师租赁了几套公寓住宅供他们免费使用，公司每月需支付租金共计40 000元。由于为上述人员发生的40 000元租金费用无法认定受益对象，公司则按规定直接计入管理费用。按受益期计提租金时，假定不考虑增值税，该公司应编制的会计分录如下。

借：管理费用	40 000
贷：应付职工薪酬——非货币性福利	40 000

3. 带薪缺勤的核算

对于职工带薪缺勤，企业应当根据其性质及职工享有的权利，分为累积带薪缺勤和非累积带薪缺勤两类。企业应当对累积带薪缺勤和非累积带薪缺勤分别进行会计处理。如果带薪缺勤属于长期带薪缺勤的，企业应当作为其他长期职工福利处理。

(1) 累积带薪缺勤，是指带薪权利可以结转下期的带薪缺勤，本期尚未用完的带薪缺勤权利可以在未来期间使用。企业应当在职工提供了服务从而增加了其未来享有的带薪缺勤权利时，确认与累积带薪缺勤相关的职工薪酬，并以累积未行使权利而增加的预期支付金额计量。确认累积带薪缺勤时，借记"管理费用"等科目，贷记"应付职工薪酬——带薪缺勤——短期带薪缺勤——累积带薪缺勤"科目。

(2) 非累积带薪缺勤,是指带薪权利不能结转下期的带薪缺勤,本期尚未用完的带薪缺勤权利将予以取消,并且职工离开企业时也无权获得现金支付。我国企业职工休婚假、产假、丧假、探亲假、病假期间的工资通常属于非累积带薪缺勤。由于职工提供服务本身不能增加其能够享受的福利金额,企业在职工未缺勤时不应当计提相关费用和负债。为此,企业应当在职工实际发生缺勤的会计期间确认与非累积带薪缺勤相关的职工薪酬。企业确认职工享有的与非累积带薪缺勤权利相关的薪酬,视同职工出勤确认的当期损益或相关资产成本。通常情况下,与非累积带薪缺勤相关的职工薪酬已经包括在企业每期向职工发放的工资等薪酬中,因此,不必额外做相应的账务处理。

【例9-18】丁企业共有2 000名职工,从2023年1月1日起,该企业实行累积带薪缺勤制度。该制度规定,每个职工每年可享受5个工作日带薪年休假,未使用的年休假只能向后结转一个公历年度,超过1年未使用的权利作废,在职工离开企业时也无权获得现金支付;职工休年假时,首先使用当年可享受的权利,再从上年结转的带薪年休假中扣除。2023年12月31日,丁企业预计2024年有1 900名职工将享受不超过5天的带薪年休假,剩余100名职工每人将平均享受6天半年休假,假定这100名职工全部为总部各部门经理,该企业平均每名职工每个工作日工资为300元。不考虑其他相关因素,2023年12月31日,丁企业应编制的会计分录如下。

借:管理费用　　　　　　　　　　　　　　　　　　　　　45 000
　　贷:应付职工薪酬——带薪缺勤——短期带薪缺勤——累积带薪缺勤　45 000

丁企业在2023年12月31日应当预计由于职工累积未使用的带薪年休假权利导致的预期支付的金额,即相当于150[100×(6.5-5)=150]天的年休假工资金额45 000(150×300=45 000)元。

4. 设定提存计划的核算

对于设定提存计划,企业应当根据在资产负债表日为换取职工在会计期间提供的服务而应向单独主体缴存的提存金,确认为应付职工薪酬,并计入当期损益或相关资产成本。具体应做如下会计分录。

借:生产成本/制造费用/管理费用等
　　贷:应付职工薪酬——设定提存计划

【例9-19】承例9-6,甲企业根据所在地政府规定,按照职工工资总额的12%计提基本养老保险费,缴存当地社会保险经办机构。2023年7月,甲企业缴存的基本养老保险费,应计入生产成本的金额为57 600元,应计入制造费用的金额为12 600元,应计入管理费用的金额为10 872元,应计入销售费用的金额为2 088元。甲企业应编制的会计分录如下。

借:生产成本——基本生产成本　　　　　　　　　　　　　57 600
　　制造费用　　　　　　　　　　　　　　　　　　　　　12 600
　　管理费用　　　　　　　　　　　　　　　　　　　　　10 872
　　销售费用　　　　　　　　　　　　　　　　　　　　　 2 088
　　贷:应付职工薪酬——设定提存计划——基本养老保险费　83 160

第九章　负债

四、应交税费

企业在一定时期取得的营业收入和实现的利润或发生特定经营行为，要按照规定向国家交纳各种税费，主要包括：增值税、消费税、资源税、土地增值税、城市维护建设税、所得税、房产税、土地使用税、车船税、印花税、耕地占用税等。这些应交的税费在未交纳之前暂时停留在企业，形成企业的一项负债。按照权责发生制原则的要求，这些应交的税费，应当预提计入有关科目。

为了总括地核算和监督企业应交税费的计算和交纳情况，企业应设置"应交税费"科目进行核算。该科目的贷方登记企业应交纳的各种税费，借方登记企业已交纳的各种税费，期末贷方余额表示企业尚未交纳的税费，期末借方余额表示企业多交的税费。该科目按各种税费分别设置明细账户进行核算。

(一)应交增值税

1. 应交增值税概述

1) 增值税的征税范围和纳税义务人

增值税是以商品(含应税劳务、应税行为)在流转过程中实现的增值额作为计税依据而征收的一种流转税。我国增值税相关法规规定，在我国境内销售货物、提供加工或修理修配劳务(应税劳务)、销售应税服务、转让无形资产和不动产(应税行为)及进口货物的企业、单位和个人为增值税的纳税人。其中，"应税服务"包括交通运输服务、邮政服务、电信服务、建筑服务、金融服务、现代服务、生活服务。

2) 增值税的计税方法

根据经营规模大小及会计核算水平的健全程度，增值税纳税人分为一般纳税人和小规模纳税人。计算增值税的方法分为一般计税方法和简易计税方法。

增值税的一般计税方法，是先按当期销售额和适用的税率计算出销项税额，然后以该销项税额对当期购进项目支付的税款(即进项税额)进行抵扣，从而间接算出当期的应纳税额。当期应纳税额的计算公式为

$$当期应纳税额=当期销项税额-当期进项税额 \tag{9-1}$$

公式中的"当期销项税额"是指纳税人当期销售货物、提供应税劳务、发生应税行为时按照销售额和增值税税率计算并收取的增值税税额。销项税额的计算公式为

$$销项税额=不含税的销售额\times 增值税税率 \tag{9-2}$$

公式中的"当期进项税额"是指纳税人当期购进货物、接受加工或修理修配劳务、应税服务、转让无形资产和不动产所支付或承担的增值税税额。通常包括：从销售方取得的增值税专用发票上注明的增值税税额；从海关取得的完税凭证上注明的增值税税额；购进农产品，按照农产品收购发票或者销售发票上注明的农产品买价和按9%的扣除率计算的进项税额；接受境外单位或者个人提供的应税服务，从税务机关或者境内代理人取得的解缴税款的中华人民共和国税收缴款凭证上注明的增值税税额。

当期销项税额小于当期进项税额不足抵扣时，其不足部分可以结转下期继续抵扣(留底税额)。

一般纳税人采用的税率分为13%、9%、6%和零税率。

一般纳税人销售货物、劳务、有形动产租赁服务或者进口货物，税率为13%。

各行业增值税税率表，如表9-6所示。

表9-6 各行业增值税税率

行　　业	税　率
销售或者进口货物，提供加工或修理修配劳务、有形动产租赁服务或者进口货物	13%
有形动产租赁服务	13%
销售或进口粮食等农产品、食用植物油、食用盐等和国务院及其有关部门规定的其他货物，提供交通运输、邮政、基础电信、建筑、不动产租赁服务，销售不动产，转让土地使用权	9%
金融服务、增值电信服务、现代服务(租赁服务除外)、生活服务、销售无形资产(土地使用权除外)等其他应税行为	6%
小规模纳税人采用简易计税方法(征收率)	5%或3%
一般纳税人出口货物(另有规定的除外)	零税率

增值税简易计税方法是按照销售额与征收率计算得出。应纳税额的计算公式为

$$应纳税额=销售额×征收率 \tag{9-3}$$

增值税一般纳税人计算增值税大多采用一般计税方法，但其销售服务、无形资产或者不动产，符合规定的，可以采用简易计税方法；小规模纳税人一般采用简易计税方法。需要说明的是，小规模纳税人的征收率为3%；应税行为中按照简易计税方法计税的销售不动产、不动产经营租赁服务的征收率为5%，其他情况征收率为3%。

2. 一般纳税人的账务处理

1) 账户设置

为了核算企业应交增值税的发生、抵扣、交纳、退税及转出等情况，在"应交税费"账户下设置"应交增值税""未交增值税""预交增值税""待抵扣进项税额""待认证进项税额""待转销项税额""增值税留抵税额""简易计税""转让金融商品应交增值税""代扣代交增值税"等明细科目。

"应交增值税"明细账户的借方发生额反映企业购进货物或接受应税劳务支付的进项税税额、实际已交纳的增值税等；贷方发生额反映销售货物或提供应税劳务应交纳的增值税税额、出口货物退税、转出已支付或应负担的增值税等；期末借方余额反映企业尚未抵扣的增值税。"应交税费——应交增值税"账户分别设置"进项税额""进项税额转出""销项税额""已交税金""减免税款""出口抵减内销产品应纳税额""转出未交增值税""出口退税""转出多交增值税"等专栏。应交税费——应交增值税T型账户，如表9-7所示。

"未交增值税"反映企业本月尚未交纳的增值税，借方发生额反映由"应交税费——应交增值税"贷方转来的多交增值税及交纳前期未交增值税；贷方发生额反映由"应交税费——应交增值税"借方转来的应交未交增值税；期末借方余额反映企业期末留抵税额及预交、多交增值税，期末贷方余额反映期末结转下期的应交增值税。应交税费——未交增值税T型账户，如表9-8所示。

表 9-7　应交税费——应交增值税 T 型账户

借方	应交税费——应交增值税	贷方
期初余额		
①支付的进项税额	①应交纳的增值税税额	
②实际已交纳的增值税	②收到的销项税额	
③转出未交增值税	③出口货物退税	
④出口抵减内销产品应纳税额	④转出多交的增值税	
⑤减免税额	⑤进项税额转出	
期末余额：尚未抵扣的增值税		

表 9-8　应交税费——未交增值税 T 型账户

借方	应交税费——未交增值税	贷方
期初余额	期初余额	
①转入多交增值税	转入应交未交增值税	
②前期未交增值税		
期末余额：多交、预交及留抵增值税	期末余额：尚未交纳增值税	

"预交增值税"反映一般纳税人转让不动产、提供不动产经营租赁服务、提供建筑服务、采用预收款方式销售自行开发的房地产项目等提前交纳的税款，借方发生额反映实际预交的增值税额；贷方发生额反映纳税申报时转入"未交增值税"金额；期末借方余额反映尚未发生纳税义务但已预交的增值税。应交税费——预交增值税 T 型账户，如表 9-9 所示。

表 9-9　应交税费——预交增值税 T 型账户

借方	应交税费——预交增值税	贷方
期初余额		
实际预交的增值税	需纳税申报的增值税(转入未交增值税)	
期末余额：尚未发生纳税义务的预交税款		

"待抵扣进项税额"反映一般纳税人已取得增值税扣税凭证并经税务机关认证，按照现行增值税制度规定准予以后期间从销项税额中抵扣的进项税额。应交税费——待抵扣进项税额 T 型账户，如表 9-10 所示。

表 9-10　应交税费——待抵扣进项税额 T 型账户

借方	应交税费——待抵扣进项税额	贷方
期初余额		
待抵扣税额	转入抵扣的待抵扣税额	
期末余额：待抵扣税额		

"待认证进项税额"核算一般纳税人由于未经税务机关认证而不得从当期销项税额中抵扣的进项税额。借方发生额反映一般纳税人已取得增值税扣税凭证、按照现行增值税制度规定准予从销项税额中抵扣,但尚未经税务机关认证的进项税额,以及一般纳税人已申请稽核但尚未取得稽核相符结果的海关缴款书进项税额;贷方发生额反映取得合法抵扣凭证后准予抵扣的进项税额;期末借方余额反映尚未收到合法抵扣凭证的进项税额。应交税费——待认证进项税额 T 型账户,如表 9-11 所示。

表 9-11 应交税费——待认证进项税额 T 型账户

借方	应交税费——待认证进项税额	贷方
期初余额		
①已取得发票但尚未认证的进项税额	取得扣税凭证后转入进项税额	
②尚未取得稽核相符结果的海关缴款书进项税额		
期末余额:尚未收到合法抵扣凭证的进项税额		

"待转销项税额"核算一般纳税人销售货物、加工修理修配劳务或者服务、无形资产或不动产,已确认相关收入(或利得)但尚未发生增值税纳税义务而需于以后期间确认为销项税额的增值税额。借方发生额反映纳税义务发生时转出待转销项税额;贷方发生额反映已确认收入而未满足纳税义务的税额;期末贷方余额反映尚未符合条件转出的待转销项税额。应交税费——待转销项税额 T 型账户,如表 9-12 所示。

表 9-12 应交税费——待转销项税额 T 型账户

借方	应交税费——待转销项税额	贷方
	期初余额	
转出待转销项税额	取得收入但无纳税义务对应税额	
	期末余额:尚未符合条件转出的待转销项税额	

2) 账务处理

(1) 取得资产、接受应税劳务或应税行为。

① 一般纳税人购进货物、接受加工修理修配劳务或者服务、取得无形资产或者不动产,具体应做如下会计分录。

借:原材料、库存商品、在途物资、固定资产、无形资产、生产成本、管理费用等
　　应交税费——应交增值税(进项税额)
　　贷:银行存款、应付账款、应付票据等

购进货物等发生退货,应根据税务机关开具的红字增值税专用发票做相反的会计分录。

【例 9-20】 甲公司为增值税一般纳税人,适用的增值税税率为 13%,原材料按实际成本核算,销售商品价格为不含增值税的公允价格。2023 年 6 月发生交易或事项及相关的会计分录如下。

① 4 日,购入一批原材料,增值税专用发票上注明的价款为 240 000 元,增值税税额为 31 200 元,材料尚未到达,全部款项已用银行存款支付。

```
借：在途物资                                    240 000
    应交税费——应交增值税(进项税额)              31 200
    贷：银行存款                                271 200
```

② 8日，收到4日购入的原材料并验收入库，实际成本总额为240 000元。同日，与运输公司结清运输费用，增值税专用发票注明的运输费用为10 000元，增值税税额为900元，运输费用和增值税税额已通过转账支票付讫。

```
借：原材料                                      250 000
    应交税费——应交增值税(进项税额)                 900
    贷：银行存款                                 10 900
        在途物资                                240 000
```

③ 13日，购入不需要安装的一台生产设备，增值税专用发票上注明的价款为180 000元，增值税税额为23 400元，款项尚未支付。

```
借：固定资产                                    180 000
    应交税费——应交增值税(进项税额)              23 400
    贷：应付账款                                203 400
```

④ 22日，购入一批农产品，农产品收购发票上注明的买价为500 000元，规定的扣除率为9%，货物尚未到达，价款已用银行存款支付。

```
借：在途物资                                    455 000
    应交税费——应交增值税(进项税额)              45 000
    贷：银行存款                                500 000
```

进项税额=购买价款×扣除率=500 000×9%=45 000(元)

⑤ 26日，生产车间委托外单位修理机器设备，对方开具的增值税专用发票上注明的修理费用为30 000元，增值税税额为3 900元，款项已用银行存款支付。

```
借：管理费用                                     30 000
    应交税费——应交增值税(进项税额)               3 900
    贷：银行存款                                 33 900
```

【例9-21】承例9-20，2023年6月10日，甲公司购进一幢简易办公楼，并于当月投入使用。6月25日，纳税人取得该大楼的增值税专用发票并认证相符，专用发票注明的价款为800 000元，增值税进项税额为72 000元，款项已用银行存款支付。不考虑其他相关因素，该公司应编制的会计分录如下。

```
借：固定资产                                    800 000
    应交税费——应交增值税(进项税额)              72 000
    贷：银行存款                                872 000
```

② 货物等已验收入库但尚未取得增值税扣税凭证。企业购进的货物等已到达并验收入库，但尚未收到增值税扣税凭证的，应按货物清单或相关合同协议上的价格暂估入账，不需要将增值税的进项税额暂估入账。下月初，用红字冲销原暂估入账金额，待取得相关增值税扣税凭证并经认证后，按应计入相关成本费用的金额入账，具体应做如下会计分录。

A. 购进货物入库但尚未收到增值税扣税凭证时：

```
借：原材料、库存商品等                      (按暂估金额入账)
```

贷：应付账款　　　　　　　　　　　　　　　(按暂估金额入账)
　　B. 下月初，用红字冲销暂估入账金额时：
　　借：应付账款　　　　　　　　　　　　　　　(冲回)
　　　贷：原材料、库存商品等　　　　　　　　　　(冲回)
　　C. 取得相关增值税扣税凭证时：
　　借：原材料、库存商品等　　　　　　　　　　　(按实际成本入账)
　　　　应交税费——应交增值税(进项税额)　　　　(相关增值税额)
　　　贷：银行存款/应付账款等　　　　　　　　　 (价税合计款项)

【例9-22】承例9-20，2023年5月25日，甲公司购进一批原材料且已验收入库，但尚未收到增值税扣税凭证，款项也未支付。随货发来的材料清单列明的原材料销售价格为170 000元。该公司应编制的会计分录如下。

　　借：原材料　　　　　　　　　　　　　　170 000
　　　贷：应付账款　　　　　　　　　　　　　　　170 000

6月初，用红字冲销暂估入账金额。企业应编制的会计分录如下。

　　借：应付账款　　　　　　　　　　　　　170 000
　　　贷：原材料　　　　　　　　　　　　　　　　170 000

6月10日，取得相关增值税专用发票上注明的价款为170 000元，增值税税额为22 100元，增值税专用发票已认证。全部款项以银行存款支付。该企业应编制的会计分录如下。

　　借：原材料　　　　　　　　　　　　　　170 000
　　　　应交税费——应交增值税(进项税额)　　22 100
　　　贷：银行存款　　　　　　　　　　　　　　　192 100

　　③ 进项税额转出。企业已单独确认进项税额的购进货物、加工修理修配劳务或者服务、无形资产或者不动产，其事后改变用途或发生非正常损失，原已确认的进项税额应转出，不得从销项税额中抵扣。这里所说的"非正常损失"，是指因管理不善造成被盗、丢失、霉烂变质的损失，以及被执法部门依法没收或者强令销毁的货物。进项税额转出具体应做如下会计分录。

　　A. 购进货物后发生非正常损失时：
　　借：待处理财产损溢　　　　　　　　　　　　　(批准处理前)
　　　贷：原材料、库存商品等　　　　　　　　　　(非正常损失金额)
　　　　　应交税费——应交增值税(进项税额转出)　(相关增值税税额)
　　B. 购进货物后改变用途时：
　　借：应付职工薪酬等　　　　　　　　　　　　　(外购货物用于集体福利)
　　　贷：原材料、库存商品等　　　　　　　　　　(购进后改变用途)
　　　　　应交税费——应交增值税(进项税额转出)　(相关增值税额)

【例9-23】承例9-20，2023年6月，甲公司发生进项税额转出事项及相关会计分录如下。

　　① 12日，库存材料因管理不善发生意外火灾损失，有关增值税专用发票注明的材料成本为30 000元，增值税税额为3 900元。该公司将毁损库存材料作为待处理财产损溢入账。

借：待处理财产损溢——待处理流动资产损溢　　　　　33 900
　　贷：原材料　　　　　　　　　　　　　　　　　　　　30 000
　　　　应交税费——应交增值税(进项税额转出)　　　　3 900

② 21日，领用一批外购原材料用于集体福利消费，该批原材料的成本为100 000元，购入时支付的增值税进项税额为13 000元。

借：应付职工薪酬——职工福利费　　　　　　　　　　113 000
　　贷：原材料　　　　　　　　　　　　　　　　　　　　100 000
　　　　应交税费——应交增值税(进项税额转出)　　　　13 000

(2) 销售货物、提供应税劳务、发生应税行为。

① 企业销售货物、提供加工修理修配劳务、销售服务、转让无形资产或不动产，具体应做如下会计分录。

借：银行存款、应付账款、应付票据等
　　贷：主营业务收入、其他业务收入、固定资产清理等
　　　　应交税费——应交增值税(销项税额)

企业销售货物等发生销售退回的，应根据税务机关开具的红字增值税专用发票做相反的会计分录。会计上收入或利得确认时点先于增值税纳税义务发生时点的，应将相关销项税额先计入"应交税费——待转销项税额"科目，待实际发生纳税义务时再转入"应交税费——应交增值税(销项税额或简易计税)"科目。

【例9-24】 承例9-20，2023年6月，甲公司发生与销售相关的交易及相关会计分录如下。

① 10日，销售一批产品，开具的增值税专用发票注明的价款为500 000元，增值税税额为65 000元，提货单和增值税专用发票已交给买方，款项尚未收到。

借：应收账款　　　　　　　　　　　　　　　　　　　565 000
　　贷：主营业务收入　　　　　　　　　　　　　　　　　500 000
　　　　应交税费——应交增值税(销项税额)　　　　　　65 000

② 20日，为外单位代加工电脑桌1 500张，每张收取加工费60元，已加工完成。开具的增值税专用发票注明的价款为90 000元，增值税税额为11 700元，款项已收到并存入银行。

借：银行存款　　　　　　　　　　　　　　　　　　　101 700
　　贷：主营业务收入　　　　　　　　　　　　　　　　　90 000
　　　　应交税费——应交增值税(销项税额)　　　　　　11 700

② 视同销售。企业有些交易和事项从会计角度看不属于销售行为，不能确认销售收入，但按照《增值税暂行条例》规定，应视同对外销售处理，计算应交增值税。视同销售需要交纳增值税的事项有：企业将自产或委托加工的货物用于非应税项目、集体福利或个人消费，将自产、委托加工或购买的货物作为投资、分配给股东或投资者、无偿赠送他人等。具体应做如下会计分录。

借：应付职工薪酬等　　　　　　　　　　　(自产产品用于集体福利等)
　　贷：主营业务收入等　　　　　　　　　　　　　(商品的公允价值)

应交税费——应交增值税(销项税额)　　　　　　　(对应的销项税额)

需要注意的是，确认营业收入的同时结转相关营业成本。

【例9-25】承例9-20，2023年6月，甲公司发生的视同销售交易或事项，以及相关的会计分录如下。

① 14日，将自己生产的产品用于发放员工福利。该批产品的成本为180 000元，计税价格为250 000元。

借：应付职工薪酬——职工福利费　　　　　　　　　282 500
　　贷：主营业务收入　　　　　　　　　　　　　　　　250 000
　　　　应交税费——应交增值税(销项税额)　　　　　　32 500
借：主营业务成本　　　　　　　　　　　　　　　　180 000
　　贷：库存商品　　　　　　　　　　　　　　　　　　180 000

公司自营工程领用自己生产的产品的销项税税额=250 000×13%=32 500(元)

② 28日，以一批原材料对外进行长期股权投资。该批原材料实际成本为1 500 000元，双方协商不含税价值为1 700 000元。

借：长期股权投资　　　　　　　　　　　　　　　1 921 000
　　贷：其他业务收入　　　　　　　　　　　　　　　1 700 000
　　　　应交税费——应交增值税(销项税额)　　　　　221 000
借：其他业务成本　　　　　　　　　　　　　　　1 500 000
　　贷：原材料　　　　　　　　　　　　　　　　　1 500 000

公司对外投资原材料的销项税税额=1 700 000×13%=221 000(元)

(3) 交纳增值税。

企业交纳当月应交的增值税，具体应做如下会计分录。

借：应交税费——应交增值税(已交税金)
　　贷：银行存款

【例9-26】2023年6月，甲公司发生销项税额合计为261 800元，进项税额转出合计为13 600元，进项税额合计为85 350元。该公司当月应交增值税计算结果如下。

应交增值税税额=261 800+13 600-85 350=190 050(元)

当月，该公司用银行存款交纳增值税150 000元，应编制的会计分录如下。

借：应交税费——应交增值税(已交税金)　　　　　　150 000
　　贷：银行存款　　　　　　　　　　　　　　　　　150 000

(4) 月末转出多交增值税和未交增值税。

月度终了，企业应当将当月应交未交或多交的增值税从"应交增值税"明细科目转入"未交增值税"明细科目。

【例9-27】承例9-26，月末，甲公司将尚未交纳的其余增值税税款40 050元转账。应编制的会计分录如下。

借：应交税费——应交增值税(转出未交增值税)　　　　40 050
　　贷：应交税费——未交增值税　　　　　　　　　　　40 050

次月初，该公司交纳上月未交增值税40 050元时，应编制的会计分录如下。
借：应交税费——未交增值税　　　　　　　　　　　　　　40 050
　　贷：银行存款　　　　　　　　　　　　　　　　　　　　40 050
需要说明的是，企业购入材料等不能取得增值税专用发票的，发生的增值税应计入材料采购成本，借记"材料采购""在途物资""原材料"等科目，贷记"银行存款"等科目。

3. 小规模纳税人的账务处理

(1) 购进货物或接受劳务时，无论取得任何凭证，其支付的税额和货物金额一起计入购入货物成本。

(2) 销售货物或提供劳务时，一般不可以开具增值税专用发票，如有需要应请税务机关代开。

(3) 销售货物或提供应税劳务采用简易办法计算应纳税额，即按照不含税销售额的一定比例计算交纳。

小规模纳税人核算交纳增值税应设置"应交税费——应交增值税"明细账，不需要单独设专栏。"应交增值税"明细账户的贷方发生额反映企业销售货物或提供应税劳务应支付的税额；借方发生额反映企业实际支付的增值税；期末借方余额反映企业多支付的增值税，期末贷方余额反映企业应交未交的增值税。应交税费——应交增值税 T 型账户，如表 9-13 所示。

表 9-13　应交税费——应交增值税 T 型账户

借方	应交税费——应交增值税	贷方
期初余额	期初余额	
实际交纳税额	销售商品应纳税额	
期末余额：多交的增值税	期末余额：应交未交的增值税	

小规模纳税人纳税时，具体的会计分录如下。

① 购进货物时：
借：原材料　　　　　　　　　　　　　　　　　(含税金额)
　　贷：银行存款等　　　　　　　　　　　　　(含税金额)

② 销售货物时：
借：银行存款等
　　贷：主营业务收入等
　　　　应交税费——应交增值税

【例9-28】A 公司属于小规模纳税企业，日前从外地某公司购入一批材料，支付材料价款为 60 000 元，增值税税款为 7 800 元，款项以转账支票付讫，材料已验收入库。该企业本月销售一批产品，所开出的普通发票上注明货款(含增值税)为 51 500 元，增值税征收率为 3%，款项通过银行收到。A 公司应编制的会计分录如下。

① 购入原材料时：
借：原材料　　　　　　　　　　　　　　　　　　　　　　　67 800

```
        贷：银行存款                                    67 800
    ② 确认销售收入时：
    不含税销售额=51 500÷(1+3%)=50 000(元)
    应纳增值税税额=50 000×3%=1 500(元)
    借：银行存款                                        51 500
        贷：主营业务收入                                50 000
            应交税费——应交增值税                       1 500
```

(二)应交消费税

为了正确引导消费方向，国家在普遍征收增值税的基础上，对某些消费品还征收消费税。消费税是指在我国境内生产、委托加工、零售和进口应税消费品的单位和个人，按其流转额交纳的一种税。征收消费税的消费品主要包括：烟、酒、化妆品、贵重首饰、珠宝玉石、鞭炮、焰火、柴油、汽车轮胎、摩托车、小汽车等。消费税采用从价定率、从量定额和复合计税三种方法计算应纳税额。需交纳消费税的企业应根据其中一种方法，计算当期应纳消费税税额。采取从价定率方法征收的消费税，以不含增值税的销售额为税基，按照税法规定的税率计算；采取从量定额计征的消费税，根据税法确定的企业应税消费品的数量和单位应税消费品应交纳的消费税计算确定；卷烟、粮食白酒和薯类白酒实行复合计税，其组成计税价格中不但包括从价定率计征的消费税，还应包括从量定额计征的消费税。具体计算公式为

采用从价定率方法计算的应纳消费税税额=销售额×消费税比例税率   (9-4)

采用从量定额方法计算的应纳消费税税额=销售量×消费税单位定额税额 (9-5)

采用复合计税方法计算的应纳消费税税额

=销售额×消费税比例税率+销售量×消费税单位定额税额   (9-6)

1. 账户设置

企业应在"应交税费"账户下设置"应交消费税"明细账户，核算应交消费税的发生、交纳情况。该账户贷方登记应交纳的消费税；借方登记已交纳和待抵扣的消费税；期末贷方余额为应交未交的消费税；借方余额为多交纳或待抵扣的消费税。应交税费——应交消费税 T 型账户，如表 9-14 所示。

表 9-14 应交税费——应交消费税 T 型账户

借方	应交税费——应交消费税	贷方
期初余额		期初余额
①已交纳的消费税		应交纳的消费税
②待抵扣的消费税		
期末余额：多交纳(待抵扣)的消费税		期末余额：应交未交的消费税

2. 账务处理

1) 销售应税消费品

企业销售应税消费品时应交的消费税，具体应做如下会计分录。

借：税金及附加
　　贷：应交税费——应交消费税

【例9-29】 某企业销售所生产的应税消费品，增值税专用发票上注明的价格为2 000 000元，增值税税额为260 000元，适用的消费税税率为30%，产品成本为1 500 000元，款项已收到并存入银行。该企业应编制的会计分录如下。

① 产品销售时：
借：银行存款　　　　　　　　　　　　　　　　　　　　2 260 000
　　贷：主营业务收入　　　　　　　　　　　　　　　　2 000 000
　　　　应交税费——应交增值税(销项税额)　　　　　　260 000
借：主营业务成本　　　　　　　　　　　　　　　　　　1 500 000
　　贷：库存商品　　　　　　　　　　　　　　　　　　1 500 000

② 计算应交消费税时：
应交消费税税额=2 000 000×30%=600 000(元)
借：税金及附加　　　　　　　　　　　　　　　　　　　600 000
　　贷：应交税费——应交消费税　　　　　　　　　　　600 000

2) 自产自用消费品

企业将生产的应税消费品用于职工福利时，按视同销售应税消费品进行账务处理；用于在建工程等非生产机构时，应交纳的消费税计入在建工程成本。

【例9-30】 某企业下设的职工食堂享受企业提供的补贴，本月领用一批自产产品，该产品的实际成本为40 000元，市场价格为50 000元(不含增值税)，适用的消费税税率为10%，增值税税率为13%。该企业应编制的会计分录如下。

销项税额=50 000×13%=6 500(元)
消费税额=50 000×10%=5 000(元)
借：应付职工薪酬——职工福利　　　　　　　　　　　　56 500
　　税金及附加　　　　　　　　　　　　　　　　　　　5000
　　贷：主营业务收入　　　　　　　　　　　　　　　　50 000
　　　　应交税费——应交增值税(销项税额)　　　　　　6 500
　　　　　　　　——应交消费税　　　　　　　　　　　5 000
借：主营业务成本　　　　　　　　　　　　　　　　　　40 000
　　贷：库存商品　　　　　　　　　　　　　　　　　　40 000

【例9-31】 某企业在建工程领用自产应税消费品一批，该产品的实际成本为50 000元，市场价格为60 000元，应交消费税为6 000元。该企业应编制的会计分录如下。

借：在建工程　　　　　　　　　　　　　　　　　　　　56 000
　　贷：库存商品　　　　　　　　　　　　　　　　　　50 000
　　　　应交税费——应交消费税　　　　　　　　　　　6 000

3) 委托加工应税消费品

《中华人民共和国消费税暂行条例》规定，企业委托加工应税消费品时，应由受托方向委托方代收代缴消费税(加工金银首饰除外)，消费税由委托方负担。委托方对于委托加工应税消费品应支付的消费税应分别按以下两种情况处理。

(1) 委托加工应税消费品收回后，直接用于销售的，委托方应将支付的消费税计入委托加工应税消费品的成本。

(2) 委托加工的应税消费品收回后用于连续生产应税消费品，按规定准予抵扣的，委托方应将支付的消费税税款计入"应交税费——应交消费税"。

【例9-32】甲公司委托乙公司加工用于连续生产的应税消费品，甲、乙两公司均为增值税一般纳税人，适用的增值税税率为13%，适用的消费税税率为10%，甲对原材料按实际成本进行核算，收回加工后的材料用于继续生产应税消费品。甲发出加工材料的实际成本为300 000元。以银行存款支付乙公司加工费60 000元(不含增值税)及相应的增值税和消费税；同时以银行存款支付往返运杂费20 000元及相应增值税，适用的增值税税率为9%；材料加工完成，已验收入库。根据上述资料，甲公司有关会计分录如下。

① 发出委托加工材料时，应编制的会计分录如下。

借：委托加工物资　　　　　　　　　　　　　　　300 000
　　贷：原材料　　　　　　　　　　　　　　　　　　　　　300 000

② 支付加工费及相关税金时，应编制的会计分录如下。

应支付的增值税=加工费×增值税税率=60 000×13%=7 800(元)

应支付的消费税=组成计税价格×适用税率

组成计税价格=(发出加工材料成本+加工费)÷(1-消费税税率)

应支付的消费税=(300 000+60 000)÷(1-10%)×10%=40 000(元)

借：委托加工物资　　　　　　　　　　　　　　　60 000
　　应交税费——应交增值税(进项税额)　　　　　7 800
　　　　　　——应交消费税　　　　　　　　　　40 000
　　贷：银行存款　　　　　　　　　　　　　　　　　　　107 800

③ 支付运杂费时，应编制的会计分录如下。

借：委托加工物资　　　　　　　　　　　　　　　20 000
　　应交税费——应交增值税(进项税额)　　　　　1 800
　　贷：银行存款　　　　　　　　　　　　　　　　　　　21 800

④ 收回加工材料时，应编制的会计分录如下。

收回加工材料实际成本=300 000+60 000+20 000=380 000(元)

借：原材料　　　　　　　　　　　　　　　　　　380 000
　　贷：委托加工物资　　　　　　　　　　　　　　　　　380 000

(三)其他应交税费

其他应交税费是指除上述应交税费以外的其他各种应上交国家的税费，包括应交资源税、应交城市维护建设税、应交教育费附加、应交房产税、应交土地使用税、应交车船税、应交印花税、应交所得税等。企业应当在"应交税费"科目下设置相应的明细科目进行核算，贷方登记应交纳的有关税费，借方登记已交纳的有关税费，期末贷方余额，反映企业尚未交纳的有关税费。

1. 应交资源税

资源税是对在我国领域及管辖海域开采或消耗应税资源的单位和个人，以其应税资源的销售额或销售数量为计税依据而征收的一种税。开采或生产的应税产品对外销售的，以销售数量为课税数量；开采或生产的应税产品自用的，以自用数量为课税数量。其计算公式为

$$应纳资源税税额 = 课税数量 \times 单位税额 \tag{9-7}$$

1) 账户设置

为了核算应交纳的资源税，企业应在"应交税费"账户下设置"应交资源税"明细账户进行核算。该账户属于负债类，借方核算企业已交纳或按规定允许抵扣的资源税，贷方核算应交纳的资源税，期末贷方余额核算应交未交的资源税，借方余额表示多交纳或待抵扣的资源税。应交税费——应交资源税 T 型账户，如表 9-15 所示。

表 9-15 应交税费——应交资源税 T 型账户

借方	应交税费——应交资源税	贷方
期初余额		期初余额
①已交纳的资源税		当期发生应交纳的资源税
②允许抵扣的资源税		
期末余额：多交纳或待抵扣的资源税		期末余额：应交未交的资源税

2) 账务处理

对外销售应税产品应交纳的资源税应计入"税金及附加"账户；自产自用应税产品应交纳的资源税应计入"生产成本""制造费用"等账户。

【例 9-33】某企业对外销售某种资源税应税矿产品 4 000 吨，每吨应交资源税 5 元。该企业应编制的会计分录如下。

应纳资源税税额 = 4 000 × 5 = 20 000(元)

借：税金及附加　　　　　　　　　　　　　　　　　　　　20 000
　　贷：应交税费——应交资源税　　　　　　　　　　　　　　20 000

【例 9-34】某企业将自产的资源税应税矿产品 200 吨用于企业的产品生产，每吨应交资源税 5 元。该企业应编制的会计分录如下。

应纳资源税税额 = 200 × 5 = 1 000(元)

借：生产成本　　　　　　　　　　　　　　　　　　　　　1 000
　　贷：应交税费——应交资源税　　　　　　　　　　　　　　1 000

2. 应交城市维护建设税

城市维护建设税是以增值税、消费税为计税依据征收的一种税。其纳税人为交纳增值税、消费税的单位或个人。税率因纳税人所在地不同有 7%(市区)、5%(县城或者镇)、1%(不在市区、县城或者镇)等。其计算公式为

$$应纳税额=(应交增值税+应交消费税)×适用税率 \tag{9-8}$$

1) 账户设置

为了核算应交纳的城市维护建设税,企业应在"应交税费"账户下设置"应交城市维护建设税"明细账户进行核算。该账户属于负债类,借方核算企业已交纳的城市维护建设税,贷方核算应交纳的城市维护建设税,期末贷方余额核算应交未交的城市维护建设税,借方余额表示多交纳的城市维护建设税。应交税费——应交城建税 T 型账户,如表 9-16 所示。

表 9-16 应交税费——应交城市维护建设税 T 型账户

借方	应交税费——应交城市维护建设税	贷方
期初余额		期初余额
已交纳的城市维护建设税		当期发生应交纳城市维护建设税
期末余额:多交纳的城市维护建设税		期末余额:应交未交的城市维护建设税

2) 账务处理

企业应交纳的城市维护建设税,借记"税金及附加"等账户,贷记"应交税费——应交城市维护建设税"账户。

【例 9-35】 某企业本期实际上交增值税 500 000 元,消费税 200 000 元。该企业适用的城市维护建设税税率为 7%。该企业应编制的会计分录如下。

① 计算应交的城市维护建设税。

应交的城市维护建设税=(500 000+200 000)×7%=49 000(元)

借:税金及附加　　　　　　　　　　　　　　　　49 000
　　贷:应交税费——应交城市维护建设税　　　　　　　49 000

② 用银行存款上交城市维护建设税。

借:应交税费——应交城市维护建设税　　　　　　49 000
　　贷:银行存款　　　　　　　　　　　　　　　　49 000

3. 应交教育费附加

教育费附加是为了发展教育事业而向企业征收的附加费用,企业按应交流转税的一定比例计算交纳。

1) 设置账户

为了核算应交纳的教育费附加,企业应在"应交税费"账户下设置"应交教育费附加"明细账户进行核算。该账户属于负债类,借方核算企业已交纳的教育费附加,贷方核算应交纳的教育费附加,期末贷方余额核算应交未交的教育费附加,借方余额表示多交纳的教育费附加。应交税费——应交教育费附加 T 型账户,如表 9-17 所示。

第九章 负债

表 9-17 应交税费——应交教育费附加 T 型账户

借方	应交税费——应交教育费附加	贷方
期初余额		期初余额
已交纳的教育费附加		当期发生应交纳的教育费附加
期末余额：多交纳的教育费附加		期末余额：应交未交的教育费附加

2) 账务处理

企业应交纳的教育费附加，借记"税金及附加"等账户，贷记"应交税费——应交教育费附加"账户。应纳税额的计算公式为

$$应纳税额=(应交增值税+应交消费税)\times 适用税率 \tag{9-9}$$

【例 9-36】 某企业本期实际上交增值税 400 000 元，消费税 300 000 元，该企业适用的教育费附加税率为 3%。款项已经用银行存款支付。该企业应编制的会计分录如下。

应交的教育费附加=(400 000+300 000)×3%=21 000(元)

```
借：税金及附加                                 21 000
    贷：应交税费——应交教育费附加                    21 000
借：应交税费——应交教育费附加                       21 000
    贷：银行存款                                 21 000
```

4. 应交房产税、土地使用税、车船税和印花税

房产税是国家对在城市、县城、建制县和工矿区征收的由产权所有人交纳的一种税。

土地使用税是国家为了合理利用城镇土地，调节土地级差收入，提高土地使用效益，加强土地管理而开征的一种税，以纳税人实际占用的土地面积为计税依据，依照规定税额计算征收。

车船税由拥有并且使用车船的单位和个人交纳。车船税按照适用税额计算交纳。

印花税是对经济活动和经济交往中书立、使用、领受具有法律效力凭证的单位和个人征收的一种税。印花税按一定比例或定额计征。

1) 账户设置

企业应交纳的上述相关税费在"应交税费"账户下设置"应交房产税(或应交土地使用税、应交车船税、应交印花税)"明细账户核算，核算应交房产税、土地使用税、车船税、印花税等的发生、交纳情况。该账户贷方登记应交纳的房产税、土地使用税、车船税、印花税，借方登记已交纳的房产税、土地使用税、车船税、印花税；期末贷方余额为应交未交的房产税、土地使用税、车船税、印花税，期末借方余额为多交纳的房产税、土地使用税、车船税、印花税。应交税费——应交房产税(或应交土地使用税、应交车船税、应交印花税)T 型账户，如表 9-18 所示。

表 9-18　应交税费——应交房产税(或应交土地使用税、应交车船税、应交印花税)T 型账户

借方　　应交税费——应交房产税(或应交土地使用税、应交车船税、应交印花税)　　贷方	
期初余额	期初余额
实际上交的各项税费	当期应交的房产税(土地使用税、车船税、印花税)
期末余额：多交的各项税费	期末余额：应交未交的各项税费

2) 账务处理

企业应交的房产税、土地使用税、车船税和印花税，借记"税金及附加"账户，贷记"应交税费——应交房产税(或应交土地使用税、应交车船税、应交印花税)"账户。

【例 9-37】 某企业按税法规定，本期应交纳房产税 200 000 元、土地使用税 300 000 元、车船税 450 000 元。该企业应编制的会计分录如下。

① 计算应交纳上述税金时

借：税金及附加　　　　　　　　　　　　　　　　950 000
　　贷：应交税费——应交房产税　　　　　　　　　　　　200 000
　　　　　　　　——应交土地使用税　　　　　　　　　　300 000
　　　　　　　　——应交车船税　　　　　　　　　　　　450 000

② 用银行存款支付上述税金时：

借：应交税费——应交房产税　　　　　　　　　　200 000
　　　　　　——应交土地使用税　　　　　　　　300 000
　　　　　　——应交车船税　　　　　　　　　　450 000
　　贷：银行存款　　　　　　　　　　　　　　　　　　　950 000

5. 应交所得税

所得税是国家对企业的生产经营所得和其他所得征收的一种税。所得税的应纳税额是根据应纳税所得额和税率计算的，其计算公式为

　　　　　　　　应纳所得税税额=应纳税所得额×所得税税率　　　　　　　　(9-10)

1) 账户设置

企业应交纳的所得税，在"应交税费"账户下设置"应交所得税"明细账户核算；当期应计入损益的所得税，作为一项费用，在净收益前扣除。该账户贷方登记应交纳的所得税，借方登记已交纳的所得税；期末贷方余额为应交未交的所得税，借方余额为多交的所得税。应交税费——应交所得税 T 型账户，如表 9-19 所示。

表 9-19　应交税费——应交所得税 T 型账户

借方　　　　　　　应交税费——应交所得税　　　　　　　贷方	
期初余额	期初余额
实际上交的所得税	当期应交的所得税
期末余额：多交的所得税	期末余额：应交未交的所得税

2) 账务处理

企业计算应计入损益的所得税,借记"所得税费用"账户,贷记"应交税费——应交所得税"账户;实际上交所得税时,借记"应交税费——应交所得税"账户,贷记"银行存款"账户。

【例9-38】 某企业本年实现利润100 000元,无纳税调整项目,适用企业所得税税率为25%。该企业应编制的会计分录如下。

① 计算应交纳所得税时:

借:所得税费用　　　　　　　　　　　　　　　　　25 000
　　贷:应交税费——应交所得税　　　　　　　　　　　　25 000

② 用银行存款支付上述税金时:

借:应交税费——应交所得税　　　　　　　　　　　25 000
　　贷:银行存款　　　　　　　　　　　　　　　　　　　25 000

五、其他流动负债

(一)应付股利

应付股利,是指企业经股东大会或类似机构审议批准分配的现金股利或利润,企业股东大会或类似机构审议批准的利润分配方案、宣告分派的现金股利或利润,在实际未支付前,形成了企业的负债。股利分配的方式有两种,一是分配现金股利,二是分配股票股利。现金股利是指企业以现金形式向股东派发的股利;股票股利是指企业通过增发股票向股东派发的股利,当作股利发放的股票,又称为红股,一般称为送股。

1. 账户设置

为了核算企业确定或宣告支付但尚未实际支付的现金股利或利润,企业应设置"应付股利"账户并按投资者进行明细核算。该账户贷方登记应支付的现金股利或利润,借方登记实际支付的现金股利或利润,期末贷方余额反映企业应付未付的现金股利或利润。对于宣告分配的股票股利,因以后不需要支付货币或其他资产,只需办理变更登记,不形成负债,故不通过"应付股利"账户核算。应付股利T型账户,如表9-20所示。

表9-20　应付股利T型账户

借方	应付股利	贷方
	期初余额	
实际支付的现金股利或利润	应支付的现金股利或利润	
	期末余额:应付未付的现金股利或利润	

2. 账务处理

企业根据方案,确认应付给投资者的现金股利或利润时,借记"利润分配——应付现金股利"账户，贷记"应付股利"账户；向投资者实际支付现金股利或利润时，借记"应付股利"账户，贷记"银行存款"等账户。

【例9-39】某股份有限公司2023年度实现净利润8 000 000元，经董事会批准，决定2023年度分配股利，共计500 000元。股利已经用银行存款支付。该公司应编制的会计分录如下。

① 宣告分派现金股利时：
借：利润分配——应付现金股利　　　　　　　　　　　500 000
　　贷：应付股利　　　　　　　　　　　　　　　　　　　500 000
② 实际支付时：
借：应付股利　　　　　　　　　　　　　　　　　　　500 000
　　贷：银行存款　　　　　　　　　　　　　　　　　　　500 000

此外，需要说明的是，企业董事会或类似机构通过的利润分配方案中拟分配的股票股利或利润，不做账务处理，不作为"应付股利"核算，但应在附注中披露。

(二)应付利息

应付利息，是指企业按照合同约定应支付的利息，包括企业短期借款当期计提的应付利息、企业分期付息到期还本的长期借款当期计提的应付利息、企业发行的分期付息债券当期计提的应付利息。

1. 账户设置

为了核算企业按照合同约定应支付的利息，企业应设置"应付利息"账户并进行相应的核算。应付利息T型账户，如表9-21所示。

表9-21　应付利息T型账户

借方	应付利息	贷方
		期初余额
支付利息		到付息期计提应付的利息
		期末余额：已计提但尚未支付的利息

2. 账务处理

企业按合同约定确认应支付的利息时，借记"财务费用""在建工程""研发支出"等账户，贷记"应付利息"账户；实际支付利息时，借记"应付利息"账户，贷记"银行存款"等账户。

【例9-40】某股份有限公司2023年3月计提用于日常经营的短期借款利息，共计30 000元。利息用银行存款支付。该公司应编制的会计分录如下。

① 计提利息时：
借：财务费用　　　　　　　　　　　　　　　　　　　30 000

	贷：应付利息	30 000
② 实际支付时：		
借：应付利息		30 000
	贷：银行存款	30 000

(三)其他应付款

其他应付款是指企业除应付票据、应付账款、预收账款、应付职工薪酬、应付利息、应付股利、应交税费等经营活动以外的其他各项应付、暂收的款项。如应付经营租入固定资产的租金、其他单位因使用本企业的资产而支付的保证金等。

1. 账户设置

企业通过"其他应付款"账户，核算其他应付款的增减变动及其结存情况，并按照其他应付款的项目和对方单位(或个人)设置明细科目进行明细核算。该账户贷方登记发生的各种应付、暂收款项，借方登记偿还或转销的各种应付、暂收款项；该账户期末贷方余额反映企业应付未付的其他款项。其他应付款 T 型账户，如表 9-22 所示。

表 9-22 其他应付款 T 型账户

借方	其他应付款	贷方
	期初余额	
①偿还暂收款	①收取包装物租金	
②支付应付款	②应付租赁费	
	③暂收款项	
	期末余额：应付未付的其他款项	

2. 账务处理

(1) 企业发生其他各项应付、暂收款项时，具体应做如下会计分录。

借：管理费用、银行存款等
    贷：其他应付款

(2) 支付或退回其他各项应付、暂收款项时，具体应做如下会计分录。

借：其他应付款
    贷：银行存款等

【例 9-41】某企业从 2023 年 1 月 1 日起，以经营租赁方式租入一批管理用办公设备，每月租金为 6 000 元，按季支付。3 月 31 日，以银行存款支付应付租金。该企业应编制的会计分录如下。

① 1 月 31 日计提应付经营租入固定资产租金时：

借：管理费用 6 000
    贷：其他应付款 6 000

② 3 月 31 日实际支付时：

借：其他应付款	12 000
管理费用	6 000
贷：银行存款	18 000

第三节　非流动负债

一、长期借款

长期借款是指企业向银行或其他金融机构借入的期限在一年以上(不含一年)的各种借款，一般用于固定资产的购建、改扩建工程、大修理工程、对外投资及为了保持长期经营能力等方面。它是企业非流动负债的重要组成部分，必须加强管理与核算。

(一)账户设置

为了核算企业向银行或其他金融机构借入的期限在一年以上(不含一年)的各项借款，企业应设置"长期借款"账户，并按照贷款单位和贷款种类，分"本金""利息调整"进行明细核算。该账户的贷方登记长期借款本息的增加额，借方登记长期借款本息的减少额，贷方余额表示企业尚未偿还的长期借款。长期借款 T 型账户，如表 9-23 所示。

表 9-23　长期借款 T 型账户

借方	长期借款	贷方
	期初余额	
①归还长期借款	①借入长期借款	
②支付利息	②计提利息	
	期末余额：尚未偿还的长期借款	

(二)账务处理

企业向银行或其他金融机构借入长期借款，具体应做如下会计分录。

(1) 取得长期借款时：
借：银行存款　　　　　　　　　　　　　　(收到的借款金额)
　贷：长期借款　　　　　　　　　　　　　(长期借款金额)

(2) 计提长期借款利息时：
借：在建工程等　　　　　　　　　　　　　(满足资本化条件)
　　财务费用　　　　　　　　　　　　　　(不满足资本化条件)
　贷：应付利息　　　　　　　　　　　　　(按合同利率计算)

(3) 支付长期借款利息时：
借：应付利息
　贷：银行存款

(4) 归还长期借款本金和利息时：
借：长期借款　　　　　　　　　　　　　　　　　(归还全部借款)
　　应付利息　　　　　　　　　　　　　　　　　　(最后一期借款利息)
　贷：银行存款　　　　　　　　　　　　　　　　　(支付的本息金额)

【例9-42】某企业2022年1月1日借入期限为两年的长期借款2 000 000元，用于建造厂房款项已存入银行。借款利率按市场利率确定为6%，每年付息一次，期满后一次还清本金。2022年1月10日，以银行存款支付工程价款共计2 000 000元。该厂房于2023年8月底完工，达到预定可使用状态。该企业账务处理所编制的会计分录如下。

① 2022年1月1日，取得借款时：
借：银行存款　　　　　　　　　　　　　　　　　　　　　　　2 000 000
　贷：长期借款　　　　　　　　　　　　　　　　　　　　　　　　2 000 000

② 2022年1月10日，支付工程款时：
借：在建工程　　　　　　　　　　　　　　　　　　　　　　　2 000 000
　贷：银行存款　　　　　　　　　　　　　　　　　　　　　　　　2 000 000

③ 2022年12月31日，计算2022年应计入工程成本的利息时：
借款利息=2 000 000×6%×1=120 000(元)
借：在建工程　　　　　　　　　　　　　　　　　　　　　　　　120 000
　贷：应付利息　　　　　　　　　　　　　　　　　　　　　　　　　120 000

④ 支付借款利息时：
借：应付利息　　　　　　　　　　　　　　　　　　　　　　　　120 000
　贷：银行存款　　　　　　　　　　　　　　　　　　　　　　　　　120 000

⑤ 2023年8月底，厂房达到预定可使用状态，对于2023年8月前的利息费用予以资本化。
应计入工程成本的利息=2 000 000×6%÷12×8=80 000(元)
借：在建工程　　　　　　　　　　　　　　　　　　　　　　　　　80 000
　贷：应付利息　　　　　　　　　　　　　　　　　　　　　　　　　80 000
同时还要编制的会计分录如下。
借：固定资产　　　　　　　　　　　　　　　　　　　　　　　2 200 000
　贷：在建工程　　　　　　　　　　　　　　　　　　　　　　　　2 200 000

⑥ 2023年12月31日，计算2023年9～12月应计入财务费用的利息时：
应计入财务费用的利息=2 000 000×6%÷12×4=40 000(元)
借：财务费用　　　　　　　　　　　　　　　　　　　　　　　　40 000
　贷：应付利息　　　　　　　　　　　　　　　　　　　　　　　　　40 000

⑦ 2023年12月31日支付利息时：
借：应付利息　　　　　　　　　　　　　　　　　　　　　　　　120 000
　贷：银行存款　　　　　　　　　　　　　　　　　　　　　　　　　120 000

⑧ 2024年1月1日到期还本时：
借：长期借款　　　　　　　　　　　　　　　　　　　　　　　2 000 000
　贷：银行存款　　　　　　　　　　　　　　　　　　　　　　　　2 000 000

二、应付债券

债券是企业为筹集长期使用资金而发行的一种书面凭证。企业通过发行债券取得资金是以将来履行归还购买债券者的本金和利息的义务作为保证的。发行债券是企业筹集长期资金的重要方式之一,通过发行债券,企业将巨额借款分为若干等份,以公开募集的方式向社会举债,以吸收大量长期资金。债券持有人通过持有债券,有权向债券发行人定期索取本息,这就构成了企业的一项债务。企业发行期限超过一年的债券,属于企业的一项长期负债。

非流动负债-应付债券
(一般公司债券).mp4

(一)账户设置

企业设置"应付债券"科目,用以核算企业为筹集长期资金而发行债券的本金和利息。本科目可按面值、利息调整、应付利息等进行明细核算。应付债券T型账户,如表9-24所示。

表9-24 应付债券T型账户

借方	应付债券	贷方
	期初余额	
①利息调整	①发行债券	
②应付债券(还本付息)	②利息调整	
	期末余额:尚未到期兑付的债券	

(二)账务处理

1. 债券发行价格的确定及发行时的账务处理

债券发行价格是由发行时的实际利率所决定的。债券准备发行与债券实际发行有很长一段时间间隔,因此两个时点的市场利率不一定相同,即按准备发行债券时的市场利率确定的票面利率和实际发行时的市场利率可能有差异。债券发行时,如果票面利率高于市场利率,则债券溢价发行(高于面值发行),溢价部分作为对发行人将来按票面利率计算比按市场利率计算多付利息的一种补偿;如果票面利率等于市场利率,则债券平价发行(按面值发行);如果票面利率低于市场利率,则债券折价发行(低于面值发行),折价部分作为发行人将来按票面利率计算比按市场利率计算少付利息而付出的代价。

企业按面值发行债券时,按实际收到的金额,具体应做如下会计分录。

借:银行存款　　　　　　　　　　　　　　　(实际收到的款项)
　　贷:应付债券——面值　　　　　　　　　(发行债券的面值)
　　贷(或借):应付债券——利息调整　　　　(差额)

【例9-43】 A公司于2020年7月1日发行三年期、到期一次还本付息、年利率为6%(不计复利)、发行面值总额为10 000 000元的债券,该债券按面值发行。该公司应编制的会计分录如下。

借：银行存款   10 000 000
　　贷：应付债券——面值   10 000 000

2. 债券计提利息

发行长期债券的企业，应按期计提利息，具体应做如下会计分录。
(1) 分期付息债券计提利息时：
借：在建工程、研发支出、制造费用、财务费用等　　(实际利息费用)
借(或贷)：应付债券——利息调整　　　　　　　　　(差额)
　　贷：应付利息　　　　　　　　　　　　　　　　(票面利息费用)
(2) 到期一次性付息债券计提利息时：
借：在建工程、研发支出、制造费用、财务费用等　　(实际利息费用)
借(或贷)：应付债券——利息调整　　　　　　　　　(差额)
　　贷：应付债券——应计利息　　　　　　　　　　(票面利息费用)

【例9-44】 承例9-43，A公司发行债券所筹集资金用于建造固定资产，至2020年12月31日时工程尚未完工，计提本年债券利息。公司按照《企业会计准则第17号——借款费用》的规定计算，该期债券产生的实际利息费用应全部资本化，作为在建工程成本。该公司应编制的会计分录如下。

利息费用=10 000 000×6%×6÷12=300 000(元)

借：在建工程   300 000
　　贷：应付债券——应计利息   300 000

3. 债券还本付息

长期债券到期，企业支付债券本息时，具体应做如下会计分录：
(1) 分期付息债券，企业到期偿还本金及最后一期利息时：
借：应付债券——面值   (债券本金)
　　应付利息   (最后一期利息)
　　贷：银行存款   (支付本金和尾期利息)
(2) 一次性付息债券到期支付债券本息时：
借：应付债券——面值   (债券本金)
　　　　　　——应计利息   (已计提的全部利息)
　　贷：银行存款   (支付本金和全部利息)

【例9-45】 承例9-43和例9-44，2023年7月1日，A公司偿还债券本金和利息。A公司应编制的会计分录如下。

借：应付债券——面值   10 000 000
　　　　　　——应计利息   1 800 000
　　贷：银行存款   11 800 000

4. 溢价或折价发行的账务处理

企业溢价(或折价)发行债券,各期的票面利息并不是真正的利息费用。因为企业在发行债券时,已经多收(或少收)了一部分价款,这部分价款是对以后多付(或少付)利息的补偿。企业应在债券的存续期内,分期摊销债券的溢价(或折价)。债券的利息支出扣除溢价(或加上折价)摊销,即为企业溢价(或折价)发行债券的利息费用。具体计算公式为

实际利息费用=期初应付债券的摊余成本×实际利率 (9-11)

应付利息=应付债券的面值×债券票面利率 (9-12)

①溢价:每期利息调整摊销金额=应付利息-实际利息费用 (9-13)

②折价:每期利息调整摊销金额=实际利息费用-应付利息 (9-14)

【例9-46】2020年12月31日,甲公司经批准发行5年期一次还本、分期付息的公司债券10 000 000元,债券利息在每年12月31日支付,票面利率为年利率6%。假定债券发行时的市场利率为5%。[(P/F,5,5%)=0.7835,(P/A,5,5%)=4.3295]

甲公司该批债券实际发行价格为:

10 000 000×0.7835+10 000 000×6%×4.3295=10 432 700(元)

甲公司根据上述资料,采用实际利率法和摊余成本计算确定的利息费用,如表9-25所示。

表9-25 利息费用一览　　　　　　　　　　　　　　　　　　单位:元

付息日期	支付利息	利息费用	摊销的利息调整	应付债券摊余成本
	(1)=面值×6%	(2)=(4)×5%	(3)=(1)-(2)	(4)=上期(4)-(3)
2020年12月31日				10 432 700
2021年12月31日	600 000	521 635	78 365	10 354 335
2022年12月31日	600 000	517 716.75	82 283.25	10 272 051.75
2023年12月31日	600 000	513 602.59	86 397.41	10 185 654.34
2024年12月31日	600 000	509 282.72	90 717.28	10 094 937.06
2025年12月31日	600 000	505 062.94*	94 937.06	10 000 000

注:*尾数调整。

期末摊余成本=期初摊余成本+利息费用-支付利息

根据表中资料,甲公司应编制的会计分录如下。

① 2020年12月31日发行债券时:

借:银行存款　　　　　　　　　　　　　　　　　　10 432 700
　　贷:应付债券——面值　　　　　　　　　　　　　10 000 000
　　　　　　　　——利息调整　　　　　　　　　　　　 432 700

② 2021年12月31日计算并支付利息费用时:

财务费用=10 432 700×5%=521 635(万元)

应付利息=10 000 000×6%=600 000(万元)

利息调整=600 000-521 635=78 365(万元)

借:财务费用　　　　　　　　　　　　　　　　　　　 521 635

第九章 负债

```
        应付债券——利息调整                          78 365
    贷：应付利息                                        600 000
借：应付利息                               600 000
    贷：银行存款                                        600 000
```

2022年、2023年、2024年确认利息费用的会计处理同2021年。

③ 2025年12月31日归还债券本金及最后一期利息费用时：

```
借：财务费用                               505 062.94
    应付债券——面值                       10 000 000
            ——利息调整                       94 937.06
    贷：银行存款                                     10 600 000
```

【思政与德育】

税务筹划≠偷税漏税，会计职业道德要坚守——范某某涉税案件

2018年6月初，群众举报范某某"阴阳合同"涉税问题后，国家税务总局责成江苏等地税务机关依法开展调查核实，后查清案件事实。10月3日，新华社发布通稿《税务部门依法查处范某某"阴阳合同"等偷逃税问题》，向社会披露了相关情况。

从调查核实情况来看，范某某在电影《大轰炸》剧组拍摄过程中实际取得片酬3 000万元，其中1 000万元已经申报纳税，其余2 000万元以拆分合同方式偷逃个人所得税618万元，少缴营业税及附加112万元，合计730万元。此外，还查出范某某及其担任法定代表人的企业少缴税款2.48亿元，其中偷逃税款1.34亿元。

对于上述违法行为，根据国家税务总局指定管辖，江苏省税务局依据《税收征收管理法》(以下简称《征管法》)做以下处罚。

(1) 依据《征管法》第三十二条、第五十二条的规定，对范某某及其担任法定代表人的企业追缴税款2.55亿元，加收滞纳金0.33亿元。

(2) 依据《征管法》第六十三条的规定，对范某某采取拆分合同手段隐瞒真实收入偷逃税款处4倍罚款计2.4亿元，对其利用工作室账户隐匿个人报酬的真实性质偷逃税款处3倍罚款计2.39亿元；对其担任法定代表人的企业少计收入偷逃税款处1倍罚款计94.6万元。

(3) 依据《征管法》第六十九条和《税收征收管理法实施细则》第九十三条的规定，对其担任法定代表人的两户企业未代扣代缴个人所得税和非法提供便利协助少缴税款各处0.5倍罚款，分别计0.51亿元、0.65亿元。

(4) 依据《行政处罚法》第四十二条及《江苏省行政处罚听证程序规则》相关规定，9月26日，江苏省税务局依法先向范某某下达《税务行政处罚事项告知书》，对此范某某未提出听证申请。9月30日，江苏省税务局依法已向范某某正式下达《税务处理决定书》和《税务行政处罚决定书》，要求其将追缴的税款、滞纳金、罚款在收到上述处罚决定后在规定期限内缴清。

经查，2018年6月，在税务机关对范某某及其经纪人牟某广所控制的相关公司展开调查期间，牟某广指使公司员工隐匿、故意销毁涉案公司会计凭证、会计账簿，阻挠税务机

关依法调查，涉嫌犯罪。国家税务总局已责成江苏省税务局对原无锡市地方税务局、原无锡市地方税务局第六分局等主管税务机关的有关负责人和相关责任人员依法依规进行问责。同时，国家税务总局已部署开展规范影视行业税收秩序工作。对在2018年12月31日前自查自纠并到主管税务机关补缴税款的影视企业及相关从业人员，免予行政处罚，不予罚款；对个别拒不纠正的依法严肃处理；对出现严重偷逃税行为且未依法履职的地区税务机关负责人及相关人员，将根据不同情形依法依规严肃问责或追究法律责任。

(资料来源：《范某某涉税案件的七个关键问题》.)

思政感悟(扫码获得)　　　　　　自测题及参考答案(扫码获得)

第十章　所有者权益

【学习目标】

1. 了解所有者权益的性质。
2. 理解所有者权益的构成。
3. 掌握实收资本及其他权益工具的会计核算。
4. 掌握资本公积与其他综合收益的会计核算。
5. 掌握留存收益的会计核算。

【知识框架图】

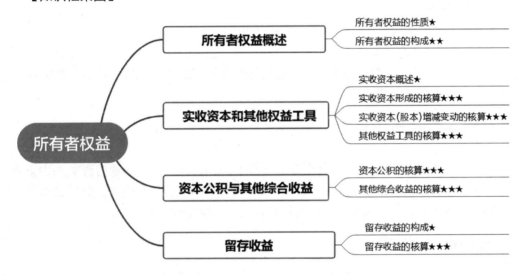

第一节　所有者权益概述

一、所有者权益的性质

(一)所有者权益的定义

所有者权益是指企业资产扣除负债后由所有者享有的剩余权益，在股份制企业里所有者权益又称为股东权益。所有者权益在数量上等于资产减去负债后的余额，也称为净资产。因此，所有者权益是体现在净资产中的权益，是所有者对企业净资产的要求权。

(二)所有者权益的特征

权益是对企业资产的一种要求权，企业资产的来源主要有两个渠道：一是投资者投入的资本，即所有者权益；二是企业向债权人借入的资金，即负债，负债又称为债权人权益。

所有者权益和负债同属权益,但二者又有明显区别,与负债相比,所有者权益主要有以下特点。

(1) 性质不同。负债是债权人对企业资产的求偿权,是债权人的权益,债权人与企业只有债权、债务关系,到期可以收回本息;而所有者权益则是企业所有者对企业净资产的要求权,包括所有者对企业投入的资本及其对投入资本的运作所产生的盈余的要求权,没有明确的偿还期限。

(2) 享受的权利不同。债权人通常只享有收回本金和按事先约定的利息率收回利息的权利,既没有参与企业经营管理的权利,也没有参与企业收益分配的权利;而企业的所有者通常既具有参与企业经营管理的权利,也具有参与企业收益分配的权利。

(3) 偿还责任不同。负债要求企业按规定的时间和利率支付利息,到期偿还本金;而所有者权益在企业经营期内无须偿还。

(4) 计量特性不同。负债通常可以单独直接计量,而所有者权益通过资产减去负债之后的余额来间接计量。

(5) 风险和收益的大小不同。负债由于具有明确的偿还期限和约定利率,到期就可以收回本金与相应的利息,风险较小,相应的收益较低;而所有者权益,一方面享有经营的盈利和资产的增值,另一方面也要承担企业经营亏损和资产减值的风险,因为承担的风险较大,所以相应的收益也较高。

二、所有者权益的构成

从其来源的角度看,所有者权益由三部分构成:(1)投资人投入企业的资本;(2)企业非日常活动所形成的利得或损失;(3)企业生产经营过程中形成的留存收益。具体包括实收资本(股本)、资本公积、其他权益工具、其他综合收益、留存收益等项目。

(一)实收资本(股本)

实收资本是指企业接受投资者投入的并形成企业法定资本的价值,是投资人在企业注册资本范围内实际投入的资本。所谓注册资本,是指企业在设立时向工商行政管理部门登记的资本总额,也就是全部出资者设定的出资总额。企业的资本如果是一次性筹集,实收资本应等于注册资本;如果是分期筹集,在所有者最后一次缴入资本以后,实收资本应等于注册资本。在股份有限公司,实收资本表现为实际发行股票的面值,又称为股本。

(二)资本公积

资本公积是指企业收到投资者超出其在企业注册资本(或股本)中所占份额的投资,以及直接计入所有者权益的利得或损失等,主要包括资本(或股本)溢价及其他资本公积。资本公积的主要用途是根据企业经营发展的需要,通过履行一定的法定程序后转增资本,不能作为投资利润或股利进行分配。

(三)其他权益工具

其他权益工具主要是指企业发行的除普通股以外的归类为权益工具的各种金融工具,

如优先股和永续债券。

(四) 其他综合收益

其他综合收益是指企业根据会计准则规定未在当期损益中确认的各项利得和损失，包括以后会计期间不能重分类进损益的其他综合收益和以后会计期间满足规定条件时将重分类进损益的其他综合收益两部分。

(五) 留存收益

留存收益是指企业从历年实现的净利润中提取或形成的留存于企业的内部积累，是企业在生产经营活动中实现的、尚未分配给投资者的那部分净利润。留存收益包括盈余公积和未分配利润两部分。

盈余公积是指企业按照一定比例从税后利润(净利润)中提取的资本积累，包括法定盈余公积金和任意盈余公积金。提取的目的是增强企业自我发展和承受风险的能力。同时，也是向投资者分配利润或分配股利的一种限制。盈余公积的用途主要是弥补亏损、转增资本及扩大企业生产经营。

未分配利润是指企业留存以后年度进行分配的结存利润，是所有者权益的一个组成部分。未分配利润作为企业以前年度利润的积累，企业在使用上具有较大的自主权，可用于分配股利或利润及弥补亏损等。

第二节 实收资本和其他权益工具

一、实收资本概述

(一) 实收资本的含义

实收资本是指企业实际收到的投资人投入的资本。投资者投入企业的各项财产，是企业注册登记的法定资本总额的来源，它表明所有者对企业的基本产权关系，在一般情况下无须偿还，可以长期周转使用。实收资本的构成比例，即投资者的出资比例或股东的股份比例，通常是确定所有者在企业所有者权益中所占的份额和参与企业财务经营决策的基础，也是企业进行利润分配或股利分配的依据，同时还是企业清算时确定所有者对净资产的要求权的依据。

(二) 实收资本的分类

1. 按投资主体分类

实收资本按投资主体可分为国家资本、法人资本、个人资本、外商资本等。

2. 按投资形式分类

实收资本按投资形式可分为货币资金、实物资产、无形资产、有价证券等。

(1) 以货币资产形式出资

投资者以货币资产出资，包括以人民币出资和外币出资。我国企业投资者一般以人民币出资，以人民币形式投资，应以实际收到或者存入企业开户银行的时间和金额确定入账。

中外合资企业在收到外方出资人的外汇投资时，需采用一定的汇率将外汇折合为记账本位币入账。按照现行制度规定，企业收到投资者出资的外汇时，应按照当日外汇牌价折合的人民币金额登记相关账户。

(2) 以非货币资产形式出资

投资者如果以房屋、建筑物、机器设备等固定资产出资，以原材料、库存商品等流动资产出资，以专利权、商标权、土地使用权等无形资产出资，应按照公平合理的原则进行计价，一般应按投资合同或协议约定的价值入账，但合同或协议约定价值不公允的除外。

二、实收资本形成的核算

(一)账户设置

企业组织形式不同，所有者投入资本的会计核算账户也有所不同。股份公司对投资者(股东)投入的资本应设置"股本"账户，其他企业(如有限责任公司、合伙企业等)对投资者投入的资本应设置"实收资本"账户。

1. 实收资本

"实收资本"是为反映和监督所有者投入资本金的形成过程及其变化情况而设置的账户。该账户的性质属于所有者权益类。其贷方登记企业实际收到投资者缴付的资本，借方登记企业按法定程序减资时所减少的注册资本数额，余额在贷方，表示投资者投入企业的资本金余额。企业应按照投资者设置明细账户，进行明细核算。

实收资本 T 型账户，如表 10-1 所示。

表 10-1　实收资本 T 型账户

借方	实收资本	贷方
核准减少的注册资本数额	期初余额	
	收到投资者投入的资本	
	资本公积、盈余公积转入的资本	
	期末余额：实收资本的实有数额	

2. 股本

"股本"是为反映股东投入股份有限公司股本的形成过程及其变化情况而设置的账户。该账户的性质属于所有者权益类。其贷方登记企业实际收到股东投入的股本，借方登记核准减少的股本。余额在贷方，表示股东投入股本的余额。企业应在"股本"账户下按照股东单位或姓名设置明细账户，进行明细核算。

股本 T 型账户，如表 10-2 所示。

表 10-2 股本 T 型账户

借方	股本	贷方
	期初余额	
核准减少的股本	股东投入的股本	
	期末余额：股本的实有数额	

(二)账务处理

1. 接受货币资产投资

投资者以货币形式投入资本的，应当以实际收到或者存入企业开户银行的金额登记入账。初建有限责任公司时，各投资者按照合同、协议或公司章程投入企业的资本，应全部计入"实收资本"账户，股份有限公司发行股票时通过"股本"账户核算。

当收到外币时，如采用人民币为记账本位币的，应按照收到出资额当日汇率折算成人民币作为资产和实收资本的入账金额。

投资者投入货币资产时具体应做如下会计分录。

借：银行存款等　　　　　　　　　　　　　　(实际收到的金额)
　　贷：实收资本(股本)　　　　　　　　　　(在注册资本中所占份额)
　　　　资本公积——资本溢价(或股本溢价)　(超过注册资本中所占份额的投资)

【例 10-1】 甲公司收到乙公司投入的货币资金 1 800 000 元，按照投资协议约定，占甲公司注册资本 10 000 000 元的 15%，款项已经收妥存入银行。甲公司应编制的会计分录如下。

借：银行存款　　　　　　　　　　　　　　　1 800 000
　　贷：实收资本——乙公司　　　　　　　　1 500 000
　　　　资本公积——资本溢价　　　　　　　　300 000

【例 10-2】 甲股份有限公司发行普通股 10 000 000 股，每股面值为 1 元，每股发行价格为 1.2 元。假定股票发行成功，股款已全部收到并存入银行，不考虑发行过程中的税费等因素。甲公司应编制的会计分录如下。

借：银行存款　　　　　　　　　　　　　　　12 000 000
　　贷：股本　　　　　　　　　　　　　　　10 000 000
　　　　资本公积——股本溢价　　　　　　　2 000 000

2. 接受非货币资产投资

投资者以非货币资产投入资本，如用房屋、建筑物、机器设备、材料及无形资产对企业投资的，应按照投资合同或协议约定的价值确定，但合同或协议约定的价值不公允的除外。具体应做如下会计分录。

借：固定资产等
　　应交税费——应交增值税(进项税额)

贷：实收资本

【例10-3】甲公司收到乙公司投入的一批原材料，投资合同约定的价值为150 000元，增值税进项税额为19 500元。乙公司已经开具了增值税专用发票。假定合同约定的价值与公允价值相符，该进项税额可以抵扣。甲公司应编制的会计分录如下。

借：原材料　　　　　　　　　　　　　　　　　　　　　150 000
　　应交税费——应交增值税(进项税额)　　　　　　　　 19 500
　　贷：实收资本——乙公司　　　　　　　　　　　　　　　　169 500

【例10-4】甲公司于设立时收到丙公司作为资本投入的不需要安装的机器设备一台，合同约定该机器设备的价值为200 000元，增值税进项税额为26 000元。经约定甲公司接受丙公司的投入资本为226 000元。合同约定的固定资产价值与公允价值相符。甲公司应编制的会计分录如下。

借：固定资产　　　　　　　　　　　　　　　　　　　　200 000
　　应交税费——应交增值税(进项税额)　　　　　　　　 26 000
　　贷：实收资本——丙公司　　　　　　　　　　　　　　　　226 000

【例10-5】甲公司收到丁公司作为资本投入的非专利技术一项，投资合同约定的价值为1 500 000元，取得增值税专用发票，进项税额为90 000元，假定合同约定的价值与公允价值相符。甲公司应编制的会计分录如下。

借：无形资产——非专利技术　　　　　　　　　　　　1 500 000
　　应交税费——应交增值税(进项税额)　　　　　　　　 90 000
　　贷：实收资本——丁公司　　　　　　　　　　　　　　　1 590 000

三、实收资本(股本)增减变动的核算

《公司登记管理条例》规定，公司增加注册资本的，有限责任公司股东认缴新增资本的出资和股份有限公司的股东认购新股，应当分别依照《公司法》设立有限责任公司缴纳出资和设立股份有限公司缴纳股款的有关规定执行。公司法定公积金转增为注册资本的，留存的该项公积金不少于转增前公司注册资本的25%。公司减少注册资本的，应当自公告之日起45日后申请变更登记，公司减资后的注册资本不得低于法定的最低限额。

(一)实收资本(股本)增加的核算

一般企业增加实收资本的途径有三条：接受投资者(包括原企业所有者和新投资者)投资、资本公积转增资本(股本)和盈余公积转增资本(股本)。

1. 接受投资者(包括原企业所有者和新投资者)投资

(1) 收到原企业所有者投入的资本时，增加投资与初始投资的账务处理相同；如果有新的投资者加入，新投资者缴纳的出资额大于其按约定比例计算的其在注册资本中所占的份额部分，计入"资本公积——资本溢价"账户，具体应做如下会计分录。

借：银行存款等　　　　　　　　　　　　　　(实际收到的金额)
　　贷：实收资本　　　　　　　　　　　　　(在注册资本中所占份额)
　　　　资本公积——资本溢价　　　　　　　(二者差额)

(2) 股份制公司可以经董事会提议和股东大会审议同意并经有关方面批准后增发新股。如果发行新股的对象是股份公司原有股东，通常称为配发。发行新股时，会使公司资产和所有者(股东)权益同时增加，核算方法与发行股票时基本相同。增发股票时，如果按照超过股票面值的价格溢价发行股票，企业应按照股票面值计入"股本"账户，溢价部分扣除发行手续费、佣金等发行费用后计入"资本公积——股本溢价"账户，具体应做如下会计分录。

借：银行存款等　　　　　　　　　　　　　　(实际收到的金额)
　　贷：股本　　　　　　　　　　　　　　　(股票面值)
　　　　资本公积——股本溢价　　　　　　　(溢价部分扣除手续费、佣金后的余额)

股份公司还可以通过发放股票股利方式增加股本，发放股票股利是用企业实现的利润转增股本，与发行新股相比既不会增加公司的资产，也不会增加所有者权益总额。宣告发放股票股利时不做账务处理，应在办理完增资手续后，做如下会计分录。

借：利润分配——转作股本的股利
　　贷：股本

【例10-6】 甲有限责任公司是由 A、B、C 三人共同投资设立的，原注册资本为 5 000 000 元，为扩大经营规模，经批准，甲公司注册资本扩大为 7 000 000 元，A、B、C 按照原出资比例分别追加投资 200 000 元、1 200 000 元和 600 000 元，甲公司如期收到 A、B、C 追加的现金投资。甲公司应编制的会计分录如下。

　　借：银行存款　　　　　　　　　　　　　　　　　　2 000 000
　　　　贷：实收资本——A　　　　　　　　　　　　　　　　200 000
　　　　　　　　　　——B　　　　　　　　　　　　　　　1 200 000
　　　　　　　　　　——C　　　　　　　　　　　　　　　　600 000

【例10-7】 甲有限责任公司由 A、B 两位投资者出资 2 000 000 元设立，每人各出资 1 000 000 元。一年后，为扩大经营规模，经批准，甲公司注册资本增加到 3 000 000 元，并引入第三位投资者 C 加入。按照投资协议规定，C 需要缴纳 1 100 000 元才能享有该公司 1/3 的股份，甲公司已经收到投资款。假定不考虑其他因素，甲公司应编制的会计分录如下。

　　借：银行存款　　　　　　　　　　　　　　　　　　1 100 000
　　　　贷：实收资本——C　　　　　　　　　　　　　　　1 000 000
　　　　　　资本公积——资本溢价　　　　　　　　　　　　100 000

【例10-8】 甲股份有限公司发行普通股 500 000 股，每股面值为 1 元，每股发行价格为 8 元。股款 4 000 000 元已全部收到，发行过程中发生相关手续费 10 000 元。甲公司应编制的会计分录如下。

股本＝500 000 × 1＝500 000(元)
资本溢价＝(8－1) × 500 000 － 10 000＝3 490 000(元)
借：银行存款　　　　　　　　　　　　　　　　　　3 990 000

```
    贷：股本                                          500 000
        资本公积——股本溢价                         3 490 000
```

【例10-9】甲股份有限公司经股东大会决议，用当年实现的净利润向全体普通股股东分配股票股利，每10股配送5股，公司现有的普通股股份为1 000万股，办理好增资手续后，甲公司应编制的会计分录如下：

```
    借：利润分配——转作股本的股利                   5 000 000
        贷：股本                                    5 000 000
```

2. 资本公积转增资本(股本)

根据《公司法》及相关财务制度规定，资本公积项目可以转增注册资本，其实质是在股东权益内部，把"资本公积"转到"实收资本"或者"股本"账户。资本公积转增资本时，要按股东原有持股比例结转，具体应做如下会计分录。

```
    借：资本公积——资本(股本)溢价     (按转增金额)
        贷：实收资本(股本)             (按转增金额)
```

【例10-10】甲有限责任公司由A、B二人共同投资设立，原注册资本为10 000 000元，A、B分别投资6 000 000元和4 000 000元。为了扩大经营规模，经批准，公司将资本公积500 000元转增资本。甲公司应编制的会计分录如下：

```
    借：资本公积——资本溢价                          5 00 000
        贷：实收资本——A                             3 00 000
            实收资本——B                             2 00 000
```

【例10-11】甲股份有限公司经股东大会决议，用公司的资本公积向全体普通股股东转增股票，每10股转增3股，公司现有的普通股股份为1 000万股，办理好增资手续后，甲公司应编制的会计分录如下：

```
    借：资本公积——股本溢价                          3 000 000
        贷：股本                                    3 000 000
```

3. 盈余公积转增资本(股本)

根据《公司法》及相关财务制度规定，公司将盈余公积转增资本时，必须经股东大会决议批准。在实际将盈余公积转增资本时，要按股东原有持股比例结转，借记"盈余公积"科目，贷记"实收资本(股本)"科目。

(二)实收资本(股本)减少的核算

企业实收资本减少的原因主要有两种：一是资本过剩；二是企业发生重大亏损而需要减少实收资本。企业减少实收资本应按法定程序报经批准。

1. 有限责任公司和一般企业

有限责任公司和一般企业实收资本减少的会计处理比较简单，按法定程序报经批准减少注册资本，具体应做如下会计分录。

借：实收资本　　　　　　　　　　　　　　　(按减少金额)
　　贷：银行存款等　　　　　　　　　　　　　(按减少金额)

2. 股份有限公司

股份有限公司由于采用的是发行股票的方式筹集股本，发还股款时，则要回购发行的股票，发行股票的价格与股票面值可能不同，回购股票的价格也可能与发行价格不同，会计处理较为复杂。注销本公司股票时，按股票面值和注销股数计算的股票面值总额冲减股本，按注销库存股的账面余额与所冲减股本的差额冲减股本溢价，股本溢价不足冲减的，再冲减盈余公积直至未分配利润。如果购回股票支付的价款低于面值总额的，所注销库存股的账面余额与所冲减股本的差额作为增加股本溢价处理。回购股票要通过"库存股"账户核算，该账户用来核算企业收购的尚未转让或注销的股份金额，增加记借方，减少记贷方，余额方向一般在借方。股份公司回购股票的业务应做如下会计分录。

(1) 回购本公司股票时：
借：库存股　　　　　　　　　　　　　　　(按实际支付的金额)
　　贷：银行存款　　　　　　　　　　　　　(按实际支付的金额)

(2) 注销股票时：
借：股本　　　　　　　　　　　　　(按股票面值和注销股数计算的股票面值总额)
　　资本公积——股本溢价　　　　　(按照股本和库存股的差额先冲减股本溢价)
　　盈余公积　　　　　　　　　　　(溢价不够再冲减盈余公积)
　　利润分配——未分配利润　　　　(盈余公积不够再冲减未分配利润)
　　贷：库存股　　　　　　　　　　　(按注销库存股的账面余额)

【例10-12】甲股份有限公司2023年12月31日的股本为200 000 000股，每股面值为1元，资本公积(股本溢价)为60 000 000元，盈余公积为80 000 000元。经股东大会批准，甲公司以现金回购本公司股票40 000 000股并注销。假定甲公司按每股2元回购股票，不考虑其他因素。甲公司应编制的会计分录如下。

① 回购本公司股票时：
库存股成本=40 000 000×2=80 000 000(元)
借：库存股　　　　　　　　　　　　　　　　　　　　80 000 000
　　贷：银行存款　　　　　　　　　　　　　　　　　　80 000 000

② 注销本公司股票时：
借：股本　　　　　　　　　　　　　　　　　　　　　40 000 000
　　资本公积——股本溢价　　　　　　　　　　　　　40 000 000
　　贷：库存股　　　　　　　　　　　　　　　　　　80 000 000

【例10-13】承例10-12，假定甲公司按每股3元回购股票，其他条件不变。甲公司应编制的会计分录如下。

① 回购本公司股票时：
库存股成本=40 000 000×3=120 000 000(元)
借：库存股　　　　　　　　　　　　　　　　　　　120 000 000
　　贷：银行存款　　　　　　　　　　　　　　　　　120 000 000

②注销本公司股票时:

借:股本 40 000 000
　　资本公积——股本溢价 60 000 000
　　盈余公积 20 000 000
　　　贷:库存股 120 000 000

【例10-14】 承例10-12,假定甲公司按每股0.9元回购股票,其他条件不变,回购价格低于回购股票的面值总额。甲公司应编制的会计分录如下。

①回购本公司股票时:

库存股成本=40 000 000×0.9=36 000 000(元)

借:库存股 36 000 000
　　　贷:银行存款 36 000 000

②注销本公司股票时:

注销股票的面值总额=40 000 000×1=40 000 000(元)
库存股账面余额=40 000 000×0.9=36 000 000(元)
二者差额资本公积=40 000 000−36 000 000=4 000 000(元)

借:股本 40 000 000
　　　贷:库存股 36 000 000
　　　　　资本公积——股本溢价 4 000 000

实收资本(股本)增减变动的账务处理流程,如图10-1所示。

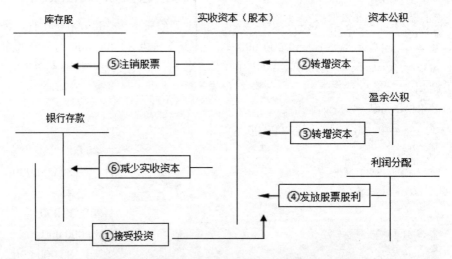

图10-1 实收资本(股本)增减变动的账务处理流程

四、其他权益工具的核算

企业发行的除普通股(作为实收资本或股本)以外,按照金融负债和权益工具区分原则分类为权益工具的其他权益工具,如优先股、永续债券等。

(一)其他权益工具的会计处理原则

(1) 企业发行的其他权益工具应当按照金融工具准则和有关规定进行初始确认和计量。

(2) 在每个资产负债表日计提利息或分派股利,按照相关会计准则的规定进行处理,即企业应当以所发行的金融工具的分类为基础,确定该工具利息支出或股利分配等会计处理。

(3) 对于归类为权益工具的金融工具,无论其名称中是否包含"债",其利息支出或股利分配都应当作为发行企业的利润分配处理,其回购、注销等作为权益的变动处理。

(4) 对于归类为金融负债的金融工具,无论其名称中是否包含"股",其利息支出或股利分配原则上按照借款利息处理,其回购或赎回产生的利得或损失等计入当期损益。

(5) 企业发行金融工具发生的手续费、佣金等交易费用,如分类为债务工具且以摊余成本计量的,应当计入所发行工具的初始计量金额,如分类为权益工具的,应当从权益中扣除。

(二)账户设置

(1) 发行方对于归类为金融负债的金融工具在"应付债券"账户核算。"应付债券"账户应当按照发行的金融工具种类进行明细核算,并在各类工具中按"面值""利息调整""应计利息"设置明细账。

(2) 对于需要拆分且形成衍生金融负债或衍生金融资产的,应将拆分的衍生金融负债或衍生金融资产按照其公允价值在"衍生工具"账户核算。

(3) 在所有者权益类账户中设置"其他权益工具",核算企业发行的除普通股以外的归类为权益工具的各种金融工具,本账户应按发行金融工具的种类等进行明细核算。

其他权益工具 T 型账户,如表 10-3 所示。

表 10-3 其他权益工具 T 型账户

借方	其他权益工具	贷方
	期初余额	
其他权益工具减少数额	其他权益工具增加数额	
	期末余额:其他权益工具的实有数额	

(三)账务处理

1. 发行方的账务处理

(1) 发行方发行的金融工具归类为债务工具并以摊余成本计量时:
借:银行存款等　　　　　　　　　　　　　　　(按实际收到的金额)
　　贷:应付债券——优先股、永续债券等(面值)　(按债务工具的面值)
　　贷(或借):应付债券——优先股、永续债券等(利息调整)　(按其差额)

在债务工具存续期间,计提利息并对账面的利息进行调整等的会计处理,按照《企业会计准则第 22 号——金融工具确认和计量》中有关金融负债按摊余成本后续计量的规定进行会计处理。

(2) 发行方发行的金融工具归类为权益工具时：

借：银行存款　　　　　　　　　　　　　　　　　　　　(按实际收到的金额)
　　贷：其他权益工具——优先股、永续债券等　　　　　(按实际收到的金额)

分类为权益工具的金融工具，在存续期间分派股利(含分类为权益工具的工具所产生的利息，下同)的，作为利润分配处理，分派现金股利或利息时：

借：利润分配——应付优先股股利、应付永续债券利息等　(按实际分配的股利或利息)
　　贷：应付股利——优先股股利、永续债券利息等　　　(按实际分配的股利或利息)

(3) 发行方发行的金融工具为复合金融工具时：

借：银行存款　　　　　　　　　　　　　　　　　　　　(按实际收到金额)
　　贷：应付债券——优先股、永续债券等(面值)　　　　(按金融工具的面值)
　　贷(或借)：应付债券——优先股、永续债券等(利息调整)　(按负债成分公允价值
　　　　　　　　　　　　　　　　　　　　　　　　　　　与面值之间的差额)
　　　　其他权益工具——优先股、永续债券等　　　　　(按实际收到的金额扣除负债
　　　　　　　　　　　　　　　　　　　　　　　　　　成分公允价值后的金额)

发行复合金融工具发生的交易费用，应当在负债成分和权益成分之间按照各自占总额的比例进行分摊。

(4) 发行的金融工具本身是衍生金融负债或衍生金融资产或者是内嵌了衍生金融负债或衍生金融资产的，按照《企业会计准则第 22 号——金融工具确认和计量》中有关衍生工具的规定进行处理。

(5) 金融工具重分类时：

① 发行的金融工具原合同条款约定的条件或事项随着时间的推移或经济环境的改变而发生变化，导致原归类为权益工具的金融工具重分类为金融负债的，应于重分类日编制会计分录如下：

借：其他权益工具——优先股、永续债券等　　　　　　(按金融工具账面价值)
　　贷：应付债券——优先股、永续债券等(面值)　　　　(按金融工具的面值)
　　贷(或借)：应付债券——优先股、永续债券等(利息调整)　(按该工具公允价值与
　　　　　　　　　　　　　　　　　　　　　　　　　　面值的差额)
　　贷(或借)：资本公积——资本(股本)溢价　　　　　　(按该工具公允价值与账面
　　　　　　　　　　　　　　　　　　　　　　　　　　价值的差额)

需要注意的是，权益工具的公允价值与账面价值的差额在冲减资本公积时，若不够冲减，应依次冲减盈余公积和未分配利润。企业应以重分类日计算确定的实际利率作为应付债券后续计量利息调整等的基础。

② 发行的金融工具原合同条款约定的条件或事项随着时间的推移或经济环境的改变而发生变化，导致原归类为金融负债的金融工具重分类为权益工具的，应于重分类日编制会计分录如下：

借：应付债券——优先股或永续债券等(面值)　　　　　(按金融负债的面值)
　　　　　　——优先股或永续债券等(利息调整)　　　　(按利息调整余额)
　　贷：其他权益工具——优先股或永续债券等　　　　　(按金融负债的账面价值)

(6) 赎回及注销时：

① 发行方按合同条款约定赎回所发行的除普通股以外的其他权益工具时，计入"库存股"账户，具体应做如下会计分录。

借：库存股——其他权益工具　　　　　　　　　　　（按赎回价格）
　　贷：银行存款　　　　　　　　　　　　　　　　（按赎回价格）

注销时，编制会计分录如下。

借：其他权益工具——优先股、永续债券等　　　　　（按账面价值）
　　贷：库存股——其他权益工具　　　　　　　　　（按赎回价格）
　　贷(或借)：资本公积——资本(股本)溢价　　　　（按其差额）

需要注意的是，若资本公积不够冲减，应依次冲减盈余公积和未分配利润。

② 发行方按合同条款约定赎回所发行的分类为金融负债的金融工具时：

借：应付债券　　　　　　　　　　　　　　　　　（按赎回日的账面价值）
　　贷：银行存款　　　　　　　　　　　　　　　　（按赎回价格）
　　贷(或借)：财务费用　　　　　　　　　　　　　（按其差额）

(7) 发行方按合同条款约定将发行的除普通股以外的金融工具转换为普通股时：

借：应付债券、其他权益工具——优先股、永续债券等　（按账面价值）
　　贷：股本　　　　　　　　　　　　　　　　　　（按普通股的面值）
　　贷(或借)：资本公积——股本溢价　　　　　　　（按其差额）
　　银行存款　　　　　　　　　　　　　　　　　　（不足1股，差额以现金支付）

【例10-15】甲上市公司经批准于2020年1月1日发行优先股2 000万股，每股面值为1元，发行价1.16元/股，另支付发行税费5万元，票面年股息率为14%，当年可分配利润不够可结转下年，支付股息后优先股股东不再参加普通股股东分配。按金融工具分类标准，甲公司将该优先股归类为权益工具。年终，甲公司实现净利润1 000万元，董事会决定制定优先股股息分配方案，分配股息280万元。同时，根据公司情况和所处经济环境的变化，决定从2021年1月1日起将这2 000万股优先股重分类为金融负债，甲公司2021年年初时资本公积(股本溢价)余额为500万元，该优先股公允价值为1.36元/股。

甲公司应编制的会计分录如下。

① 2020年1月1日发行优先股时：

实际收到的金额=20 000 000×1.16-50 000=23 150 000(元)

借：银行存款　　　　　　　　　　　　23 150 000
　　贷：其他权益工具——优先股　　　　　　　　23 150 000

② 2020年年末，分配股息时：

分配的股利=20 000 000×14%=2 800 000(元)

借：利润分配——应付优先股股利　　　　2 800 000
　　贷：应付股利——优先股股利　　　　　　　　2 800 000

③ 2021年1月1日，将优先股重分类为金融负债时：

2021年1月1日，优先股公允价值=20 000 000×1.36=27 200 000(元)

借：其他权益工具——优先股　　　　　　23 150 000
　　资本公积——股本溢价　　　　　　　4 050 000

贷：应付债券——优先股(面值)		20 000 000
——优先股(利息调整)		7 200 000

2. 投资方的账务处理

金融工具投资方(持有人)考虑持有的金融工具或其组成部分是权益工具还是债务工具投资时，应当遵循《企业会计准则第 22 号——金融工具确认和计量》的相关要求，通常应当与发行方对金融工具的权益或负债属性的分类保持一致。例如，对于发行方归类为权益工具的非衍生金融工具，投资方通常应当将其归类为权益工具投资。

如果投资方因持有发行方发行的金融工具而对发行方拥有控制、共同控制或重大影响的，按照《企业会计准则第 2 号——长期股权投资》和《企业会计准则第 20 号——企业合并》进行确认和计量；投资方需编制合并财务报表的，按照《企业会计准则第 33 号——合并财务报表》的规定编制合并财务报表。

第三节 资本公积与其他综合收益

一、资本公积的核算

(一)资本公积的含义

所有者权益-资本
公积与其他综合收益
(资本公积).mp4

资本公积是企业收到投资者的超出其在企业注册资本(或股本)中所占份额的投资，以及直接计入所有者权益的利得和损失等。它属于投入资本的范畴，是所有者权益的重要组成部分。

(二)资本公积的来源

资本公积包括资本(股本)溢价和其他资本公积两部分。

资本(股本)溢价是指投资者缴付的出资额大于注册资本而产生的差额，它是资本公积中最重要的组成部分。资本溢价的产生包括两种情况，一种是股份公司创办时发行股票，其发行价格超过股票面值的差额部分，与股本一起作为股东的资本投入公司，股票面值部分计入股本，超过股票面值的溢价收入计入资本公积，或者资产的不可分割性导致实际投入公司的资产价值超过按出资比例计算的出资额部分；另一种是公司创办后有新股东加入时，为了维护原股东的权益，新股东一般要付出大于原股东的出资额，才能获得与原股东相同的投资比例，新股东投入资本中等于原股东投资比例的出资额部分，计入实收资本，大于原股东投资比例的出资额部分则计入资本公积。

其他资本公积是指除资本溢价(股本溢价)项目以外所形成的资本公积。

(三)资本公积的用途

资本公积的一个主要用途就是可以依法用于转增资本。资本公积不得弥补亏损，也不得作为投资利润或股利进行分配。在用资本公积转增资本时，既没有改变企业的投入资本总额，也没有改变企业的所有者权益总额，因此不会增加企业的价值。将资本公积转增资

第十章 所有者权益

本的意义在于:一方面,资本公积转增资本可以改变企业投入资本的结构,体现企业稳健、持续发展的潜力;另一方面,对于股份有限公司而言,它会增加投资者持有的股份,从而增加公司股票的流通量,进而可以激活股价,提高股票的交易量和资本的流动性。按照《公司法》的规定,法定公积金(资本公积和盈余公积)转增资本时,所留存的该项公积金不得少于转增前公司注册资本的25%。

(四)资本公积的会计处理

1. 账户设置

为了反映资本公积的形成和使用情况,企业应设置"资本公积"账户。该账户属于所有者权益类,其贷方登记的是资本公积的增加额,借方登记的是资本公积的减少额。期末余额在贷方,反映企业尚有资本公积的余额。"资本公积"账户应当按资本公积形成的来源分别设置"资本溢价""股本溢价""其他资本公积"等明细账户进行明细核算。

资本公积T型账户,如表10-4所示。

表10-4 资本公积T型账户

借方	资本公积	贷方
	期初余额	
转增资本的减少额	资本(股本)溢价或其他原因导致的增加额	
	期末余额:资本公积的结余额	

2. 账务处理

1) 资本(股本)溢价

资本溢价是指股东的出资额大于其在企业注册资本中所占份额的差额。除股份有限公司以外的其他类型企业,一般来说,在企业初创时,出资者认缴的出资额与注册资本一致,不会出现资本溢价。但在有新的投资者加入时,新股东的出资额往往会大于其在企业注册资本中所占的份额,其主要原因有以下几种。

(1) 原股东出资时与新股东出资时的资本利润率不同。

企业创立时,要经过筹建、试生产运营、开辟市场等过程,从投入资金到取得投资回报,中间需要许多的时间,并且这种投资有风险性,因此,在企业初创时,往往资本利润率比较低,而在企业经营一段时间以后,资本利润率会有所提高。企业的初创者为得到较高的资本利润率而付出了一定的代价。因此,新股东加入时,应以高于原股东的出资额来占有与原股东等量的股份。

(2) 原股东的出资额与其实际占有的资本不同。

企业在经营一段时间以后,可能会形成一部分资本公积和留存收益。这部分资本公积和留存收益虽未转入实收资本,但归原股东所共有。因而新股东加入时,如与原股东共享这部分资本公积和留存收益,也应付出高于原股东的出资额来占有与原股东等量的股份。

企业收到新股东的出资额时,具体应做如下会计分录:

借：银行存款　　　　　　　　　　　(应根据实际的出资额)
　　贷：实收资本　　　　　　　　　　(根据其在注册资本中占有的份额)
　　　　资本公积——资本溢价　　　　(二者差额)

【例10-16】甲公司注册资本为1 500 000元，由A、B、C三方各出资500 000元设立，经过3年的经营，该公司的留存收益已达200 000元。为扩大经营规模，三方决定将公司的注册资本增加到2 000 000元，并吸收D投资者加盟，同意其以现金700 000元出资，占增资后公司全部资本的25%。假定不考虑其他因素，甲公司收到D投资者投入资金时，甲公司应编制的会计分录如下。

借：银行存款　　　　　　　　　　　　　　　　　　　700 000
　　贷：实收资本——D　　　　　　　　　　　　　　　　500 000
　　　　资本公积——资本溢价　　　　　　　　　　　　200 000

股份有限公司按股票面值发行股票的情况下，企业取得的发行股票收入应全部计入"股本"账户，不产生股本溢价。但如果是溢价发行股票，股东所缴股款超过所购股票面值总额，那么企业发行股票取得的收入，按股票面值计入"股本"账户，超出股票面值的溢价收入计入"资本公积"账户。这里需要注意的是，委托证券商代理发行股票而支付的手续费、佣金等，应从溢价发行收入中扣除，企业应按扣除手续费、佣金后的数额计入"资本公积"账户。

股份公司发行股票时，具体应做如下会计分录。

借：银行存款　　　　　　　　　(按照实际收到的金额)
　　贷：股本　　　　　　　　　　(按股票面值和核定的股份总数的乘积计算的金额)
　　　　资本公积——股本溢价　　(按溢价部分扣除手续费、佣金后的余额)

【例10-17】甲股份有限公司经中国证监会批准委托某证券公司代理发行普通股3 000 000股，每股面值为1元，按每股5元价格发行。公司与受托单位约定，按发行收入的3%收取手续费，从发行收入中扣除。假如股款已存入银行。甲股份公司应编制的会计分录如下。

公司发行总收入=3 000 000×5=15 000 000(元)
公司收到证券商汇入股款=15 000 000×(1-3%)=14 550 000(元)

借：银行存款　　　　　　　　　　　　　　　　　　14 550 000
　　贷：股本　　　　　　　　　　　　　　　　　　　3 000 000
　　　　资本公积——股本溢价　　　　　　　　　　　11 550 000

2) 其他资本公积

其他资本公积是指除资本溢价(股本溢价)项目以外所形成的资本公积。

(1) 股份支付所形成的所有者权益变动。

企业根据以权益结算的股份支付授予职工或其他方的权益工具，应按确定的金额借记"管理费用"等账户，贷记"资本公积——其他资本公积"账户。行权日，按实际行权的权益工具数量计算确定的金额，将其从"资本公积——其他资本公积"账户转入"资本公积——股本溢价"等账户。

(2) 采用权益法核算的长期股权投资。

长期股权投资采用权益法核算的，被投资单位除净损益、其他综合收益和利润分配以外的所有者权益的其他变动，企业按持股比例计算应享有的份额，借记或贷记"长期股权投资——其他权益变动"账户，贷记或借记"资本公积——其他资本公积"账户，如日后处置采用权益法核算的长期股权投资时，应同时结转原计入"资本公积——其他资本公积"账户的相关金额。

二、其他综合收益的核算

(一)其他综合收益概述

其他综合收益是指企业根据《企业会计准则》规定未在损益中确认的各项利得和损失扣除所得税影响后的净额。这些利得和损失是指不计入当期损益，但又会导致所有者权益发生增减变动的，与所有者投入资本或向所有者分配利润无关的经济利益的流入和流出。其他综合收益包括以后会计期间满足规定条件时将重分类进损益的其他综合收益和以后期间不能重分类进损益的其他综合收益两类。

(二)账户设置

为了反映其他综合收益的形成和使用情况，企业应设置"其他综合收益"账户。该账户属于所有者权益类，贷方登记其他综合收益的增加额，借方登记其他综合收益的减少额，期末余额在贷方，反映企业其他综合收益的余额。

其他综合收益T型账户，如表10-5所示。

表10-5 其他综合收益T型账户

借方	其他综合收益	贷方
	期初余额	
其他综合收益的减少额	其他综合收益的增加额	
	期末余额：其他综合收益的结余额	

(三)账务处理

1. 以后会计期间满足规定条件时将重分类进损益的其他综合收益项目

以后会计期间满足规定条件时将重分类进损益的其他综合收益项目主要包括以下内容。

(1) 长期股权投资形成的其他综合收益。

采用权益法核算的长期股权投资，被投资单位其他综合收益变动时，会引起投资企业经济利益的流入或流出，投资企业应按其在被投资单位的持股比例计算应享有的份额，做如下会计分录(或相反分录)。

借：长期股权投资——其他综合收益
　　贷：其他综合收益

【例10-18】甲股份有限公司持有N公司30%的股份，采用权益法进行长期股权投资核算。2020年，由于N公司持有以公允价值计量且其变动计入其他综合收益的债权投资公允价值的变动，N公司的其他综合收益增加了1 000 000元。根据以上资料，甲股份有限公司应编制的会计分录如下。

确认的其他综合收益金额=1 000 000×30%=300 000(元)

借：长期股权投资——其他综合收益　　　　　300 000
　　贷：其他综合收益　　　　　　　　　　　　　　　300 000

(2) 投资性房地产采用公允价值计量模式形成的其他综合收益。

根据《企业会计准则》的规定，企业对房地产计量，无论是自用、作为存货的房地产还是投资性房地产，其初始入账金额都应按成本计量。但是，当企业根据经营活动的需要将自用的房地产或作为存货的房地产转换为投资性房地产时，如采用公允价值模式计量，就可能形成其他综合收益。

① 企业将自用的房地产转换为投资性房地产时，如采用公允价值计量模式，应做如下会计分录：

借：投资性房地产——成本　　　(按该资产在转换日的公允价值)
　　累计折旧　　　　　　　　　(按已计提的累计折旧)
　　固定资产减值准备　　　　　(已计提固定资产减值准备)
　　贷：固定资产　　　　　　　　　(其账面原值)
　　　　其他综合收益　　　　　　　(按其转换日公允价值大于账面价值的差额)

已计提减值准备的，还应同时结转减值准备。

【例10-19】甲公司有一栋办公大楼，账面价值为3 000 000元，已提折旧800 000元。现决定用于出租。甲公司对投资性房地产采用公允价值计量模式。转换日，该房地产的公允价值为3 200 000元，在该项资产的转换日，甲公司应编制的会计分录如下。

借：投资性房地产——成本　　　　　3 200 000
　　累计折旧　　　　　　　　　　　　800 000
　　贷：固定资产　　　　　　　　　　　3 000 000
　　　　其他综合收益　　　　　　　　　1 000 000

需要说明的是，如果转换时发生的是借方差额，则应借记"公允价值变动损益"账户，不记"其他综合收益"账户。

② 如果企业将作为存货的房地产转换为投资性房地产的，应按其在转换日的公允价值，做如下会计分录：

借：投资性房地产——成本　　　(按该资产在转换日的公允价值)
　　存货跌价准备　　　　　　　(已计提跌价准备)
　　贷：开发产品等　　　　　　　(按照账面价值)
　　　　其他综合收益　　　　　　(按其差额)

或者：

借：投资性房地产——成本　　　(按该资产在转换日的公允价值)
　　公允价值变动损益　　　　　(按其余额)
　　贷：开发产品等　　　　　　　(公允价值大于其账面价值的差额)

第十章 所有者权益

【例 10-20】甲公司于 2021 年 1 月 1 日将已经开发完成的原准备出售的办公楼对外出租，办公楼的成本为 36 000 000 元，该办公楼在 2021 年 1 月 1 日公允价值为 36 300 000 元。甲公司对投资性房地产采用公允价值计量模式计量。转换日，甲公司应编制的会计分录如下：

借：投资性房地产——成本　　　　　　　　　　　36 300 000
　　贷：开发产品等　　　　　　　　　　　　　　　　36 000 000
　　　　其他综合收益　　　　　　　　　　　　　　　　　300 000

(3) 以公允价值计量且其变动计入其他综合收益的债务工具投资产生的其他综合收益。

企业持有的以公允价值计量且其变动计入其他综合收益的债权投资，应当以公允价值进行后续计量。持有期间，以公允价值计量且其变动计入其他综合收益的金融资产公允价值变动形成的利得或损失，除减值损失和外币货币性债权投资等金融资产形成的汇兑损益外，应当直接计入其他综合收益。

资产负债表日，企业应将以公允价值计量且其变动计入其他综合收益的债权投资的公允价值与其账面余额进行比较，做如下会计分录。

借：其他债权投资——公允价值变动　　　(公允价值高于其账面余额的差额)
　　贷：其他综合收益——其他债权投资公允价值变动(公允价值高于其账面余额的差额)

如公允价值低于其账面余额的差额，则作相反的账务处理。

需要说明的是，以公允价值计量且其变动计入其他综合收益的债权投资，持有期间形成的其他综合收益，在该金融资产终止确认或重分类时转出，计入终止确认当期的损益。

(4) 以摊余成本计量的金融资产重分类为以公允价值计量且其变动计入其他综合收益的金融资产。

企业将一项以摊余成本计量的金融资产重分类为以公允价值计量且其变动计入其他综合收益的金融资产时，应当按照该金融资产在重分类日的公允价值进行计量，该金融资产的原账面价值与其公允价值之间的差额计入其他综合收益。重分类日，应做如下会计分录。

借：其他债权投资　　　　　　　　　　　(按该金融资产的公允价值)
　　贷：债权投资——成本、利息调整　　　(金融资产的账面余额)
　　　　应计利息　　　　　　　　　　　　(按金融资产面值计算的利息)
　　贷(或借)：其他综合收益——其他债权投资公允价值变动(按其差额)

2. 以后会计期间不能重分类进损益的其他综合收益项目

以后会计期间不能重分类进损益的其他综合收益的项目主要包括以下内容。

(1) 重新计量设定受益计划净负债或净资产导致的变动。

(2) 按照权益法核算因被投资单位重新计量设定受益计划净负债或净资产变动导致的权益变动，投资企业按持股比例计算确认的该部分其他综合收益项目。

(3) 以公允价值计量且其变动计入其他综合收益的非交易性权益工具投资应当以公允价值进行后续计量。持有期间，该非交易性权益工具投资公允价值变动形成的利得或损失，除了获得的现金股利计入当期损益外，应当直接计入所有者权益。

资产负债表日，企业应将以公允价值计量且其变动计入其他综合收益的非交易性权益工具投资的公允价值与其账面余额进行比较，如该非交易性权益工具投资的公允价值高于其账面余额，应做如下会计分录。

借：其他权益工具投资——公允价值变动　　　(公允价值高于其账面余额的差额)
　　贷：其他综合收益——其他权益工具投资公允价值变动(公允价值高于其账面余额的差额)

如该非交易性权益工具投资的公允价值低于其账面余额，则做相反的账务处理。

需要说明的是，以公允价值计量且其变动计入其他综合收益的非交易性权益工具投资，持有期间形成的其他综合收益，在该非交易性权益工具投资终止确认时转出，计入留存收益。

第四节　留存收益

一、留存收益的构成

留存收益是指企业按照规定从历年实现的利润中提取或形成的留存于企业的内部积累，是由企业内部所形成的资本。它来源于公司的生产经营活动所实现的净利润，在性质上与投资者投入资本一样属于所有者权益。它与实收资本和资本公积的区别在于：实收资本和资本公积来源于企业的投入，而留存收益则来源于企业的资本增值。

(一)盈余公积

所有者权益-留存收益
(盈余公积).mp4

盈余公积是指企业按照规定从净利润中提取的积累资金，它是企业指定了专门用途的留存收益，包括法定盈余公积和任意盈余公积两部分。法定盈余公积是按照净利润的 10% 提取的，当此项公积金累计额达到公司注册资本的 50% 时可以不再提取；任意盈余公积是公司在提取法定盈余公积之后，经股东大会决议提取的。法定盈余公积和任意盈余公积的区别在于其各自计提的依据不同：前者以国家的法律或行政规章为依据提取；后者则由企业自行决定提取。企业提取盈余公积的主要用途可以表现为以下几个方面。

1. 用于弥补亏损

企业发生亏损时，应由企业自行弥补。弥补亏损的渠道主要有三条。一是用以后年度税前利润弥补。按照现行税法规定，企业发生亏损，可以用以后年度实现利润进行弥补，但弥补期限不得超过 5 年。二是用以后年度税后利润弥补。超过了税收规定的税前利润弥补期限未弥补的以前年度亏损，可用所得税后利润弥补。三是以盈余公积弥补亏损。企业用提取的盈余公积弥补亏损时，应当由公司董事会提议，并经股东大会批准。

2. 转增资本

与资本公积相同，企业按规定办理增资手续后可将法定盈余公积和任意盈余公积转增为实收资本或股本。企业将盈余公积转增资本时，必须经股东大会或类似机构批准，实际转增时要按股东原有持股比例结转。盈余公积转增资本后，留存的盈余公积数额不得少于注册资本的 25%，计提的法定盈余公积累计达到注册资本的 50% 时，可以不再提取。

3. 发放现金股利或利润

在特殊情况下，当企业累积的盈余公积比较多，而未分配利润比较少时，为了维护企业形象，给投资者以合理的回报，对于符合规定条件的企业，可以用盈余公积分派现金股利或利润。

4. 扩大企业经营规模

企业可以用盈余公积扩大企业的经营规模，盈余公积中的公益金部分主要用途是用于企业职工的福利设施建设，如建造职工宿舍楼等。

(二)未分配利润

所有者权益-
留存收益
(未分配利润)..mp4

未分配利润是企业留待以后年度进行分配的结存利润，也是所有者权益的组成部分。相对于所有者权益的其他部分来讲，企业对未分配利润的使用具有较大的自主权。从数量上讲，企业的未分配利润是期初未分配利润，加上本期实现的净利润，减去提取的各种盈余公积和分出利润后的余额。未分配利润有两层含义：一是留待以后年度处理的利润；二是未指定特定用途的利润。

盈余公积与未分配利润都是通过企业的生产经营活动而形成的资本，即经营所得净收益的积累，在会计上称为留存收益。但盈余公积与未分配利润不同。盈余公积属于指定用途的专用资金，且提取盈余公积并不是单独将这部分资金从企业资金周转过程中抽出，企业提取盈余公积无论是用于弥补亏损还是用于转增资本，只不过是在企业所有者权益的内部进行转换，并不会引起企业所有者权益总额的变动；而未分配利润是企业留待以后年度进行分配的留存收益，属于尚未指定用途的资金。盈余公积期末一般为贷方余额，反映盈余公积的结余；而未分配利润的期末余额可能是贷方，也可能是借方，贷方余额反映的是企业尚未分配、留待以后分配的利润，借方余额反映的是企业尚未弥补的亏损。盈余公积和未分配利润都可以用于弥补以前年度亏损，但用盈余公积弥补亏损时，要做相应的会计处理，而用未分配利润弥补以前年度的亏损则无须专门做会计处理。

二、留存收益的核算

(一)账户设置

"盈余公积"是用来反映核算企业从净利润中提取盈余公积的账户，该账户属于所有者权益类，其贷方登记的是从税后净利润中提取的盈余公积金额，借方登记的是盈余公积的使用额，余额在贷方，反映盈余公积的结余额。同时应根据盈余公积所反映的内容，分别设置"法定盈余公积""任意盈余公积"两个明细账户进行明细核算。

盈余公积T型账户，如表10-6所示。

"利润分配"账户用来核算企业净利润的分配或亏损的弥补情况及历年净利润分配后的结存余额，其主要用途是用于调整"本年利润"账户。该账户属于所有者权益类，余额既可能在贷方，也可能在借方，根据利润分配情况设置明细账户核算。企业为了核算历年累计的未分配利润，应在"利润分配"账户下设置"未分配利润"明细账户。该账户的贷方余额为企业累计的未分配利润数额，若为借方余额，则是企业累计的尚未弥补的亏损数额。

表 10-6　盈余公积 T 型账户

借方	盈余公积	贷方
	期初余额	
①转增资本、弥补亏损 ②发放现金股利的减少额	提取盈余公积的增加额	
	期末余额：盈余公积的结余额	

利润分配——未分配利润 T 型账户，如表 10-7 所示。

表 10-7　利润分配——未分配利润 T 型账户

借方	利润分配——未分配利润	贷方
期初余额：期初未弥补亏损 转入的本年分配的利润	期初余额：期初未分配利润 转入的本年实现的净利润	
期末余额：累计的尚未弥补的亏损额	期末余额：累计的未分配利润额	

(二)账务处理

1. 盈余公积

(1) 盈余公积形成的核算。

企业提取盈余公积的过程属于净收益的分配过程，因此还应涉及"利润分配"账户的核算。企业在提取法定盈余公积和任意盈余公积时，按照实际提取金额，具体应做如下会计分录。

借：利润分配——提取法定盈余公积
　　　　　　——提取任意盈余公积
　贷：盈余公积——法定盈余公积
　　　　　　——任意盈余公积

【例 10-21】甲股份有限公司 2023 年实现的税后利润为 1 000 000 元，按规定提取 10% 的法定盈余公积，并根据股东大会决议按 5%的比例提取任意盈余公积。甲股份有限公司应编制的会计分录如下：

借：利润分配——提取法定盈余公积　　　　　　　　　100 000
　　　　　　——提取任意盈余公积　　　　　　　　　 50 000
　贷：盈余公积——法定盈余公积　　　　　　　　　　100 000
　　　　　　——任意盈余公积　　　　　　　　　　　50 000

(2) 盈余公积弥补亏损的核算。

① 如果"利润分配——未分配利润"账户有借方余额，则企业有未弥补的亏损，因此用盈余公积弥补亏损时，应做如下会计分录。

借：盈余公积　　　　　　　　　　　　　　　　　(按照实际弥补金额)
　　　贷：利润分配——盈余公积补亏　　　　　　　(按照实际弥补金额)
② 结转利润分配账户时，应做如下会计分录。
借：利润分配——盈余公积补亏
　　贷：利润分配——未分配利润

【例10-22】 甲公司经股东大会批准，用任意盈余公积600 000元弥补以前年度的亏损，甲公司应编制的会计分录如下。
借：盈余公积——任意盈余公积　　　　　　　　　600 000
　　贷：利润分配——盈余公积补亏　　　　　　　　　　600 000
结转利润分配账户时的会计分录如下。
借：利润分配——盈余公积补亏　　　　　　　　　600 000
　　贷：利润分配——未分配利润　　　　　　　　　　　600 000

(3) 盈余公积转增资本的核算。

盈余公积转增资本对所有者权益的总额不产生影响，只是改变所有者权益的内部结构。因此，在盈余公积转增资本时，在会计处理上，直接将转增资本的数额从"盈余公积"账户的借方转入"实收资本"账户的贷方；股份有限公司经股东大会决议，用盈余公积派送新股时，应按派送新股计算的金额借记"盈余公积"账户，按股票面值和派送新股总数计算的金额贷记"股本"账户。

企业在用盈余公积转增资本时，应做如下会计分录。
借：盈余公积——法定盈余公积
　　　　　　　——任意盈余公积
　　贷：实收资本(或股本)

【例10-23】 甲股份有限公司因扩大经营规模的需要，经股东大会批准，将法定盈余公积500 000元转增股本。则甲股份有限公司应编制的会计分录如下。
借：盈余公积——法定盈余公积　　　　　　　　　500 000
　　贷：股本　　　　　　　　　　　　　　　　　　　　500 000

2. 未分配利润

在会计核算上，未分配利润是通过"利润分配"账户来进行核算的，具体来说，是通过"利润分配——未分配利润"这个明细账户来核算的。企业在生产经营过程中取得的收入和发生的成本费用，最终通过"本年利润"账户来进行归集，计算出当年的净利润，然后转入"利润分配——未分配利润"账户进行分配。如果"利润分配——未分配利润"账户为贷方余额，则为未分配的利润；如果为借方余额，则为未弥补的亏损。

① 结转本年实现的净利润时，应做如下会计分录(如为净亏损则做相反的会计分录)。
借：本年利润　　　　　　　　　　　　　　　　　(按照实际结转数额)
　　贷：利润分配——未分配利润　　　　　　　　(按照实际结转数额)
② 年终时，再将"利润分配"账户下的其他明细账户如"提取法定盈余公积""提取任意盈余公积""应付现金股利""盈余公积补亏"等账户的余额转入"利润分配——未分配

利润"账户，按照实际结转数额应做如下会计分录。

　　借：利润分配——提取法定盈余公积
　　　　　　　——提取任意盈余公积
　　　　　　　——应付现金股利
　　　　　　　——盈余公积补亏等
　　　贷：利润分配——未分配利润

　　结转后，"利润分配——未分配利润"账户如果是贷方余额，就是未分配利润的数额；如果是借方余额，则表示未弥补亏损的数额。将"利润分配"账户下的其他明细账户的余额转入"利润分配——未分配利润"明细账户，结转后，除"利润分配——未分配利润"明细账户外，利润分配的其他明细账户应无余额。

　　企业发生的亏损可以用以后会计年度实现的税前利润弥补(在 5 年内)。在用以后会计年度实现的税前利润弥补以前年度亏损时，企业当年实现的利润从"本年利润"账户转入"利润分配——未分配利润"账户，其贷方发生额与"利润分配——未分配利润"账户的借方余额自然抵销。因此，以当年实现的净利润弥补以前年度结转的未弥补亏损时，不需要进行专门的账务处理。

【例 10-24】甲公司第一年发生亏损 900 000 元，而第二年实现税前利润 600 000 元，甲公司应编制的会计分录如下。
① 第一年结转亏损额时：
借：利润分配——未分配利润　　　　　　　　　　　　　　　　　900 000
　　贷：本年利润　　　　　　　　　　　　　　　　　　　　　　　　　900 000
② 第二年结转税前利润时：
借：本年利润　　　　　　　　　　　　　　　　　　　　　　　　600 000
　　贷：利润分配——未分配利润　　　　　　　　　　　　　　　　　　600 000

　　因此，"利润分配——未分配利润"账户还有借方余额 300 000 元未弥补。如例 10-24 所示，以当年实现的净利润弥补以前年度结转的未弥补亏损时，不需要进行专门的账务处理，而是自动抵销"利润分配——未分配利润"账户。

【例 10-25】甲公司在 2017 年发生亏损 1 200 000 元，在年度终了时，企业应当结转本年发生的亏损。甲公司应编制的会计分录如下。

借：利润分配——未分配利润　　　　　　　　　　　　　　　　1 200 000
　　贷：本年利润　　　　　　　　　　　　　　　　　　　　　　　　1 200 000

假设 2018~2022 年，甲公司每年实现利润 200 000 元，按现行会计规定，公司在发生亏损以后的 5 年内可以用税前利润弥补亏损，超过 5 年仍未弥补的亏损则用税后利润弥补。假设不考虑其他因素，甲公司应编制的会计分录如下。

2018~2022 年每年结转当年实现的利润时，每年应编制的会计分录如下。

借：本年利润　　　　　　　　　　　　　　　　　　　　　　　　200 000
　　贷：利润分配——未分配利润　　　　　　　　　　　　　　　　　　200 000

　　因此，2022 年度终了时，按上述会计处理的结果，2022 年"利润分配——未分配利润"账户期末有借方余额 200 000 元，即 2023 年未弥补的亏损为 200 000 元。假设该企业 2023

年实现的税前利润为 500 000 元,按规定,2023 年用税后利润弥补亏损时,应先按当年实现利润计算缴纳所得税 125 000(500 000×25%=125 000)元,再用税后利润 375 000(500 000-125 000=375 000)元弥补亏损。

  借:所得税费用   125 000
    贷:应交税费——应交所得税   125 000
  借:本年利润   125 000
    贷:所得税费用   125 000
  借:本年利润   375 000
    贷:利润分配——未分配利润   375 000

根据上述核算的结果,该企业 2023 年"利润分配——未分配利润"账户的期末贷方余额是 375 000-200 000 = 175 000(元)。

  如例 10-25 所示,企业无论是税前弥补亏损还是税后弥补亏损,其会计处理方法是完全相同的。区别就在于,两者计算缴纳所得税时的处理不同。在以税前利润补亏时,其用于补亏的利润数额可以抵扣当期企业的应纳税所得额;而在以税后利润补亏时,其用于补亏的利润数额不得抵扣应纳税所得额。

【思政与德育】

牢记法则、遵章办事——破解股东纠纷的"良药"

  甲公司注册资本为 800 万元,由 A、B、C 三位股东出资建成。其中 A 出资 400 万元,占公司注册资本的比例为 50%,B、C 各出资 200 万元,占公司注册资本的比例均为 25%。乙会计师事务所在对甲公司 2020 年度的会计报表审计时,发现存在以下问题:甲公司在 2020 年度实现净利润 100 万元,公司按照 10%提取法定盈余公积金 10 万元,甲公司 2019 年度亏损 35 万元;甲公司实收资本存在异常情况,验资报告显示甲公司 2020 年 2 月将盈余公积 200 万元转增资本,并全部计入 A 股东名下,甲公司转增资本前公司注册资本为 800 万元、盈余公积为 360 万元。

  乙会计师事务所在审计取证时发现,该公司将盈余公积转增资本时并未经股东大会批准,即在未经得 B、C 股东同意的情况下由 A 股东决定,因此 B、C 股东认为 A 股东违规操作,违反公司章程,而 A 股东则认为自己出资最多,占公司 50%的股份,转增的资本理应记在自己的名下。2020 年 5 月,在协商未果的情况下,B、C 股东以 A 股东违反公司章程侵占股东权益为由向法院提起诉讼。而这场股东之间的纠纷,导致公司在一次商务谈判中,错失机会,间接导致公司损失近 150 万元。

(由作者整理编写.)

思政感悟(扫码获得)   自测题及参考答案(扫码获得)

第十一章 收入、费用和利润

【学习目标】

1. 理解收入、费用与利润的含义。
2. 掌握收入的确认与计量、收入的会计处理。
3. 掌握期间费用的会计处理。
3. 理解所得税费用的会计处理。
4. 熟悉利润的构成。
5. 掌握营业外收入与营业外支出、利润的结转与分配的会计处理。

【知识框架图】

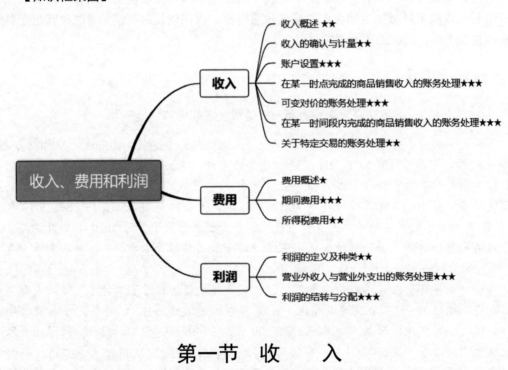

第一节 收 入

一、收入概述

(一)收入的定义

收入是指企业在日常活动中形成的、会导致所有者权益增加的、与所有者投入资本无关的经济利益的总流入。其中,日常活动,是指企业为完成其经营目标所从事的经常性活动及与之相关的活动。日常活动所形成的经济利益的流入应当确认为收入。

(二)收入的特征

1. 收入是企业日常活动形成的经济利益流入

收入从企业的日常活动中产生,而不是从偶发的交易或事项中产生。企业的有些活动属于为完成其经营目标所从事的经常性活动,例如,工业企业制造并销售产品,商业企业购进和销售商品,租赁企业出租资产,商业银行对外贷款,保险公司签发保单,咨询公司提供咨询服务,软件企业为客户开发软件,安装公司提供安装服务,广告商提供广告策划服务等,由此产生的经济利益的总流入构成收入;企业还有一些活动属于与经常性活动相关的活动,如工业企业转让无形资产使用权、出售不需用的原材料等,由此产生的经济利益的总流入也构成收入。

2. 收入会导致所有者权益的增加

收入无论表现为资产的增加还是负债的减少,根据"资产-负债=所有者权益"的公式,企业取得收入一定会导致所有者权益增加。不符合这一特征的经济利益流入,不属于企业的收入。例如,企业代收代缴的个人所得税,收取的包装物押金,从银行取得的借款,都应作为暂收应付款计入相关的负债类账户,而不能作为收入处理。

3. 收入是与所有者投入资本无关的经济利益的总流入

收入只包括企业自身活动获得的经济利益流入,而不包括企业的所有者向企业投入资本导致的经济利益流入。例如,股东追加的投资只是资本的增加,而不是营业收入的增加。

二、收入的确认与计量

(一)收入确认的原则

收入、费用和利润-
收入的确认.mp4

企业应当在履行了合同中的履约义务,即在客户取得相关商品控制权时确认收入。取得相关商品控制权,是指客户能够主导该商品的使用并从中获得几乎全部经济利益,也包括有能力阻止其他方主导该商品的使用并从中获得经济利益。

取得商品控制权包括三个要素。一是客户必须拥有现时权利,能够主导该商品的使用并从中获得几乎全部的经济利益。如果客户只能在未来的某一期间主导该商品的使用并从中获益,则表明其尚未取得该商品的控制权。二是客户有能力主导该商品的使用,即客户在其活动中有权使用该商品,或者能够允许或阻止其他方使用该商品。三是客户能够获得该商品几乎全部的经济利益。商品的经济利益是指商品的潜在现金流量,既包括现金流入的增加,也包括现金流出的减少。客户可以通过使用、消耗、出售、处置、交换、抵押或持有等多种方式直接或间接地获得商品的经济利益。

需要说明的是,本章所称的客户是指与企业订立合同已向该企业购买其日常活动产出的商品并支付对价的一方;所称的商品包括商品和服务。本章的收入不涉及企业对外出租资产收取的租金、进行债权投资收取的利息、进行股权投资取得的现金股利及保费收入等。

(二)收入确认的前提条件

企业与客户之间的合同同时满足下列五项条件的,企业应当在客户取得相关商品控制权时确认收入。

(1) 合同各方已批准该合同并承诺将履行各自义务。
(2) 该合同明确了合同各方与所转让商品相关的权利和义务。
(3) 该合同有明确的与所转让商品相关的支付条款。
(4) 该合同具有商业实质,即履行该合同将改变企业未来现金流量的风险、时间分布或金额。
(5) 企业因向客户转让商品而有权取得的对价很可能回收。

(三)收入确认与计量的步骤

按照《企业会计准则第 14 号——收入》的相关规定,收入确认和计量的基本步骤大致分为以下五步。

第一步,识别与客户订立的合同。合同是指双方或多方之间订立有法律约束力的权利义务的协议。合同有书面形式、口头形式及其他形式。合同的存在是企业确认客户合同收入的前提,企业与客户之间的合同一经签订,企业即享有从客户取得与转移商品和服务对价的权利,同时负有向客户转移商品和服务的履约义务。

第二步,识别合同中的单项履约义务。履约义务是指合同中企业向客户转让可明确区分商品或服务的承诺。企业应当将向客户转让可明确区分商品(或者商品的组合)的承诺及向客户转让一系列实质相同且转让模式相同的、可明确区分商品的承诺作为单项履约义务。例如,企业与客户签订合同,向其销售商品并提供安装服务,该安装服务简单,除该企业外其他供应商也可以提供此类安装服务,该合同中销售商品和提供安装服务为两项单项履约义务。若该安装服务复杂且商品需要按客户定制要求修改,则合同中销售商品和提供安装服务合并为单项履约义务。

第三步,确定交易价格。交易价格是指企业因向客户转让商品而预期有权收取的对价金额,不包括企业代第三方收取的款项(如增值税)及企业预期将退还给客户的款项。合同条款所承诺的对价,可能是固定金额、可变金额或两者兼有。例如,甲企业与客户签订合同,为客户建造一栋厂房,约定的价款为 100 万元,4 个月完工,交易价格为固定金额 100 万元。假如合同中约定若提前 1 个月完工,客户将额外奖励甲企业 10 万元,甲企业对合同估计工程提前 1 个月完工的概率为 95%,则甲企业预计有权收取的对价为 110 万元。即交易价格应包括固定金额 100 万元和可变金额 10 万元,总计为 110 万元。

第四步,将交易价格分摊至各单项履约义务。当合同中包含两项或多项履约义务时,需要将交易价格分摊至各单项履约义务,分摊的方法是在合同开始日,按照各单项履约义务所承诺商品的单独售价(企业向客户单独销售商品的价格)的相对比例,将交易价格分摊至各单项履约义务。通过分摊交易价格,使企业分摊至各单项履约义务的交易价格能够反映其因向客户转让已承诺的相关商品而有权收取的对价金额。例如,企业与客户签订合同,向其销售 A、B、C 三件产品,不含增值税的合同总价款为 8 000 元。A、B、C 产品的不含增值税单独售价分别为 5 000 元、3 000 元和 2 000 元,合计 10 000 元。按照交易价格分摊原则，A产品应当分摊的交易价格为4 000(5 000÷10 000×8 000=4 000)元，B产品应当分摊的交易价格为2 400(3 000÷10 000×8 000=2 400)元，C产品应当分摊的交易价格为1 600(2 000÷10 000×8 000=1 600)元。

第五步，履行各单项履约义务时确认收入。当企业将商品转移给客户，客户取得了相关商品的控制权，意味着企业履行了合同履约义务，此时，企业应确认收入。企业将商品控制权转移给客户，可能是在某一时段内(即履行履约义务的过程中)发生，也可能是在某一时点(即履约义务完成时)发生。企业应当根据实际情况，首先判断履约义务是否满足在某一时段内履行的条件，如不满足，则该履约义务属于在某一时点履行的履约义务。

收入确认和计量五个步骤中，第一步、第二步和第五步主要与收入的确认有关，第三步和第四步主要与收入的计量有关。

需要说明的是，一般而言，确认和计量任何一项合同收入都应考虑全部的五个步骤，但履行某些合同义务确认收入不一定都经过五个步骤，如企业按照第二步确定某项合同仅为单项履约义务时，可以从第三步直接进入第五步确认收入，不需要第四步(分摊交易价格)。

三、账户设置

企业为了核算与客户之间的合同产生的收入及相关的成本费用，一般需要设置"主营业务收入""其他业务收入""主营业务成本""其他业务成本""合同取得成本""合同履约成本""合同资产""合同负债"等账户。

"主营业务收入"账户核算企业确认的销售商品、提供服务等主营业务的收入。该账户贷方登记企业主营业务活动实现的收入，借方登记期末转入"本年利润"账户的主营业务收入，结转后该账户应无余额，该账户可按主营业务的种类进行明细核算。

"其他业务收入"账户核算企业确认的除主营业务活动以外的其他经营活动实现的收入，包括出租固定资产、出租无形资产、出租包装物和商品、销售材料等实现的收入。该账户贷方登记企业其他业务活动实现的收入，借方登记期末转入"本年利润"科目的其他业务收入，结转后该账户应无余额，该账户可按其他业务的种类进行明细核算。

主营业务收入(或其他业务收入)T型账户，如表11-1所示。

表11-1 主营业务收入(其他业务收入)T型账户

借方	主营业务收入(或其他业务收入)	贷方
①发生销售退回或折让		①销售商品、材料实现的收入
②转入本年利润的收入		②提供劳务(服务)实现的收入

"主营业务成本"账户核算企业确认销售商品、提供服务等主营业务收入时应结转的成本。该账户借方登记企业应结转的主营业务成本，贷方登记期末转入"本年利润"账户的主营业务成本，结转后该账户应无余额，该账户可按主营业务的种类进行明细核算。

"其他业务成本"账户核算企业确认的除主营业务活动以外的其他经营活动所形成的成本，包括出租固定资产的折旧额、出租无形资产的摊销额、出租包装物的成本或摊销额、销售材料的成本等。该账户借方登记企业应结转的其他业务成本,贷方登记期末转入"本年利润"账户的其他业务成本,结转后该账户应无余额,该账户可按其他业务的种类进行明细核算。

主营业务成本(或其他业务成本)T 型账户,如表 11-2 所示。

表 11-2　主营业务成本(或其他业务成本)T 型账户

借方	主营业务成本(或其他业务成本)	贷方
①发生销售结转成本 ②提供劳务(服务)结转成本	①发生销售退回或折让 ②转入本年利润	

"合同取得成本"账户核算企业取得合同发生的、预计能够收回的增量成本。该账户借方登记发生的合同取得成本,贷方登记摊销的合同取得成本,期末借方余额,反映企业尚未结转的合同取得成本,该账户可按合同进行明细核算。

合同取得成本 T 型账户,如表 11-3 所示。

表 11-3　合同取得成本 T 型账户

借方	合同取得成本	贷方
期初余额 发生的合同取得成本	摊销的合同取得成本	
期末余额:企业尚未结转的合同取得成本		

"合同履约成本"账户核算企业为履行当前或预期取得的合同所发生的、不属于其他企业会计准则规范范围且按照收入准则应当确认为一项资产的成本。该账户借方登记发生的合同履约成本,贷方登记摊销的合同履约成本,期末借方余额,反映企业尚未结转的合同履约成本。该账户按合同进行明细核算。

合同履约成本 T 型账户,如表 11-4 所示。

表 11-4　合同履约成本 T 型账户

借方	合同履约成本	贷方
期初余额 发生的合同履约成本	摊销的合同履约成本	
期末余额:尚未结转的合同履约成本		

"合同资产"账户核算企业已向客户转让商品而有权收取对价的权利,且该权利取决于时间流逝之外的其他因素(如履行合同中的其他履约义务)。该账户借方登记因已转让商品而有权收取的对价金额,贷方登记取得无条件收款权的金额,期末借方余额,反映企业已向客户转让商品而有权收取的对价金额,该账户按合同进行明细核算。

合同资产 T 型账户,如表 11-5 所示。

第十一章 收入、费用和利润

表 11-5　合同资产 T 型账户

借方	合同资产	贷方
期初余额 因已转让商品而有权收取的对价金额		取得无条件收款权的金额
期末余额：已向客户转让商品而有权收取的对价金额		

"合同负债"账户核算企业已收或应收客户对价而应向客户转让商品的义务。该账户贷方登记企业在向客户转让商品之前，已经收到的合同对价或已经取得的无条件收取合同对价权利的金额；借方登记企业向客户转让商品时冲销的金额；期末贷方余额，反映企业在向客户转让商品之前，已经收到的合同对价或已经取得的无条件收取合同对价权利的金额，该账户按合同进行明细核算。

"合同负债"T 型账户，如表 11-6 所示。

表 11-6　合同负债 T 型账户

借方	合同负债	贷方
向客户转让商品时冲销的金额		期初余额 在向客户转让商品之前，已经收到的合同对价或已经取得的无条件收取合同对价权利的金额
		期末余额：在向客户转让商品之前，已经收到的合同对价或已经取得的无条件收取合同对价权利的金额

四、在某一时点完成的商品销售收入的账务处理

(一)一般商品销售收入的确认

企业一般商品销售属于在某一时点履行履约义务。对于在某一时点履行的履约义务，企业应当在客户取得相关商品控制权时点确认收入。在判断控制权是否转移时，企业应当综合考虑下列迹象。

第一，企业就该商品享有现时收款权利，即客户就该商品负有现时付款义务。例如，甲企业与客户签订销售商品合同，约定客户有权定价且在收到商品无误后 10 日内付款。在客户收到甲企业开具的发票、商品验收入库后，客户能够自主确定商品的销售价格或商品的使用情况，此时甲企业享有收款权利，客户负有现时付款义务。

第二，企业已将该商品的法定所有权转移给客户，即客户已拥有该商品的法定所有权。例如，房地产企业向客户销售商品房，在客户付款后取得房屋产权证时，表明企业已将该商品房的法定所有权转移给客户。

第三，企业已将该商品实物转移给客户，即客户已占有该商品实物。例如，企业与客

户签订交款提货合同，在企业销售商品并送货到客户指定地点，客户验收合格并付款，表明企业已将该商品实物转移给客户，即客户已占有该商品实物。

第四，企业已将该商品所有权上的主要风险和报酬转移给客户，即客户已取得该商品所有权上的主要风险和报酬。例如，甲房地产公司向客户销售商品房办理产权转移手续后，该商品房价格上涨或下跌带来的利益或损失全部属于客户，表明客户已取得该商品房所有权上的主要风险和报酬。

第五，客户已接受该商品。例如，企业向客户销售为其定制生产的节能设备，客户收到并验收合格后办理入库手续，表明客户已接受该商品。

第六，其他表明客户已取得商品控制权的迹象。

(二)一般销售商品业务的账务处理

在进行销售商品账务处理时，当收到货款或取得收取货款权利时，应及时确认收入，并结转相关销售成本，具体应做如下会计分录。

① 确认收入时：
借：银行存款、应收账款、应收票据等　　　　　(按实际收到或应收的款项)
　　贷：主营业务收入　　　　　　　　　　　　(按不含增值税的价款)
　　　　应交税费——应交增值税(销项税额)　　(按发票注明的增值税额)
② 结转成本时：
借：主营业务成本　　　　　　　　　　　　　　(按商品的实际成本)
　　贷：库存商品　　　　　　　　　　　　　　(按商品的实际成本)

【例 11-1】甲公司向乙公司销售一批商品，开具的增值税专用发票上注明售价为 500 000 元，增值税税额为 65 000 元，甲公司收到货款并存入银行；该批商品成本为 380 000 元，乙公司收到商品并验收入库。

本例中甲公司已经收到乙公司的货款，乙公司收到商品并验收入库，因此，销售商品为单项履约义务且属于在某一时点履行的履约义务。甲公司应编制的会计分录如下。

① 确认收入时：
借：银行存款　　　　　　　　　　　　　　　　565 000
　　贷：主营业务收入　　　　　　　　　　　　500 000
　　　　应交税费——应交增值税(销项税额)　　 65 000
② 结转成本时：
借：主营业务成本　　　　　　　　　　　　　　380 000
　　贷：库存商品　　　　　　　　　　　　　　380 000

(三)已经发出商品但不能确认收入的账务处理

企业按合同发出商品，合同约定客户只有在商品售出取得价款后才支付货款。企业向客户转让商品的对价未达到"很可能收回"收入确认条件。在发出商品时，企业不应确认收入，将发出商品的成本计入"发出商品"账户，该账户核算企业商品已发出但客户没有取得商品控制权的商品成本。

① 发出商品时:
借: 发出商品　　　　　　　　　　　　　　　　　　(按发出商品的实际成本)
　　贷: 库存商品　　　　　　　　　　　　　　　　　(按发出商品的实际成本)
② 发出的商品被客户退回时:
借: 库存商品
　　贷: 发出商品
③ 当收到货款或取得收取货款权利时:
借: 银行存款等
　　贷: 主营业务收入
　　　　应交税费——应交增值税(销项税额)
同时结转成本:
借: 主营业务成本
　　贷: 发出商品

【例11-2】甲公司与乙公司均为增值税一般纳税人。2023年6月5日，甲公司与乙公司签订委托代销合同，甲公司委托乙公司销售A商品2 000件，A商品已经发出，每件商品成本为80元。合同约定乙公司应按每件100元对外销售，甲公司按不含增值税的销售价格的10%向乙公司支付手续费。除非这些商品在乙公司存放期间内由于乙公司的责任发生毁损或丢失，否则在A商品对外销售之前，乙公司没有义务向甲公司支付货款。乙公司不承担包销责任，没有售出的A商品须退回给甲公司，同时，甲公司也有权要求收回A商品或将其销售给其他的客户。至2023年6月30日，乙公司实际对外销售A商品2 000件，开出的增值税专用发票上注明的销售价款为200 000元，增值税税额为26 000元。

本例中，甲公司将A商品发送至乙公司后，乙公司虽然已经承担A商品的实物保管责任，但仅为接受甲公司的委托销售A商品，并根据实际销售的数量赚取一定比例的手续费。甲公司有权要求收回A商品或将其销售给其他客户，乙公司并不能主导这些商品的销售，这些商品对外销售与否、是否获利及获利多少等不由乙公司控制，乙公司没有取得这些商品的控制权。因此，甲公司将A商品发送至乙公司时，不应确认收入而应当在乙公司将A商品销售给最终客户时确认收入。甲公司应编制的会计分录如下。

① 2023年6月5日，甲公司按合同约定发出商品时:
借: 发出商品——乙公司　　　　　　　　　　　　　　　　160 000
　　贷: 库存商品——A商品　　　　　　　　　　　　　　　160 000
② 2023年6月30日，甲公司收到乙公司开具的代销清单时:
借: 应收账款　　　　　　　　　　　　　　　　　　　　　226 000
　　贷: 主营业务收入　　　　　　　　　　　　　　　　　　200 000
　　　　应交税费——应交增值税(销项税额)　　　　　　　　 26 000
借: 主营业务成本　　　　　　　　　　　　　　　　　　　160 000
　　贷: 发出商品　　　　　　　　　　　　　　　　　　　　160 000
借: 销售费用　　　　　　　　　　　　　　　　　　　　　 20 000
　　应交税费——应交增值税(20 000×6%=1 200)　　　　　　 1 200
　　贷: 应收账款　　　　　　　　　　　　　　　　　　　　 21 200

③ 收到乙公司支付的货款时：
借：银行存款　　　　　　　　　　　　　　　204 800
　　贷：应收账款　　　　　　　　　　　　　　　　204 800

(四)材料销售业务确认收入的账务处理

企业在日常活动中会发生对外销售不需用的原材料、随同商品对外销售单独计价的包装物等业务。企业销售原材料、包装物等存货取得收入的确认和计量原则比照销售商品。企业销售原材料、包装物等存货确认的收入作为其他业务收入处理，结转的相关成本作为其他业务成本处理，具体应做如下会计分录：

① 确认收入时，按应收取的款项：
借：应收账款等
　　贷：其他业务收入
　　　　应交税费——应交增值税(销项税额)

② 结转成本时：
借：其他业务成本　　　　　　　　　　　　　(按实际成本)
　　贷：原材料等　　　　　　　　　　　　　　　(按实际成本)

【例11-3】甲公司向乙公司销售一批原材料，开具的增值税专用发票上注明售价为80 000元，增值税税额为10 400元；甲公司收到乙公司支付的款项并存入银行；该批原材料的实际成本为60 000元；乙公司收到原材料并验收入库。

本例中甲公司已经收到乙公司支付的货款，乙公司也已收到原材料并验收入库，因此，该项业务为单项履约义务且属于在某一时点履行的履约义务。甲公司应编制的会计分录如下：

① 确认收入时：
借：银行存款　　　　　　　　　　　　　　　90 400
　　贷：其他业务收入　　　　　　　　　　　　　　80 000
　　　　应交税费——应交增值税(销项税额)　　　　10 400

② 结转原材料成本时：
借：其他业务成本　　　　　　　　　　　　　60 000
　　贷：原材料　　　　　　　　　　　　　　　　　60 000

(五)销售退回业务的账务处理

销售退回是指企业售出的商品因质量、规格等方面不符合销售合同规定条款的要求，客户要求企业予以退货。对于销售退回，企业应区分不同情况进行相应的会计处理：

对于未确认收入的售出商品发生退回的，企业应按已计入"发出商品"科目的商品成本金额，借记"库存商品"科目，贷记"发出商品"科目。

对于已确认收入的售出商品发生退回的，企业一般应在发生时冲减当期的销售商品收入，同时冲减当期销售商品成本。如该项销售退回允许扣减增值税税额，则应同时调整"应交税费——应交增值税(销项税额)"科目的相应金额。具体应做如下会计分录：

① 企业收到已确认收入的退回商品时：
借：主营业务收入
　　应交税费——应交增值税(销项税额)
　　贷：银行存款、应收票据、应收账款等
② 企业收到未确认收入的退回商品时：
借：库存商品
　　贷：发出商品

【例 11-4】甲公司 2023 年 2 月 20 日销售一批 C 商品，增值税专用发票上注明售价为 50 000 元，增值税税额为 6 500 元，该批商品成本为 32 000 元。C 商品于 2023 年 2 月 20 日发出，客户于 2 月 28 日付款。该项业务属于在某一时点履行的履约义务并确认销售收入。2023 年 5 月 25 日，该商品因质量出现严重问题，客户将该批商品全部退回给甲公司。甲公司同意退货，于退货当日支付了退货款，并按规定向客户开具了增值税专用发票(红字)。假定不考虑其他因素，甲公司应编制的会计分录如下：

① 2023 年 2 月 20 日确认收入时：
借：应收账款　　　　　　　　　　　　　　　　　　　　　　56 500
　　贷：主营业务收入　　　　　　　　　　　　　　　　　　50 000
　　　　应交税费——应交增值税(销项税额)　　　　　　　　 6 500
借：主营业务成本　　　　　　　　　　　　　　　　　　　　32 000
　　贷：库存商品　　　　　　　　　　　　　　　　　　　　32 000
② 2023 年 2 月 28 日收到货款时：
借：银行存款　　　　　　　　　　　　　　　　　　　　　　56 500
　　贷：应收账款　　　　　　　　　　　　　　　　　　　　56 500
③ 2023 年 5 月 25 日销售退回时：
借：主营业务收入　　　　　　　　　　　　　　　　　　　　50 000
　　应交税费——应交增值税(销项税额)　　　　　　　　　　 6 500
　　贷：银行存款　　　　　　　　　　　　　　　　　　　　56 500
借：库存商品　　　　　　　　　　　　　　　　　　　　　　32 000
　　贷：主营业务成本　　　　　　　　　　　　　　　　　　32 000

已确认收入的销售商品发生的销售退回属于资产负债表日后事项的，应当按照有关资产负债表日后事项的相关规定进行会计处理。

五、可变对价的账务处理

(一)可变对价的管理

企业与客户的合同中约定的对价金额可能是固定的，也可能会因折扣、价格折让、返利、退款、奖励积分、激励措施、业绩奖金、索赔等因素发生变化。此外，根据一项或多项或有事项的发生收取不同对价金额的合同，也属于可变对价的情形。

若合同中存在可变对价，企业应当对计入交易价格的可变对价进行估计。企业应当按照期望值或最可能发生金额确定可变对价的最佳估计数。但是，企业不能在两种方法之间随意进行选择。期望值是按照各种可能发生的对价金额及相关概率计算确定的金额；最可能发生金额是一系列可能发生的对价金额中最可能发生的单一金额，即合同最可能产生的单一结果。此外，需要注意的是，企业确定可变对价金额之后，计入交易价格的可变对价金额还应满足限制条件，即包含可变对价的交易价格，应当不超过在相关不确定性消除时，累计已确认的收入极可能不会发生重大转回的金额。

(二)可变对价的账务处理

1. 存在价格折让的情况

【例 11-5】2023 年 6 月 1 日，甲公司向乙公司销售一批商品，增值税专用发票上注明售价为 600 000 元，增值税税额为 78 000 元，款项尚未收到；该批商品成本为 540 000 元。该项业务属于在某一时点履行的履约义务。2023 年 6 月 20 日，乙公司在验收过程中发现商品外观上存在瑕疵，但基本上不影响使用，要求甲公司在价格上(不含增值税税额)给予 5%的折让。假定甲公司已确认收入。甲公司同意价格折让，并按规定向乙公司开具了增值税专用发票(红字)。2023 年 6 月 30 日，甲公司收到乙公司支付的货款并存入银行。甲公司应编制如下会计分录。

① 2023 年 6 月 1 日确认收入时：
借：应收账款　　　　　　　　　　　　　　　　678 000
　　贷：主营业务收入　　　　　　　　　　　　　　600 000
　　　　应交税费——应交增值税(销项税额)　　　 78 000

同时，结转销售商品成本：
借：主营业务成本　　　　　　　　　　　　　　540 000
　　贷：库存商品　　　　　　　　　　　　　　　　540 000

② 2023 年 6 月 20 日发生销售折让 30 000(600 000×5%=30 000)元时：
借：主营业务收入　　　　　　　　　　　　　　 30 000
　　应交税费——应交增值税(销项税额)　　　 　 3 900
　　贷：应收账款　　　　　　　　　　　　　　　　33 900

③ 2023 年 6 月 30 日收到货款时：
借：银行存款　　　　　　　　　　　　　　　　644 100
　　贷：应收账款　　　　　　　　　　　　　　　　644 100

2. 存在商业折扣、现金折扣的情况

【例 11-6】甲公司为增值税一般纳税人，2023 年 9 月 1 日销售 A 商品 5 000 件并开具增值税专用发票，每件商品的标价为 200 元(不含增值税)，A 商品适用的增值税税率为 13%；每件商品的实际成本为 120 元；由于是成批销售，甲公司给予客户 10%的商业折扣，并在销售合同中规定现金折扣条件为 2/20，n/30，且计算现金折扣时不考虑增值税。当日 A 商品发出，客户收到商品并验收入库。甲公司基于对客户的了解，预计客户 20 天内付款的概率为 90%，20 天后付款的概率为 10%。2023 年 9 月 19 日，收到客户支付的货款。

第十一章 收入、费用和利润

本例中,该项销售业务属于在某一时点履行的履约义务。对于商业折扣,甲公司从应确认的销售商品收入中予以扣除;对于现金折扣,甲公司认为按照最可能发生金额能够更好地预测其有权获取的对价金额。因此,甲公司应确认的销售商品收入的金额= 200×(1 - 10%) × 5 000 × (1 - 2%) = 882 000 (元);增值税销项税额 = 200 ×(1 - 10%) × 5 000 × 13% = 117 000(元)。

甲公司应编制如下会计分录。

① 2023 年 9 月 1 日确认收入、结转成本时:

借:应收账款　　　　　　　　　　　　　　　　　999 000
　　贷:主营业务收入　　　　　　　　　　　　　　　882 000
　　　　应交税费——应交增值税(销项税额)　　　　117 000
借:主营业务成本　　　　　　　　　　　　　　　600 000
　　贷:库存商品　　　　　　　　　　　　　　　　　600 000

② 2023 年 9 月 19 日收到货款时:

借:银行存款　　　　　　　　　　　　　　　　　999 000
　　贷:应收账款　　　　　　　　　　　　　　　　　999 000

3. 期望值为概率组合时

【例 11-7】甲公司为一家家电生产销售企业,销售家电适用的增值税税率为 13%。2023 年 6 月,甲公司向零售商乙公司销售 1 000 台 W 型冰箱,每台价格为 3 000 元,合同价款合计为 300 万元。每台 W 型冰箱的成本为 2 000 元。乙公司收到 W 型冰箱并验收入库。甲公司向乙公司提供价格保护,同意在未来 6 个月内,如果同款冰箱售价下降,则按照合同价格与最低售价之间的差额向乙公司支付差价。甲公司根据以往执行类似合同的经验,预计各种结果发生的概率,如表 11-1 所示。

表 11-7　冰箱售价下降的概率估计

未来 6 个月内的降价金额(元/台)	概率(%)
0	40
200	30
400	20
600	10

注:上述价格均不包含增值税。

本例中该项销售业务属于在某一时点履行的履约义务。甲公司认为期望值能够更好地预测其有权获取的对价金额。在该方法下甲公司估计交易价格为每台 2 800(3 000 ×40% + 2 800 ×30%+2 600×20%+2 400×10%=2 800)元,应确认的销售商品收入金额 = 2 800×1 000 =2 800 000 (元),增值税销项税额 = 3 000 × 1 000× 13% =390 000(元)。2023 年 6 月,甲公司应编制如下会计分录。

① 确认收入时:

借:应收账款　　　　　　　　　　　　　　　　3 190 000
　　贷:主营业务收入　　　　　　　　　　　　　　2 800 000

应交税费——应交增值税(销项税额)	390 000
② 结转销售商品成本：	
借：主营业务成本	2 000 000
贷：库存商品	2 000 000

六、在某一时段内完成的商品销售收入的账务处理

对于在某一时段内履行的履约义务，企业应当在该段时间内按照履约进度确认收入，履约进度不能合理确定的除外。

满足下列条件之一的，属于在某一时段内履行的履约义务。

(1) 客户在企业履约的同时即取得并消耗企业履约所带来的经济利益。

(2) 客户能够控制企业履约过程中在建的商品。

(3) 企业履约过程中所产出的商品具有不可替代用途，且该企业在整个合同期间内有权就累计至今已完成的履约部分收取款项。

企业应当考虑商品的性质，采用实际测量的完工进度、评估已实现的结果、时间进度、已完工或交付的产品等产出指标，或采用投入的材料数量、花费的人工工时、机器工时、发生的成本和时间进度等投入指标确定恰当的履约进度，并且在确定履约进度时，应当扣除那些控制权尚未转移给客户的商品和服务。通常，企业按照累计实际发生的成本占预计总成本的比例(即成本法)确定履约进度。累计实际发生的成本包括企业向客户转移商品过程中所发生的直接成本和间接成本，如直接人工、直接材料、分包成本及其他与合同相关的成本。

对于每一项履约义务，企业只能采用一种方法来确定其履约进度，并加以一贯运用。对于类似情况下的类似履约义务，企业应当采用相同的方法确定履约进度。资产负债表日，企业按照合同的交易价格总额乘以履约进度扣除以前会计期间累计已确认的收入后的金额，确认当期收入。当履约进度不能合理确定时，企业已经发生的成本预计能够得到补偿的，应当按照已经发生的成本金额确认收入，直到履约进度能够合理确定为止。

(一)合同取得成本

企业为取得合同发生的增量成本预期能够收回的，应作为合同取得成本确认为一项资产。增量成本是指企业不取得合同就不会发生的成本，也就是企业发生的与合同直接相关，但又不是所签订合同的对象或内容(如建造商品或提供服务)本身所直接发生的费用。如销售佣金，若预期可通过未来的相关服务收入予以补偿，该销售佣金(即增量成本)应在发生时确认为一项资产，即合同取得成本，而在合同取得前发生的成本，如差旅费、投标费、为准备投标资料发生的相关费用等，应当在发生时计入当期损益。

企业取得合同发生的增量成本已经确认为资产的，应当采用与该资产相关的商品收入确认相同的基础进行摊销，计入当期损益。为简化实务操作，该资产摊销期限不超过一年的，可以在发生时计入当期损益，除非这些支出明确由客户承担。企业发生合同取得成本时，借记"合同取得成本"科目，贷记"银行存款""应付职工薪酬"等科目；对合同取得成本进行摊销时，借记"销售费用"等科目，贷记"合同取得成本"科目。具体应做如下

会计分录。

① 企业发生合同取得成本时，按照实际发生的各项成本：

借：合同取得成本
　　贷：银行存款等

② 对合同取得成本进行摊销时：

借：销售费用
　　贷：合同取得成本

【例 11-8】 甲公司是一家咨询公司，通过竞标赢得一个服务期为 2 年的客户，该客户每年年末支付含税咨询费 636 000 元。为取得与该客户的合同，甲公司因投标发生了差旅费 15 000 元、投标费 5 000 元，支付销售人员佣金 60 000 元。甲公司预期这些支出未来均能够收回。此外，甲公司根据其年度销售目标及个人业绩等，向销售部门经理支付年度奖金 10 000 元。

在本例中，甲公司因签订该客户合同而向销售人员支付的佣金属于取得合同发生的增量成本，应当将其作为合同取得成本确认为一项资产；甲公司为投标发生的差旅费、投标费及向销售部门经理支付的年度奖金因为不能直接归属于可识别的合同，所以，不属于增量成本，应当于发生时直接计入当期损益。甲公司应编制的会计分录如下。

① 支付与取得合同相关的费用时：

借：合同取得成本	60 000
管理费用	30 000
贷：银行存款	90 000

② 每月确认服务收入时：

服务收入=636 000÷(1+6%)÷12=50 000(元)

借：应收账款	53 000
贷：主营业务收入	50 000
应交税费——应交增值税(销项税额)	3 000

③ 每月摊销合同取得成本时：

合同取得成本(销售佣金)摊销额=60 000÷2÷12=2 500(元)

借：销售费用	2 500
贷：合同取得成本	2500

(二)合同履约成本

合同履约成本是指企业为履行当前或预期取得的合同所发生的、属于《企业会计准则第 14 号——收入》规范范围并且按照该准则应当确认为一项资产的成本。企业为履行合同可能会发生各种成本，企业在确认收入的同时应当对这些成本进行分析，同时满足下列条件的，应当作为合同履约成本确认为一项资产。

(1) 该成本与一份当前或预期取得的合同直接相关。内容如下。

① 与合同直接相关的成本。一是直接人工，如支付给直接为客户提供所承诺服务的人员的工资、奖金等。二是直接材料，如为履行合同耗用的原材料、辅助材料、构配件、零

件、半成品的成本和周转材料的摊销及租赁费用等。三是制造费用或类似费用，如组织和管理相关生产、施工、服务等活动发生的费用，包括车间管理人员的职工薪酬、劳动保护费、固定资产折旧费及修理费、物料消耗、取暖费、水电费、办公费、差旅费、财产保险费、工程保修费、临时设施摊销费等。

② 明确由客户承担的成本及仅因该合同发生的其他成本，如支付给分包商的成本、机械使用费、设计和技术援助费用、施工现场二次搬运费、生产工具和用具使用费、检验试验费，以及工程定位复测费、工程点交费用、场地清理费等。

(2) 该成本增加了企业未来用于履行(包括持续履行)履约义务的资源。

(3) 该成本预期能够收回。

确认为企业资产的合同履约成本应当采用与该资产相关的商品收入确认相同的基础(即在履约义务履行的时点或按照履约义务的履约进度)进行摊销，计入当期损益。

企业应当在下列支出发生时，将其计入当期损益。一是管理费用，除非这些费用明确由客户承担。二是非正常消耗的直接材料、直接人工和制造费用(或类似费用)，这些支出为履行合同发生，但未反映在合同价格中。三是与履约义务中已履行(包括已全部履行或部分履行)部分相关的支出，即该支出与企业过去的履约活动相关。四是无法在尚未履行的与已履行(或已部分履行)的履约义务之间区分的相关支出。

合同履约成本发生和摊销的具体业务应做如下会计分录。

① 企业发生合同履约成本时：

借：合同履约成本
　　贷：银行存款等

② 对合同履约成本进行摊销时：

借：主营业务成本
　　贷：合同履约成本

【例11-9】 甲公司为增值税一般纳税人，经营一家宾馆，该宾馆是甲公司的自有资产。2023年6月，甲公司计提与宾馆经营直接相关的宾馆客房及客房内的设备家具等折旧200 000元、宾馆土地使用权摊销费用165 000元。经计算，当月确认房费、餐饮等服务含税收入636 000元，全部存入银行。

本例中，甲公司经营宾馆主要是通过提供客房服务赚取收入，而客房提供的服务直接依赖于宾馆物业(包含土地)及家具等相关资产。这些资产折旧和摊销属于甲公司为履行与客户的合同而发生的合同履约成本。已确认的合同履约成本在收入确认时予以摊销，计入营业成本。甲公司应编制的会计分录如下：

① 确认资产的折旧费、摊销费时：

借：合同履约成本　　　　　　　　　　　　　　　365 000
　　贷：累计折旧　　　　　　　　　　　　　　　　　200 000
　　　　累计摊销　　　　　　　　　　　　　　　　　165 000

② 6月确认宾馆服务收入时：

借：银行存款　　　　　　　　　　　　　　　　　636 000
　　贷：主营业务收入　　　　　　　　　　　　　　　600 000
　　　　应交税费——应交增值税(销项税额)　　　　　36 000

③ 6 月摊销合同履约成本时：
借：主营业务成本　　　　　　　　　　　　　　　365 000
　　贷：合同履约成本　　　　　　　　　　　　　　　　365 000

七、关于特定交易的账务处理

(一)附有销售退回条款的销售

企业将商品销售给客户之后，客户可能会因为对所购商品的质量、功能等问题选择退货。对于附有销售退回条款的销售，客户依照有关合同有权选择退货并要求返还其已经支付的全部或部分对价。

客户取得相关商品控制权时，企业对附有销售退回条款的销售，具体应做如下会计分录：

① 发出附有销售退回条款的商品时：
借：银行存款等　　　　　　　　(按预期有权收取的对价金额)
　　贷：主营业务收入　　　　　　(按预期有权收取不会退回商品的对价金额)
　　　　预计负债——应付退货款　(按预期因销售退回将退还的金额)
　　　　应交税费——应交增值税(销项税额) (按发票注明的增值税税额)

同时，结转成本：
借：主营业务成本　　　　　　　　(按预期不会退回商品转让时的账面价值)
　　应收退货成本　　　　　　　　(按预期退回商品转让时的账面价值)
　　贷：库存商品　　　　　　　　(按商品转让时账面价值)

② 每一资产负债表日对退货率进行重新评估，如果重新评估退货率小于预期退货率，冲减预计负债，同时增加主营业务收入(反之，做相反分录)：
借：预计负债——应付退货款　　　(按评估减少的退货商品的收入)
　　贷：主营业务收入　　　　　　(按评估减少的退货商品的收入)

同时，将评估减少的退货商品的成本转为已销商品成本：
借：主营业务成本　　　　　　　　(按评估减少的退货商品的成本)
　　贷：应收退货成本　　　　　　(按评估减少的退货商品的成本)

③ 实际发生退货时：
借：库存商品　　　　　　　　　　(按实际发生退货商品的成本)
　　预计负债——应付退货款　　　(按重新评估销售退回将退还的金额)
　　应交税费——应交增值税(销项税额) (按实际发生退货商品收入计算的
　　　　　　　　　　　　　　　　　增值税税额)
　　贷：应收退货成本　　　　　　(按实际退货商品的成本)
　　　　主营业务收入　　　　　　(按实际退货商品的收入)
　　　　银行存款　　　　　　　　(按实际支付的退货款)

同时，结转成本：
借：主营业务成本　　　　　　　　(按实际退货商品的成本)
　　贷：应收退货成本　　　　　　(按实际退货商品的成本)

【例11-10】甲公司是一家笔记本电脑销售公司，2023年10月1日，甲公司向乙公司销售100台A2型号的笔记本电脑，单位售价为5 000元，单位成本为4 000元，开出的增值税专用发票上注明的销售额为500 000元，增值税税额为65 000元，电脑已经发出，但款项尚未收到。根据协议约定，乙公司应于2023年12月31日之前支付货款，2024年3月31日之前有权退回未销售完的电脑。甲公司根据过去的经验，估计该批电脑的退货率为20%。2023年12月31日，甲公司对退货率进行了重新评估，认为只有10%的电脑会被退回。甲公司为增值税一般纳税人，电脑发出时纳税义务已经发生，实际发生退回时取得税务机关开具的红字增值税专用发票。假定电脑发出时控制权转移给乙公司。甲公司应编制的会计分录如下：

① 2023年10月1日发出电脑时：
借：应收账款　　　　　　　　　　　　　　　　　　565 000
　　贷：主营业务收入 (500 000×80%)　　　　　　　400 000
　　　　预计负债——应付退货款(500 000×20%)　　100 000
　　　　应交税费——应交增值税(销项税额)　　　　65 000
借：主营业务成本(400 000×80%)　　　　　　　　　320 000
　　应收退货成本(400 000×20%)　　　　　　　　　80 000
　　贷：库存商品　　　　　　　　　　　　　　　　400 000

② 2023年12月31日收到货款时：
借：银行存款　　　　　　　　　　　　　　　　　　565 000
　　贷：应收账款　　　　　　　　　　　　　　　　565 000

③ 2023年12月31日，甲公司对退货率进行重新评估，估计该批电脑的退货率为10%：
借：预计负债——应付退货款(500 000×20% - 500 000×10%)　50 000
　　贷：主营业务收入　　　　　　　　　　　　　　50 000
借：主营业务成本 (400 000×20% - 400 000×10%)　　40 000
　　贷：应收退货成本　　　　　　　　　　　　　　40 000

④ 假设2024年3月31日，实际退货量为5台电脑(退货率为5%)，退货款当时支付：
借：库存商品 (4 000×5)　　　　　　　　　　　　　20 000
　　预计负债——应付退货款(5 000×10)　　　　　　50 000
　　应交税费——应交增值税(销项税额)(25000×13%)　3 250
　　贷：应收退货成本 (4 000×5)　　　　　　　　　20 000
　　　　主营业务收入 (5 000×5)　　　　　　　　　25 000
　　　　银行存款　　　　　　　　　　　　　　　　28 250
借：主营业务成本(4 000×5)　　　　　　　　　　　20 000
　　贷：应收退货成本　　　　　　　　　　　　　　20 000

(二)附有质量保证条款的销售

企业在向客户销售商品时，根据合同约定、法律规定或本企业以往的习惯做法等，可

第十一章 收入、费用和利润

能会为所销售的商品提供质量保证。对于客户能够选择单独购买质量保证的,表明该质量保证构成单项履约义务;对于客户虽然不能选择单独购买质量保证,但如果该质量保证在向客户保证所销售的商品符合既定标准之外提供了一项单独服务的,也应当作为单项履约义务。作为单项履约义务的质量保证应当进行相应的会计处理,并将部分交易价格分摊至该项履约义务,具体应做如下会计分录。

① 收取款项时:
借:银行存款等　　　　　　　　　　　　（按有权收取的对价金额）
　　贷:主营业务收入　　　　　　　　　　（分摊确认的收入金额）
　　　　合同负债　　　　　　　　　　　　（分摊提供单独服务的收入金额）
　　　　应交税费——应交增值税(销项税额)　（按发票注明的增值税税额）
同时,结转成本:
借:主营业务成本　　　　　　　　　　　　（按商品转让时的账面价值）
　　贷:库存商品　　　　　　　　　　　　（按商品转让时的账面价值）
② 提供单独服务,确认收入时:
借:合同负债　　　　　　　　　　　　　　（按服务履约进度确认的收入）
　　贷:主营业务收入　　　　　　　　　　（按服务履约进度确认的收入）

对于不能作为单项履约义务的质量保证,企业应当按照或有事项进行会计处理。
对于不能构成单项履约义务的质量保证,满足预计负债确认条件时:
借:销售费用　　　　　　　　　　　　　　（按估计确认的金额）
　　贷:预计负债　　　　　　　　　　　　（按估计确认的金额）

【例11-11】甲公司是一家空调制造商和销售商,与乙公司签订了销售一批空调的合同,合同约定:空调销售价款为95 000元,同时提供"延长保修"服务,即在法定质保六个月到期之后的两年内甲公司将对任何损坏的部件进行保修或更换。该批空调和"延长保修"服务各自的单独售价分别为90 000元和10 000元。该批空调的成本为50 000元。而且根据其自身销售经验,甲公司估计在法定质保的六个月保修期内出现损坏的部件将花费6 000元。假设不考虑相关税费,甲公司应编制的会计分录如下。

借:银行存款　　　　　　　　　　　　　　95 000
　　贷:主营业务收入(95 000×90%)　　　　85 500
　　　　合同负债(95 000×10%)　　　　　　 9 500
借:主营业务成本　　　　　　　　　　　　50 000
　　贷:库存商品　　　　　　　　　　　　50 000
借:销售费用　　　　　　　　　　　　　　 6 000
　　贷:预计负债　　　　　　　　　　　　 6 000

(三)主要责任人和代理人

当企业向客户销售商品涉及其他方参与其中时,企业应当确定其自身在该交易中的身份是主要责任人还是代理人。企业应当根据其在向客户转让商品前是否拥有对该商品的控制权,来判断其从事交易时的身份是主要责任人还是代理人。

企业在向客户转让商品前能够控制该商品的，企业作为主要责任人；相反，企业在特定商品向客户转让之前不能够控制该商品的，则企业作为代理人。这里的特定商品是指向客户提供的可明确区分的商品。

企业无论是主要责任人还是代理人，均应当在履约义务履行时确认收入。企业为主要责任人的，应当按照其自行向客户提供商品而有权收取的对价总额确认收入；企业为代理人的，应当按照既定的佣金金额或比例计算的金额确认收入，或者按照已收或应收对价总额扣除应支付给其他相关方的价款后的净额确认收入。

(四)附有客户额外购买选择权的销售

对于附有客户额外购买选择权的销售，企业应当评估该选择权是否向客户提供了一项重大权利。企业提供重大权利的，应当作为单项履约义务，按照有关交易价格分摊的要求将交易价格分摊至该履约义务，在客户未来行使购买选择权取得相关商品控制权时，或者该选择权失效时，确认相应的收入。客户额外购买选择权的单独售价无法直接观察的，企业应当综合考虑客户行使和不行使该选择权所能获得的折扣的差异、客户行使该选择权的可能性等全部相关信息后，予以合理估计。

客户虽然有额外购买商品选择权，但客户行使该选择权购买商品时的价格反映了这些商品单独售价的，不应视为企业向该客户提供了一项重大权利。

(五)授予知识产权许可

授予知识产权许可，是指企业授予客户对企业拥有的知识产权享有相应权利。企业向客户授予的知识产权，常见的包括软件和技术、影视和音乐等的版权、特许经营权及专利权、商标权和其他版权等。企业向客户授予知识产权许可的，应当按照要求评估该知识产权许可是否构成单项履约义务。

(1) 对于不构成单项履约义务的，企业应当将该知识产权许可和其他商品一起作为一项履约义务进行会计处理。

(2) 对于构成单项履约义务的，企业应当进一步确定其是在某一时段内履行还是在某一时点履行，从而确认相关收入。

(六)售后回购

售后回购，是指企业销售商品的同时承诺或有权选择日后再将该商品购回的销售方式。被购回的商品包括原销售给客户的商品、与该商品几乎相同的商品，或者以该商品作为组成部分的其他商品。对于不同类型的售后回购交易，企业应当区分下列两种情形分别进行会计处理。

(1) 企业因存在与客户的远期安排而负有回购义务或企业享有回购权利的售后回购。

企业因存在与客户的远期安排而负有回购义务或企业享有回购权利的，尽管客户可能已经持有了该商品的实物，但是，企业承诺回购或者有权回购该商品，导致客户主导该商品的使用并从中获取几乎全部经济利益的能力受到限制，因此，在销售时点，客户并没有取得该商品的控制权。在这种情况下，企业应根据下列情况分别进行相应的会计处理。

一是回购价格低于原售价的，应当视为租赁交易。例如，2019年5月1日，甲公司向

第十一章 收入、费用和利润

乙公司销售一批设备,销售价格为100万元,同时约定,甲公司将在2021年5月1日以70万元的价格回购,则该交易实质是乙公司支付了30万元的对价取得了设备2年的使用权,甲公司应作为租赁交易进行会计处理。

二是回购价格高于原售价的,应当视为融资交易,在收到客户款项时确认金融负债,而不是终止确认该资产,并将该款项和回购价格的差额在回购期间内确认为利息费用等。例如,2023年2月1日,甲公司向乙公司销售一台设备,销售价格为200万元,同时约定,甲公司将在2023年8月1日以210万元的价格回购该设备,则该交易实质是甲公司以这台设备作为质押取得了200万元的借款,6个月后归还本息合计210万元。

(2) 企业应客户要求回购商品的。

企业负有应客户要求回购商品义务的,应当在合同开始日评估客户是否具有行使该要求权的重大经济动因。客户具有行使该要求权的重大经济动因的,企业应当将售后回购作为租赁交易或融资交易;否则,企业应当将其作为附有销售退回条件的销售交易。

(七)客户未行使的权利

企业因销售商品向客户收取的预收款(如礼品卡、健身卡等),赋予了客户一项在未来从企业取得该商品的权利,并使企业承担了向客户转让该商品的义务,因此,企业应当将预收的款项确认为合同负债,待未来履行了相关履约义务,即向客户转让相关商品时,再将该负债转为收入。

(1) 企业向客户预收销售商品款项的,应当首先将该款项确认为负债,待履行了相关履约义务时再转为收入。

(2) 当企业预收款项无须退回,且客户可能会放弃其全部或部分合同权利时,企业预期将有权获得与客户所放弃的合同权利相关的金额的,应当按照客户行使合同权利的模式按比例将上述金额确认为收入;否则,企业只有在客户要求其履行剩余履约义务的可能性极低时,才能将上述负债的相关余额转为收入。

(3) 如果有相关法律规定,企业所收取的与客户未行使权利相关的款项须转交给其他方的,企业不应将其确认为收入。

(八)无须退回的初始费

企业在合同开始日(或临近合同开始日)向客户收取的无须退回的初始费通常包括入会费、初装费等。

企业应当从以下几方面评估该初始费是否与向客户转让已承诺的商品相关。

(1) 该初始费与向客户转让已承诺的商品相关,并且该商品构成单项履约义务的,企业应当在转让该商品时,按照分摊至该商品的交易价格确认收入。

(2) 该初始费与向客户转让已承诺的商品相关,但该商品不构成单项履约义务的,企业应当在包含该商品的单项履约义务履行时,按照分摊至该单项履约义务的交易价格确认收入。

(3) 该初始费与向客户转让已承诺的商品不相关的,该初始费应当作为未来将转让商品的预收款,在未来转让该商品时确认为收入。

第二节 费 用

一、费用概述

(一)费用的定义

收入、费用和利润-成本费用与期间费用.mp4

费用是企业在日常活动中发生的、会导致所有者权益减少的、与向所有者分配利润无关的经济利益的总流出。费用是企业获取收入的必要代价,无论何种企业,能否以最小的费用换取最大的收入,都是衡量企业经营绩效最有效的尺度。

费用有狭义和广义之分。广义的费用是指企业各种日常活动发生的所有耗费;狭义的费用仅指与本期营业收入相配比的那部分耗费。在确认费用时,首先,应当划分生产费用与非生产费用的界限。生产费用是指与企业日常生产经营活动有关的费用,如生产产品所发生的原材料费用、人工费用等;非生产费用是指不属于生产费用的费用,如用于购建固定资产所发生的费用。其次,应当分清生产费用与产品成本的界限。生产费用与一定的期间相联系,而与生产的产品无关;产品成本则无论发生在哪一期,都是与一定品种和数量的产品相联系的。最后,应当分清生产费用与期间费用的界限。生产费用应当计入产品成本;而期间费用则直接计入当期损益。

在确认费用时,对于确认为期间费用的费用,必须进一步划分为管理费用、销售费用和财务费用。对于确认为生产费用的费用,应根据该费用发生的实际情况将其确认为不同产品所负担的费用。对于几种产品共同发生的费用,必须按受益原则,采用一定的方法和程序将其分配计入相关产品的生产成本。本节主要讲述的是期间费用。

(二)费用的特征

根据费用的定义,费用具有以下三个基本特征。

1. 费用是企业在日常活动中形成的

费用必须是企业在日常活动中形成的。例如,工业企业制造并销售产品、商业企业销售商品等,均属于企业的日常活动。因日常活动所产生的费用通常包括销售成本(营业成本)、管理费用等。将费用界定为日常活动所形成的,目的是将其与损失相区分,企业非日常活动所形成的经济利益的流出不能确认为费用,而应当计入损失。

2. 费用会导致所有者权益的减少

费用会减少企业的所有者权益。通常,企业的资金流入(收入)会增加企业的所有者权益;相反,企业的资金流出会减少企业的所有者权益,即形成企业的费用。但是,企业在生产经营过程中,有的支出是不应归入费用的。例如,企业以银行存款偿付一项债务,只是一项资产和一项负债的等额减少,对所有者权益没有影响,因此,不构成费用;又如,企业向投资者分配股利或利润,这一资金流出虽然减少了企业的所有者权益,但其属性是对最终利润的分配,不是经营活动的结果,也不应作为费用。与费用相关的经济利益的流出应当会导致所有者权益的减少，不会导致所有者权益减少的经济利益的流出不符合费用的定义，不应确认为费用。

3. 费用最终将会减少企业的资源

费用的发生会引起企业经济资源的减少，这种减少具体表现为企业资金支出，包括现金或者现金等价物的流出，存货、固定资产和无形资产等的流出或者消耗等。从这个意义上说，费用本质上是企业经济利益的流出，它与资产流入企业所形成的收入相反。例如，支付广告费和工资是现实的现金流出；消耗原材料或机器设备，是过去的现金流出；承担一项负债，是一项预期的或未来的现金流出。

(三) 费用的确认与计量

1. 费用的确认

在具体会计实务中，形成了费用确认的一般原则。

1) 划分收益性支出与资本性支出原则

按照划分收益性支出与资本性支出原则，某项支出的效益及于几个会计年度(或几个营业周期)，该项支出应予以资本化，不能作为当期的费用；如果某项支出的效益仅及于本会计年度(一个营业周期)，就应作为收益性支出在一个会计期间内确认为费用。这一原则为费用确认给定了一个时间上的总体界限。正确地区分收益性支出与资本性支出，保证了正确地计量资产的价值和正确地计算各期的产品成本、期间费用及损益。

2) 权责发生制原则

划分收益性支出与资本性支出原则只是为费用的确认作出了时间上的大致区分，而权责发生制原则则规定了具体在什么时点上确认费用。《企业会计准则》规定，凡是当期已经发生或应当负担的费用，不论款项是否支付，都应作为当期的费用；凡是不属于当期的费用，即使款项已在当期支付，也不应作为当期的费用。

3) 配比原则

按照配比原则，为产生当期收入所发生的费用，应当确认为该期的费用。配比原则的基本含义在于：当收入已经实现时，某些资产(如物料用品)已被消耗或已被出售(如商品)及劳务已经提供(如专设的销售部门人员提供的劳务)，已被耗用的这些资产和劳务的成本应当在确认有关收入的期间予以确认。如果收入要到未来期间实现，相应的费用就应递延分配于未来的实际受益期间。因此，费用的确认要根据费用与收入的相关程度，确定哪些资产耗费或负债的增加应从本期收入中扣减。

2. 费用的计量

从计量工作的内容来看，计量实际上就是选择恰当的数量对经济业务予以量化表述。尽管在理论上，计量包括了计量单位和计量属性两个方面，计量单位和计量属性又存在多种选择，但在实际的会计工作中，一般都是以交易价格，即实际成本为依据来进行会计计量的。换言之，有明确的市场价格是费用计量的首要标准。

如上所述，费用的发生与现金支出在时间上有三种可能：费用发生在先；现金支出与费用同时发生；费用发生在后。其中，市场价格可恰当地用于确认那些现金支出时所发生的费用，例如，支付零星办公用品费，市场价格就是其所发生费用的恰当计量属性。而在费用的发生先于或后于现金支出的情况下，实际支付就有可能对市场价格有一定限度的背离。例如，最常见的费用发生后于现金支出的例证是固定资产折旧，显然，固定资产折旧的计提基础是固定资产的购置成本，它在购置资产当时应当是市场价格，但一经入账后就固定下来，成为历史成本；如果设备在使用过程中曾因某些原因进行重置，那么，其折旧费用则应基于重置成本计提。又如，对那些先于现金支出而发生的费用来说，由于实际交易尚未发生，没有市场价格可用以计量，因而往往采用预计值确认入账。常见的业务有预计借款利息、预计修理费用、预计产品保证费用等。

按照以上关于费用与企业经营活动关系的分类，那些在正常经营活动过程中所发生的企业净资产的减少称作费用。企业生产经营过程中的各个环节都有可能发生费用。以产品制造业为例，企业的经营过程可抽象地分为供应、生产和销售三个环节，每一个环节都会发生性质不同、种类繁多的费用。

(四)费用的分类

企业的费用多种多样，为了科学地进行成本核算和管理，必须对企业的各种成本费用进行合理分类。最基本的是按费用的经济内容和经济用途分类。

1. 按经济内容分类

产品的生产过程，是物化劳动(包括劳动对象和劳动手段)和活劳动的耗费过程。因而，生产过程中发生的费用，按其经济内容，可分为劳动对象方面的费用、劳动手段方面的费用和活劳动方面的费用三大类。这种按经济内容的分类，在成本会计中称作费用的三大要素。具体包括如下几项。

(1) 外购材料。外购材料指企业为进行产品生产经营而耗用的一切从外部购进的原料及主要材料、半成品、辅助材料、包装物、修理用备件和低值易耗品。

(2) 外购燃料。外购燃料指企业为进行产品生产经营而耗用的一切从外部购进的各种燃料，包括固体燃料、液体燃料和气体燃料。对于燃料使用不多的企业，可将其包括在外购材料中，不单独考核。

(3) 外购动力。外购动力指企业为进行产品生产经营而耗用的一切从外部购进的各种动力，包括电力、热力、蒸汽等。

(4) 职工薪酬。职工薪酬是指企业生产经营人员的工资、福利费等职工薪酬，包括货币性薪酬和非货币性福利。

(5) 折旧费。折旧费是指企业按规定计提的固定资产折旧费。

(6) 其他费用。其他费用是指不属于以上各项的费用支出。

2. 按经济用途分类

费用按经济用途分类，可分为生产费用和期间费用两大类。

(1) 生产费用是指工业企业在一定期间内发生的以货币表现的生产耗费。生产费用构成产品制造成本，产品实现销售时应确认为营业成本。生产费用进一步按经济用途分为若干个项目，称为成本项目，一般设置直接材料、直接人工、燃料及动力和制造费用等成本项目。

(2) 期间费用是指与产品生产不存在因果关系,难以按产品归集计入产品成本,必须从当期收入中得到补偿的费用,包括管理费用、销售费用和财务费用。

二、期间费用

期间费用主要由管理费用、销售费用和财务费用三个具体项目组成。

(一)管理费用

1. 管理费用的内容

管理费用是指企业为组织和管理生产经营活动所发生的各种费用,包括企业在筹建期间发生的开办费、董事会和行政管理部门在企业经营管理中发生的费用及应当由企业统一负担的各项费用,具体如下。

(1) 企业行政管理部门发生的费用,如公司经费等。公司经费包括行政管理人员薪酬、职工福利费、修理费、折旧费、物料消耗、低值易耗品摊销、办公费、差旅费等。

(2) 用于企业直接管理之外的费用,主要包括董事会费、聘请中介机构费、咨询费(含顾问费)、诉讼费、矿产资源补偿费等。

(3) 提供生产技术条件的费用,主要包括研究费用、无形资产摊销等。

(4) 业务招待费,是指企业为业务经营的合理需要而支付的交际应酬费用。

(5) 其他费用,是指不包括在以上各项之内应列入管理费用的费用。

2. 管理费用的会计处理

1) 账户设置

企业应当设置"管理费用"账户,用于核算企业为组织和管理企业生产经营所发生的管理费用,借方反映企业发生的各项管理费用,贷方反映企业转入"本年利润"账户的管理费用,结转后"管理费用"账户应无余额。"管理费用"账户按管理费用的费用项目进行明细核算。

管理费用 T 型账户,如表 11-8 所示。

表 11-8　管理费用 T 型账户

借方	管理费用	贷方
管理费用发生额		转入"本年利润"的管理费用额

2) 账务处理

① 企业发生管理人员工资、职工福利费、差旅费、办公费、董事会会费、折旧费、修理费等业务时,具体应做如下会计分录。

借:管理费用　　　　　　　　　　　　　　　　　　　　　(按照实际发生金额)
　　贷:银行存款、应付职工薪酬、累计折旧、营业外支出等 (按照实际发生金额)

② 期末结转至本年利润时：
借：本年利润　　　　　　　　　　　　　　　　　　　　(按照实际结转金额)
　　贷：管理费用　　　　　　　　　　　　　　　　　　　(按照实际结转金额)

【例 11-12】 甲公司筹建期间内发生办公费、培训费、差旅费、印刷费、注册登记费等开办费共 50 000 元，均用银行存款支付。甲公司应编制的会计分录如下。

借：管理费用——开办费　　　　　　　　　　　50 000
　　贷：银行存款　　　　　　　　　　　　　　　　　　50 000

【例 11-13】 甲公司行政管理部门本月共发生费用 124 000 元，其中，行政人员薪酬为 100 000 元，行政部专用办公设备折旧费为 16 000 元，用银行存款支付其他办公费、水电费 8 000 元。甲公司应编制的会计分录如下。

借：管理费用　　　　　　　　　　　　　　　　124 000
　　贷：应付职工薪酬　　　　　　　　　　　　　　　　100 000
　　　　累计折旧　　　　　　　　　　　　　　　　　　 16 000
　　　　银行存款　　　　　　　　　　　　　　　　　　　8 000

(二)销售费用

1. 销售费用的概念及内容

销售费用是指企业在销售商品和材料、提供劳务的过程中发生的各项费用，以及为销售本企业商品而专设的销售机构(含销售网点、售后服务网点等)的经营费用。销售费用一般包括以下四个方面的内容。

(1) 产品自销费用，包括应由本企业负担的保险费、包装费、运输费、装卸费。

(2) 产品促销费用，为了扩大本企业商品的销售而发生的促销费用包括展览费、广告费、经营租赁费(为扩大销售而租用的柜台、设备等的费用)、销售服务费用(提供预计产品质量保证损失、商品维修费等售后服务及其他类似项目的费用)。

(3) 销售部门的费用，一般指为销售本企业商品而专设的销售机构(含销售网点、售后服务网点等)的职工薪酬、业务费、折旧费等经营费用。

(4) 委托代销费用，主要是指企业委托其他单位代销本企业商品按代销合同规定支付的委托代销手续费。

2. 销售费用的会计处理

1) 账户设置

企业应设置"销售费用"账户，核算销售费用的发生和结转情况。该账户借方登记企业所发生的各项销售费用，贷方登记期末转入"本年利润"账户的销售费用，结转后，"销售费用"科目应无余额。"销售费用"科目应按销售费用的费用项目进行明细核算。

销售费用 T 型账户，如表 11-9 所示。

表 11-9　销售费用 T 型账户

借方	销售费用	贷方
①销售费用发生额		①转入"本年利润"的销售费用额

2) 账务处理

① 企业发生应负担的包装费、运输费、广告费、装卸费、保险费、委托代销手续费、展览费、租赁费(不含融资租赁费)和销售服务费、销售部门人员工资、职工福利费、差旅费等，具体应做如下会计分录。

　　借：销售费用
　　　　贷：银行存款、应付职工薪酬、累计折旧等

② 期末结转至本年利润时：

　　借：本年利润
　　　　贷：销售费用

【例 11-14】甲公司为宣传新产品发生广告费 50 000 元，以银行存款支付。甲公司应编制的会计分录如下。

　　借：销售费用　　　　　　　　　　　　　　　50 000
　　　　贷：银行存款　　　　　　　　　　　　　　　50 000

【例 11-15】甲公司销售一批产品，销售过程中发生运输费 2 000 元、装卸费 1 000 元，甲公司应编制的会计分录如下。

　　借：销售费用　　　　　　　　　　　　　　　3 000
　　　　贷：银行存款　　　　　　　　　　　　　　　3 000

【例 11-16】甲公司销售部门本月共发生费用 120 000 元，其中，销售人员薪酬为 80 000 元，销售部专用办公设备折旧费为 20 000 元，以银行存款支付业务费 20 000 元。甲公司应编制的会计分录如下。

　　借：销售费用　　　　　　　　　　　　　　　120 000
　　　　贷：应付职工薪酬　　　　　　　　　　　　　80 000
　　　　　　累计折旧　　　　　　　　　　　　　　20 000
　　　　　　银行存款　　　　　　　　　　　　　　20 000

(三)财务费用

1. 财务费用的概念

财务费用是指企业为筹集生产经营所需资金等而发生的筹资费用，包括利息支出(减利息收入)、汇兑差额及相关的手续费、企业发生的现金折扣或得到的现金折扣等。

2. 财务费用的会计处理

1) 账户设置

企业应设置"财务费用"账户，核算财务费用的发生和结转情况。"财务费用"账户借方登记企业发生的各项财务费用，贷方登记期末转入"本年利润"账户的财务费用，结转后，"财务费用"账户应无余额。"财务费用"账户应按财务费用的费用项目进行明细核算。

财务费用 T 型账户，如表 11-10 所示。

表 11-10 财务费用 T 型账户

借方	财务费用	贷方
①利息费用及手续费		①利息收入
②汇兑差额		②转入"本年利润"的财务费用额

2) 账务处理

具体业务应做如下会计分录。

① 企业发生各项手续费、计提短期借款利息时：

借：财务费用
　　贷：银行存款、应付利息等

② 发生长期应分期确认的融资费用时：

借：财务费用
　　贷：未确认融资费用

③ 长期借款分期计息，一次还本付息时：

借：财务费用
　　贷：长期借款

④ 企业取得利息时：

借：银行存款
　　贷：财务费用

⑤ 期末结转至本年利润时：

借：本年利润
　　贷：财务费用

【例 11-17】 甲公司计提本月应负担的短期借款利息 8 000 元。甲公司应编制的会计分录如下：

借：财务费用　　　　　　　　　　　　　　　　　　　　　8 000
　　贷：银行存款　　　　　　　　　　　　　　　　　　　　8 000

三、所得税费用

所得税费用包括当期所得税和递延所得税两部分。

(一)当期所得税

当期所得税是指企业按照税法规定计算确定的针对当期发生的交易和事项,应交纳给税务部门的所得税金额,应交所得税应以适用的税收法规为基础计算确定。其计算公式为

$$当期所得税=当期应交所得税=应纳税所得额\times 适用的所得税税率 \tag{11-1}$$

企业在确定当期所得税时,对于当期发生的交易或事项,会计处理与税收处理不同的,应在会计利润的基础上,按照适用税收法规的要求进行调整,计算出当期应纳税所得额,按照应纳税所得额与适用的所得税税率计算确定当期应交所得税。其计算公式为

$$应纳税所得额=税前会计利润+纳税调整增加额-纳税调整减少额 \tag{11-2}$$

(二)递延所得税

递延所得税包括递延所得税资产和递延所得税负债。递延所得税资产是指以未来期间很可能取得用来抵扣可抵扣暂时性差异的应纳税所得额为限确认的一项资产。递延所得税负债是指根据应纳税暂时性差异计算的未来期间应付所得税的金额。其计算公式为

$$递延所得税=递延所得税负债(期末-期初)-递延所得税资产(期末-期初) \tag{11-3}$$

(三)所得税费用

计算确定了当期所得税和递延所得税以后,利润表中应确认的所得税费用为两者之和,计算公式为

$$所得税费用=当期应交所得税+递延所得税 \tag{11-4}$$

(四)会计处理

1. 账户设置

企业应设置"所得税费用"账户,核算企业所得税费用的确认及其结转情况。期末,应将"所得税费用"账户的余额转入"本年利润"账户,借记"本年利润"账户,贷记"所得税费用"账户,结转后,"所得税费用"账户应无余额。

所得税费用 T 型账户,如表 11-11 所示。

表 11-11 所得税费用 T 型账户

借方	所得税费用	贷方
①计提的所得税费用		①实际支付或减少的所得税费用

2. 账务处理

具体业务应做如下会计分录。

① 企业在发生应交所得税费用时:

借:所得税费用　　　　　　　　　　　　　　(当期所得税+递延所得税)
　　递延所得税资产　　　　　　　　　　　　(可抵扣暂时性差异×所得税税率)

贷：应交税费——应交所得税　　　　　　　　（应纳税所得额×所得税税率）
　　　　递延所得税负债　　　　　　　　　　　　（应税暂时性差异×所得税税率）
② 实际交纳所得税时：
　借：应交税费——应交所得税　　　　　　　　（按实际交纳的所得税）
　　贷：银行存款　　　　　　　　　　　　　　（按实际交纳的所得税）

【例 11-18】甲公司 2023 年度利润表中利润总额为 10 000 000 元，适用的所得税税率为 25%。不考虑中期报告，2023 年发生的有关交易和事项中，会计处理与税收处理存在的差别如下。

(1) 2023 年 1 月 2 日开始计提折旧的一项固定资产，成本为 6 000 000 元，使用年限为 10 年，净残值为零，会计处理按双倍余额递减法计提折旧，税收处理按直线法计提折旧。假定税法规定的使用年限及净残值与会计规定相同。

(2) 向关联企业提供现金捐赠 2 900 000 元。

(3) 期末持有的交易性金融资产成本为 5 000 000 元，公允价值为 7 000 000 元。税法规定，资产在持有期间公允价值的变动不计入应纳税所得额。

(4) 应付违反《环境保护法》规定罚款 1 000 000 元。

(5) 期末对持有的存货计提了 500 000 元的存货跌价准备。

(6) 递延所得税资产年初数为 325 000 元，年末数为 600 000 元；递延所得税负债年初数为 200 000 元，年末数为 700 000 元。

假定甲公司当年除上述事项外，无其他纳税调整因素。根据上述资料，甲公司 2023 年应交所得税和所得税费用账务处理如下。

① 2023 年度当期应交所得税

应纳税所得额=10 000 000+600 000+2 900 000−2 000 000+1 000 000+500 000=13 000 000(元)

应交所得税=13 000 000×25%=3 250 000(元)

② 2023 年度递延所得税

递延所得税资产=600 000−325 000=275 000(元)

递延所得税负债=700 000−200 000=500 000(元)

递延所得税=500 000−275 000=225 000(元)

③ 利润表中应确认的所得税费用

所得税费用=3 250 000+225 000=3 475 000(元)

甲公司确认所得税费用的会计分录如下。

借：所得税费用　　　　　　　　　　　　　　3 475 000
　　递延所得税资产　　　　　　　　　　　　　 275 000
　贷：应交税费——应交所得税　　　　　　　　3 250 000
　　　递延所得税负债　　　　　　　　　　　　 500 000

第十一章 收入、费用和利润

第三节 利　　润

收入、费用和利润-
利润的结转.mp4

一、利润的定义及种类

利润是指企业在一定会计期间的经营成果，包括收入减去费用后的净额、直接计入当期利润的利得和损失等。利得是指由企业非日常活动所形成的、会导致所有者权益增加的、与所有者投入资本无关的经济利益的流入。损失是指由企业非日常活动所发生的、会导致所有者权益减少的、与向所有者分配利润无关的经济利益的流出。

(一)营业利润

营业利润，是指企业在一定期间通过日常活动取得的利润，是企业利润的主要来源。营业利润的具体构成，可用公式表示为

营业利润=营业收入-营业成本-税金及附加-销售费用-管理费用-研发费用-财务费用+
其他收益+投资收益(-投资损失)+公允价值变动收益(-公允价值变动损失)-
信用减值损失-资产减值损失+资产处置收益(-资产处置损失)　　　　(11-5)

其中，(1) 营业收入是指企业经营业务所实现的收入总额，包括主营业务收入和其他业务收入。

(2) 营业成本是指企业经营业务所发生的实际成本总额，包括主营业务成本和其他业务成本。

(3) 研发费用是指企业计入管理费用的进行研究与开发过程中发生的费用化支出，以及计入管理费用的自行开发无形资产的摊销。

(4) 其他收益是指与企业日常活动相关、但不宜确认收入或冲减成本费用的政府补助。

(5) 投资收益(或损失)是指企业以各种方式对外投资所取得的收益(或损失)。

(6) 公允价值变动收益(或损失)是指企业交易性金融资产等公允价值变动形成的应计入当期损益的利得(或损失)。

(7) 信用减值损失是指企业计提各项金融资产信用减值准备所确认的信用损失。

(8) 资产减值损失是指企业计提各项资产减值准备所形成的损失。

(9) 资产处置收益(或损失)反映企业出售划分为持有待售的非流动资产(金融工具、长期股权投资和投资性房地产除外)或处置组(子公司和业务除外)时确认的处置利得或损失，以及处置未划分为持有待售的固定资产、在建工程、生产性生物资产及无形资产而产生的处罚利得或损失，还包括非货币性资产交换中换出非流动资产产生的利得或损失。

(二)利润总额

利用总额，是指企业在一定会计期间通过生产经营活动所实现的最终财务成果。包括日常活动所得和非日常活动所得。

利润总额=营业利润+营业外收入-营业外支出　　　　(11-6)

其中，营业外收入是指企业发生的与其日常活动无直接关系的各项利得。

营业外支出是指企业发生的与其日常活动无直接关系的各项损失。

(三)净利润

净利润是指企业一定期间的利润总额减去所得税费用后的净额,其计算公式为

$$净利润=利润总额-所得税费用 \tag{11-7}$$

其中,所得税费用是指根据《企业会计准则》的要求确认的应从当期利润总额中扣除的所得税费用。

【例 11-19】甲公司 2023 年年末未分配利润为 86 000 000 元。2023 年度取得主营业务收入 80 000 000 元,其他业务收入 28 000 000 元,投资收益 15 000 000 元,营业外收入 5 000 000 元;发生主营业务成本 55 000 000 元,其他业务成本 12 000 000 元,税金及附加 1 600 000 元,销售费用 5 600 000 元,管理费用 4 200 000 元,财务费用 1 500 000 元,资产减值损失 1 700 000 元,公允价值变动损失 2 000 000 元,营业外支出 2 800 000 元;本年度确认的所得税费用为 8 200 000 元。

根据上述资料,甲公司 2023 年度的利润构成情况,如表 11-12 所示。

表 11-12　2023 年度利润表(简表)　　　　　　　　　　　单位:元

项　目	本年金额
一、营业收入	108 000 000
减:营业成本	67 000 000
税金及附加	1 600 000
销售费用	5 600 000
管理费用	4 200 000
财务费用	1 500 000
加:投资收益(损失以"-"号填列)	15 000 000
公允价值变动收益(损失以"-"号填列)	-2 000 000
资产减值损失(损失以"-"号填列)	-1 700 000
二、营业利润	39 400 000
加:营业外收入	5 000 000
减:营业外支出	2 800 000
三、利润总额	41 600 000
减:所得税费用	8 200 000
四、净利润	33 400 000

二、营业外收入与营业外支出的账务处理

营业外收入与营业外支出虽然与企业正常的生产经营活动无直接关系,但从企业主体的角度来看,同样是其经济利益的流入或流出,从而构成利润的一部分,对企业的盈亏状况具有不可忽视的影响。

(一)营业外收入

营业外收入并不是由企业经营资金耗费所产生的，实际上是经济利益净收入，不需要与有关费用进行配比。营业外收入主要包括：非流动资产毁损报废收益、盘盈利得、与企业日常活动无关的政府补助、捐赠利得等。

(1) 非流动资产毁损报废，指因自然灾害等发生毁损、已丧失使用功能而报废的非流动资产所产生的清理收益。

(2) 盘盈利得，指企业对于现金等资产清查盘点时发生盘盈，报经批准后计入营业外收入的金额。

(3) 与企业日常活动无关的政府补助，指企业从政府无偿取得货币性资产或非货币性资产，且与企业日常活动无关的利得。

(4) 捐赠利得，指企业接受捐赠产生的利得。

(二)营业外支出

营业外支出主要包括：非流动资产毁损报废损失、捐赠支出、盘亏损失、非常损失、罚款支出等。

(1) 非流动资产毁损报废损失，指因自然灾害等发生毁损、已丧失使用功能而报废的非流动资产所产生的清理损失。

(2) 捐赠支出，指企业对外进行捐赠发生的支出。

(3) 盘亏损失，主要指企业对于财产清查盘点中盘亏的资产，查明原因并报经批准后计入营业外支出的损失。

(4) 非常损失，指企业对于因客观因素(如自然灾害等)造成的损失，在扣除保险公司赔偿后计入营业外支出的净损失。

(5) 罚款支出，指企业支付的行政罚款、税务罚款，以及其他违反法律法规、合同协议等而支付的罚款、违约金、赔偿金等支出。

需要注意的是，营业外收入和营业外支出应当分别核算。在具体核算时，不得以营业外支出直接冲减营业外收入，也不得以营业外收入冲减营业外支出，即企业在会计核算时，应当分别对营业外收入和营业外支出进行核算。

(三)账户设置

为了正确核算营业外收入与营业外支出业务，应当设置以下账户进行账务处理。

(1) "营业外收入"账户。该账户核算营业外收入的取得及结转情况，其贷方登记企业确认的营业外收入，借方登记期末将"营业外收入"账户余额转入"本年利润"账户的营业外收入，结转后，"营业外收入"账户无余额。"营业外收入"账户可按营业外收入项目进行明细核算。

营业外收入 T 型账户，如表 11-13 所示。

(2) "营业外支出"账户。该账户用来核算企业营业外支出的发生及结转情况，其借方登记确认的营业外支出，贷方登记期末转入"本年利润"账户的本期营业外支出，期末结转后，应无余额。该账户应当按照营业外支出项目进行明细核算。

表 11-13　营业外收入 T 型账户

借方	营业外收入	贷方
期末将"营业外收入"账户余额转入"本年利润"	确认的营业外收入	

"营业外支出" T 型账户，如表 11-14 所示。

表 11-14　营业外支出 T 型账户

借方	营业外支出	贷方
确认的营业外支出	期末转入"本年利润"账户的本期营业外支出	

(四)账务处理

具体业务应做如下会计分录。
(1) 企业发生营业外收入时：
借：银行存款等　　　　　　　　　　　　　　　(按实际发生额)
　　贷：营业外收入　　　　　　　　　　　　　(按实际发生额)

【例 11-20】 甲公司一台设备因自然灾害报废，在清理过程中产生了 3 000 元的净收益。甲公司应编制的会计分录如下。
借：固定资产清理　　　　　　　　　　　　　　3 000
　　贷：营业外收入——非流动资产毁损报废收益　　3 000

(2) 企业发生营业外支出时：
借：营业外支出　　　　　　　　　　　　　　　(按实际发生额)
　　贷：银行存款等　　　　　　　　　　　　　(按实际发生额)

【例 11-21】 甲公司向某希望工程小学捐赠 10 000 元，捐赠款已从银行存款支付。甲公司应编制的会计分录如下。
借：营业外支出——捐赠支出　　　　　　　　　10 000
　　贷：银行存款　　　　　　　　　　　　　　　10 000

三、利润的结转与分配

(一)利润结转

1. 账户设置

企业为了核算实现的净利润(或发生的净亏损)，应设置"本年利润"账户。该账户贷方

第十一章 收入、费用和利润

登记期末转入的各项收入及年终转入利润分配中的净利润数额,借方登记期末转入的成本、费用及年终转入利润分配中的净亏损数额;期末结转后,如为贷方余额表示本年度自年初起累计实现的净利润,如为借方余额表示本年度自年初起累计实现的净亏损;年度终了,将本年利润的期末余额转入"利润分配——未分配利润"账户,年终结转后无余额。

本年利润 T 型账户,如表 11-15 所示。

表 11-15 本年利润 T 型账户

借方	本年利润	贷方
①转入的成本、费用、损失、支出		①转入的收入、利得、收益
②年终转入利润分配中的净亏损		②年终转入利润分配中的净利润

2. 账务处理

本年利润结转的具体业务应做如下会计分录。

(1) 期末,将损益类中各收入类账户的本期发生额转入"本年利润"时:

借:主营业务收入
　　其他业务收入
　　营业外收入
　　公允价值变动收益
　　资产处置收益
　　投资收益等
　　贷:本年利润

(2) 期末,将损益类中各支出类账户的本期发生额转入"本年利润"时:

借:本年利润
　　贷:主营业务成本
　　　　其他业务成本
　　　　税金及附加
　　　　销售费用
　　　　管理费用
　　　　财务费用
　　　　资产减值损失
　　　　营业外支出
　　　　所得税费用等

(3) 年度终了,将本年收入和支出相抵后结转的净利润(或净亏损),由"本年利润"账户结转入"利润分配"账户时:

① 结转净利润时:

借:本年利润
　　贷:利润分配——未分配利润

② 结转净亏损时：
借：利润分配——未分配利润
　　贷：本年利润

【例 11-22】 甲公司 2023 年有关损益类账户的年末余额，如表 11-16 所示。结转本年损益类账户余额，所得税税率为 25%，甲公司的会计分录如下。

表 11-16　损益类账户的年末余额(部分)　　　　　　　　　单位：元

账　户	金　额	账　户	金　额
主营业务收入	6 000 000	主营业务成本	4 000 000
其他业务收入	700 000	其他业务成本	400 000
公允价值变动收益	130 000	税金及附加	80 000
投资收益	600 000	销售费用	500 000
资产处置收益	20 000	管理费用	770 000
营业外收入	30 000	财务费用	200 000
		资产减值损失	100 000
		营业外支出	250 000

甲公司 2023 年年末结转本年利润的会计分录如下。

(1) 将各损益类账户年末余额结转入"本年利润"。
① 结转各项收入、利得账户：

借：主营业务收入　　　　　　　　　　　　6 000 000
　　其他业务收入　　　　　　　　　　　　　700 000
　　公允价值变动收益　　　　　　　　　　　130 000
　　投资收益　　　　　　　　　　　　　　　600 000
　　资产处置收益　　　　　　　　　　　　　 20 000
　　营业外收入　　　　　　　　　　　　　　 30 000
　　贷：本年利润　　　　　　　　　　　　7 480 000

② 结转各种费用、损失账户：

借：本年利润　　　　　　　　　　　　　　6 300 000
　　贷：主营业务成本　　　　　　　　　　4 000 000
　　　　其他业务成本　　　　　　　　　　　400 000
　　　　税金及附加　　　　　　　　　　　　 80 000
　　　　销售费用　　　　　　　　　　　　　500 000
　　　　管理费用　　　　　　　　　　　　　770 000
　　　　财务费用　　　　　　　　　　　　　200 000
　　　　资产减值损失　　　　　　　　　　　100 000
　　　　营业外支出　　　　　　　　　　　　250 000

(2) 经过上述结转后，"本年利润"账户的贷方发生额合计 7 480 000 元减去借方发生额合计 6 300 000 元，该税前会计利润经调整后，应纳税所得额为 1 000 000 元，则应交所得税额=1 000 000×25%=250 000(元)。

① 确认所得税费用时：
借：所得税费用　　　　　　　　　　　　250 000
　　贷：应交税费——应交所得税　　　　　　　　250 000
② 结转所得税费用时：
借：本年利润　　　　　　　　　　　　　250 000
　　贷：所得税费用　　　　　　　　　　　　　　250 000
③ 年终结转本年利润 930 000(7 480 000-6 300 000-250 000=930 000)元时：
借：本年利润　　　　　　　　　　　　　930 000
　　贷：利润分配——未分配利润　　　　　　　　930 000
结转后，"本年利润"账户无年末余额。

(二)利润分配

1. 利润分配的内容

企业当期实现的净利润，加上年初未分配利润为可供分配的利润。可供分配的利润，一般按下列顺序分配。

(1) 弥补以前年度亏损，企业发生的亏损，可以用次年的税前利润弥补，次年度利润不足弥补的，可以在 5 年内延续弥补；5 年内的税前利润不足弥补时，用税后利润弥补。

(2) 提取法定盈余公积，是指企业根据有关法律的规定，按照净利润的 10%提取法定盈余公积。法定盈余公积累计金额超过企业注册资本的 50%时，可以不再提取。

(3) 提取任意盈余公积，是指企业按股东大会决议提取的任意盈余公积。

(4) 应付现金股利，是指企业按照利润分配方案分配给股东的现金股利。

(5) 转作股本的股利，是指企业按照利润分配方案以分派股票股利的形式转作股本的股利，也包括非股份有限公司以利润转增的资本。

2. 会计处理

1) 账户设置

企业应当设置"利润分配"账户，核算利润的分配(或亏损的弥补)情况及历年累计的未分配利润(或未弥补亏损)。该账户还应当分别设置"提取法定盈余公积""提取任意盈余公积""应付现金股利""转作股本的股利""盈余公积补亏"和"未分配利润"等明细科目进行明细核算。

利润分配 T 型账户，如表 11-17 所示。

2) 账务处理

利润分配的具体业务应做如下会计分录。

① 企业提取盈余公积时：
借：利润分配——提取法定(任意)盈余公积
　　贷：盈余公积——法定(任意)盈余公积
② 股东大会宣告分配股利时：
借：利润分配——应付现金股利
　　贷：应付股利

表 11-17　利润分配 T 型账户

借方	利润分配	贷方
期初余额：期初未弥补亏损 ①提取盈余公积 ②应付股利 ③转增股本		期初余额：期初未分配利润 结转当年实现的净利润
期末余额：累计的尚未弥补的亏损额		期末余额：累计的未分配利润额

③ 期末将"利润分配"其他明细账户余额转入"未分配利润"账户时：

借：利润分配——未分配利润
　　贷：利润分配——提取法定盈余公积
　　　　　　　　——提取任意盈余公积
　　　　　　　　——应付现金股利
　　　　　　　　——转作股本的股利

利润分配的账务处理流程，如图 11-1 所示。

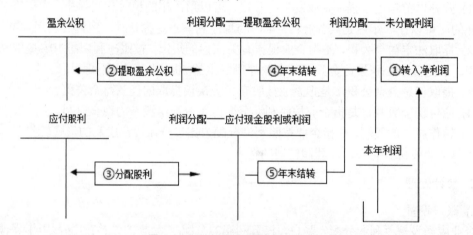

图 11-1　利润分配的账务处理流程

【例 11-23】 承例 11-22，甲公司 2023 年度实现净利润 930 000 元，按净利润的 10% 提取法定盈余公积，按净利润的 15% 提取任意盈余公积，向股东分派现金股利 80 000 元，同时分派每股面值为 1 元的股票股利 40 000 股。

甲公司应编制的会计分录如下。

① 提取盈余公积时：

借：利润分配——提取法定盈余公积　　　　　　93 000
　　　　　　——提取任意盈余公积　　　　　　139 500
　　贷：盈余公积——法定盈余公积　　　　　　　93 000
　　　　　　　——任意盈余公积　　　　　　　139 500

② 分配现金股利时：

借：利润分配——应付现金股利　　　　　　　　80 000

	贷：应付股利		80 000

③ 分配股票股利，已办妥增资手续时：

借：利润分配——转作股本的股利　　　　40 000
　　贷：股本　　　　　　　　　　　　　　　　　　　　40 000

④ 结转"利润分配"其他明细账户余额时：

借：利润分配——未分配利润　　　　　　352 500
　　贷：利润分配——提取法定盈余公积　　　　　　93 000
　　　　　　　　——提取任意盈余公积　　　　　　139 500
　　　　　　　　——应付现金股利　　　　　　　　 80 000
　　　　　　　　——转作股本的股利　　　　　　　 40 000

假设期初"利润分配——未分配利润"账户无余额，则本期"利润分配——未分配利润"账户的贷方余额为 577 500(930 000-352 500=577 500)元。

【思政与德育】

客观公正、坚持准则——看经营业绩的"变脸术"

2019年5月，某某科技因连续三年净利润为负数被暂停上市，公司2019年各项财务指标较上年大幅下降。某某科技披露的业绩快报，如表11-18所示。

表11-18　2019年业绩快报(部分)　　　　　　　　　　　　单位：万元

项　目	营业收入	营业利润	利润总额	净利润
2019年	324.63	-3713.45	-3705.03	-3635.45
同比2018年下降	75.33%	128.76%	155.33%	56.65%

早在2016年8月22日，证监会就对某某科技进行立案调查。后来查实，某某科技在IPO申报材料中虚增2008年及2009年1~6月营业收入和利润，与此同时，某某科技2014年年报还存在虚假记载的问题。在调查中发现，某某科技为了扭转公司亏损的局面，先由管理层来确定当季度对外披露的利润数据，然后要求财务人员按照这个数据来记账，虚增收入、成本，配套地虚增存货、往来款项和银行存款，并将这些数据分解到月，相应地记入每个月的账簿之中。某某科技的会计核算设置了两个账套，一套用于内部管理，以真实发生的业务为依据进行记账，另一套用于对外披露。公开资料显示，某某科技通过虚构客户、伪造合同、伪造银行单据、伪造材料产品收发记录、隐瞒费用支出等方式虚增利润，虚增2014年利润总额8 049.5万元，虚增银行存款2.18亿元，虚列预付工程款3.1亿元。

(资料来源：新浪财经(改编))

思政感悟(扫码获得)　　　　　自测题及参考答案(扫码获得)

第十二章 财务报告

【学习目标】

1. 了解财务报告的概念、组成及作用。
2. 掌握财务报表的构成与分类、熟悉列报要求。
3. 掌握资产负债表的结构及编制方法。
4. 掌握利润表的结构及编制方法。
5. 掌握现金流量表的结构及编制方法。
6. 熟悉所有者权益变动表和财务报表附注的主要内容。

【知识框架图】

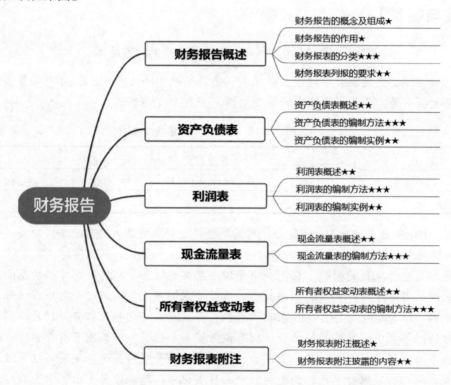

第一节 财务报告概述

一、财务报告的概念及组成

财务报告是指企业对外提供的反映企业某一特定日期的财务状况和某一会计期间的经营成果、现金流量等会计信息的文件。财务报告包括财务报表和其他应当在财务报告中披露的相关信息和资料。

财务报表至少应当包括下列组成部分：①资产负债表；②利润表；③现金流量表；④所有者权益变动表(或股东权益变动表)；⑤财务报表附注。这些统称为"四表一注"。

财务报告的组成，如图 12-1 所示。

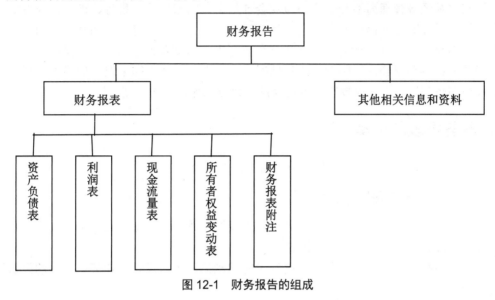

图 12-1 财务报告的组成

二、财务报告的作用

1. 财务报告有助于投资者和债权人进行合理的决策

企业的投资者、债权人是财务报告最重要的使用者，因为企业生产经营所需要的各项经济资源主要来自投资者和债权人。作为企业的投资者和债权人，利用企业有关经济资源和经济业务等方面的财务信息，判断企业在竞争激烈的市场环境中生存、适应、成长与扩展的能力是非常有益的。财务报告提供的信息虽然主要是对过去的财务状况和经营成果的反映与总结，但反映过去是为了预测未来。他们可以通过财务报告了解企业的盈利能力、偿债能力、支付能力及企业的经营前景，以保证投资者能获取丰厚收益，债权人能及时地收回各项贷款。

2. 财务报告反映企业经营者受托责任的履行情况

现代企业"两权分离"，使企业所有者和经营者之间出现委托关系。所有者将资金投入企业，委托经营者进行经营管理，为了确保其投入资本的保值与增值，需要利用财务报告来了解管理层对所托资源的经营管理责任的履行情况。财务报告能够较全面、系统、连续和综合地跟踪反映企业投入资源的渠道、性质、分布状态及资源的运用效果，从而有助于评估企业的财务状况与经营绩效及管理层对受托资源的经营管理责任的履行情况。

3. 财务报告能够帮助企业管理层加强和改善经营管理

财务报告通过一定的表格和文字形式，将企业生产经营的全部情况，特别是财务信息，进行收集、整理、加工成系统的信息资料，传递给企业内部经营管理部门。企业管理层可以通过财务报告了解企业当期生产经营活动的基本情况，评价自身的经营业绩，分析工作中可能存在的问题，以便采取有效措施，提高企业的经营管理水平和经济效益。

4. 财务报告有助于国家宏观管理部门进行宏观调控

国家宏观经济管理离不开企业的微观会计信息。国家财政、税务、审计、证券监管等政府部门，通过对企业提供的财务会计资源进行汇总分析后，可以得知某一部门行业、地区乃至全国企业的经济活动情况。这些信息也可用于国家有关部门考核国民经济在各部门的运行情况、各种财经法律制度的执行情况，一旦发现问题立即采取相应措施，通过各种经济杠杆和政策倾斜，发挥政府在市场经济优化资源配置中的补充作用。

三、财务报表的分类

财务报表可以根据需要，按照不同的标准进行分类。

1. 按财务报表的编报时间分类

按财务报表的编报时间，财务报表可分为年度财务报表和中期财务报表。中期财务报表又分为月度、季度和半年度财务报表。

月度财务报表简称月报，是在月度终了时编制的、用以反映企业某一月份的经营活动情况的财务报表。

季度财务报表简称季报，是在季度终了时应编制的、用以反映企业某一季度内的经营活动情况的财务报表。

半年度财务报表简称半年报，是指在每个会计年度的前 6 个月结束后应编制的、用以反映企业半年度内的经营活动情况的财务报表。

年度财务报表简称年报，又称决算报表，是在年度终了时应编制的、用以反映企业某一会计年度内的经营活动情况的财务报表。

2. 按财务报表编制的单位分类

按财务报表编制的单位，财务报表可分为个别财务报表和合并财务报表。

个别财务报表是指独立核算的一个单位按照会计准则的规定，根据本企业会计核算资料和其他资料应编制的财务报表。

合并财务报表是指以母子公司组成的企业集团为会计主体，以母公司和子公司单独编制的个别财务报表为基础，采用合并报表的独特方法，由母公司编制的综合反映企业集团经营成果、财务状况及其变动情况的财务报表。

四、财务报表列报的要求

1. 依据各项会计准则确认和计量的结果编制财务报表

企业应当根据实际发生的交易和事项，遵循会计基本准则和各项具体会计准则及解释的规定进行确认和计量，并在此基础上编制财务报表。

2. 列报基础

企业应当以持续经营为基础编制财务报表。在编制财务报表的过程中，企业管理层应当全面评估企业的持续经营能力，应当对企业盈利能力、偿债能力等持续经营的能力进行评价。若对企业持续经营的能力产生严重怀疑的，应当在附注中披露导致对持续经营能力产生重大怀疑的重要的不确定因素。

3. 权责发生制

除现金流量表按照收付实现制编制外，企业应当按照权责发生制编制其他财务报表。在采用权责发生制会计的情况下，当项目符合基本准则中财务报表要素的定义和确认标准时，企业就应当确认相应的资产、负债、所有者权益、收入和费用，并在财务报表中加以反映。

4. 列报的一致性

财务报表项目的列报应当在各个会计期间保持一致，不得随意变更，包括财务报表中的项目名称和财务报表项目的分类、排列顺序等方面都应保持一致。在下列情况下，企业可以变更财务报表项目的列报：一是会计准则要求改变财务报表项目的列报；二是企业经营业务的性质发生重大变化或对企业经营影响较大的交易或事项发生后，变更财务报表项目的列报能够提供更可靠、更相关的会计信息。企业变更财务报表项目列报的，应当根据会计准则的有关规定提供列报的比较信息。

5. 依据重要性原则单独或汇总列报项目

重要性是判断财务报表项目是否单独列报的重要标准。企业在进行重要性判断时，应当根据所处环境，从项目的性质和金额大小两方面予以判断。

6. 总额列报

财务报表项目应当以总额列报，资产和负债、收入和费用、直接计入当期利润的利得项目和损失项目的金额不能相互抵销，即不得以净额列报，但另有规定的除外。

7. 比较信息的列报

企业在列报当期财务报表时，至少应当提供所有列报项目上一个可比会计期间的比较数据，以及与理解当期财务报表相关的说明，提高信息在会计期间的可比性。列报比较信息的要求适用于财务报表的所有组成部分，包括"四表一注"。通常情况下，企业列报的所有项目至少包括两期各报表及相关附注的比较数据。

8. 财务报表表首的列报要求

财务报表通常与其他信息(如企业年度报告等)一起公布，企业应当将按照《企业会计准则》编制的财务报告与一起公布的同一文件中的其他信息相区分。企业在财务报表的显著位置(通常是表首部分)应当至少披露下列基本信息。(1)编报企业的名称，如企业名称在所属当期发生了变更的，还应明确标明。(2)对资产负债表而言，应当披露资产负债表日；对利润表、现金流量表、所有者权益变动表而言，应当披露报表涵盖的会计期间。(3)货币名称和单位，按照我国企业会计准则的规定，企业应当以人民币作为记账本位币列报，并标明金额单位，如人民币元、人民币万元等。

第二节　资产负债表

一、资产负债表概述

(一)资产负债表概念及格式

资产负债表是反映企业在某一特定日期财务状况的会计报表。它反映企业在某一特定日期所拥有或控制的经济资源，所承担的现时义务和所有者对净资产的要求权。它是根据"资产=负债+所有者权益(股东权益)"这一会计基本等式，按照一定的分类标准和顺序，把企业在一定日期的资产、负债和所有者权益各项目予以适当排列编制而成的。

在我国，资产负债表采用账户式结构，报表分为左右两方，左方列示资产各项目，反映全部资产的分布及其存在形态；右方列示负债和所有者权益各项目，反映全部负债和所有者权益的内容及构成情况。资产各项目按其流动性由大到小的顺序排列；负债和所有者权益按要求清偿时间的先后顺序排列。资产负债表左右双方平衡，资产总计等于负债和所有者权益总计，即"资产=负债+所有者权益"。为了让使用者通过不同时点资产负债表的数据，掌握企业财务状况的变动情况及发展趋势，我国资产负债表主体部分的各项目都列有"上年年末余额"和"期末余额"两个栏目，是一种比较资产负债表。

(二)资产负债表的作用

通过资产负债表帮助财务报表使用者全面了解企业的财务状况及资本结构，分析企业的偿债能力等情况，从而为其作出经济决策提供依据。

二、资产负债表的编制方法

资产负债表的编制是以日常会计核算记录的数据为基础进行归类、整理和汇总，加工成报表项目的过程。

资产负债表各项目设置"上年年末余额"和"期末余额"两个栏目，反映各项目两个不同时点的余额，通过比较可以揭示企业在一定时期内资产、负债、所有者权益的增减变化情况。

企业资产负债表的格式和内容，如表12-1所示。

第十二章 财务报告

表 12-1 企业资产负债表

编制单位：××公司　　　　　　2023 年 12 月 31 日　　　　　　会企 01 表　　单位：元

资产	期末余额	上年年末余额	负债和所有者权益（或股东权益）	期末余额	上年年末余额
流动资产：			流动负债：		
货币资金			短期借款		
交易性金融资产			交易性金融负债		
衍生金融资产			衍生金融负债		
应收票据			应付票据		
应收账款			应付账款		
应收款项融资			预收款项		
预付款项			合同负债		
其他应收款			应付职工薪酬		
存货			应交税费		
合同资产			其他应付款		
持有待售资产			持有待售负债		
一年内到期的非流动资产			一年内到期的非流动负债		
其他流动资产			其他流动负债		
流动资产合计			流动负债合计		
非流动资产：			非流动负债：		
债权投资			长期借款		
其他债权投资			应付债券		
长期应收款			其中：优先股		
长期股权投资			永续债券		
其他权益工具投资			租赁负债		
其他非流动金融资产			长期应付款		
投资性房地产			预计负债		
固定资产			递延收益		
在建工程			递延所得税负债		
生产性生物资产			其他非流动负债		
油气资产			非流动负债合计		
使用权资产			负债合计		
无形资产			所有者权益（或股东权益）：		
开发支出			实收资本（或股本）		

续表

资产	期末余额	上年年末余额	负债和所有者权益(或股东权益)	期末余额	上年年末余额
商誉			其他权益工具		
长期待摊费用			其中：优先股		
递延所得税资产			永续债券		
其他非流动资产			资本公积		
非流动资产合计			减：库存股		
			其他综合收益		
			专项储备		
			盈余公积		
			未分配利润		
			所有者权益(或股东权益)合计		
资产总计			负债和所有者权益(或股东权益)总计		

(一)资产负债表"上年年末余额"栏的填列方法

资产负债表"上年年末余额"栏各项目，应根据上年年末资产负债表"期末余额"栏内所列数字填列。如果上年度资产负债表规定的各个项目的名称和内容与本年度不一致，应按照本年度的规定对上年年末资产负债表各项目的名称和数字进行调整，填入本年"上年年末余额"栏内。

(二)资产负债表"期末余额"栏的填列方法

资产负债表是静态报表，因此报表中的"期末余额"栏内各项数字，应根据报告期期末资产、负债及所有者权益类账户的期末余额资料计算分析填列。报表各项目具体填列方法有以下几种。

(1) 根据总账账户余额直接填列，如"短期借款""资本公积"等项目。

(2) 根据总账账户余额计算分析填列，如"货币资金"等项目。

(3) 根据明细账余额计算分析填列，如"应收账款""预付账款"等项目。

(4) 根据总账和明细账余额计算分析填列，如"长期待摊费用""长期借款"等项目。

(5) 根据有关账户余额减去其备抵账户余额后的净额填列，如"固定资产""无形资产"等项目。

(6) 综合运用上述填列方法分析填列，如"存货"等项目。

(三)资产负债表项目的填列说明

1. 资产项目的填列说明

(1) "货币资金"项目，反映企业在生产经营过程中处于货币形态的资产，包括库存现金、银行存款和其他货币资金等。本项目应根据"库存现金""银行存款""其他货币资金"账户期末余额的合计数填列。

(2)"交易性金融资产"项目，反映企业资产负债表日分类为以公允价值计量且其变动计入当期损益的金融资产，以及企业持有的直接指定为以公允价值计量且其变动计入当期损益的金融资产的期末账面价值。本项目应根据"交易性金融资产"账户的相关明细账户期末余额分析填列。

(3)"衍生金融资产"项目，反映公司衍生金融工具业务中的衍生金融工具的公允价值及其变动形成的衍生资产。本项目应根据"衍生工具""套期工具""被套期项目"账户的期末借方余额分析计算填列。

(4)"应收票据"项目，反映资产负债表日以摊余成本计量的，企业因销售商品、提供服务等收到的商业汇票，包括银行承兑汇票和商业承兑汇票。该项目应根据"应收票据"账户的期末余额，减去"坏账准备"账户中相关坏账准备期末余额后的金额分析填列。

(5)"应收账款"项目，反映资产负债表日以摊余成本计量的，企业因销售商品、提供服务等经营活动应收取的款项。该项目应根据"应收账款"账户和"预收账款"账户所属明细账户期末借方余额合计数，减去"坏账准备"账户中相关坏账准备期末余额后的金额分析填列。

(6)"应收款项融资"项目，反映资产负债表日以公允价值计量且其变动计入其他综合收益的应收票据和应收账款等。

(7)"预付款项"项目，反映资产负债表日企业按照购货合同规定预付给供应单位的款项等。本项目应根据"预付账款"和"应付账款"账户所属各明细账户的期末借方余额合计数，减去"坏账准备"账户中有关预付账款计提的坏账准备期末余额后的净额填列。如"预付账款"账户所属明细账户期末有贷方余额的，应在资产负债表"应付账款"项目内填列。

(8)"其他应收款"项目，反映企业除应收票据、应收账款、预付款项等经营活动以外的其他各种应收、暂付的款项。本项目应根据"应收利息""应收股利""其他应收款"账户的期末余额合计数，减去"坏账准备"账户中相关坏账准备期末余额后的金额填列。

(9)"存货"项目，反映企业期末在库、在途和在加工中的各种存货的可变现净值或成本(成本与可变现净值孰低)。存货包括各种材料、商品、在产品、半成品、包装物、低值易耗品、发出商品等。本项目应根据"材料采购""原材料""发出商品""库存商品""周转材料""委托加工物资""委托代销商品""生产成本""受托代销商品"等账户的期末余额合计数，减去"受托代销商品款""存货跌价准备"账户期末余额后的净额填列。材料采用计划成本核算，以及库存商品采用计划成本核算或售价核算的企业，还应按加或减材料成本差异、商品进销差价后的金额填列。

(10)"合同资产"项目，反映企业按照《企业会计准则第14号——收入》的相关规定，根据本企业履行履约义务与客户付款之间的关系在资产负债表中列示的合同资产。本项目应根据"合同资产"账户的相关明细账户期末余额分析填列。同一合同下的合同资产和合同负债应当以净额列示，其中净额为借方余额的，应当根据其流动性在"合同资产"或"其他非流动资产"项目中填列，已计提减值准备的，还应以减去"合同资产减值准备"账户中相关的期末余额后的金额填列；其中净额为贷方余额的，应当根据其流动性在"合同负债"或"其他非流动负债"项目中填列。

(11) "持有待售资产"项目，反映资产负债表日划分为持有待售类别的非流动资产及划分为持有待售类别的处置组中的流动资产和非流动资产的期末账面价值。本项目应根据"持有待售资产"账户的期末余额，减去"持有待售资产减值准备"账户的期末余额后的金额填列。

(12) "一年内到期的非流动资产"项目，反映企业预计自资产负债表日起一年内变现的非流动资产。本项目应根据有关账户的期末余额分析填列。

(13) "其他流动资产"项目，反映企业除以上流动资产项目以外的其他流动资产。本项目应根据有关账户的期末余额填列。

(14) "债权投资"项目，反映资产负债表日企业以摊余成本计量的长期债权投资的期末账面价值。本项目应根据"债权投资"账户的期末余额，减去"债权投资减值准备"账户期末余额，再减去所属明细账中将于一年内到期部分后的余额填列。

(15) "其他债权投资"项目，反映资产负债表日企业分类为以公允价值计量且其变动计入其他综合收益的长期债权投资的期末账面价值。本项目应根据"其他债权投资"账户的相关明细账期末余额分析填列。

(16) "长期应收款"项目，反映企业融资租赁产生的应收款项和采用递延方式分期收款、实质上具有融资性质的销售商品和提供劳务等经营活动产生的应收款项。本项目应根据"长期应收款"账户期末余额，减去相应的"未实现融资收益"账户和"坏账准备"账户所属相关明细账户期末余额后的金额填列。

(17) "长期股权投资"项目，反映投资方对被投资单位实施控制、重大影响的权益性投资，以及对其合营企业的权益性投资。本项目应根据"长期股权投资"账户的期末余额，减去"长期股权投资减值准备"账户的期末余额后的净额填列。

(18) "其他权益工具投资"项目，反映资产负债表日企业指定为以公允价值计量且其变动计入其他综合收益的非交易性权益工具投资的期末账面价值。该项目应根据"其他权益工具投资"账户的期末余额填列。

(19) "其他非流动金融资产"项目，反映企业自资产负债表日起超过一年到期且预期持有超过一年的以公允价值计量且其变动计入当期损益的非流动金融资产账面价值。该项目应根据"其他非流动金融资产"账户的期末余额填列。

(20) "投资性房地产"项目，反映企业为赚取租金或资本增值或两者兼有而持有的房地产，主要包括已出租的土地使用权、持有并准备增值后转让的土地使用权和已出租的建筑物。成本模式下本项目应根据"投资性房地产"账户的期末余额，减去"投资性房地产累计折旧(摊销)"和"投资性房地产减值准备"账户期末余额后的净额填列；公允价值模式下本项目应根据"投资性房地产"账户的相关明细账户期末余额分析填列。

(21) "固定资产"项目，反映资产负债表日企业固定资产的期末账面价值和企业尚未清理完毕的固定资产清理净损益。该项目应根据"固定资产"账户的期末余额，减去"累计折旧"和"固定资产减值准备"账户的期末余额后的金额，以及"固定资产清理"账户的期末余额填列。

(22) "在建工程"项目，反映资产负债表日企业尚未达到预定可使用状态的在建工程的期末账面价值和企业为在建工程准备的各种物资的期末账面价值。本项目应根据"在建工程"账户的期末余额,减去"在建工程减值准备"账户的期末余额后的金额,以及"工程物资"账户的期末余额,减去"工程物资减值准备"账户的期末余额后的金额填列。

(23) "生产性生物资产"项目,反映企业持有的生产性生物资产价值。本项目应根据"生产性生物资产"账户的期末余额,减去"生产性生物资产累计折旧"和相应的减值准备后的金额填列。

(24) "油气资产"项目,反映企业持有的矿区权益和油气井及相关设施的原价。本项目应根据"油气资产"账户的期末余额,减去"累计折耗"账户期末余额和相应的减值准备后的金额填列。

(25) "使用权资产"项目,反映资产负债表日承租人企业持有的使用权资产的期末账面价值。该项目应根据"使用权资产"账户的期末余额,减去"使用权资产累计折旧"和"使用权资产减值准备"账户的期末余额后的金额填列。

(26) "无形资产"项目,反映企业持有的专利权、非专利技术、商标权、著作权、土地使用权等无形资产的成本减去累计摊销和减值准备后的净值。本项目应根据"无形资产"账户的期末余额,减去"累计摊销"和"无形资产减值准备"账户期末余额后的净额填列。

(27) "开发支出"项目,反映企业开发无形资产过程中能够资本化形成无形资产成本的支出部分。本项目应当根据"研发支出"账户中所属的"资本化支出"明细账户期末余额填列。

(28) "商誉"项目,反映企业合并中形成的商誉价值。本项目应当根据"商誉"账户期末余额减去"商誉减值准备"账户期末余额后的金额填列。

(29) "长期待摊费用"项目,反映企业已经发生但应由本期和以后各期负担的分摊期限在一年以上的各项费用。本项目应根据"长期待摊费用"账户的期末余额减去所属明细账中将于一年内(含一年)摊销的数额后的金额填列。

(30) "递延所得税资产"项目,反映企业根据《企业会计准则第18号——所得税》确认的可抵扣暂时性差异产生的所得税资产。本项目应根据"递延所得税资产"账户的期末余额填列。

(31) "其他非流动资产"项目,反映企业除上述非流动资产以外的其他非流动资产。本项目应根据有关账户的期末余额填列。

2. 负债项目的填列说明

(1) "短期借款"项目,反映企业向银行或其他金融机构等借入的期限在一年以下(含一年)的各种借款。本项目应根据"短期借款"账户的期末余额填列。

(2) "交易性金融负债"项目,反映资产负债表日企业承担的交易性金融负债,以及企业持有的直接指定为以公允价值计量且其变动计入当期损益的金融负债的期末账面价值。本项目应根据"交易性金融负债"账户的相关明细账户期末余额填列。

(3) "衍生金融负债"项目,反映公司衍生金融工具业务中的衍生金融工具的公允价值及其变动形成的衍生负债。本项目应根据"衍生工具""套期工具""被套期项目"账户的期末贷方余额分析计算填列。

(4) "应付票据"项目,反映资产负债表日以摊余成本计量的,企业因购买材料、商品和接受服务等开出、承兑的商业汇票,包括银行承兑汇票和商业承兑汇票。该项目应根据"应付票据"账户的期末余额填列。

(5)"应付账款"项目,反映资产负债表日以摊余成本计量的,企业因购买材料、商品和接受服务等经营活动应支付的款项。该项目应根据"应付账款"和"预付账款"账户所属的相关明细账户的期末贷方余额合计数填列。

(6)"预收款项"项目,反映企业按照销货合同规定预收客户的款项。本项目应根据"预收账款"和"应收账款"账户所属各明细账户的期末贷方余额合计数填列。如"预收账款"账户所属明细账户期末有借方余额的,应在资产负债表"应收账款"项目内填列。

(7)"合同负债"项目,反映已收或应收客户对价而应向客户转让商品的义务,是根据本企业履行履约义务与客户付款之间的关系在资产负债表中列示的合同负债。本项目应根据"合同负债"的相关明细账户期末余额分析填列。

(8)"应付职工薪酬"项目,反映企业为获得职工提供的服务或解除劳动关系而给予的各种形式的报酬或补偿。本项目应根据"应付职工薪酬"账户所属各明细账户的期末贷方余额分析填列。

(9)"应交税费"项目,反映企业按照税法规定计算应交纳的各种税费,包括增值税、消费税、城市维护建设税、教育费附加、企业所得税、资源税、土地增值税、房产税、城镇土地使用税、车船税、环境保护税等。本项目应根据"应交税费"账户所属的"未交增值税""简易计税""转让金融商品应交增值税""代扣代交增值税"和"应交消费税"应交城市维护建设税""应交教育费附加""应交所得税"等明细账户期末贷方余额计算填列。

(10)"其他应付款"项目,反映企业除应付票据、应付账款、预收款项、应付职工薪酬、应交税费等经营活动以外的其他各项应付、暂收的款项。本项目应根据"应付股利""应付利息""其他应付款"账户的期末余额合计数填列。

(11)"持有待售负债"项目,反映资产负债表日处置组中与划分为持有待售类别的资产直接相关的负债的期末账面价值。本项目应根据"持有待售负债"账户的期末余额填列。

(12)"一年内到期的非流动负债"项目,反映企业非流动负债中将于资产负债表日后一年内到期部分的金额,如将于一年内偿还的长期借款。本项目应根据有关账户的期末余额分析填列。

(13)"其他流动负债"项目,反映企业除以上流动负债以外的其他流动负债。本项目应根据有关账户的期末余额填列。

(14)"长期借款"项目,反映企业向银行或其他金融机构借入的期限在一年以上(不含一年)的各项借款。本项目应根据"长期借款"账户期末余额减去所属明细账户中将于一年内到期部分后的余额填列。

(15)"应付债券"项目,反映企业为筹集长期资金而发行债券的本金和利息。本项目应根据"应付债券"账户期末余额减去所属明细账户中将于一年内到期部分后的余额填列。

(16)"租赁负债"项目,反映资产负债表日承租人企业尚未支付的租赁付款额的期末账面价值。该项目应根据"租赁负债"账户的期末余额填列。自资产负债表日起一年内到期应予以清偿的租赁负债的期末账面价值,在"一年内到期的非流动负债"项目反映。

(17)"长期应付款"项目,反映资产负债表日企业除长期借款和应付债券以外的其他各种长期应付款项的期末账面价值。本项目应根据"长期应付款"账户的期末余额,减去相关的"未确认融资费用"账户的期末余额后的金额,以及"专项应付款"科目的期末余额填列。

(18)"预计负债"项目,反映企业根据或有事项等相关准则确认的各项预计负债,包括对外提供担保、未决诉讼、产品质量保证、重组义务及固定资产和矿区权益弃置义务等产生的预计负债。本项目应根据"预计负债"账户的期末余额填列。

(19)"递延收益"项目,反映尚待确认的收入或收益。本项目核算包括企业根据政府补助准则确认的应在以后期间计入当期损益的政府补助金额、售后租回形成融资租赁的售价与资产账面价值差额等其他递延性收入。本项目应根据"递延收益"账户的期末余额填列。

(20)"递延所得税负债"项目,反映企业根据《企业会计准则第18号——所得税》确认的应纳税暂时性差异产生的所得税负债。本项目应根据"递延所得税负债"账户的期末余额填列。

(21)"其他非流动负债"项目,反映企业除上述非流动负债以外的其他非流动负债。本项目应根据有关账户的期末余额,减去将于一年内(含一年)到期偿还的金额后的余额分析填列。

3. 所有者权益项目的填列说明

(1)"实收资本(或股本)"项目,反映企业各投资者实际投入的资本(或股本)总额。本项目应根据"实收资本(或股本)"账户的期末余额填列。

(2)"其他权益工具"项目,反映企业发行的除普通股以外分类为权益工具的金融工具的期末账面价值。在"其他权益工具"项目下增设"优先股"和"永续债券"两个项目,分别反映企业发行的分类为权益工具的优先股和永续债券的账面价值。本项目应根据"其他权益工具"账户的期末余额填列。

(3)"资本公积"项目,反映企业收到投资者出资超出其在注册资本或股本中所占的份额及直接计入所有者权益的利得和损失等。本项目应根据"资本公积"账户的期末余额填列。

(4)"库存股"项目,反映企业收购的尚未转让或注销的本公司股份金额。本项目应根据"库存股"账户的期末余额填列。

(5)"其他综合收益"项目,反映企业其他综合收益的期末余额。本项目应根据"其他综合收益"账户的期末余额填列。

(6)"专项储备"项目,反映高危行业企业按国家规定提取的安全生产费的期末账面价值。本项目应根据"专项储备"账户的期末余额填列。

(7)"盈余公积"项目,反映企业盈余公积的期末余额。本项目应根据"盈余公积"账户的期末余额填列。

(8)"未分配利润"项目,反映企业尚未分配的利润。本项目1~11,应根据"本年利润"账户(年初至本月末,全年实现净利润累计数或发生亏损额累计数)和"利润分配"账户余额计算的净额(借方余额为未弥补亏损,贷方余额为未分配利润)填列;年末应根据"利润分配"账户期末余额直接填列(若期末有借方余额以"-"号列示)。

三、资产负债表的编制实例

【例12-1】甲股份公司为增值税一般纳税人,增值税税率为13%,所得税税率为25%,

资产和负债账面价值均与计税基础相等。甲股份公司 2023 年 12 月 31 日有关账户余额表，如表 12-2 所示。

表 12-2 甲股份公司账户余额表

2023 年 12 月 31 日   单位：元

总账账户	明细账户	借方余额	贷方余额	总账账户	明细账户	借方余额	贷方余额
库存现金		100 000		短期借款			3 000 000
银行存款		1 000 000		应付票据			100 000
交易性金融资产		400 000		应付账款			2 000 000
应收票据		200 000			E 公司		2 300 000
应收账款		2 000 000			F 公司	300 000	
	A 公司	3 000 000		预收账款			1 000 000
	B 公司		1 000 000		G 公司	400 000	
坏账准备			200 000		H 公司		1 400 000
预付账款		500 000		其他应付款			100 000
	C 公司	600 000		应付职工薪酬			1 500 000
	D 公司		100 000	应交税费			300 000
应收利息		150 000		应付股利			150 000
其他应收款		100 000		应付利息			200 000
原材料		1 000 000		长期借款			2 000 000
生产成本		300 000		应付债券			1 800 000
库存商品		200 000		实收资本			2 000 000
低值易耗品		50 000		资本公积			750 000
持有至到期投资		3 000 000		盈余公积			1 100 000
长期股权投资		2 000 000		未分配利润			5 900 000
固定资产		10 000 000					
累计折旧			4 000 000				
无形资产		7 000 000					
累计摊销			2 000 000				
递延所得税资产		100 000					

要求：根据上述资料，编制甲股份公司 2023 年 12 月 31 资产负债表，如表 12-3 所示。

第十二章 财务报告

表 12-3 甲股份公司资产负债表

编制单位：甲股份公司   2023年12月31日   单位：元

资产	期末余额	上年年末余额（略）	负债和所有者权益（或股东权益）	期末余额	上年年末余额（略）
流动资产：			流动负债：		
货币资金	1 100 000		短期借款	3 000 000	
交易性金融资产	400 000		应付票据	100 000	
应收票据	200 000		应付账款	2 400 000	
应收账款	3 200 000		预收款项	2 400 000	
预付款项	900 000		应付职工薪酬	1 500 000	
其他应收款	250 000		应交税费	300 000	
存货	1 550 000		其他应付款	450 000	
流动资产合计	7 600 000		流动负债合计	10 150 000	
非流动资产：			非流动负债：		
长期股权投资	5 000 000		长期借款	2 000 000	
固定资产	6 000 000		应付债券	1 800 000	
无形资产	5 000 000		非流动负债合计	3 800 000	
递延所得税资产	100 000		负债合计	13 950 000	
非流动资产合计	16 100 000		所有者权益(或股东权益)：		
			实收资本(或股本)	2 000 000	
			资本公积	750 000	
			盈余公积	1 100 000	
			未分配利润	5 900 000	
			所有者权益(或股东权益)合计	9 750 000	
资产总计	23 700 000		负债和所有者权益(或股东权益)总计	23 700 000	

第三节 利润表

一、利润表概述

(一)利润表的概念及结构

利润表是反映企业在一定会计期间的经营成果的会计报表。利润表主要依据收入实现原则和配比原则的要求，把一定时期的营业收入与其同一会计期间相关的营业费用进行配比，从而计算出企业一定时期的净利润或净亏损。因此，利润表是一张动态会计报表。

利润表表体部分的基本结构主要根据"收入－费用＝利润"平衡公式，按照各具体项目的性质和功能作为分类标准，依次将某一会计期间的收入、费用和利润的具体项目予以适当的排列编制而成。

(二)利润表的作用

利润表的主要作用是有助于使用者分析判断企业净利润的质量及其风险，评价企业经营管理效率，有助于使用者预测企业净利润的持续性，从而作出正确的决策。通过利润表，可以反映企业在一定会计期间的收入实现情况，如实现的营业收入、取得的投资收益、发生的公允价值变动损益及营业外收入等对利润的贡献大小；可以反映企业一定会计期间的费用耗费情况，如发生的营业成本、税金及附加、销售费用、管理费用、财务费用、营业外支出等对利润的影响程度；可以反映企业一定会计期间的净利润实现情况，分析判断企业受托责任的履行情况，进而还可以反映企业资本的保值增值情况，为企业管理者解脱受托责任提供依据。另外，将利润表资料及信息与资产负债表资料及信息相结合进行综合计算分析，如将营业成本与存货或资产总额的平均余额进行比较，还可以反映企业运用其资源的能力和效率，便于使用者分析判断企业资金周转情况及盈利能力和水平，进而判断企业未来的盈利增长和发展趋势，并作出相应的经济决策。

二、利润表的编制方法

财务报告-
利润表编制.mp4

利润表的表体结构有单步式和多步式两种。单步式利润表是将当期所有的收入列在一起，所有的费用列在一起，然后将两者相减得出当期净损益。我国企业的利润表采用多步式格式，即通过对当期的收入、费用、支出项目按性质加以归类，按利润形成的主要环节列示一些中间性利润指标，分步计算当期净损益，以便财务报表使用者理解企业经营成果的不同来源。利润表主要包括以下几方面内容。

(1) 营业收入。由主营业务收入和其他业务收入组成。

(2) 营业利润。营业利润的具体构成，可用公式表示为

营业利润＝营业收入－营业成本－税金及附加－销售费用－管理费用－研发费用－财务费用
　　　　－信用减值损失－资产减值损失＋其他收益＋投资收益(－投资损失)
　　　　＋公允价值变动收益(－公允价值变动损失)＋资产处置收益(－资产处置损失)　　(12-1)

(3) 利润总额。营业利润加上营业外收入，减去营业外支出，即利润总额。可用公式表示为

利润总额＝营业利润＋营业外收入－营业外支出　　(12-2)

(4) 净利润。利润总额减去所得税费用，即净利润，可用公式表示为

净利润＝利润总额－所得税费用　　(12-3)

(5) 其他综合收益，反映企业根据企业会计准则规定未在损益中确认的各项利得或损失扣除所得税影响后的净额。

(6) 综合收益总额，是企业净利润与其他综合收益的合计额。可用公式表示为

综合收益总额＝净利润＋其他综合收益　　(12-4)

(7) 每股收益。普通股或潜在普通股已公开交易的企业，以及正处于公开发行普通股或

潜在普通股过程中的企业，还应当在利润表中列示每股收益信息，包括基本每股收益和稀释每股收益。

多步式利润表比单步式利润表提供的信息更加丰富，通过不同时期各对应项目的比较分析，使用者可以预测企业未来现金流量，对企业未来经营成果作出正确的判断。

企业利润表的格式，如表12-4所示。

表 12-4 利润表

会企 02 表

编制单位：××股份有限公司　　　　　2023 年　　　　　　　　　　　　　单位：元

项　目	本期金额	上期金额
一、营业收入		
减：营业成本		
税金及附加		
销售费用		
管理费用		
研发费用		
财务费用		
其中：利息费用		
利息收入		
加：其他收益		
投资收益(损失以"-"号填列)		
其中：对联营企业和合营企业的投资收益		
以摊余成本计量的金融资产终止确认收益(损失以"-"号填列)		
净敞口套期收益(损失以"-"号填列)		
公允价值变动收益(损失以"-"号填列)		
信用减值损失(损失以"-"号填列)		
资产减值损失(损失以"-"号填列)		
资产处置收益(损失以"-"号填列)		
二、营业利润(亏损以"-"号填列)		
加：营业外收入		
减：营业外支出		
三、利润总额(亏损以"-"号填列)		
减：所得税费用		
四、净利润(净亏损以"-"号填列)		
(一)持续经营净利润(净亏损以"-"号填列)		
(二)终止经营净利润(净亏损以"-"号填列)		

续表

项　目	本期金额	上期金额
五、其他综合收益的税后净额		
(一)不能重分类进损益的其他综合收益		
1.重新计量设定收益计划变动额		
2.权益法下不能转损益的其他综合收益		
3.其他权益工具投资公允价值变动		
4.企业自身信用风险公允价值变动		
……		
(二)将重分类进损益的其他综合收益		
1.权益法下可转损益的其他综合收益		
2.其他债权投资公允价值变动		
3.金融资产重分类计入其他综合收益		
4.其他债权投资信用减值准备		
5.现金流量套期储备		
6.外币财务报表折算差额		
……		
六、综合收益总额		
七、每股收益		
(一)基本每股收益		
(二)稀释每股收益		

(一)利润表"上期金额"栏的填列方法

"上期金额"栏内的各项数字，应根据上年该期利润表的"本期金额"栏内所列数字填列。如果上年该期利润表规定的各个项目的名称和内容与本期不一致，应对上年该期利润表各项目的名称和数字按本期的规定进行调整，填入利润表"上期金额"栏内。

(二)利润表"本期金额"栏的填列方法

报表中"本期金额"栏内各项目，除了"基本每股收益"和"稀释每股收益"项目外，主要根据各损益类账户的本期发生额分析填列。

1."营业收入"项目

"营业收入"项目，反映企业经营主要业务和其他业务所确认的收入总额。本项目应根据"主营业务收入"和"其他业务收入"账户的发生额分析填列。

2."营业成本"项目

"营业成本"项目，反映企业经营主要业务和其他业务发生的实际成本总额。本项目应根据"主营业务成本"和"其他业务成本"账户的发生额分析填列。

第十二章 财务报告

3. "税金及附加"项目

"税金及附加"项目,反映企业经营业务应负担的消费税、城市维护建设税、教育费附加、资源税、土地增值税、房产税、车船税、城镇土地使用税、印花税等相关税费。本项目应根据"税金及附加"账户的发生额分析填列。

4. "销售费用"项目

"销售费用"项目,反映企业在销售商品过程中发生的包装费、广告费等费用和为销售本企业商品而专设的销售机构的职工薪酬、业务费等经营费用。本项目应根据"销售费用"账户的发生额分析填列。

5. "管理费用"项目

"管理费用"项目,反映企业为组织和管理生产经营发生的管理费用。本项目应根据"管理费用"账户的发生额分析填列。

6. "研发费用"项目

"研发费用"项目,反映企业进行研究与开发过程中发生的费用化支出及计入管理费用的自行开发无形资产的摊销。该项目应根据"管理费用"账户下的"研发费用"明细账户的发生额及"管理费用"下"无形资产摊销"明细科目的发生额分析填列。

7. "财务费用"项目

"财务费用"项目,反映企业筹集生产经营所需资金等而发生的应予费用化的利息支出。本项目应根据"财务费用"账户的相关明细账户的发生额分析填列。其中,"利息费用"项目,反映企业为筹集生产经营所需资金等而发生的应予费用化的利息支出"利息收入"项目,反映企业确认的利息收入。

8. "其他收益"项目

"其他收益"项目,反映计入其他收益的政府补助,以及其他与日常活动相关且计入其他收益的项目。本项目应根据"其他收益"账户的发生额分析填列。

9. "投资收益"项目

"投资收益"项目,反映企业以各种方式对外投资所取得的收益。本项目应根据"投资收益"账户的发生额分析填列。如为投资损失,本项目以"-"号填列。

10. "净敞口套期收益"项目

"净敞口套期收益"项目,反映净敞口套期下被套期项目累计公允价值变动转入当期损益的金额或现金流量套期储备转入当期损益的金额。该项目应根据"净敞口套期损益"账户的发生额分析填列。如为套期损失,以"-"号填列。

11. "公允价值变动收益"项目

"公允价值变动收益"项目,反映企业按照相关准则规定应当计入当期损益的资产或负债公允价值变动净收益。本项目应根据"公允价值变动损益"账户的发生额分析填列。

如为净损失,以"-"号填列。

12. "信用减值损失"项目

"信用减值损失"项目反映企业计提的各项金融工具信用减值准备所确认的信用损失。本项目应根据"信用减值损失"账户的发生额分析填列。

13. "资产减值损失"项目

"资产减值损失"项目,反映企业有关资产发生的减值损失。本项目应根据"资产减值损失"账户的发生额分析填列。

14. "资产处置收益"项目

"资产处置收益"项目,反映企业出售划分为持有待售的非流动资产(金融工具、长期股权投资和投资性房地产除外)或处置组(子公司和业务除外)时确认的处置利得或损失,以及处置未划分为持有待售的固定资产、在建工程、生产性生物资产及无形资产而产生的处置利得或损失。债务重组中因处置非流动资产产生的利得或损失和非货币性资产交换中换出非流动资产产生的利得或损失也包括在本项目内。本项目应根据"资产处置损益"账户的发生额分析填列。如为处置损失,以"-"号填列。

15. "营业利润"项目

"营业利润"项目,反映企业实现的营业利润。如为亏损,本项目以"-"号填列。

16. "营业外收入"项目

"营业外收入"项目,反映企业发生的除营业利润以外的收益,主要包括非流动资产毁损报废收益、与企业日常活动无关的政府补助、盘盈利得、捐赠利得(企业接受股东或股东的子公司直接或间接的捐赠,经济实质属于股东对企业的资本性投入的除外)等。本项目应根据"营业外收入"账户的发生额分析填列。

17. "营业外支出"项目

"营业外支出"项目,反映企业发生的除营业利润以外的支出,主要包括公益性捐赠支出、非常损失、盘亏损失、非流动资产毁损报废损失等。本项目应根据"营业外支出"账户的发生额分析填列。

18. "利润总额"项目

"利润总额"项目,反映企业实现的利润总额。如为亏损,本项目以"-"号填列。

19. "所得税费用"项目

"所得税费用"项目,反映企业根据《企业会计准则第18号——所得税》确认的应从当期利润总额中扣除的所得税费用。本项目应根据"所得税费用"账户的发生额分析填列。

20. "净利润"项目

"净利润"项目,反映企业实现的净利润。如为亏损,本项目以"-"号填列。

21. "其他综合收益的税后净额"项目

"其他综合收益的税后净额"项目,反映企业根据《企业会计准则》未在损益中确认的各项利得和损失扣除所得税影响后的净额。

22. "综合收益总额"项目

"综合收益总额"项目,反映企业净利润与其他综合收益(税后净额)的合计金额。

23. "基本每股收益"项目

"基本每股收益"项目,应当根据《企业会计准则第34号——每股收益》规定计算的金额填列。企业应当按照归属于普通股股东的当期净利润,除以发行在外普通股的加权平均数计算基本每股收益。

24. "稀释每股收益"项目

"稀释每股收益"项目,应当根据《企业会计准则第34号——每股收益》规定计算的金额填列。企业存在稀释性潜在普通股的,应当分别调整归属于普通股股东的当期净利润和发行在外普通股的加权平均数,并据以计算稀释每股收益。

三、利润表的编制实例

【例12-2】甲股份公司为增值税一般纳税人,增值税税率为13%,所得税税率为25%,该公司2023年度有关损益类账户本年累计发生额,如表12-5所示。

表12-5　甲股份公司2023年度损益类账户本年累计发生额　　　单位:元

账户名称	借方发生额	贷方发生额
主营业务收入		1 500 000
主营业务成本	950 000	
其他业务收入		2 00 000
其他业务成本	100 000	
税金及附加	8 000	
销售费用	320 500	
管理费用	150 000	
财务费用	20 000	
研发费用	30 000	
信用减值损失	8 000	
资产减值损失	12 500	
投资收益		45 000
营业外收入		20 000
营业外支出	13 000	

根据上述资料,编制该公司利润表。具体内容如表12-6所示。

表 12-6　甲股份公司利润表(简表)

编制单位：甲股份公司　　　　　　　　2023 年度　　　　　　　　　　　单位：元

项　目	本期金额	上期金额(略)
一、营业收入	1 700 000	
减：营业成本	1 050 000	
税金及附加	8 000	
销售费用	320 500	
管理费用	150 000	
财务费用	20 000	
研发费用	30 000	
加：投资收益(损失以"-"号填列)	45 000	
信用减值损失(损失以"-"号填列)	-8 000	
资产减值损失(损失以"-"号填列)	-12 500	
二、营业利润(亏损以"-"号填列)	146 000	
加：营业外收入	20 000	
减：营业外支出	13 000	
三、利润总额(亏损以"-"号填列)	153 000	
减：所得税费用	38 250	
四、净利润(净亏损以"-"号填列)	114 750	

第四节　现金流量表

一、现金流量表概述

(一)现金流量表的概念

现金流量表是反映企业在一定会计期间现金和现金等价物流入和流出的报表。现金流量表是以现金及现金等价物为基础，按照收付实现制原则编制。这里的现金是广义的现金，不仅包括企业的库存现金，还包括企业可以随时用于支付的存款及现金等价物，具体包括如下内容。

1. 库存现金

库存现金是指企业持有的可以随时用于支付的现金。

2. 银行存款

银行存款是指企业存放在银行或其他金融机构的随时可以用于支付的存款。它不包括不能随时支取的定期存款，但是，提前通知金融企业便可支取的定期存款，应包括在银行存款范围内。

3. 其他货币资金

其他货币资金是指企业存在银行有特定用途的资金，包括外埠存款、银行汇票存款、银行本票存款等。

4. 现金等价物

现金等价物是指企业持有的期限短(一般指从购买日起 3 个月内到期)、流动性强、易于转换为已知金额现金、价值变动风险很小的投资。现金等价物通常包括 3 个月内到期的短期债券投资。权益性投资变现的金额通常不确定，因而一般不属于现金等价物。企业应根据具体情况，确定现金等价物的范围，并且一贯地保持其划分标准，一经确定不得随意变更。除特别说明外，下面内容所提到的现金均包括现金和现金等价物。

(二)现金流量及其分类

现金流量是指企业在某一期间内现金和现金等价物的流入量和流出量。

按《企业会计准则第 31 号——现金流量表》的规定，将企业现金流量分为三类，即经营活动产生的现金流量、投资活动产生的现金流量和筹资活动产生的现金流量。

1. 经营活动产生的现金流量

经营活动是指企业投资和筹资活动以外的所有交易和事项，包括销售商品或提供劳务、购买商品或接受劳务、收到返还的税费、经营性租赁、支付职工薪酬、支付广告费用、交纳各项税费等。通过经营活动产生的现金流量，可以说明企业的经营活动对现金流入和流出的影响程度，判断企业在不动用对外所筹得资金的情况下，是否能够维持生产经营、偿还债务、支付股利和对外投资等。

各类企业由于所处行业的特点不同，它们在对经营活动的认定上存在一定差异。在编制现金流量表时，应根据企业的实际情况，对现金流量进行正确、合理的归类。

2. 投资活动产生的现金流量

投资活动是指企业长期资产的购建和不包括在现金等价物范围内的投资及其处置活动。现金流量表中的"投资"既包括对外投资，又包括长期资产的购建与处置。长期资产是指固定资产、在建工程、无形资产和其他长期资产等持有期限在 1 年或超过 1 年的一个营业周期以上的资产。投资活动包括取得和收回投资、购建和处置固定资产、购买和处置无形资产等。通过投资活动产生的现金流量，能够分析企业通过投资获取现金流量的能力，以及判断投资活动对企业现金流量净额的影响程度。

3. 筹资活动产生的现金流量

筹资活动是指导致企业资本及债务规模和构成发生变化的活动，包括发行股票或接受投入资本、分派现金股利、取得和偿还银行借款、发行和偿还公司债券等。通过筹资活动产生的现金流量，能够分析企业通过筹资获取现金流量的能力，以及判断筹资活动对企业现金流量净额的影响程度。

企业在进行现金流量分类时，对于现金流量表中未特别指明的现金流量，应按照现金流量表的分类方法和重要性原则，判断某项交易或事项所产生的现金流量应当归属的类别或项目,对于重要的现金流入或流出项目应当单独反映。对于一些特殊的、不经常发生的项目,如自然灾害损失、保险赔款等,应根据其性质,分别归并到经营活动、投资活动或筹资活动项目中单独列示。

(三)现金流量表的作用

现金流量表与资产负债表和利润表相比,现金流量表具有许多不同的重要作用,主要表现在以下几个方面。

(1) 现金流量表提供了企业一定会计期间内现金和现金等价物流入和流出的现金流量信息,可以弥补基于权责发生制基础编报提供的资产负债表和利润表的某些固有缺陷,在资产负债表与利润表之间架起一条连接的纽带和桥梁,揭示企业财务状况与经营成果之间的内在关系,便于会计报表使用者了解企业净利润的质量。

(2) 现金流量表分别提供了经营活动、投资活动和筹资活动产生的现金流量,每类又分为若干具体项目,分别从不同角度反映企业业务活动的现金流入、流出及其影响现金净流量的因素,弥补了资产负债表和利润表分类列报内容的某些不足,从而帮助使用者了解和评价企业获取现金及现金等价物的能力,包括企业支付能力、偿债能力和周转能力,进而预测企业未来的现金流量情况,为其决策提供有力依据。

(3) 现金流量表以收付实现制为基础,对现金的确认和计量在不同企业间基本一致,提供了企业之间更加可比的会计信息,有利于会计报表使用者提高决策的质量和效率。

(4) 现金流量表以收付实现制为基础编制,降低了企业盈余管理程度,提高了会计信息质量,有利于更好地发挥会计监督职能作用,改善公司治理状况,进而有助于实现会计决策有用性和维护经济资源配置秩序、提高经济效益的目标。

(四)现金流量表的结构

企业现金流量表包括正表和补充资料两部分,基本格式如表 12-7、表 12-8 所示。

表 12-7 现金流量

编制单位:××单位　　　　　　2023 年×月　　　　　　会企 03 表　单位:元

项　目	本期金额	上期金额
一、经营活动产生的现金流量		
销售商品、提供劳务收到的现金		
收到的税费返还		
收到其他与经营活动有关的现金		
经营活动现金流入小计		
购买商品、接受劳务支付的现金		
支付给职工以及为职工支付的现金		
支付的各项税费		
支付其他与经营活动有关的现金		

续表

项　目	本期金额	上期金额
经营活动现金流出小计		
经营活动产生现金流量净额		
二、投资活动产生的现金流量		
收回投资收到的现金		
取得投资收益收到的现金		
处置固定资产、无形资产和其他长期资产收回的现金净额		
处置子公司及其他营业单位收到的现金净额		
收到其他与投资活动有关的现金		
投资活动现金流入小计		
购建固定资产、无形资产和其他长期资产支付的现金		
投资支付的现金		
取得子公司及其他营业单位支付的现金净额		
支付其他与投资活动有关的现金		
投资活动现金流出小计		
投资活动产生现金流量净额		
三、筹资活动产生的现金流量		
吸收投资收到的现金		
取得借款收到的现金		
收到其他与筹资活动有关的现金		
筹资活动现金流入小计		
偿还债务支付的现金		
分配股利、利润或偿付利息支付的现金		
支付其他与筹资活动有关的现金		
筹资活动现金流出小计		
筹资活动产生现金流量净额		
四、汇率变动对现金及现金等价物的影响		
五、现金及现金等价物净增加额		
加：期初现金及现金等价物余额		
六、期末现金及现金等价物余额		

表12-8　现金流量表补充资料　　　　　　　　　　　　　　　　　　　单位：元

补充资料	本期金额	上期金额
1. 将净利润调节为经营活动的现金流量		
净利润		
加：资产减值准备		
固定资产折旧、油气资产折耗、生产性资产折旧、投资性房地产累计折旧		

续表

补充资料	本期金额	上期金额
无形资产摊销		
长期待摊费用摊销		
处置固定资产、无形资产和其他长期资产的损失(收益以"-"号填列)		
固定资产报废损失(收益以"-"号填列)		
公允价值变动损失(收益以"-"号填列)		
财务费用(收益以"-"号填列)		
投资损失(收益以"-"号填列)		
递延所得税资产减少(增加以"-"号填列)		
递延所得税负债增加(减少以"-"号填列)		
存货的减少(增加以"-"号填列)		
经营性应收项目的减少(增加以"-"号填列)		
经营性应付项目的增加(减少以"-"号填列)		
其他		
经营活动产生的现金流量净额		
2. 不涉及现金收支的重大投资和筹资活动		
债务转为资本		
一年内到期的可转换公司债券		
租入固定资产		
3. 现金及现金等价物净变动情况		
现金的期末余额		
减：现金的期初余额		
加：现金等价物的期末余额		
减：现金等价物的期初余额		
现金及现金等价物净增加额		

1. 现金流量表正表

正表是现金流量表的主体，企业一定会计期间现金流量的信息主要由正表提供。正表采用报告式的结构，按照现金流量的性质，依次分类反映经营活动产生的现金流量、投资活动产生的现金流量和筹资活动产生的现金流量，最后汇总反映企业现金及现金等价物净增加额。在有外币现金流量及境外子公司的现金流量折算为人民币的企业，正表中还应单独设置"汇率变动对现金及现金等价物的影响"项目。

2. 现金流量表补充资料

现金流量表补充资料包括以下三部分内容。
(1) 将净利润调节为经营活动的现金流量(即按间接法编制的经营活动现金流量)。

(2) 不涉及现金收支的重大投资和筹资活动。
(3) 现金及现金等价物净变动情况。

二、现金流量表的编制方法

财务报告-现金流量表主表编制.mp4

现金流量表正表中各项目的内容及填列方法如下。

(一)"经营活动产生的现金流量"各项目的内容和填列方法(直接法)

经营活动产生的现金流量的列报方法有两种：一是直接法；二是间接法。

直接法是通过现金收入和现金支出的主要类别直接反映来自企业经营活动的现金流量的一种列报方法。现金流量一般应按现金流入和流出总额反映，但代客户收取或支付的现金及周转快、金额大、期限短的项目的现金收入和支出，应以净额反映。运用直接法编制现金流量表可采用工作底稿法或 T 型账户法，也可以根据有关会计科目记录分析填列。按直线法编制的现金流量表为现金流量表的正表。

间接法是以本期净利润为起点，通过调整不涉及现金的收入、费用、营业外收入与营业外支出及经营性应收应付等项目的增减变动，调整不属于经营活动的现金收入与支出项目，据此计算并列示经营活动的现金流量的一种方法。在我国，现金流量表的补充资料中应按照间接法反映经营活动现金流量的情况，以对正表中按直接法反映的经营活动现金流量进行核对和补充说明。

1. "销售商品、提供劳务收到的现金"项目

销售商品、提供劳务收到的现金项目反映企业销售商品、提供劳务实际收到的现金(含销售收入和应向购买方收取的增值税税额)，包括本期销售商品、提供劳务收到的现金，以及前期销售商品、提供劳务本期收到的现金和本期预收的账款，减去本期销售本期退回的商品和前期销售本期退回的商品而支付的现金。企业销售材料和代购代销业务收到的现金，也在本项目中反映。该项目可根据"应收账款""应收票据""预收账款""主营业务收入""其他业务收入""库存现金""银行存款"等账户的记录分析填列。

2. "收到的税费返还"项目

收到的税费返还项目反映企业本期收到返还的增值税、消费税、关税、所得税、教育费附加等各种税费。该项目可根据"应交税费""营业外收入""其他应收款""库存现金""银行存款"等账户的记录分析填列。

3. "收到其他与经营活动有关的现金"项目

收到其他与经营活动有关的现金项目反映企业除了上述各项目以外所收到的其他与经营活动有关的现金流入，如收到的押金、收到的罚款、流动资产损失中由个人赔偿的现金、收到的经营租赁的租金及接受捐赠的现金等。若某项其他与经营活动有关的现金流入金额较大，应单独列示项目反映。该项目可以根据"营业外收入""其他应收款""其他应付款""库存现金""银行存款"等账户的记录分析填列。

4."购买商品、接受劳务支付的现金"项目

购买商品、接受劳务支付的现金项目反映企业购买商品、接受劳务实际支付的现金,包括本期购入的材料和商品、接受劳务支付的现金(包括增值税进项税额),本期支付前期购入的商品、接受劳务的未付款项和本期的预付款项,扣除本期发生的购货退回而收到的现金。企业代购代销业务支付的现金,也在该项目中反映。该项目可根据"应付账款""应付票据""预付账款""主营业务成本""其他业务成本""库存现金""银行存款"等账户的记录分析填列。

5."支付给职工及为职工支付的现金"项目

支付给职工及为职工支付的现金项目反映企业本期实际支付给职工的工资、奖金、各种津贴和补贴等职工薪酬和为职工支付的其他费用而支付的现金。企业代扣代缴的职工个人所得税,也在本项目中反映。需要说明的是,企业支付给离退休人员的各项费用(包括支付的统筹退休金及未参加统筹的退休人员的费用),在"支付其他与经营活动有关的现金"项目中反映;支付给在建工程人员的工资及其他费用,在"购建固定资产、无形资产和其他长期资产所支付的现金"项目中反映,以上两项不包括在本项目中。该项目可根据"库存现金""银行存款""应付职工薪酬"等账户的记录分析填列。

需要注意的是,企业为职工支付的养老、失业等社会保险基金、补充养老保险、住房公积金、支付给职工的住房困难补助,以及企业支付给职工或为职工支付的其他福利费用等,应按职工的工作性质和服务对象,分别在本项目和在"购建固定资产、无形资产和其他长期资产所支付的现金"项目中反映。

6."支付的各项税费"项目

支付的各项税费项目反映企业本期发生并支付的税费,以及以前各期发生的在本期支付的税费和本期预交的各种税费,包括增值税、消费税、所得税、土地增值税、房产税、车船使用税、印花税、教育费附加、矿产资源补偿费等,但不包括本期退回的所得税、增值税,本期退回的所得税、增值税在"收到的税费返还"项目中反映。该项目可根据"库存现金""银行存款""应交税费"等账户的记录分析填列。

7."支付其他与经营活动有关的现金"项目

支付其他与经营活动有关的现金项目反映企业除上述各项目以外所支付的其他与经营活动有关的现金,如支付的办公费用、经营租赁租金、罚款、业务招待费、保险费、销售费用等。若其他与经营活动有关的现金流出金额较大,应单独列示项目反映。该项目可根据"库存现金""银行存款""管理费用""营业外支出"等账户的记录分析填列。

(二)"投资活动产生的现金流量"各项目的内容和填列方法

现金流量表中的投资活动包括短期投资和长期投资的取得与处置、固定资产的购建与处置、无形资产的购置与转让等。单独反映投资活动产生的现金流量,能了解企业为获得未来收益和现金流量而导致对外投资或内部长期资产投资的程度,以及以前对外投资所带来的现金流入的信息。

1. "收回投资收到的现金"项目

收回投资收到的现金项目反映企业出售、转让或到期收回除现金等价物以外的对其他企业的权益工具、债务工具和合营中的权益等投资收到的现金。收回债务工具实现的投资收益、处置子公司及其他营业单位收到的现金净额不包括在本项目中。该项目可根据"债权投资""长期股权投资""库存现金""银行存款"等账户的记录分析填列。

2. "取得投资收益收到的现金"项目

取得投资收益收到的现金项目反映企业取得除现金等价物以外的对其他企业的权益工具、债务工具和合营中的权益投资分红的现金股利和利息等,不包括股票股利。该项目可根据"投资收益""库存现金""银行存款"等账户的记录分析填列。

3. "处置固定资产、无形资产和其他长期资产收回的现金净额"项目

处置固定资产、无形资产和其他长期资产收回的现金净额项目反映企业出售、报废固定资产、无形资产和其他长期资产所收到的现金(包括因资产毁损收到的保险赔款),减去为处置这些资产而支付的有关费用后的净额,如所收回的现金净额为负数,则应在"支付其他与投资活动有关的现金"项目中反映。该项目可根据"固定资产清理""库存现金""银行存款"等账户的记录分析填列。

4. "处置子公司及其他营业单位收到的现金净额"项目

处置子公司及其他营业单位收到的现金净额项目反映企业处置子公司及其他营业单位所取得的现金,减去相关处置费用和子公司及其他营业单位持有的现金和现金等价物后的净额。该项目可根据"长期股权投资""库存现金""银行存款"等账户的记录分析填列。

5. "收到其他与投资活动有关的现金"项目

收到其他与投资活动有关的现金项目反映企业除了上述各项目以外,所收到的其他与投资活动有关的现金流入。例如,企业收回购买股票和债券时支付的已宣告但尚未领取的现金股利或已到付息期但尚未领取的债券利息。若其他与投资活动有关的现金流入金额较大,应单独列示项目反映。该项目可根据"应收股利""应收利息""库存现金""银行存款"等账户的记录分析填列。

6. "购建固定资产、无形资产和其他长期资产所支付的现金"项目

购建固定资产、无形资产和其他长期资产所支付的现金项目反映企业本期购买、建造固定资产,取得无形资产和其他长期资产所支付的现金,以及支付的应由在建工程和无形资产负担的职工薪酬的现金支出。但是,本项目不包括为购建固定资产而发生的借款利息资本化的部分,以及融资租入固定资产支付的租赁费。企业支付的借款利息和融资租入固定资产支付的租赁费在筹资活动产生的现金流量中反映。该项目可根据"固定资产""在建工程""无形资产""库存现金""银行存款"等账户的记录分析填列。

7. "投资支付的现金"项目

投资支付的现金项目反映企业取得除现金等价物以外的权益性投资和债务性投资所支付的现金,以及支付的佣金、手续费等交易费用。但是,企业购买股票或债券时,实际支

付的价款中包含的已宣告发放而尚未领取的现金股利或已到付息期而尚未领取的债券利息，其性质属于垫支款项，因此，应在"支付其他与投资活动有关的现金"项目中反映；而企业收回这部分现金股利或债券利息时，不属于投资成本的收回，而是垫支款项的收回，因此应在"收到其他与投资活动有关的现金"项目中反映。该项目可根据"交易性金融资产""债权投资""长期股权投资""库存现金""银行存款"等账户的记录分析填列。

8. "取得子公司及其他营业单位支付的现金净额"项目

取得子公司及其他营业单位支付的现金净额项目反映企业购买子公司及其他营业单位出价中以现金支付的部分，减去子公司及其他营业单位持有的现金和现金等价物后的净额。该项目可根据"长期股权投资""库存现金""银行存款"等账户的记录分析填列。

9. "支付其他与投资活动有关的现金"项目

支付其他与投资活动有关的现金项目反映企业除上述各项目以外所支付的其他与投资活动有关的现金流出。若某项其他与投资活动有关的现金流出金额较大，应单独列示项目反映。该项目可根据"应收利息""应收股利""库存现金""银行存款"等账户的记录分析填列。

(三)"筹资活动产生的现金流量"各项目的内容和填列方法

现金流量表中的筹资活动包括权益性投资的吸收与减少、银行借款的借入与偿还、债券的发行与偿还等。单独反映筹资活动产生的现金流量，能了解企业筹资活动产生现金流量的规模与能力，以及企业为获得现金流入而付出的代价。

1. "吸收投资收到的现金"项目

吸收投资收到的现金项目反映企业以发行股票、债券等方式筹集资金实际收到的款项，减去直接支付的佣金、咨询费、宣传费、手续费、印刷费等发行费用后的净额。该项目可根据"股本(或实收资本)""应付债券""库存现金""银行存款"等账户的记录分析填列。

2. "取得借款收到的现金"项目

取得借款收到的现金项目反映企业举借各种短期借款、长期借款实际收到的现金。该项目可根据"银行存款""短期借款""长期借款"等账户的记录分析填列。

3. "收到其他与筹资活动有关的现金"项目

收到其他与筹资活动有关的现金项目反映企业除上述各种项目外所收到的其他与筹资活动有关的现金流入，如接受现金捐赠等。若某项其他与筹资活动有关的现金流入金额较大，应单独列示项目反映。该项目可根据"营业外收入""库存现金""银行存款"等账户的记录分析填列。

4. "偿还债务支付的现金"项目

偿还债务支付的现金项目反映企业偿还的借款本金和到期债券本金等所支付的现金。企业支付的借款利息和债券利息在"分配股利、利润或偿付利息支付的现金"项目中反映，不包括在本项目内。该项目可根据"应付债券""短期借款""长期借款""库存现金""银行存款"等账户的记录分析填列。

5. "分配股利、利润或偿付利息支付的现金"项目

分配股利、利润或偿付利息支付的现金项目反映企业实际支付的现金股利、支付给其他投资单位的利润或用现金支付的借款利息、债券利息等。该项目可根据"财务费用""应付股利""应付利息""库存现金""银行存款"等账户的记录分析填列。

6. "支付其他与筹资活动有关的现金"项目

支付其他与筹资活动有关的现金项目反映企业除上述各项目以外所支付的其他与筹资活动有关的现金支出，如支付融资租入固定资产的租赁费，以发行债券、股票方式筹集资金时由企业直接支付的审计、咨询等费用。若某项其他与筹资活动有关的现金支出金额较大，应单独列示项目反映。该项目可根据"营业外支出""长期应付款""库存现金""银行存款"等账户的记录分析填列。

(四)"汇率变动对现金及现金等价物的影响"项目的内容和填列方法

汇率变动对现金及现金等价物的影响项目反映企业外币现金流量及境外子公司的现金流量折算为人民币时，所采用的现金流量发生日的即期汇率或按照系统合理的方法确定的、与现金流量发生日即期汇率近似的汇率折算的人民币金额与"现金及现金等价物净增加额"中的外币现金净增加额按期末汇率折算的人民币金额之间的差额。

(五)现金流量表补充资料各项目的内容和填列方法

1. "将净利润调节为经营活动的现金流量"项目(间接法)

利润表反映的当期净利润是按权责发生制原则确认和计量的，而经营活动的现金流量净额是按收付实现制原则确认和计量的，而且当期净利润既包括经营净损益，又包括不属于经营活动的损益。因此，采用间接列报法将净利润调节为经营活动的现金流量净额时，主要需要调整四大类项目：①实际没有支付现金的费用；②实际没有收到现金的收益；③不属于经营活动的损益；④经营性应收应付项目及存货项目的增减变动。

1) "资产减值准备"项目

资产减值准备项目反映企业本期实际计提的各项资产减值准备，包括坏账准备、存货跌价准备、长期股权投资减值准备、持有至到期投资减值准备、投资性房地产减值准备、固定资产减值准备、在建工程减值准备、无形资产减值准备、商誉减值准备、生产性生物资产减值准备、油气资产减值准备等。该项目可根据"资产减值损失"等账户的记录分析填列。

2) "固定资产折旧、油气资产折耗、生产性资产折旧、投资性房地产累计折旧"项目

固定资产折旧、油气资产折耗、生产性资产折旧、投资性房地产累计折旧项目反映企业本期累计计提的固定资产折旧、油气资产折耗、生产性资产折旧、投资性房地产累计折旧。该项目可根据"累计折旧""累计折耗"等账户的贷方发生额分析填列。

3)"无形资产摊销"项目

无形资产摊销项目反映企业本期累计摊入成本费用的无形资产价值。该项目可根据"累计摊销"账户的贷方发生额分析填列。

4)"长期待摊费用摊销"项目

长期待摊费用摊销项目反映企业本期累计摊入成本费用的长期待摊费用。该项目可根据"长期待摊费用"账户的贷方发生额分析填列。

5)"处置固定资产、无形资产和其他长期资产的损失"项目

处置固定资产、无形资产和其他长期资产的损失项目反映企业本期处置固定资产、无形资产和其他长期资产发生的净损失(或净收益)。如为净收益,则以"-"号填列。该项目可根据"资产处置收益"等账户所属的有关明细账户的记录分析填列。

6)"固定资产报废损失"项目

固定资产报废损失项目反映企业本期发生的固定资产盘亏后的净损失。该项目可根据"营业外支出"和"营业外收入"账户所属的有关明细账户中固定资产盘亏损失减去固定资产盘盈收益后的差额填列。

7)"公允价值变动损失"项目

公允价值变动损失项目反映企业持有的交易性金融资产、交易性金融负债、采用公允价值模式计量的投资性房地产等公允价值形成的净损失。如为净收益则以"-"填列。该项目可根据"公允价值变动损益"账户所属有关明细账户的记录分析填列。

8)"财务费用"项目

财务费用项目反映企业本期实际发生的应属于投资活动或筹资活动的财务费用。属于投资活动、筹资活动的部分,在计算净利润时已扣除,但这部分发生的现金流出不属于经营活动现金流量的范畴,因此,在将净利润调节为经营活动的现金流量时,需要予以加回。该项目可根据"财务费用"账户的本期借方发生额分析填列;如为收益,则以"-"号填列。

9)"投资损失"项目

投资损失项目反映企业对外投资所实际发生的投资损失减去收益后的净损失。该项目可根据利润表"投资收益"项目的数字填列;如为投资收益,则以"-"号填列。

10)"递延所得税资产减少"项目

递延所得税资产减少项目反映企业资产负债表"递延所得税资产"项目的期初余额与期末余额的差额。该项目可根据"递延所得税资产"账户发生额分析填列。

11)"递延所得税负债增加"项目

递延所得税负债增加项目反映企业资产负债表"递延所得税负债"项目的期初余额与期末余额的差额。该项目可根据"递延所得税负债"账户发生额分析填列。

12)"存货的减少"项目

存货的减少项目反映企业资产负债表"存货"项目的期初余额与期末余额的差额。期末数大于期初数的差额,以"-"号填列。

13)"经营性应收项目的减少"项目

经营性应收项目的减少项目反映企业本期经营性应收项目的期初余额与期末余额的差额(经营性应收项目主要是指应收账款、应收票据、预付账款、长期应收款和其他应收款等经营性应收项目中与经营活动有关的部分及应收的增值税销项税额等)。期末数大于期初数

的差额，以"-"号填列。

14)"经营性应付项目的增加"项目

经营性应付项目的增加项目反映企业本期经营性应付项目的期初余额与期末余额的差额(经营性应付项目主要是指应付账款、应付票据、预收账款、应付职工薪酬、应交税费、其他应付款等经营性应付项目中与经营活动有关的部分及应付的增值税进项税额等)。期末数小于期初数的差额，以"-"号填列。

2. "不涉及现金收支的重大投资和筹资活动"项目

"不涉及现金收支的重大投资和筹资活动"项目反映企业一定会计期间影响资产、负债但不影响该期现金收支的所有重大投资和筹资活动的信息。这些投资和筹资活动是企业的重大理财活动，对以后各期的现金流量会产生重大影响，因此，应单独列示项目在补充资料中反映。目前，我国企业现金流量表补充资料中列示的不涉及现金收支的重大投资和筹资活动项目主要有以下几项。

(1) "债务转为资本"项目，反映企业本期转为资本的债务金额。

(2) "一年内到期的可转换公司债券"项目，反映企业一年内到期的可转换公司债券的本息。

(3) "租入固定资产"项目，反映企业本期租入的固定资产。

3. "现金及现金等价物净变动情况"项目

"现金及现金等价物净变动情况"项目反映企业一定会计期间现金及现金等价物的期末余额减去期初余额后的净增加额(或净减少额)，是对现金流量表正表中"现金及现金等价物净增加额"项目的补充说明。该项目的金额应与现金流量表正表中"现金及现金等价物净增加额"项目的金额核对相符。

第五节　所有者权益变动表

一、所有者权益变动表概述

(一)所有者权益变动表的内容

所有者权益变动表，是指反映构成所有者权益各组成部分当期增减变动情况的报表。它是对资产负债表的补充及对所有者权益增减变动情况的进一步说明。其主要作用有两个，一是通过所有者权益变动表，既可以为财务报表使用者提供所有者权益总量增减变动的信息，也能为其提供所有者权益增减变动的结构性信息，特别是能够让财务报表使用者理解所有者权益增减变动的根源；二是所有者权益变动表将综合收益和所有者(或股东)的资本交易导致的所有者权益的变动分项列示，有利于分清导致所有者权益增减变动的缘由与责任，对于考察、评价企业一定时期所有者权益的保全状况、正确评价管理当局受托责任的履行情况等具有重要的作用。

在所有者权益变动表中，综合收益和与所有者(或股东)的资本交易导致的所有者权益的变动，应当分别列示。企业至少应当单独列示反映下列信息的项目。①综合收益总额。②所有者投入和减少资本。③利润分配。④所有者权益内部结转。⑤实收资本(或股本)、其他权益工具、资本公积、其他综合收益、盈余公积、未分配利润的期初和期末余额及其调节情况等。

(二)所有者权益变动表的格式

所有者权益变动表结构为纵横交叉的矩阵式结构。一方面，列示了导致所有者权益变动的交易或事项，改变了以往仅仅按照所有者权益的各组成部分反映所有者权益变动情况，而是从所有者权益变动的来源对一定时期所有者权益的变动情况进行全面反映；另一方面，按照所有者权益各组成部分[包括实收资本(或股本)、其他权益工具、资本公积、其他综合收益、盈余公积、未分配利润和库存股]及其总额列示交易或事项对所有者权益的影响。所有者权益变动表为比较报表，按"本年金额"和"上年金额"两栏分别填列。具体格式如表 12-9 所示。

表 12-9　所有者权益变动表

会企 04 表

编制单位：A 股份有限公司　　　20×3 年度　　　单位：元

项　目	本年金额							上年金额						
	实收资本(或股本)	资本公积	减：库存股	其他综合收益	盈余公积	未分配利润	所有者权益合计	实收资本(或股本)	资本公积	减：库存股	其他综合收益	盈余公积	未分配利润	所有者权益合计
一、上年年末余额														
加：会计政策变更														
前期差错更正														
二、本年年初余额														
三、本年增减变动金额(减少以"-"号填列)														
(一)综合收益总额														
(二)所有者投入和减少资本														
1.所有者投入资本														
2.股份支付计入所有者权益的金额														
3.其他														
(三)利润分配														
1.提取盈余公积														
2.对所有者(或股东)的分配														

续表

项目	本年金额							上年金额					
	实收资本(或股本)	资本公积	减:库存股	其他综合收益	盈余公积	未分配利润	所有者权益合计	实收资本(或股本)	资本公积	减:库存股	其他综合收益	盈余公积	未分配利润	所有者权益合计
3.其他														
(四)所有者权益内部结转														
1.资本公积转增资本(或股本)														
2.盈余资本转增资本(或股本)														
3.盈余公积弥补亏损														
4.其他														
四、本年年末余额														

二、所有者权益变动表的编制方法

(一)所有者权益变动表上年金额栏的填列方法

所有者权益变动表"上年金额"栏内各项数字，应根据上年度所有者权益变动表"本年金额"栏内所列数字填列。上年度所有者权益变动表规定的各个项目的名称和内容与本年度不一致的，应对上年度所有者权益变动表各项目的名称和数字按照本年度的相关规定进行调整，填入所有者权益变动表的"上年金额"栏内。

(二)所有者权益变动表本年金额栏的填列方法

所有者权益变动表"本年金额"栏内各项目金额一般应根据资产负债表所有者权益项目金额或"实收资本(或股本)""其他权益工具""资本公积""库存股""其他综合收益""专项储备""盈余公积""利润分配""以前年度损益调整"等科目及其明细科目的发生额分析填列。

1. "本年年初余额"

所有者权益变动表"本年年初余额"栏各项目应根据上年度所有者权益变动表"本年年末余额"栏内所列数字填列。若上年度所有者权益变动表项目的名称和内容与本年度不相一致则应按照本年度规定对上年度所有者权益变动表有关项目进行调整，并在"本年年初余额"栏前的"上年年末余额""会计政策变更""前期差错更正"各栏单独列示。

2. 本年增减变动金额

(1)"综合收益总额"项目，根据"本年利润""其他综合收益"账户发生额分析计算填列。

(2)"所有者投入和减少资本"各项目，根据"实收资本"(或股本)"资本公积"等账户发生额分析计算填列。

(3)"利润分配"各项目，根据"利润分配"有关明细分类账户发生额分析计算填列。

(4)"所有者权益内部结转"各项目，根据"实收资本"或"股本""资本公积""盈余公积""利润分配"有关明细分类账户发生额分析计算填列。

(5)"其他综合收益结转留存收益"项目，主要反映：①企业指定为以公允价值计量且其变动计入其他综合收益的非交易性权益工具投资终止确认时，之前计入其他综合收益的累计利得或损失从其他综合收益中转入留存收益的金额。②企业指定为以公允价值计量且其变动计入当期损益的金融负债终止确认时，之前由企业自身信用风险变动引起而计入其他综合收益的累计利得或损失从其他综合收益中转入留存收益的金额等。该项目应根据"其他综合收益"账户的相关明细账户的发生额分析填列。

3. 本年年末余额

所有者权益变动表"本年年末余额"栏各项目应根据"本年年初余额""本年增减变动金额"各项目栏所列数字计算填列。"本年年末余额"栏各项目数额应与资产负债表"年末余额"栏各项目数额相符。

第六节 财务报表附注

一、财务报表附注概述

(一)财务报表附注的含义

财务报表附注是对资产负债表、利润表、现金流量表和所有者权益变动表等报表中列示项目的文字描述或明细资料，以及对未能在这些报表中列示项目的说明等。财务报表附注是财务报表的重要组成部分，是对财务报表本身无法或难以充分表达的内容和项目所作的补充说明和详细解释。

(二)财务报表附注的作用

财务报表附注，有助于财务报表使用者理解财务报表的内容。其主要作用可归纳为以下几方面。

1. 增强会计信息的可理解性

附注部分将对报表的有关重要数据作出解释或说明，将抽象的数据具体化，有助于报表使用者正确理解会计报表，合理利用所需信息。

2. 促使会计信息充分披露

附注主要以文字说明的方式，充分披露财务报表所提供的信息及财务报表以外但与报表使用者的决策有关的重要信息，从而便于广大投资者全面掌握企业财务状况、经营成果和现金流量情况，为投资者正确决策提供信息服务。

3. 提高会计信息的可比性

财务报表是依据会计准则等有关制度规定编制而成的，在某些方面提供了多种会计处理方法，企业可以根据具体情况进行选择。这就造成了不同行业或同一行业的不同企业所提供的会计信息之间的差异。另外，在某些情况下，企业所采用的会计政策发生变动，从而导致不同会计期间的会计信息失去可比的基础。通过编制附注，有利于报表使用者了解会计信息的上述差异及其影响的大小，从而提高会计信息的可比性。

二、财务报表附注披露的内容

附注是财务报表的重要组成部分。根据《企业会计准则》的规定，企业应当按照如下顺序编制附注披露的主要内容。

(一)企业简介和主要财务指标。

(1) 企业名称、注册地、组织形式和总部地址。
(2) 企业的业务性质和主要经营活动。
(3) 母公司及集团最终母公司的名称。
(4) 财务报告的批准报出者和财务报告的批准报出日。
(5) 营业期限有限的企业，还应当披露有关营业期限的信息。
(6) 截至报告期末公司近3年的主要会计数据和财务指标。

(二)财务报表的编制基础

企业应当说明财务报表的编制是否以持续经营为基础，如未以持续经营为基础编制，则应说明不能持续经营的理由。

(三)遵循企业会计准则体系的声明

企业应当明确说明编制的财务报表符合企业会计准则体系的要求，真实、完整地反映了企业的财务状况、经营成果和现金流量。

(四)重要会计政策和会计估计

企业应当披露重要的会计政策和会计估计，不重要的会计政策和会计估计可以不披露。在披露重要会计政策和会计估计时，应当披露重要会计政策的确定依据和财务报表项目的计量基础，以及会计估计中所采用的关键假设和不确定因素。企业至少应当披露的重要会计政策包括存货、长期股权投资、投资性房地产、固定资产、无形资产、非货币性资产交换、资产减值、职工薪酬、企业年金基金、股份支付、债务重组、或有事项、收入、建造合同、政府补助、借款费用、所得税、外币折算、企业合并、租赁、金融工具确认和计量、金融资产转移、套期保值、合并财务报表、每股收益、分部报告、金融工具列报等。

(五)会计政策和会计估计变更及差错更正的说明

企业应当按照《企业会计准则第28号——会计政策、会计估计变更和差错更正》及其应用指南的规定进行披露。

(六)重要财务报表项目的说明

企业应当尽可能以列表形式披露重要财务报表项目的构成或当期增减变动情况。对重要财务报表项目的明细说明，应当按照资产负债表、利润表、现金流量表、所有者权益变动表的顺序及财务报表项目列示的顺序进行披露，采用文字和数字描述相结合的方式进行披露，并与财务报表项目相互参照。

(七)或有事项和承诺事项、资产负债表日后非调整事项、关联方关系及其交易等需要说明的事项

(八)有助于财务报表使用者评价企业管理资本的目标、政策及程序的信息

【思政与德育】

立身诚为本，处事信为基——"警钟长鸣"的安然事件

甲公司是某国最大的天然气采购商及出售商，2000年总收入达1010亿美元，利润达10亿美元。2001年10月16日，甲公司在发表2001年第二季度财务报表时，宣布公司亏损总计达6.18亿美元，即每股亏损1.11美元，公司股东资产缩水12亿美元，同年11月被迫接受某国证券交易委员会的调查。在调查中，甲公司向某国证监会递交文件，承认做了假账：从1997年至2000年共虚报利润5.9亿美元，巨额负债不列入财务报告，隐瞒负债近7.11亿美元，股东权益多计12亿美元。在调查中发现甲公司创建的子公司和合伙公司数量超过300个，而创建这些公司是为了通过关联交易创造利润，并且利用财务制度上的漏洞隐藏债务，关联交易及利益输送在财务报表中不充分披露等诸多问题。2001年12月，甲公司申请破产，其股票每股从最高90美元降到不足60美分，给广大投资者带来了严重的损失。甲公司财务报表造假问题也让其审计公司面临着被诉讼的危险。世界一流的会计师事务所作为甲公司财务报告的审计者，既没审计出甲公司虚报利润，也没发现其巨额债务，未能客观、公允地给予披露，出具了不具公信力的审计报告，导致甲公司破产案引发了一场严重的审计信用危机。

(资料来源：搜狐网(改编))

思政感悟(扫码获得)　　　　　　自测题及参考答案(扫码获得)

参 考 文 献

1. 中国注册会计师协会. 会计[M]. 北京：中国财政经济出版社，2023.
2. 财政部会计财务评价中心. 初级会计实务[M]. 北京：经济科学出版社，2023.
3. 财政部会计资格评价中心. 中级会计实务[M]. 北京：经济科学出版社，2023.
4. 财政部会计财务评价中心.全国会计专业技术资格考试参考法规汇编[M]. 北京：经济科学出版社，2022.
5. 中华人民共和国财政部. 企业会计准则—应用指南(2024 年版)[M]. 上海：立信会计出版社，2024.
6. 中华人民共和国财政部. 企业会计准则(2023 年版)[M]. 上海：立信会计出版社，2023.
7. 企业会计准则委员会. 关于修订印发 2019 年度一般企业财务报表格式的通知[EB]. 北京：财政部会计司，2019.
8. 陈立军. 中级财务会计[M]. 6 版. 北京：中国人民大学出版社，2023.
9. 陈立军. 中级财务会计学习指导书[M]. 6 版. 北京：中国人民大学出版社，2023.
10. 吴学斌. 中级财务会计[M]. 5 版. 北京：人民邮电出版社，2022.
11. 杨淑媛，董晓双，杨义簿. 中级财务会计[M]. 北京：中国财政经济出版社，2021.
12. 路国平，黄中生. 中级财务会计[M]. 4 版. 北京：高等教育出版社，2021.
13. 路国平，黄中生. 中级财务会计学习指导与习题集[M]. 4 版. 北京：高等教育出版社，2021.
14. 路国平. 中级财务会计精要[M]. 北京：高等教育出版社，2021.
15. 石本仁，曾亚敏. 中级财务会计(微课版)[M]. 5 版. 北京：人民邮电出版社，2022.
16. 杨淑媛，姜旭宏，唐献凤. 会计学[M].4 版 北京：清华大学出版社，2021.
17. 戴德明，林钢，越西卜. 财务会计学(立体化数字教材版)[M]. 12 版. 北京：中国人民大学出版社，2019.
18. 仲伟冰，赵洪进，张云. 中级财务会计[M]. 北京：清华大学出版社，2018.
19. 高杉. 中级财务会计[M].上海：立信会计出版社，2020.
20. 江金锁，丁春贵. 中级财务会计[M].3 版.上海：立信会计出版社，2020.
21. 李正华. 财务会计[M]. 5 版. 上海：立信会计出版社，2019.
22. 刘永泽，陈立军. 中级财务会计(精编版)[M]. 3 版. 大连：东北财经大学出版社，2016.